정신분석학 주요개념

- 기법 -

Burness E. Moore
& Bernard D. Fine Ed.

한국심리치료연구소

국립중앙도서관 출판시도서목록(CIP)

정신분석학 주요개념:기법 / 버네스 무어 ; 버나드 파인 [공]편저 ; 이재훈 옮김. -- 서울: 한국심리치료연구소, 2006

p. ; cm

원서명: Psychoanalysis: the major concepts
원저자명: Moore , Burness E.
원저자명: Fine, Bernard D.
ISBN 89-87279-44- 8 93180 : ₩20000

185.5-KDC4
150.195-DDC21 CIP2006000016

정신분석학 주요개념
- 기 법 -

Burness E Moore & Bernard D. Fine Ed.

차 례

역자 서문

이 책은 「Psychoanalysis: The Major Concepts」(1995, Yale University Press)를 우리말로 옮긴 것이다. 이 책의 편집자인 무어와 파인은 몇 해 전에 「Psychoanalytic Terms and Concepts」(1990, Yale University Press)를 편집 출간했는데, 그 책은 「정신분석 용어사전」(한국심리치료연구소, 2002)이라는 제목으로 출간되었다. 그들은 이 두 권의 책이 동일한 목적으로 쓰여진 한 쌍이라고 밝히고 있다. 그 목적은 현재 미국 정신분석학계의 대다수가 인정할 수 있는 정신분석의 이론과 실제가 어떤 것인지를 보여주는 것이다. 따라서 이 책은 프로이트 이후로 계속해서 발달해온 오늘의 정신분석학을 배우기를 원하는 학도들에게 훌륭한 안내서가 될 수 있을 것으로 기대된다.

정신분석학은 프로이트가 그것을 창안한 이후로 비교적 짧은 기간 동안에 많은 발전을 이룩해왔다. 정신분석 치료 대상의 범위, 인간의 정신과 병리에 대한 이해, 치료 기법 등 모든 차원에서 오늘의 정신분석은 프로이트가 창안한 최초의 정신분석과는 많이 달라졌다. 그러나 많은 사람들은 아직도 프로이트의 가르침이 정신분석의 전부라고 믿고 있는 것이 현실이다. 이 책의 우리말 번역은 이러한 현실의 요청에 대한 응답의 산물이다. 아무쪼록 이 책이 과거의 시간에 머물러 있는 정신분석학이 아니라 오늘 21세기에 우리와 함께 살아 숨쉬는 정신분석학을 소개하는 데 도움이 되기를 바란다.

본래 방대한 분량의 한 권으로 되어 있는 이 책의 영어본을 우리말로 옮기면서 네 권의 책으로 나누어 출판하게 되었다. 아직 전체가 번역되지 않았지만, 이 책의 번역을 기다리는 학도들을 고려해서 우선 제 1권 기법편을 출판하게 되었다.

이 책의 초역을 위해 수고해주신 박영란, 이효숙, 두 분께 특별히 감사드리며, 한국심리치료연구소 가족 모든 분들께도 깊은 감사를 드린다.

올해는 특히 한국심리치료연구소가 문을 연지 10주년이 되는 해이다. 그동안 현대 정신분석학 분야의 책들을 출간해온 일이 참으로 감사하다. 이 모든 노력이 이 땅위에 생명문화를 일구는 일에 소중한 밑거름이 되기를 기대해본다.

2006년 1월 5일

역 자

지은이들

Sydney E. Pulver, M.D.
필라델피아 정신분석 연구소 훈련 분석가 및 수퍼바이저
펜실베니아 대학교 의과대학 임상교수

A. Scott Dowling, M.D.
클리브랜드 정신분석 연구소 훈련 분석가 및 수퍼바이저
케이스 웨스턴 리저브 대학교(Case Western Reserve University) 임상교수
아동 정신분석 연구 편집인

Joanne Naegele, M.A.
클리브랜드 정신분석 연구소 외래 교수
클리브랜드 아동발달 연구센터 교수
아동 정신분석가

Beth J. Seelig, M.D.
에모리 대학교 정신분석 연구소 훈련 분석가 및 수퍼바이저
에모리 대학교 의과대학 조교수

Ramon Ganzarain, M.D.
에모리 대학교 의과대 임상교수
에모리 대학교 정신분석 연구소 훈련 분석가 및 수퍼바이저
미국 집단심리치료학회 이사

James T. McLaughlin, M.D.
피츠버그 정신분석 연구소 훈련 분석가 및 수퍼바이저
피츠버그 대학교 의과대학 명예교수
미국 정신분석 학회지 및. 국제 정신분석 학회지 편집위원

Leo Stone, M.D.
뉴욕 정신분석 연구소 훈련 분석가 및 수퍼바이저
컬럼비아 대학교 정신분석 훈련 및 연구센터 훈련 분석가
뉴욕 정신분석 연구소 소장 역임

Harold P. Blum, M.D.
뉴욕 정신분석 연구소 훈련 분석가 및 수퍼바이저
New York University Medical Center의 임상교수

Warren H. Goodman, M.D.
코넬 대학교 의과대학 교수
뉴욕 대학교 메디칼 센터 교수

Ralph E. Roughton, M.D.
에모리 대학교 정신분석 연구소 훈련 분석가 및 수퍼바이저
에모리 대학교 의과대학 임상교수
미국 정신분석 학회지 편집위원

편집인

Burness E. Moore, M.D. & Bernard D. Fine, M.D.

편집위원

자문위원

제 1 장

올바른 정신분석 기법

시드니 E. 풀버(Sydney E. Pulver M.D.)

서론

정신분석의 최초 형태로부터 발달해 나온 오늘의 정신분석 기법이 이 장의 주제이다. 이 기법이 환자에게 사용될 때 따라오는 과정과 변화들은 5장에서 다루어질 것이다. 정신분석 기법은 세계의 각 지역마다 다르다. 여기에서는 대다수의 숙련된 미국 분석가들이 사용하고 있는 기법을 기술할 것이다. 나 자신이 사용하는 기법들이 대다수의 것들과 다를 경우, 나는 가능한 한 분명히 그 점을 드러내도록 노력할 것이다. 나는 이 책의 다른 장들에서 다루어지지 않고 있는 기법의 측면들, 즉 면담 과정, 환자와 분석가의 역할들, 그들의 관계, 분석가의 태도, 그리고 분석가가 따르는 원리들에 주로 초점을 맞출 것이다. 불행하게도 영어가 두 성들을 언급하는 대명사를 가지고 있지 않기 때문에, 이 장에서 나는 저자의 성으로서 동일한 것인 대명사를 사용하고 있는 용례를 따른다. 그래서 "그"는 한 쪽 성을 언급하는 것일 뿐만 아니라 그 또는 그녀," "그의 혹은 그녀의" 등의 어색한 표현을 피하기 위해서 사용되고 있다.

저항, 전이, 역전이, 행동화 다루기, 자기애적 및 가-피학적 장애를 가지고 있는 사람들과 같은 특정 유형의 환자들을 대하는 기법들은 별도의 장들에서 다루어질 것이므로, 여기에서는 그것들을 간단히 언급하고 지나갈 것이다.

모든 건전한 과학이 그런 것처럼, 정신분석 역사 안에는 많은 논쟁들이 있었다. 이것들은 특히 그것들이 기법과 관련될 때 강렬한 것이 되곤 했다. 예를 들어, 어떤 분석가들은 해석이 모든 환자들을 대하는 정신분석 기법의 보증서이며, 해석으로부터 멀어진 어떤 치료법도 정신분석이 아닌 다른 치료법이라고 믿는다. 그런가 하면 다른 환자들은 다른 기법적인 접근을 필요로 하며, 치료과정에서 치료자의 주된 의도가 이해를 통해 변화를 가져오는 것인 한 그것들은 모두 정신분석이라고 보는 사람들(나를 포함한)도 있다. 이런 입장은 많은 정신분석 기법들이 존재하고 있으며, 이 기법적 변형들을 언제, 어떻게, 그리고 누구에게 적용할 것인지를 우리가 막 이해하기 시작했다는 견해를 갖고 있다. 이것과 다른 논쟁들을 명백히 하기 위하여, 나는 먼저 정신분석 기법의 역사를 간략하게 살펴보겠다.

정신분석 기법 역사 안의 몇몇 주요 경향들

프로이트(1914a)는 정신분석 기법의 전개에 관한 최상의 짧은 논의를 제공하였다. 신경학자로서의 경력 초기에, 프로이트는 당시에 표준적인 지지적 접근들을 사용해서 그의 신경증 환자들을 다루었다. 그의 친구이자 스승인 죠셉 브로이어가 1882년에 그에게 안나 O를 최면을 사용해서 치료했던 사례를 말해주었을 때, 그는 깊은 인상을 받았다. 그때 브로이어는 최면을 사용했고 그녀는 최면 상태에서 자신의 외상적 사건을 털어놓음으로써(제반응 또는 정화 방법) 증상의 호전을 보였다. 최면술에 대한 그의 관심은 1885-86년 샤르코와 함께 했던 겨울 동안 강화되었다. 비록 그가 최면술을 나중에 잠시 동안 실험적으로 사용하기는 했지만, 1988년이나 1989년 이후로는 최면술을 포기했다. 그가 첫 번째 환자인 에이미 폰 N부인을 치료했을 때, 그는 전적으로 카타르시스 방법에 의존했는데 그 시기는 정확하지 않다.

다음 10년 동안 치료 기법은 놀라운 발전을 이룩했다. 그의 환자들 중 많은 사람들이 깊이 최면에 빠질 수 없는 것에 대해 실망한 프로이트는 1892년(엘리자베스 폰 R.양의 사례에서) 최면이 외상의 기억을 회상해내는 데 필수적이 아니라는 사실을 발견했다. 당시에 최면 치료를 위해서는 환자의 이마를 손으로 약간 누르면서 단순히 기억해보라고 요구하는 것으로 충분했다. 1896년에 이르러 프로이트는 환자들에게 그 또는 그녀의 마음에 떠올라 온 것을 예외 없이 모두 말하도록 요청하는 자유연상이라는 기법을 개발했다.

처음에, 프로이트는 환자들이 항상 치료에 기꺼이 협력하지 않는다는 것을 인식했다. 즉 저항이 치료적 탐구의 중요한 한 부분이라는 생각이 1892년에 명백해졌다. 프로이트(1905)는 도라의 사례에서 전이(초기 중요한 사람들과의 관계로부터 분석관계 안으로 전치되어 반복적으로 나타나는 환상들, 느낌들, 행동들)의 작용을 인식했다. 1914년에는 정신분석 기법의 중요한 원리들의 대부분이 완성되었고 "기법에 관한 글"이라는 논문에서 기술되었다(Freud, 1911, 1912a. 1912b, 1913, 1914a, 1915). (이 논문들에 대한 훌륭한 논의를 위해서는 Ellman, 1991을 보라.)

이 기간 동안, 치료의 목적들이 극적으로 바뀌었다. 외상적 경험들을 되살리는 것은 더 이상 일차적인 목적이 아니었다. 그런 경험들이 의식에 떠오르는 것을 반대하는 심리내적 동기들과 심리내적 세력들 간에 존재하는 갈등이 인식되었고, 또한 환자들이 그러한 동기들을 의식 바깥에 유지하기 위해 사용하는 다양한 방법들이 인식되었다. 1919년에 프로이트는 치료를, 환자로 하여금 그들의 무의식적 소망-성취의 환상, 이들 환상들이 수용되어질 수 없는 것으로 느껴지는 이유들, 이 환상들을 인식하지 못하도록 방어하는 방식들(방어들), 그리고 분석에서의 이들 방어들의 출현(저항)을 이해하도록 돕기 위한 시도로서 개념화했다. 치료의 목적은 항상 이해였다(통찰). 그 당시에 이해의 주 대상은 무의식적 자료였다. 저항은 이해되기보다는 극복되어져야 할 것으로 간주되었다. 이 무의식 자료를 의식 안으로 가져오는 것은 환자의 변화를 가능하게 하기 위한 필수조건으로 간주되었다.

자아와 원본능을 출판한 해인 1923년에 프로이트는 구조이론을 도입했다. 정신분석 기법의 초기는 이제 끝이 났고, 고전적 기법의 시기(classical period)가 시작되었다. 이제 강조점이 원본능 자료의 회복에 대한 관심으로부터 자아 방어의 좀더 깊은 탐구를 포함하는 것으로 옮겨갔다. 1950년대 중반까지 계속된 이 기간은 특정한 신경발생학 이론에 의해 특징지어진다. 즉 신경증은 오이디푸스 갈등에서 기인한다는 것이다. 대부분의 정신분석가들은 전-오이디푸스적인 요소들을 오이디푸스적인 불안으로부터의 퇴행 현상으로 생각했다. 이 기간동안에 해석은 분석 활동의 주된 양태로 남아 있었다.

1950년대 중반에, 정신분석 기법의 현대적 시기가 시작되었다. 그것은 첫째로, 모든 정신병리의 기초로서의 오이디푸스 갈등에 대한 강조로부터 발달적 결핍을 포함한 전-오이디푸스적 요소들의 중요성을 인식하는 쪽으로의 점진적인 변화와(de Jonghe와 그 동료들, 1991), 둘째로, 분석가를 환자들의 왜곡된 현실을 객관적으로 검토하고 그것들을 환자에게 알려주는 중립적인 관찰자로 보았던 프로이트의 최초의 관점으로부터 점진적으로 벗어난 것에 의해 특징지어진다. 분석가들은 점점 더 분석적 상황이란 각 참여자가 그 안에서 타자에 대한 각자의 주관적 경험을 형성해 가는 관계 영역이라는 사실을 인식하기 시작했다. 어느 누구도 무엇이 현실이고 무엇이 현실이 아니라는 결정권을 갖고 있지 않으며, 따라서 그 두 사람은 상호적인 현실을 발견하기 위해 함께 작업하는 것이다(Greenberg, 1993).

이 모든 발달들은 매우 복잡한 것이었고, 적어도 논쟁을 불러일으킬만한 것이었다. 사실, 그것들의 대부분은 프로이트와 그의 동료들에 의해 이미 암시된 것이었다. 정신병리학에서 전-오이디푸스적인 요소들이 갖는 일차적 중요성에 대한 기술, 분석가-피분석가 관계의 중요성, 그리고 훌륭한 정신분석 기법으로 발달한 거의 모든 것이 정신분석의 초기 역사에서 발견된다.

이 짧은 개요에서 내가 희망하는 것은 독자들이 정신분석 기법에 내포된 경향의 배경에 대한 느낌을 얻게 되는 것이다. 나는 이제 현대적 기법 자체가 지닌 몇몇 특정한 요소들에로 관심을 돌려보겠다. 아마도 가장 좋은 출발점은 면담 과정과 실제 분석의 시작으로 이끄는 사건들을 다루는 것일 것이다. 이것들은 엄격하게 말해서 분석의 핵심적인 부분이 아니지만, 분석에 결정적인 영향을 미칠 수 있다.

최초의 면담

오늘날 정신분석을 받고자 하는 환자들은 예전만큼 많지 않은데, 이것은 면담과정을 특별히 중요한 것으로 만든다. 때때로, 환자들은 구체적으로 분석을 위해 오기 때문에 분석에 앞서 시행하는 사전 평가를 거의 필요로 하지 않는다. 그들은 분석가가 신뢰할 수 있는 다른 동료 분석가에 의해 이미 평가를 받은 사람이거나, 분석가가 되기 위한 훈련생이거나, 또는 그들이 다른 도시에서 동료 분석가에 의해 분석을 받다가 왔거나 또는 분석가가 수용할 수 있는 다른 이유들로 인해 평가를 필요로 하지 않는다. 그러나 일반적으로는 예비 평가가 치료에 본질적인 요소이다. 평가 면담에서 치료자는 처음부터 어떤 치료가 실제로 환자를 위해 가장 유용한 것일지, 그것을 위해 어떤 치료자가 가장 바람직할지를 결정하기 위한 몇 회의 짧은 인터뷰라는 점을 분명히 해야만 한다. 이 평가를 하는 동안, 분석가는 자신이 그 환자와 함께 작업할 수 있는가에 대한 생각을 얻을 수 있다. 마찬가지로, 환자도 분석가와 함께 작업할 수 있는지를 결정하는 데 필요한 요소인 분석가에 대한 약간의 느낌을 얻을 수 있다. 분석가는 이 모든 것들을 환자와 함께 논의해야만 한다. 면담을 진행하는 동안, 분석가는 환자의 분석능력, 동기 그리고 다른 많은 다른 요소들을 고려해야만 할 것이다(Moore & Fine, 1990).

그러한 평가를 하는 것은 모든 임상가들에게 익숙한 것이므로 여기서는 논의하지 않을 것이다. 나는 단지 독자들에게 그것의 목적이 단순히 환자를 위해 적절한 치료가 어떤 것인지에 대한 결론에 도달하는 것이 아니라, 환자가 이해받는다고 느끼고 분석가의 추천을 기꺼이 그리고 진지하게 받아들이기에 충분한 래포(rapport)를 확립하는 것이라는 점만을 상기시킬 것이다.

보통 2회기에서 4회기 안에 분석가는 환자에 대한 충분한 정보를 가지고 있고 충분한 래포가 형성되었다고 느낄 수 있는데, 그때 그는 환자에게 치료를 위해 선택할 수 있는 것들을 제시한다. 나는 일반적으로 유용한 치료의 유형이 한 가지 이상이 존재한다고 믿기 때문에, 이를 "선택 사항"이라고 부른다. 그런 선택사항들로부터 무엇을 기대할 수 있고 없는지에 대한 정보와 함께 모든 합리적인 선택 사항들을 알려주는 것이 임상가의 책임이다. 임상가는 만일 정신분석이 환자에게 있어 최상이라고 느낀다면 분석을 강력하게 추천하는 것을 주저해서는 안 되지만, 정신분석이 항상 유일한 선택이 되어서는 안 된다. 만일 환자가 분석가가 수행하고 싶지 않은 치료 형태를 원하거나 정신분석을 원하지만 특정 분석가와는 함께 작업할 수 없다고 느낄 경우, 환자가 적절한 치료를 찾도록 돕는 것은 분석가의 책임이다. 임상적, 재정적, 혹은 다른 이유들로 인해 의뢰가 필요할 때, 환자에게 가능한 치료가들의 목록을 제공하는 것만으로는 충분하지 않다. 가끔 발생하는 거절을 직면하는 것과 그러한 목록에 포함된 사람들의 다양한 접근들과 인격들을 다루는 일은 평균적인 환자들에게 쉽지 않은 일이며 특히 환자가 정서적으로 어려움 가운데 있을 때에는 감당하기 힘든 것이 되는 경향이 있다. 대신에, 면담가는 자신이 의뢰하고자 하는 치료자와 접촉해서 임상적이고 재정적인 상황을 설명하고, 그가 시간이 있는지 또 최소한 예비 평가를 위해 기꺼이 환자를 만날 수 있는지를 알아보아야 한다. 그리고 환자에게 아무개 분석가가 기꺼이 그와 함께 치료의 가능성을 탐색해보려고 한다고 말하고, 최초의 한 회기나 두 회기를 치료를 할 것인지를 결정하는 기회로 삼을 수 있다고 말해주어야 한다. 나는 항상 환자에게, 그가 첫눈에 치료자에게 반할 필요는 없지만, 최소한 자신이 이 사람과 작업할 수 있겠구나 라는 느낌을 가질 필요는 있다고 말해준다. 만일 환자가 즉각적으로 거부감을 느낀다면, 그는 단순히 그 분석가에게 좀더 생각해보겠다고 말하고, 다른 분석가를 추천받기 위해 나에게 연락하라고 말해준다. 임상센터에 대한 의뢰가 필요할 경우, 우리는 가끔 특정한 센터를 추천하기 어려울 수도 있다. 하지만 우리는 환자가 편하게 느껴지지 않는 치료사를 만날 경우 상황을 어떻게 다루어야 하는지에 대해 말해줄 수 있다. 우리는 우리의 환자들보다 정신건강 체계에 익숙해 있다. 따라서 환자가 그 체계와 협상하도록 돕는 것은 우리의 의무이다.

실제적인 사항들과 분석 환경(analytic setting)

만일 환자가 분석을 받기로 결정한다면, 분석가와 환자는 이제 실제적인 사항들을 논의하게 된다. 이때 분석을 시작하기 전에 세부사항들에 동의하고, 환자가 자신이 동의하는 모든 것을 진정으로 이해하는 것이 무엇보다 중요하다. 이러한 협상에서 도움을 필요로 하는 환자는 불리한 위치에 처해 있다. 이미 전이 요소들이 작용하고 있기 때문에, 환자는 일단 분석이 시작되면 소요되는 시간, 돈, 그리고 정서적인 요구들이 갖는 모든 의미들을 깊은 수준에서 이해하기는 어렵다. 게다가, 환자들은 실제적인 사항들에는 동의하지만, 그 동의에 대한 무의식적인 유보 감정을 가지고 있을 수 있다. 이 감정은 분석되어질 수도 있고 그렇지 못할 수도 있는데, 분석되지 못할 때에는 분석을 위협하는 요인이 될 수 있다. 이 실제 사항들을 결정하는 전쟁터에서 분석가와 환자 사이의 불가피한 투쟁의 많은 부분이 발생하기 때문에, 환자가 그것들을 적어도 인지적으로 정확하게 이해하는 것이 아주 중요하다. 만일 실제적인 사항들이 공정하고 분명하게 협상되지 않는다면, 그러한 투쟁이 갖는 정서적 의미를 볼 수 있도록 환자를 돕는 것은 매우 어려운 일이 될 것이다.

실제적인 사항들의 주요 요소들 중에는 회기의 빈도와 길이 그리고 치료비(이것들은 종종 분석의 "틀"이라 불린다. Spruiell, 1983을 보라)가 포함되어 있다. 이것들이 분석 환경의 중요한 부분을 구성하고 있기 때문에, 그것들은 정신분석 과정에 크게 영향을 미친다. 이 요소들을 좀더 상세히 살펴보자.

회기의 빈도

치료의 계속성은 정신분석 과정을 확립하고 유지하는 데 있어서 본질적인 요소이다. 이것은 매일 치료를 하는 것이 가장 바람직하다는 것을 의미한다. 그러나 실제에 있어서, 주 7회의 회기를 갖는 것은 불가능하기 때문에 주 5회기가 바람직하고, 정신분석을 구성하기 위해서는 최소한 4회기가 바람직한 것으로 일반적으로 받아들이고 있다. 회기의 빈도는 정신분석을 심리치료와 구별할 수 있게 하는 정신분석 과정의 주요한 부분인 전이의 강도와 관련되어 있다는 점에서, 커다란 중요성을 갖는다. 매일 갖는 회기는 더 강렬한 관계로 인도하고 따라서 더 강렬한 전이로 이끈다. 소수의 사람들이 주 3회나 혹은 훨씬 더 적은 횟수로 분석과정을 확립할 수 있다는 것이 사실이기는 하지만, 대부분의 사람들은 최소한 4회기를 필요로 한다고 간주된다.

회기의 길이

프로이트가 본래 가졌던 회기의 길이는 한 시간이었다. 그가 어떻게 그러한 시간의 양을 결정하였는지에 대해서는 아무 것도 언급된 것이 없기 때문에, 우리는 그가 그것을 경험을 통해 결정했을 것이라고 가정할 수밖에 없다. 외부적인 압력들(아마도 전화의 광범위한 사용?)이 정신분석 초기 역사에서 회기의 길이를 50분으로 채택하도록 이끌었다. 이차 세계대전 직후에 분석에 대한 엄청난 수요는 많은 분석가들로 하여금 그들의 회기를 45분으로 줄이게 했다. 현재는 45분과 50분으로 양분되어 있는 실정이다. 45분보다 더 짧은 회기들(Muller, 1990)에 대한 실험적 시도들이 있지만, 주 4회 이하의 그리고 45분보다 덜 짧은 회기로는 일반적으로 불충분한 것으로 간주되고 있다. 좀더 긴 회기들이 시도된 바 있고 심지어 프로이트에 의해 추천되기까지 했지만, 오늘날은 거의 실행되지 않고 있다.

시간약속

환자들의 약속시간이 매일 같은 시간이어야 한다는 것은 근거 없는 것처럼 보이며, 분석가나 환자가 원한다면 시간의 변경은 문제가 되지 않는 것으로 보인다. 환자가 먼 거리에서 오는 경우와 같은 실제적인 이유로 인해, 주 4회를 맞추기 위하여 이틀 동안 매일 두 회기를 갖는 시도들이 있었지만, 경험들은 이것이 보통 분석과정을 발달시키는 데 충분하지 않다는 것을 보여준다. 시간약속을 할 때, 중요한 점은 약속시간들이 환자나 분석가에게 많이 불편하지 않아야 한다는 것이다. 실제적인 사항들을 정하는 것에서처럼, 분석가도 환자도 착취당하는 것으로 느껴져서는 안 된다. 자학적인 환자들은 명백하게 불공평한 사항 또는 과도하게 무거운 사항들을 수용하거나 심지어 그렇게 하겠다고 주장할 수 있는데, 그것은 자학적인 분석가들도 마찬가지이다. 분석가는 초기 협상 과정에서 이러한 일이 발생하는 것을 예방하기 위해 최선을 다해야 한다.

치료비

분석가에게 치료비를 지불하는 것과 관련된 모든 측면들에 대한 상호적인 동의는 특히 중요한데, 그 이유는 돈을 둘러싸고 드러나는 실연행동(enactments)이 분석에서 너무나 빈번하기 때문이다. 어떤 분석가들은 그들이 양보하지 않는 일정한 상담비의 기준을 가지고 있지만, 치료비의 결정은 빈번하게 협상의 문제이다. 분석가들은 분석을 하고자 하는 소망을 가지고 있지만, 많은 환자들은 제한된 자원들을 가지고 있다. 그러한 상황에서, 분석가가 보통 받고 있는 액수를 말하면, 많은 환자들이 그만한 액수를 지불하기가 어렵다는 이야기를 하게 되는데, 그때 분석가는 그의 치료적 현실과 재정 상태에 따라 종종 그보다 낮은 비용을 제시하는 방식으로 협상은 진행된다. 다시, 결정적인 고려 사항은 양자들에게 만족스러운 협상 결과에 도달하는 것이다. 분석가는 실제 사항의 일부로서 환자에게 얼마를 언제 지불해야 하는지에 대해 구체적으로 말해주어야만 한다. 가장 일반적으로 행해지고 있는 것은 분석가가 매달 청구서를 보내고 그 다음 달 중에 지불될 것을 기대하는 것이다. 분석가는 환자가 지키지 못한 약속들과 환자가 휴가를 간 동안에 빠진 회기들에 대한 그의 정책을 분명하게 밝히는 것이 특히 중요하다. 많은 분석가들은 이유에 상관하지 않고 분석가의 휴가 기간과 일치하지 않는 휴가들을 포함하여 모든 계획된 시간약속들에 대해 비용을 청구하라는 프로이트의 추천을 따른다. 그러나 많은 다른 실제적인 사항들에 합의하는 것이 가능하고 또 현실적으로 그렇게 하는 경우가 있기 때문에, 어떤 접근이 최상이라고 말하기는 어렵다. 분명한 것은 환자와 분석가가 함께 만들고 동의한 실제 사항들을 두 사람 모두가 분명하게 이해하는 한, 아무런 문제가 되지 않는다는 사실이다.

기타 사항들

환자와 분석가는 위급한 상황에서 서로 의사소통할 수 있는 바람직한 양태에 대해 알고 있어야 한다. 환자들은 가끔 어떤 특정 시간이나 장소에서 전화를 받는 것을 원치 않을 수 있으며, 분석가는 이것을 존중해주어야 한다. 마찬가지로 분석가도 회기

밖에서의 접촉에 대한 자신의 선호를 가지고 있는데, 분석가는 이것을 처음부터 환자에게 분명히 알려주어야 한다.

관계로서의 정신분석

정신분석 상황이 함께 작업하는 두 사람으로 구성되기 때문에, 거기에는 정의상 관계가 존재한다. 이 명백한 사실은 프로이트에게도 예외가 아니었다. 그의 모든 임상 작업들은 관계의 이런 또는 저런 측면을 강조했는데, 때로는 환자나 분석가의 관점에서 또 다른 때에는 관계 그 자체의 관점에서 그렇게 했다. 그러나 프로이트의 주요 이론적인 관심은 환자의 심리내적인 영역에서 무엇이 일어나고 있는가에 있었다. 이러한 그의 관심은 당시의 과학적인 시대정신의 영향과 함께 그로 하여금 치료 관계를 객관적인 관찰자가 피관찰자를 먼 거리에서 바라보는 것으로 보도록 인도했다. 이러한 입장은 치료 관계의 본질에 대한 이해에 강력한 영향을 끼쳤다. 그것은 분석가로 하여금 환자 안에서 일어나고 있는 것이 무엇인가를 지배적으로 생각하도록 이끌었다. 이것은 특히 그 관계 안에서 일어나고 있는 것이 피분석가가 분석가에 대해 갖는 왜곡된 생각과 감정일 때 더욱 그러했다. 이것은 "전이"라고 불리었고, 환자가 초기에 중요한 정서적인 대상들에 대해 가졌던 생각들과 느낌들이 분석가에게 전치된 것으로 이해되었다. 이것은 다시금 기법에 중요한 영향을 미쳤다. 분석가는 일반적으로 그 전이의 내용을 인식하는 것에 대한 환자의 저항을 해석하는 것 외에는 전이의 발달에 거의 또는 전혀 역할을 가지고 있지 않다고 보면서, 그것을 전치된 감정으로 해석했다. 동시에, 분석가가 환자에 대해 갖는 "부적절한" 감정은 유사한 방식으로 유발된 것으로 가정했고, 그것을 "역전이"라고 불렀다. 역전이는 환자에 대한 객관적인 관찰을 방해하는 것으로 간주되었고, 그래서 발생되지 말았어야 하는 것 그리고 만일 발생했다면, 속히 제거되어야 할 것으로 간주되었다. 분석가는 점점 더 관계에 참여하는 사람이 아니라 단지 그것을 관찰하고 해석하는 객관적인 과학자가 되고자 했다.

분석가와 환자 각 개인보다는 오히려 환자와 분석가 사이의 관계에 초점을 맞추는 경향은 정신분석 초기부터 시작된 것이었다. 1920년대 후반에 설리반은 대인관계 학파를 설립했다(Perry & Gawell, 1953). 거의 같은 시기에 멜라니 클라인(1948)은 나중에 다양한 대상관계 학파들로 전개된 자신의 작업들을 시작했다. 이것들은 미국 정신분석 사고의 주류를 형성했던 후기-프로이트 학파의 자아심리학에 즉각적으로 큰 영향을 미치지는 못했다. 자아심리학 학파는 프로이트와 같은 방식으로 분석상황을 바라보았다. 그 학파의 주요 관심사는 환자 개인이었고, 분석가에 대한 관심은 훨씬 더 적었다. 정신분석 주류의 초점이 관계로 전환된 것은 1950년대에 들어서였고, 이것은 세 가지 중요한 발달, 즉 젯젤(1956)에 의한 치료 동맹 또는 작업 동맹이라는 개념의 도입, 로우왈드(1970)에 의한 정신분석적 관계에 대한 상호작용적인 관점의 제시, 그리고 코헛(1971)의 자기심리학의 발달에 의해 촉진되었다.

치료 동맹

비록 "환자와 분석가 사이에 존재하는 관계의 협동적인 측면이 정신분석의 가장 초기 단계부터 인식되긴 했지만"(Curtis, 1979), 스테르바(1934)와 비브링(1937)과 같은 몇몇 중요한 사람들을 제외한 대부분의 분석가들은 전이에 초점을 두었다. 젯젤이 이러한 협동적인 측면에 "치료 동맹"이라는 이름을 붙여주고 나서야 사람들은 관계의 측면에 진정한 관심을 갖기 시작했다. 비록 그 후로 이 문제에 대한 논쟁이 있었지만(Brenner, 1979; Curtis, 1979), 오늘날 대부분의 분석가들은 분석관계가, 환자에 대한 좀더 나은 이해를 가져오기 위하여 비교적 성숙하고 실제적인 방식으로 함께 작업하는 환자와 분석가를 포함하고 있다는 생각에 동의하고 있다. 이 생각의 중요성은 두 가지이다. 첫 번째 것은 이론적인 것으로서, 협동의 역학과 관련된 것이다. 프로이트(1912a)는 그것을 "불편하지 않은 긍정적인 전이"(unobjectionable positive transference)를 건설하는 것으로 간주했다. 이것은 많은 사람들로 하여금 전이를 분석될 필요가 있는 무의식적이고 유아적인 내용의 전치라고 생각하도록 이끌었는데, 이는 그것이 불편하지 않은 것이라는 프로이트의 느낌을 따른 것이었다. 그러나 최근에 엘만(1991)과 다른 사람들은 이러한 프로이트의 입장이 분석의 목적이 억압된 외상적 기억들을 찾아내는 것이었던 정신분석 초기 사고의 잔재였음을 지적했다. 긍정적인 전이는 억압된 외상적 기억을 회복하게 하는 수단이며, 따라서 그것은 "불편하지 않은 것"으로 간주되었다. 오늘날, 만일 긍정적인 전이가 중요한 무의식 동기들을 나타낸다면, 우리는 그것들을 이해하기를 원할 것이다.

두 번째 것은 더 실제적인 것이다. 환자에게는 비갈등적이고 합리적인 비교적 성숙한 부분이 있다는 것이 분명한 것으로 보이며, 따라서 그는 분석가와 함께 작업하는 것이 자신을 위해 가장 좋은 것임을 이해할 수 있다. 만일 치료 동맹이 상당한 정도로 존재하지 않는다면, 분석은 발생하지 않을 것이다. 나는 치료동맹이 모든 순간에 존재한다고 말하지는 않지만, 만일 그것이 상당 기간동안 손상된다면, 치료는 곤경에 부딪칠 것임을 말하고 있다. 만일 분석가가 때때로 치료 동맹 상태에 대해 생각한다면, 그는 건설적으로 작업하고 있는 것으로 보이는 환자가 실제로는 치료자를 유혹하기 위해 순응하고 동조하고 있거나 다른 무의식적 전이 구성물을 재연하고 있음을 인식하게 될 것이다. 환자가 이것을 깨닫도록 돕는 것은 항상 쉬운 일이 아니지만, 만일 그것이 행해지지 않는다면, 분석의 진전은 발생하지 않을 것이다 (Meissner, 1992).

실제 관계

치료 동맹은 "실제 관계"라는 보다 광범위한 협력의 일부이다. 이 용어는 분석가가 전이 대상일 뿐만 아니라 실제 사람으로서 인식되고 반응되는 존재라는 사실을 강조한다. 물론 상호작용의 어떤 순간에도 치료 동맹은 순수한 전이나 순수한 진정한 관계일 수는 없는 것으로 보인다. 관계는 항상 어느 정도 실제와 전이 요소 모두에 의해 결정되며, 그것들 중 어느 것이 더 지배적이 되는가는 상황에 달려있다. 예를 들어, 만일 분석가가 회기 중간에 5분 동안이나 전화를 받을 때(바람직하지 않은 행동인), 환자가 기분이 나빠지는 것은 "실제" 요소들(어느 누구도 친밀한 대화를 방해받는 것을 좋아하지 않는다)과 전이 요소들(환자의 어머니는 뭔가 중요한 논의에 그를 불러들이고 나서는 다른 형제들에게만 관심을 쏟음으로써 그녀에 대한 근저의 무관심을 드러내곤 했다)이라는 두 가지 요소 때문일 것이다. 여기에서 중요한 기법적인 원리가 발생하는데, 그것은 모든 것이 전이는 아니라는 것이다. 발생하는 그것이 주로 환자와 관련된 것이든, 분석가와 관련된 것이든, 아니면 둘 다와 관련된 것이든 간에, 분석상황에서 발생하는 것에 대한 환자의 반응을 분석하는 것이 중요하다. 무언가를 "분석한다"는 말은 그것의 의미를 가능한 한 충분히 이해하기 위해서 환자의 협력을 촉구하는 것을 의미한다. 분석 작업에서, 실제 관계라는 개념은 분석가로 하여금 환자가 보이는 반응들 중 적어도 얼마는 실제적인 요인들에서 기인한 것임을 인식하고 인정하도록 돕는 역할을 한다.

정신분석적 관계에 대한 관점들의 변화

만약 초기의 정신분석가들이 정신분석이 관계 내에서 발생한다는 사실을 인식했더라면, 무엇이 달라졌을까? 그들이 과거에 생각했던 관계와 현재 받아들여지고 있는 관계의 차이는 무엇일까? 비록 많은 복잡성들이 존재한다 할지라도, 그 차이는 각 참여자가 서로에게 미치는 영향력의 양과 종류에 대한, 과도하게 왜곡되지 않은, 다른 지각에 있다. 1950년대 중반까지 정신분석 주류는 분석가를 비교적 견고한 경계를 가지고 있는, 그리고 그 관계에 의해 비교적 영향을 받지 않는 존재로 보는 경향이 있었다. 분석가는 평형 또는 평정 상태를 유지하고자 했다. 평정 상태가 방해받거나 일상적인 정도 이상으로 영향을 받을 때, 분석가는 그 경험을 역전이로 인식했고, 그것을 이해하고 극복하기 위해 노력했다. 물론 많은 분석가들이 이상적인 것 이상으로 환자와의 관계에 참여한다는 사실을 인식했다. 정신분석 초기부터 멜라니 클라인은 투사적 동일시에 대해 말하면서, 분석가가 감정적으로 깊이 참여하는 임상적 상황에 대해 기술했다. 그러나 로우왈드(1970), 샌들러(1976) 그리고 다른 사람들이, 분석상황에 대한 분석가와 환자의 경험에 서로가 매우 강력하고 상호적인 영향을 끼친다는 사실을 지적하고 나서야 이 측면에 대한 정확한 그림이 출현했다.

상호적인 영향의 정도와 유형은 여전히 논의에 열려 있다. 로우왈드의 공헌은 치료적 변화를 산출하는 데 필요한 새로운 대상으로서의 분석가의 역할에 초점이 맞추어져 있다. 샌들러는 분석가가 대체로 상황에 현실적으로 반응한다는 일반적인 믿음과는 반대로, 더 자주, 아마도 불가피하게, 환자에 의해 부과된 역할에 사로잡힌다고 지적했다. 그가 느끼기에, 대부분의 분석은 이해되고 해석된 전이-역전이 실연을 통해 진전이 발생하는 기간을 가지며, 그러한 기간들 막간에만 중립성이 발생한다. 아마도 이러한 입장의 극단적인 표현은 호프만(1992)이 "사회적 구성주의"라고 불렀던 것일 텐데, 그것은 분석가와 환자가 분석상황에 대한 서로의 주관적인 견해에 계속적으로 영향을 미친다고 믿는다. "분석가에 대한 환자의 주관적인 경험은 분석가와의 실제 상호작용에 열려있으며 그것에 의해 형성된다"는 것이다(Mitchell, 1988).

이러한 관점의 변동은 지난 10년 간 주류 정신분석 기법에 커다란 영향을 끼쳤다(Pulver, 1991). 전이를 탐구하는 분석가가 갖게 되는 기본적인 물음은 "환자가 옛 대상관계로부터 온 투사들과 전치들로 인해 어떤 왜곡된 방식으로 나를 보고 있는가?"였다. 오늘날 분석가들은 전이뿐만 아니라 관계도 탐구하게 되었으며, 따라서 그들의 기본적인 물음은 "환자와 나는 현 상황을 어떻게 경험하고 있으며, 우리 각자의 경험은 우리 자신들뿐만 아니라 서로에 의해 어떻게 영향을 받고 있는가?"가 되었다. 과거로부터 전치된 것들에 대한 해석은 여전히 빈번하게 이루어지고 있지만, 그것들은 종종 분석가의 기여를 포함하는 것, 즉 분석가의 경험을 포함하는 것이 되었다. 분석가의 태도에서 이 작은 것으로 보이는 변화는 분석 기법과 정신분석에 대한 경험의 본질 모두의 측면에서 극적인 변화를 가져왔다. 분석가에 대한 이상화는 차츰 줄어들었다. 환자들은 더 진정으로 이해받는다고 느끼게 되었고, 그 결과 자신들을 더 잘 이해할 수 있다고 느끼게 되었다. 이것에 대한 객관적인 자료는 없지만, 이러한 변화를 거쳐 온 분석가들은 그들의 분석이 과거의 것보다 훨씬 더 효과적이라는 인상을 갖고 있는 것으로 보인다.

분석 실제: 환자의 역할

실제 사항들이 결정되면서 분석은 시작되며, 두 사람 간의 상호작용이 발생한다. 분석이 성공적이기 위해서 환자는 분석 작업에서 상당한 역할을 해야 한다. 그는 분석의 실제 사항들을 지킴으로써, 카우치에 누워 자유연상을 하고 자신에 관한 모든 측면들을 표현하고 이해하려고 노력함으로써, 그리고 분석가에게 자기 자신을 보여줌으로써, 그를 이해하고자 하는 공동의 작업에 최선을 다해 협조해야 한다. 이 측면들은 어린시절의 기억들, 꿈들, 신체 감각들, 외상들, 동기들, 환상들, 사고들, 심상들, 그리고 독특한 행동방식들, 특히 불쾌한 정서를 차단하기 위해 고안된 방어들을 포함한다. 환자는 특히 정신분석적 상황과 분석가와의 관계 안에서 이 모든 것들이 일어난다는 사실을 주목할 것이다. 단순히 자유연상을 하는 것과 분석가의 해석을 듣는 것만으로는 충분치 않다. 그는 분석가의 말을 비판적으로 들어야 하고, 그것의 비중을 측정해야 하고, 그것을 그 자신의 지식과 조화시키도록 노력해야 하며, 통찰을 얻기 위해 적극적으로 노력해야 한다. 게다가, 비록 통찰이 본질적인 것이지만, 그것만으로는 충분하지 않다. 그 외에도 환자는 상실한 대상들과 환상들을 애도해야 하고 외상들에 얽힌 감정을 풀어내야 하며, 변화를 위해 의식적으로 노력해야 한다. 물론, 분석가는 이 모든 것을 환자에게 설명해줄 수는 없지만, 분석이 작용하는 방식과 환자가 분석을 촉진시키기 위해 사용할 수 있는 두 가지 도구, 즉 카우치와 자유연상에 대해 설명해줄 수 있다.

분석이 작용하는 방식에 대해 설명하기

분석이 작용하는 방식은 여전히 심각한 논쟁거리이다. 보통 분석가는 그것에 관한 복잡한 이론적 세부사항들을 이야기하지 않는다. 분석가는 단지 그들 두 사람이 함께 작업하기 위해 어떻게 시도하고 있는가를 환자가 이해할 수 있게 하기 위해 노력할 뿐이다. 분석을 처음 접하는 사람에게 있어서, 분석은 신비스러운 절차이다. 분석가들은 너무 자주 이러한 신비화가 확산되도록 허용했다. 환자들은 처음에 그들이 어떻게, 왜, 그리고 무엇을 하는지에 대한 설명을 필요로 한다. 나는 나의 환자들에게, 그들이 알지 못하고 있는 수많은 생각들과 감정들을 가지고 있으며, 이것들이 그들의 생각과 감정에 중요한 영향을 미치고 있고, 증상을 일으키는 중요한 원인이라는 사실을 설명해준다. 우리 모두는 그것들을 이해하기 위해 노력해야 하며, 그때 그것들을 변화시킬 수 있는 기회를 가질 수 있다. 나는 환자에게 그가 어째서 그러한 느낌을 갖게 되었는지를 알지 못할 때 그 느낌을 바꾸는 것이 얼마나 어려운지를 설명할 수 있을 것이다. 나는 환자에게 이것에 대해 어떤 질문이 있느냐고 묻고, 그 질문에 대해 가능한 한 명료하게 설명하려고 노력할 것이다. 비록 이 모든 것들이 주로 지적인 수준에서 이루어지는 것이라고 해도, 할 수 있는 한 신비를 많이 벗겨내는 것이 중요하다.

카우치의 사용

카우치는 프로이트가 최면을 사용한 것에서 온 것으로 보인다. 확실히 그는 당시에 그것을 그의 "압력"을 행사하는 기법으로 사용했는데, 그것은 처음부터 정신분석의 수용된 부분이 되었다. 프로이트는 이것에 대해 이론적인 이유들(그것은 환자의 이완을 돕고 마음에 떠오른 것은 무엇이든지 말하는 데 도움이 된다) 뿐만 아니라 개인적인 이유들(그는 응시되는 것을 좋아하지 않았다)을 갖고 있었다. 그것이 분석가들에 의해 거의 보편적으로 받아들여졌다는 사실로 미루어볼 때, 카우치의 사용이 분석과정을 촉진시킨다는 것은 명백한 것으로 보이는데, 이것은 아마도 카우치의 사용이 가로누운 자세, 이완 상태, 그리고 감각의 상대적인 박탈을 통해 변화된 의식상태로 환자를 인도하기 때문일 것이다. 그러나 이 말은 환자가 불안이나 다른 이유들 때문에 카우치에 누울 수 없다면 분석이 실행될 수 없음을 의미하지는 않는다. 그럴 경우 분석의 그 다음 초점은 그 불안을 이해하는 것이 사실이지만, 그러한 이해가 결코 환자가 카우치를 사용할 수 있을 만큼 충분히 완성된다는 보장은 없다. 카우치를 사용할 수 없다고 하더라도, 분석과정은 대부분의 관찰자들이 인식할 수 있을 정도로 발생할 수 있다. 요약하자면, 카우치의 사용은 보통은 도움이 되지만 항상 도움이 되는 것은 아니며, 분석을 위한 절대적인 선결 조건도 아니다. 그것은 단순히 환자가 긴장을 완화하고 자유롭게 연상하는 것을 허용하는 데 도움이 되는 방법의 한 부분일 뿐이다.

자유연상

아마도 분석가가 실제로 분석을 시작하기 전에 마지막으로 하는 일은 환자에게 분석의 "기본 법칙"인 자유연상에 대해 설명해주는 것일 것이다. 이것은 환자가 카우치 위에 누워야 하고 그의 마음에 떠오르는 모든 것, 즉 그의 사고뿐만 아니라 느낌들, 신체감각들, 환상들, 꿈들, 그리고 그에게 일어날 수 있는 그 밖의 모든 것들을 있는 그대로 말해야만 한다는 사실을 충분히 이해할 수 있게 하기 위한 것이다. 분석가는 환자에게 이것이 쉬운 것으로 보이지만, 실은 어려운 것일 수 있다는 사실을 일러주어야 한다. 불가피하게, 그는 어떤 것들은 이야기하기에 부적절하거나 당황스럽거나 사소한 것이라고 느낄 것이고, 그것들을 말하고 싶지 않을 것이다. 환자는 어쨌거나 그것들을 말하도록 최선을 다해야 하지만, 그는 또한 자유연상이란 기본 법칙임에도 불구하고 결코 도덕적인 명령은 아니라는 점 역시 인식해야만 한다. 그것은 단순히 분석 작업을 시작하기 위한 최선의 방법일 뿐이다. 사실, 분석가는 환자에게 그 어느 누구도 끊임없이 그리고 계속적으로 자유연상을 할 수 없다는 점을 말해주어야 한다. 누구든지 대개는 조만간 마음에 떠오르는 것을 말하기를 피할 것이다.

그것을 회피하는 방식과 그렇게 하는 이유에 대해 이해하는 것은 정신분석에서 사고 자체의 내용만큼이나 중요한 부분으로 간주된다. 실제에 있어서, 환자에게 이 모든 것을 설명하는 정도는 크게 다양하다. 많은 분석가들은 정서적 요인들의 강력한 작용에 비추어볼 때, 인지적인 이해의 중요성은 훨씬 더 적은 것으로 보인다. 어떤 분석가들은 단순히 환자에게 원하는 것은 무엇이든 말하라고 한다. 하지만 대부분의 분석가들은 환자가 자신이 한 말을 가능한 한 충분히 이해하기를 바라고, 상세한 사항으로 더 깊이 들어가려고 노력할 것이다. 그들은 왜 그리고 어떻게 자유연상이 작용하는지를 설명할 것이다. 즉, 환자의 마음속에 있는 것은, 설령 그가 그 순간에 인식하지 못하고 있다고 해도, 그가 생각하고 있는 것에 영향을 끼칠 수밖에 없으며, 분석가는 이것을 경청할 것이라는 점을 설명할 것이다. 다시 말해서, 환자의 마음속에 떠오르는 것은 그것이 무엇이든지, 설령 환자가 그 순간에 그것에 대해 알지 못한다고 해도, 환자가 생각하고 있는 것에 영향을 미칠 수밖에 없으며, 분석가는 그러한 환자의 이야기에 경청할 것이라고 말해줄 것이다. 분석가는 자신이 환자에게 유용한 어떤 것을 이해하고 있다고 느낄 때, 그것에 대해 환자에게 말해줄 것이다. 그리고 환자에게 그들이 하려고 하는 일에 대해 질문이 있는가를 물어볼 것이고 그 질문들에 대해 분명하게 대답하려고 노력할 것이다. 자유연상에 대해 환자에게 얼마나 자세하게 설명할 것인가의 문제는 여전히 논쟁거리가 되고 있지만, 그것에 대한 어느 정도의 설명은 일반적으로 유용한 것으로 수용되고 있다.

분석 실제: 분석가의 역할

환자가 처음으로 카우치에 누우면, 분석가는 환자의 시각에서 벗어나도록 카우치를 등 뒤로 하고 의자에 앉은 채 분석관계 안에서의 자신의 역할을 수행할 준비를 갖추게 된다. 여기에는 많은 측면들이 포함되어 있다. 첫째, 분석가는 마음속에 구체적인 목적을 가지고 있을 것이고, 특정한 태도들을 가지고 그 목적을 추구할 것이며, 그것을 위해 특별하고 고유한 사고의 양태를 사용할 것이다. 게다가, 이 목적을 추구함에 있어서, 그는 해석하기와 같은 어떤 특별한 행동을 할 것이고, 또 그렇게 함에 있어서 (그리고 실제로는 그의 모든 행동에서) 특정 원리들을 따를 것이다. 마지막으로, 분석가는 불가피하게 많은 다양한 방식으로 환자에게 정서적 반응을 보일 것이다.

분석가의 목적

나는 분석 학파나 치료적 변화를 가져오는 기제에 관한 이론의 차이와는 상관없이, 모든 분석가들의 일차적이고 으뜸가는 목적은 환자가 가능한 한 많이 자신을 이해할 수 있도록 돕는 것이라고 말한다. 분석가는 주로 자신과 환자 사이의 관계에 관해 가능한 한 많은 것을 이야기해주는 것을 통해서 이것을 할 것이다., 즉 그는 환자가 통찰을 얻도록 돕고자 할 것이다. 첫 번째 목적과 밀접하게 관련되어 있는, 이차적인 목적은 환자가 새로 얻은 통찰을 적응적인 방식으로 사용하도록 돕는 것이다. 비록 프로이트가 지나친 치료적 열정이 지닌 위험성을 지적한 것은 옳은 일이었지만, 대부분의 분석가들은 그런 위험에도 불구하고 환자들이 증상들과 비적응적인 성격 특성들로부터 벗어날 수 있기를 희망한다. 그들은 분석의 종결과 함께 환자들의 삶의 질이 분석을 시작하기 이전의 것보다 더 좋아지기를 희망한다. 분석가는 통찰이 이러한 변화들을 일으키는 데 충분하다거나(Rangell, 1981) 유일한 치료적 동인이라고 믿지 않을 수도 있다. 예컨대, 그는 환자가 분석가를 새로운 대상으로서 경험해야만 한다거나, 새로운 공감 경험을 통해 공감적 실패들을 교정해야만 한다거나, 환자의 초자아를 좀더 너그러운 것으로 바꾸어야 한다고 느낄 수 있다. 그는 궁극적으로 이해에 도달하기 위해서 해석과 함께 다른 많은 것들, 즉 안전한 분위기를 제공하거나 위로하고, 직면하고, 현실을 지적하는 일을 해야만 한다고 믿을 수 있다. 그러나 그의 신념이 무엇이든 간에, 그는 환자의 이해를 돕는다는 지배적인 의도를 가지고 그 일을 수행할 것이다. 나는 만일 그의 의도가 환자의 이해를 돕는 것과는 다른 방식으로 변화를 가져오는 것이라면, 그것은 정신분석이 아니라고 말할 것이다.

환자가 자신을 이해하고, 종종 갈등을 일으키는 많은 느낌들과 생각들을 좀더 효과적으로 다루도록 돕는 것은 정신분석의 광범위한 목적에 해당된다. 모든 분석가는 더 나은 이해와 기능을 획득한다는 주된 목적과 조화를 이루는 부차적인 목적들을 갖고 있다. 분석가들은 그들의 목적을 이론적인 측면에서 생각할 수 있고(원본능이 있는 곳에 자아가 있게 하라), 자유연상 능력의 확대나(Kris, 1982) 저항의 감소(Grey, 1987)와 같은 좀더 부차적인 측면에서, 또는 분석의 어느 특정 시점에 환자가 저항의 의미를 인식하도록 돕는다든가(Gill, 1982), 공감의 실패(Kohut, 1971)를 탐구하는 등의 더 구체적인 측면에서 생각할 수 있을 것이다—이런 부차적이거나 구체적인 측면들은 결국 더 큰 이해로 인도할 것이다.

분석적 태도

분석적 태도라는 말은 분석상황에서 분석가가 견지하고 있는 감정들, 견해들 그리고 가치들과, 분석가가 그것들을 환자에게 표현하는 비교적 안정되고 일관된 방식을 일컫는다. 분석가들은 항상 여러 태도들을 지니고 있는데, 그것들은 전체적으로 분석적 태도라고 불린다. 분석적 태도에는 다음의 것들이 포함되어 있다.

융통성

이것은 다양한 이론들에 대한 개방성 그리고 더 중요하게는 환자가 생각하는 것과 경험하는 것에 대한 새로운 인상 그리고 특정 순간에 환자의 이해를 돕기 위한 최상의 방법에 대해 개방적인 상태에 머무르는 것을 의미한다. 물론 융통성은 한계를 가지고 있다. 분석가는 자신의 환자를 마치 결코 만나본 적이 없는 사람인 것처럼 각 회기에 임해야 한다는 비온(1977)의 생각은 사실상 실현 불가능한 것이다. 분석가는 불가피하게 환자에 대한 지식, 자신의 이론, 성격, 그리고 다른 요인들에 기초한 선입관들을 가질 것이다. 하지만 그럼에도 불구하고 그는 항상 변화에 대해 열려 있도록 노력해야 한다.

통찰에 가치를 부여하기

분석가는 일차적인 분석 목적, 즉 이해를 추구하는 일을 지속적으로 수행해야 한다.

겸손

분석가는 실수할 수 있고 드물지 않게 실수하는 존재라는 인식을 가져야 한다. 이것과 밀접하게 연관된 것은 불확실성을 감내하는 능력이다. 그가 이해하기 위해 노력하는 동안, 그의 작업 시간의 많은 부분은 당혹스러움과 이해할 수 없다는 느낌으로 채워질 것이다. 그는 이것이 자신이 감당해야 할 요소임을 깨달아 성급한 결론에 도달해서는 안 된다.

치료 결과에 공동 책임이 있음을 인정하기

분석가는 치료적 열정에 과도하게 몰두하는 것을 피해야 한다. 그는 환자의 행복이 그들의 작업에 달려있다는 생각을 갖고 환자를 돌보는 것과, 환자의 삶의 질의 개선이 공동 책임의 문제라는 사실을 이해하는 것, 이 두 가지 역설적인 사실을 결합함으로써 그러한 위험으로부터 피할 수 있을 것이다. 분석가가 도울 수 있는 최종적인 방법은 환자를 이해하기 위해 노력하는 것이다. 만일 그가 이 점에서 최선을 다한다면, 그는 그가 할 수 있는 것을 하고 있는 것이다.

공감

분석가는 자신을 다른 사람의 입장에 두고, 가능한 한 깊이 그리고 의식, 전의식, 무의식의 모든 차원에서 다른 사람의 감정을 느낄 수 있는 능력을 가져야 한다.

일관성과 신뢰성

환자에 대한 존경

분석가는 한 개인으로서의 환자를 존경하고 그의 자율성을 촉진시켜주어야 한다.

환자에 대한 인정

분석가는 환자의 갈등들과 결핍들뿐만 아니라 그의 성취들까지도 인정해줄 수 있어야 하고 그것을 환자와 의사소통할 수 있어야 한다.

자발성

분석가는 자신의 경험과 기법적 원리들에 의해 인도를 받으면서도, 자기 자신이어야 한다. 우리는 다른 상황들 안에서 다른 사람들이 되지만, 우리는 멀리 있고, 철수한, 규칙에 매어있는, 혹은 인위적이 되기보다는 자연스러운 우리 자신이 되기 위해 노력해야 한다. 이것과 밀접하게 연관되어 있는 것은 강렬한 관계 안에서의 파트너로서 자신을 제공하는 태도와, 그러한 관계가 불러일으키는 모든 느낌들을 기꺼이 수용하려는 태도이다.

분석가가 생각하는 방식: 자유롭게 떠다니는 주의(Free-floating Attention)

프로이트가 자유롭게 떠다니는 주의(고요히 떠있는, 공중을 떠다니는)를 분석가의 생각하는 방식으로 추천한 이후로, 그것은 지배적인 분석적 관심으로 자리잡아왔다. 비록 꿈의 해석(1900)에서도 이와 유사한 정신적 태도를 추천하고 있기는 하지만, 그는 1921년에야 그것에 구체적인 이름을 붙이고 서술했다. 프로이트는 이것은 독일어로 Gleichschwebende Aufmerksamkeit 라고 표현했는데, 이 표현으로 그가 말하고자 했던 것은, 환자가 말하는 것을 그것의 어떤 특별한 측면에 초점을 맞추지 않은 채 듣고, 스폰지처럼 그가 말하는 내용 안으로 스며드는 것을 통해서 주의를 어딘가에 집중하려는 분석가 편에서의 모든 노력을 중지하는 것이었다. 프로이트의 생각에 따르면, 이러한 다른 태도만이 분석가로 하여금 환자가 말하고 있는 것에 대한 이해 안에 자신의 이론적이고 개인적인 전개념들과 선호들에 기초한 의미들을 도입하지 않을 수 있게 한다. 더 나아가, 그와 같이 자유롭게 떠다니는 주의는 분석가 자신의 마음이 환자의 연상에 대해 연상할 수 있도록 허용하고, 인지적 수준의 이해가 아닌 더 진정된 이해로 이끌 수 있다.

자유롭게 떠다니는 주의가 분석가의 생각하는 방식을 말하고 있다는 점에서 중요한 측면임에는 분명하지만, 그것은 분석가의 마음속에서 진행되는 훨씬 더 많은 것들을 인식하기 위해 내면을 들여다보는 성찰 작업을 필요로 한다는 점에서 한계를 갖고 있다. 분석가는 환자에 대해서 무엇인가를 알고 있으며, 따라서 때때로 그가 받은 인상들을 이전부터 가지고 있던 인식들과 결합시키지 않는다는 것은 가능하지도 바람직하지도 않다. 게다가,

그는 다른 환자들과의 풍부한 경험을 가지고 있고, 상당한 분량의 이론적 지식을 갖고 있는데, 이것들 역시 이해에 도달하고자 하는 그의 시도에 커다란 도움이 되는 것들이다. 듣는 것 외에도, 분석가는 환자의 비언어적인 의사소통들을 관찰한다. 그는 종종 자신을 환자의 위치에 두려고 노력하고(즉, 실험적 동일시를 형성하거나 공감하고), 환자가 서술하고 있는 상황에서 그가 어떻게 느낄지를 상상한다. 그는 환자에 대한 자신의 반응들을 관찰하고, 그 반응들을 관계 안에서 일어나고 있는 것을 이해하기 위한 실마리로 사용한다. 마지막으로, 그는 이 모든 것에 대한 추측들을 형성하고, 이 추측들 중에 어떤 것이 환자에게 말해줄 수 있는 것인지 그리고 언제 그것을 말해줄 것인지를 판단한다. 그리고 물론 그는 시간의 경과를 주시하고, 또한 회기의 구조를 유지하는 데 필요한 다른 일들을 수행한다. 분석가의 일상적인 사고를 특징짓는다면, 최상의 것은 아마도 자유롭게 떠다니는 주의와 목적적이고 인지적인 활동 그리고 정동적인 활동들이 혼합된 것—그것들 각각이 여러 개의 다른 절차들을 포함하고 있는—일 것이다. 이 모든 것들은 궁극적으로 분석가가 환자의 마음과 관계 안에서 일어나고 있는 것을 이해하도록 돕고, 그것을 환자에게 유용하게 의사소통할 수 있도록 돕기 위해 고안된 것이다.

분석가가 따라야 하는 기본 원리들

분석가는 분석가로서의 과제를 수행함에 있어서 몇 가지 일반적인 원리들을 따른다. 이것들 중 대부분은 프로이트의 기법에 관한 논문들에서 처음으로 서술되었는데, 그때 그는 그것들을 단지 지침으로써만 제시했다: "나는 내가 주장하는 이 기법이 나 개인에게 적합한 것임을 분명히 해야겠다. 나는 나와는 상당히 다른 치료자가 환자들과 자신의 과제에 대해 다른 태도를 취할 수 있다는 사실을 부인하지 않는다"(1912b, p. 111). 프로이트는 이 원리들이 정신분석을 실행하는 유일한 방식이나 엄격한 규칙들로서 받아들이는 것에 반대했고, 그러한 위험에 대해 경고했다: "나는 이 규칙들을 '추천 사항들' 이라고 부르고, 그것들에 대한 무조건적인 수용을 주장하지 않는다. 정신적인 요소들이 갖는 특별히 다양한 특성을 고려할 때, 모든 정신과정의 유연성과 그것의 결정 요인들의 풍부함은 기법에 대한 어떤 기계적 사고에 대해서도 반대한다. 따라서 일반적으로 정당화될 수 있는 어떤 행동이 때로는 비효과적인 것으로 드러날 수 있으며, 일반적으로 잘못된 것이라고 생각되는 것이 때로는 바람직한 결과를 가져올 수도 있다"(1913, p. 123). 이 지침들이 엄격한 규칙이 되는 것에 대한 프로이트의 두려움은 사실로 드러났다. 고전적 정신분석 기간 동안, 그의 추천들은 종종 문자적으로 따라야만 하는 일련의 명령들로 취급되었다. 이것은 너무 자주 분석가의 이미지를 환자 뒤에 무표정하게 앉아서 이따금씩 해석을 하는, 정서적으로 멀리 있고 환자와의 관계 안에 참여하지 않는, 좋은 분석가에 대한 풍자적인 모습으로 만들었다. 다행히도, 프로이트의 원리를 보다 유연하게 해석하는 오늘의 정신분석은, 모든 환자들은 아니더라도 많은 환자들에게 그리고 모든 상황은 아니더라도 많은 상황에서 훨씬 더 큰 유용성을 갖게 되었다. 오늘날 정서적으로 참여하지 않는 분석가는 흔치 않다. 이 점을 염두에 둔 채, 그러한 원리들에 대해 살펴보겠다.

중립성

중립성을 정신분석 기법에서 가장 중요한 원리라고 생각하는 것은 그 용어를 둘러싸고 형성된 혼동의 결과였고, 그것은 생각할수록 어처구니없는 것이었다. 이러한 혼동의 얼마는 프로이트가 Indifferenz 라는 독일어 단어(리비에르에 의해 "indifference, 무관심"으로 그리고 스트레이치에 의해 "neutrality, 중립성"으로 번역된)에 대한 정의를 제시하지 않았고, 그것을 다양한 상황에서 다양하게 사용했다는 사실에서 연유한다. 예컨대, 프로이트가 그 단어를 처음으로 사용한 같은 페이지(1915, p. 164)의 다음 문단에서 그것은 절제(abstinence)라는 의미의 말로 바뀌었는데, 그것은 분명히 같은 것을 의미했다. 안나 프로이트(1937)는 원본능, 자아, 그리고 초자아를 같은 거리에서 다루었는데, 그것은 그녀가 중립성에 대해 말하고 있는 것처럼 보일 수도 있지만, 그녀는 결코 중립성이란 단어를 사용하지는 않았다. 1950년 초반(Glover, 1955)에 가서야 중립성은 정신분석 문헌에서 실제로 분석 기법을 위한 원리로서 논의되었다. 용어의 정의에 매달리거나 논쟁에 너무 깊숙이 들어가는 일없이 숙고해볼 때, 이 용어는 분석가의 기법을 안내해주는 중요한 어떤 것을 나타내는 것이고, 절제나 익명성과 같은 다른 원리들과 중복되지 않는 것이며, 일상적인 영어 단어 이상의 의미를 지닌 것으로 보인다. 이 모든 조건들을 충족시키는 말이 있다면, 아마도 그것은 "편들지 않기" (impartiality)라는 말일 것이다. 따라서 중립성의 원리는 다음과 같이 서술될 수 있다: 분석가는 그의 환자 인격의 어떤 측면을 편들지 않는다. 원본능, 자아, 그리고 초자아의 입장에서, 그는 환자가 선택하는 현실을 다룸에 있어서, 그것이 어떤 야망의 추구이든지, 어떤 금지에의 굴복이든지, 환자의 성적이거나 공격적인 욕망이든지, 그것을 지지하지도 반대하지도 않는다. 그는 이것들 모두를 향해, 즉 그의 환자의 욕망들, 환상들, 인지, 그리고 정서의 모든 측면에 대해 공정한 태도를 유지한다.

이 정의는 분석가의 핵심적인 태도를 잘 포착하고 있지만, 레비와 인더비찐(Levy and Inderbitzin, 1992)이 지적하듯이, 그것은 하나의 중요한 흠을 가지고 있다. 사실, 분석가들은 편을 들고 있고, 또 실제로 꽤 자주 편을 들어야 할 때가 있다. 분석가들의 실제 행동을 검토해보면, 그들은 정신분석 과정을 촉진시키기 위해 필요할 때마다 편을 드는 것으로 보인다. 그러나 만일 우리가 위의 정의에 "환자를 이해하고 통합을 이루는 궁극적인 목적을 성취하기 위해 필요한 경우를 예외로 하고"라는 말을 덧붙인다면, 모두를 만족시킬 수 있는 원리를 갖게 될 것이다.

위에서 제시된 정의에 따르면, 중립성은 분석가가 환자의 자율성을 존중한다는 것과 같은 의미이다. 우리가 분석가가 어느 것도 편들지 않는다고 말할 때, 우리는 분석가가 의견들, 가치들 혹은 그 자신에 대한 신념들을 갖지 않는다는 것을 뜻하지 않는다. 그 말은 분석가가 그러한 신념들을 자신을 위해 간직한 채, 그것들을 환자에게 부과하거나, 환자에 대한 자신의 느낌에 영향을 주거나, 환자가 느끼고 있는 것의 어떤 측면에 영향을 미치도록 허용하지 않는다는 것을 의미한다. 모든 원리들이 그러하듯이, 여기에는 예외들이 존재한다. 분석가는 환자가 자신의 무의식적인 환상들을 명료하게 이해할수록 도움이 된다고 강하게 믿고 있다. 그는 환자에게 이 신념을 전달해주고, 또 그 신념에 따라 일관되게 행동한다. 그러나 이 순간에도 중립적인 분석가는 감정적인 압력을 통해서 환자에게 자신의 신념을 강요하지 않기 위해 노력한다. 분석가는 이해가 도움이 될 것이라고 강하게 믿는 것만큼이나, 환자가 이해하지 않을 수 있는 권리와 종종 그래야만 하는 많은 이유들을 갖고 있음을 인정해야 한다. 그는 환자에게 이것들을 지적하기 위해 노력하지만, 설령 환자가 자신을 이해하기를 원치 않거나 혹은 이해할 수 없다 해도, 결코 그를 무시하는 일은 없어야 한다.

여기서 우리는 분석가의 목표들과 가치들을 받아들이지 않는 환자에 대해 말하고 있다. 그러나 분석가가 소중하게 생각하고 있는 목표들 또는 가치들과 정면으로 충돌하는, 전혀 다른 가치들을 가지고 있는 환자에 대해서는 무엇을 말할 수 있을까? 이 상황에서 만약 환자가 자신의 가치들을 행동으로 옮기지 않는 한, 분석가의 중립성이 도전받는 경우는 거의 없을 것이다. 잘 훈련받은 아동으로 키우기 위해 자녀에게 심한 신체적 처벌이 필요하다고 느끼는 젊은 부모를 가정해보자. 이것이 단지 느낌인 한, 대부분의 분석가들은 그가 그들 자신의 것과는 반대되는 견해들을 갖고 있음을 인식하고, 환자로 하여금 자신의 느낌을 최대한으로 탐구할 수 있게 하기 위해 그것들을 옆으로 제쳐놓을 수 있다. 대부분의 분석가들은 그들 자신의 분석과 훈련을 통해서 무한히 다양한 인간의 환상과 욕망을 인식하게 되고, 신념들과 환상들에는 항상 어떤 이유들이 존재한다는 철학—만일 그것들이 발견만 될 수 있다면—에 흠뻑 물들어 있다. 그러나 만일 우리의 가상의 환자가 학대 수준의 행동을 자신의 자녀에게 한다면, 그때 분석가(법적인 고려들과는 별도로)는 중립성을 유지하는 데 많은 어려움을 겪게 될 것이다. 비록 가치와 관련된 갈등에 대해서 많은 논의가 이루어진 것은 아니지만, 최소한 몇몇 분석가들(Greenson, 1967)은 만일 분석가가 그것을 마음속에서 해결할 수 없다고 느낀다면, 성공적인 분석은 불가능할 것이라고 보고 있다.

중립성에 대한 이러한 정의는 좀더 세밀한 검토를 필요로 한다. 중립성이 편을 들지 않는 것을 의미한다면, 그것은 무엇에 대해서 편을 들지 않는다는 말인가? 분석가는 분명히 환자의 심리내적인 측면의 어떤 것에 대해서도 편을 들지 않는다. 게다가, 그는 자신의 대인관계적인 만남을 포함해서, 환자의 어떤 대인관계적 만남들에 대해서도 편을 들지 않는다. 만일 환자의 어려움이 부부간의 갈등에 관련되어 있다면, 분석가는 그 갈등에서 환자와 그의 배우자가 떠맡는 역할에 대해 개방적이기 위해 노력할 것이다. 그는 치료적 야망을 제외하고는 환자를 위한 야망을 갖지 않아야 하며, 치료적 야망조차도 열광적이지 않아야 한다. "야망이 없다"는 말은 좀더 설명이 필요하다: 분석가와 환자는 강렬한 관계 안에 있으며, 분석가는 틀림없이 환자가 치료될 것이라는 소망을 포함한, 치료적 야망을 갖는다. 그러나 그는 이 소망들 안에 자신의 자기애적인 요소가 포함되어 있음을 인식하고, 그것을 최소의 상태로 유지해야 한다. 나는 내가 분석하고 있는 분석가 지망생이 분석과 훈련을 성공적으로 마치기를 희망하지만, 만일 그가 다른 야망들 때문에 분석을 끝내고 나서 행동치료자가 된다고 해도, 나는 그것을 개인적인 모욕으로 간주하지 않을 것이고, 따라서 그에 대한 나의 감정은 이전과 다름이 없을 것이다.

마지막으로, 중립성은 분석가가 환자의 현실적인 문제들과 관련해서 편을 들지 않는 것을 의미한다. 환자는 내가 현명하지 않다고 느끼는 주요한 결정을 막 내리려고 할 수 있지만, 나는 분석을 시작하면서 약속했던 것처럼 그로 하여금 자신의 행동에 대한 동기를 이해하도록 돕는 것이 내가 할 수 있는 가장 큰 공헌이라는 점을 인식할 것이다. 나는 환자의 생명과 건강을 보존하기 위해서는 중립성을 포기할 수 있지만, 다른 것을 위해서는 그럴 수 없으며, 따라서 나의 중립성은 환자의 내부 세계뿐만 아니라 외부 세계의 문제들까지 포함한다.

절제

절제의 원리는 프로이트(1915)에 의해 도입된 이후로 정신분석적 논쟁의 중심적인 위치를 차지해왔다: "나는 분석 기법이 치료자가 사랑과 만족을 요구하는 환자의 갈망을 거부할 것을 요구한다는 사실을 이미 설명했다. 치료는 절제 안에서 수행되어야 한다"(p. 165). 비록 프로이트가 여기서 낭만적인 사랑을 말하고 있다 하더라도, 그는 분명히 분석가가 환자의 다른 소망들을 만족시키는 것으로부터도 절제해야 한다고 느꼈다. 동시에, 그는 치료 상황 안에서 욕구충족의 전적인 부재는 바람직하지 않으며 실은 불가능하다는 사실을 인식하고 있었다: "각 사례에 따라 그리고 환자 개인에 따라 절제의 원리는, 크건 작건, 얼마의 양보가 이루어져야만 한다. 그러나 환자들에게 너무 많은 욕구충족을 제공하는 것은 좋지 않다"(Freud, 1919, p. 164). 욕구충족의 형태와 양 모두에 한계를 설정하는 것은 정신분석 치료의 다양한 노선들을 발달시키게 된 요소가 되었다는 점에서, 이것에 대한 프로이트의 생각이 현대 정신분석에 어떻게 적용되는지를 살펴보는 것은 매우 유용할 것이다.

절제를 내세우는 프로이트의 이론적인 이유들은 명백한 것이었다. 그는 환자의 질병이 아동기에 기원을 두고 있는 심리학적 이유로 인한, 리비도적인 만족을 얻지 못하는 무능력에서 기인한다고 느꼈다. 치료를 받고자 하는 환자의 욕망은 이러한 박탈에 수반되는 고통에 기초한 것이다. 치료 상황 안에서 환자에게 리비도적 만족을 공급하는 것이나 치료 상황 바깥에서 대체 만족을 얻도록 허용하는 것은 그의 고통을 경감시킬 것이고, 따라서 그의 치료 동기를 감소시킬 것이다. 이러한 절제 원리에 대한 좀 더 실제적인 이유는 분석가 특히 경험이 부족한 초보 분석가에게 전이 사랑(transference love)에 대한 엄청난 유혹이 따르게 되며, 따라서 비윤리적인 분석가에게 환자를 착취할 수 있는 기회가 주어진다는 프로이트의 생각에서 찾을 수 있다. 프로이트가 절제의 원리를 내세우게 된 것은 최소한 두 가지 이유, 즉 첫째로 치료 동기의 유지를 돕기 위해서, 둘째로 전이 사랑에 대한 유혹을 경고하기 위해서였다. 마지막으로, 프로이트는 그의 동료인 페렌치의 기법적인 실험에 직면하게 되었는데, 그의 실험의 일부는 환자가 아동기에 받지 못한 것을 채워주기 위해 그의 소망을 충족시켜주는 "활동"을 포함하고 있었다. 프로이트가 초기에 페렌치의 작업을 지지했던 이유는, 부분적으로는 그들 사이의 우정 때문이었고 또 부분적으로는 자신이 실제로 그렇게 하고 있었기 때문인데(예컨대, 그가 주저 없이 쥐 인간으로 알려진 환자에게 음식을 주었던 일), 이것은 그다지 흔쾌한 일이 아니었음이 명백하다. 나중에 그의 불편한 마음은 더욱 심화되었다(Gay, 1988).

그의 추천들의 많은 부분이 그런 것처럼, 절제에 대한 프로이트의 조언은 그것의 동기나 현실적인 본질과는 상관없이, 그의 추종자들에 의해 환자의 어떤 소망도 충족시키기를 거부하는 터무니없는 것으로 변질되었다. 우리는 점차적으로 환자가 소망하는 많은 것들—예를 들어, 스케줄의 변경—이 합리적으로 논의되어질 수 있는 것임을 알게 되었다. 우리는 항상 그들의 무의식적인 동기들에 대해 궁금해 하지만, 때때로 그것들은 현실적으로 처리된 이후에야 탐구가 가능해진다는 것을 알고 있다. 무의식적 욕구충족에 대한 절제라는 의미에서 볼 때, 프로이트가 절제를 내세우게 된 이유였던 유아적 소망충족에 대한 금지는 더 이상 현대 정신분석 실제에서 수용되지 않고 있다. 오늘날 분석은 매우 장기간 동안 지속되는 경향이 있고 병인과 치료의 동기에 대한 우리의 이해가 프로이트가 생각했던 것과는 너무 다르기 때문에, 우리는, 욕구충족이 치료를 불가능하게 만들 정도로 파괴적인 영향을 미칠 수 있는 경우를 제외하고는, 환자들이 치료 상황 바깥에서 욕구충족을 자제할 것을 기대하지 않는다. 분석가는 환자들에게 더 이상 분석이 끝날 때까지 중요한 결정이나 행동을 연기하라고 충고하지 않는다. 대신에 환자들에게 행동을 취하기 전에 그 행동에 대해 가능한 한 깊이 이해할 것을 조언한다. 그들의 행동이 전이로부터 전치된 소망을 충족시키기 위한 것으로 보일 때, 우리는 특히 환자가 이것을 이해할 수 있도록 돕기를 원하지만, 그것을 금지하지는 않는다.

그러나 치료 안에서 절제에 대한 프로이트의 입장은, 비록 몇몇 측면들은 지금도 논쟁의 대상이 되고 있지만, 여전히 수용되고 있다. 실제로 절제가 필요해지는 것은 환자의 소망에 의해서이지만, 그 규칙을 부과하는 것은 환자의 소망을 만족시키기도 절제하기도 하는 분석가에 의해서라는 점을 주목하라. 일반적으로, 환자의 대부분의 무의식적 소망들은 이해되어져야 하는 것이지, 만족되어져야 하는 것이 아니라는 견해가 수용되고 있다. 그러나 여기에는 일시적일 수도 있고 영구적일 수도 있는, 예외들이 있다는 사실이 매우 중요하다. 정신분석의 목적 자체인 이해는 소망의 충족을 포함한다. 모든 환자들은 얼마는 의식적으로 그리고 얼마는 무의식적으로, 그리고 어떤 것은 다른 것들보다 더 긴급하게 이해받기를 소망한다. 게다가, 분석가는 환자가 치료적 관계를 유지할 수 있게 하기 위해 충분한 진정성, 정중함, 돌봄의 태도를 유지해야 하는데, 이것은 불가피하게 관심과 사랑에 대한 환자의 무의식적 소망을 충족시켜주는 것을 포함한다. 마지막으로, 때로 무의식적 소망의 좌절이 치료 관계를 파괴할 수 있을 만큼 강한 불안과 격노를 자극할 수 있는 상황이 발생한다.

이런 상황에서 분석가는 그와 환자가 이해에 도달할 때까지 일시적으로 소망을 만족시켜줄 수도 있다. 예컨대, 한 환자는 마치 자신이 전혀 화가 나지 않은 것처럼 행동했던 어머니에 의해 심각한 학대를 받았다. 나는 그가 나를 화나게 만들고 있는지에 대한 질문에 대해 탐구했는데, 처음에 나는 비록 그가 내가 화가 나있다고 확신하고 있음에도 불구하고, 나 자신은 화가 나지 않았다고 생각했다. 이것은 그가 자신의 어머니와 가졌던 견딜 수 없었던 상황을 반복하는 것이었으며, 그에게 단순히 그런 해석을 주는 것만으로는 충분한 것이 아니었다. 마침내 우리가 어떤 일이 일어나고 있는지를 이해할 수 있게 될 때까지, 나는 그가 나를 화나게 할 것이라고 느끼는 문제에 대해서 내가 어떤 감정을 가질 것이라고 성급하게 평가하지 말도록 그를 도와야만 했다.

절제의 원리를 둘러싼 논쟁에서 더 큰 유동성을 향해 이동하는 경향성의 일부는 통찰과 새로운 대상과의 관계 중 어느 것이 치료적 변화를 가져오는 더 큰 요인인가라는 계속되는 논쟁으로부터 왔다. 이 주제는 5장에서 훨씬 더 상세하게 논의될 것이다. 간단히 말해서, 여기에는 통찰만이 유일한 치료적 요인이라고 느끼는 사람들(아마도 소수 집단에 속하는)로부터 새로운 대상과의 관계가 통찰과 동등하거나 훨씬 더 중요한 요소라고 느끼는 사람들에 이르기까지 전체 범위가 포함된다. 전자의 견해를 갖고 있는 사람들은 환자가 만족되어지기를 원하는 모든 소망을 최종적으로 이해할 수 있다는 희망을 갖고 더 엄격하게 절제의 원칙에 매달리는 경향이 있는 반면에, 후자의 견해를 따르는 사람들은 많은 소망충족들이 불가피하게 발생하고 있으며 그것들 모두를 이해하는 것은 불필요할 뿐만 아니라 때로는 비생산적이라고 느끼는 경향이 있다. 대부분의 분석가들은 이 두 입장 사이 어디엔가 서 있지만, 이 문제에 대해서 아직도 많은 연구가 필요하다.

익명성

가끔 무인격성의 원리로 불리기도 하는 익명성의 원리는 환자가 가능한 한 분석가에 대해 조금만 알아야 한다는 것을 말한다. 프로이트는 그것을 매우 분명하게 표명했다: "치료자가 환자에게 그 자신의 삶에 대한 사적 정보를 줌으로써 치료자 자신의 정신적 결함과 갈등들을 약간 알게 하는 것은 환자가 자신을 치료자와 동등한 위치에 둘 수 있도록 허용한다는 점에서 … 상당히 수용될 수 있고 또 실제로 유용한 것이 될 수 있다고 추측할 수 있다. … 그러나 경험은 이런 종류의 기법을 지지하지 않는다. … 따라서 나는 이 기법이 옳지 않은 것이라고 주저 없이 판단을 내린다. 치료자는 마치 거울처럼 환자들에게 투영된 것만을 보여주어야 한다"(1912b, p. 117). 그 후로, 이 원리는 널리 수용되기는 했지만 거의 구체적인 주목을 받지는 못했다. 비록 거울 은유가 종종 다른 상황들에서 언급되기도 했지만, 익명성이나 무인격성이라는 제목을 가진 논문들은 거의 찾아보기가 힘들다(하나의 예로, Paul, 1978을 보라).

익명성의 원리가 중립성과 절제의 원리에 어느 정도 관련성을 갖고 있는 것은 사실이지만, 그것은 하나의 독자적인 원리로서 간주되기에 충분한 차별성을 지니고 있다. 중립성과의 관계는 명백하다: 만일 분석가가 편을 든다면, 그는 자신에 관한 무엇인가를 드러내고 있는 것이다. 절제와 관련해서, 자신에 관한 어떤 것을 드러내고 싶은 유혹은 종종 환자의 욕망에 대한 반응으로 일어난다는 점에서, 그렇게 하는 것은 실제로 환자의 소망을 충족시키는 것이 될 수 있다. 프로이트는 다음과 같이 말한다: "정신분석에서 분석가의 개인적인 요소들은 피분석가에게 알려지지 않아야 한다"(Moore & Fine, p. 23. 익명성이라는 단어가 의미하듯이). 그러므로 익명성의 원리는 중립성이나 절제의 원리와는 분명히 다른 것이다.

프로이트는 환자에게 분석가 개인의 문제들을 말해서는 안 되는 세 가지 이유를 제시했다. (1) 그것은 "환자의 더 깊은 저항을 극복하는 것을 훨씬 더 어렵게 만든다"(프로이트는 그 이유에 대해서는 밝히지 않았다); (2) 그것은 환자의 호기심을 무한히 자극할 수 있다; (3) 그것은 전이의 해소를 더욱 어렵게 만든다. 이러한 견해에 대한 일반적인 설명은 다음과 같다: 환자는 분석가에 대한 자신의 왜곡들이 정확한 것이라는 느낌을 지지해주는 현실적인 정보를 가지고 있기 때문에, 환자는 자신의 전이 왜곡이 지닌 비현실성을 인식하기 어렵다. 익명성과 관련된 또 하나의 부가적인 이유는, 환자가 분석가에 대해 적게 알수록, 더 쉽게 그에 대한 환상을 가질 수 있다는 것이다. 예컨대, 만일 환자가 내가 결혼했다는 사실을 안다면, 그는 내가 동성애 애인과 살고 있다는 환상을 갖기가 더 어려울 것이다. 마지막으로, 익명성의 원리는 분석가가 아니라 환자의 치료에 기본적인 초점을 맞추라는 의미를 담고 있다.

나는 프로이트가 추천한 후로 대부분의 분석가들이 따르고 있는(비록 프로이트 자신은 확실히 그렇게 하지 않았던) 엄격한 익명성의 가치에 대해 커다란 의구심을 가지고 있다. 익명성의 원리를 분석가는 일반적으로 뚜렷한 이유없이 자신의 개인적인 정보를 자발적으로 유출해서는 안 된다고 하는 하나의 광범위한 지침으로 본다면, 그것은 유용한 것이다. 결국, 치료의 초점은 환자이다. 그러나 익명성의 원리를 분석가에 대한 개인적인 정보가 항상 해로운 것이며 절대적으로 피해야만 하는 엄격한 명령으로 생각하는 것은 정신분석 문헌에서 대체로 잘못된 것으로 간주되고 있다. 흥미롭게도, 분석 기법의 원리에 대한 논의에서 분석가가 익명의 존재로 남아야 한다는 추천은 보통 그 배경에 대한 논의 없이 그 자체의 권위를 지닌 채 반복되고 있다. 나는 분석가에 대해 정보를 갖는 것이 그에 대한 환상을 갖거나 전이를 해소하는 것을 더 어렵게 만든다는 설득력 있는 증거를 찾지 못했다. 사실, 그와 반대되는 견해를 뒷받침해주는 상당한 증거들이 있다. 게다가, 분석가에 대한 어느 정도 아는 것이 분석에 해가 되는 것이 아니라 오히려 유익이 된다는 견해를 제시하는 문헌들이 증가하고 있다. 나는 절제의 원리를 보다 자유롭게 적용해야 하는 몇 가지 이유를 다음과 같이 요약할 수 있다.

첫째, 엄격한 익명성을 유지하기란 불가능하다는 것이다. 환자들은 우리를 만나고, 보며, 상호작용하고, 우리의 사무실을 방문하며, 우리가 그것들을 어떻게 장식하였는지, 우리가 어떤 책들을 읽고 있고, 무엇을 하면서 시간을 보내는지, 우리가 수줍음을 타는지, 따뜻한지, 혹은 논쟁적인지를 주목한다. 요약하자면, 그들은 분석의 본질인 접촉 그 자체로부터 우리의 성격과 삶에 대한 많은 개인적인 정보를 획득한다. 어느 누구도 이것을 제한해야 한다고 주장한 적이 없다. 그렇게 하는 것은 의심의 여지없이 진정한 관계를 방해하는 인공물을 만들어내는 것이다.

둘째, 법의학적 고려사항들뿐만 아니라 의학적 윤리는 환자가 잘 알려진 정보에 기초해서 그들의 치료사를 선택할 권리가 있음을 말한다. 결과적으로, 분석가의 자격에 관한 기본적인 질문들에 관해 대답하는 것은 표준적인 절차로 받아들여지고 있다: 그들이 어느 의대를 다녔고, 경험이 얼마나 되는지 등등. 이 질문들은 거의 항상 현실적인 내용들뿐만 아니라 무의식적인 내용들도 포함하고 있지만, 면담 과정에서 우리는 먼저 그것들에 대답해주고, 적절하다고 판단될 때에 그 질문의 의미에 대해서 탐구한다. 게다가, 많은 정신분석 연구소들에서, 분석가 훈련생들은 법의학적인 이유로 환자들에게 그들이 배우는 과정에 있는 사람들이고 수퍼비전을 받고 있다는 사실을 환자에게 말해줄 것을 요구하고 있다. 확실히 이것은 분석에 충격을 주지만, 우리는 그 충격이 매번 독특하고, 예측이 불가능하며, 보통 분석에서 해가 되기보다는 유익이 된다는 것을 경험한다.

셋째, 다양한 종류들의 분석 외적인 접촉들(승강기에서의 조우, 전문직종의 모임들, 칵테일 파티 등)은 보통의 분석에서 빈번히 발생하는 일이며, 분석가 훈련과정에서 불가피한 일이다. 이것에 관해 씌어진 많은 논문들은 거의 모두가 그런 접촉들이 보통, 예상 밖의 생산적인 방향으로 전이 환상들을 자극하는 촉진적 효과를 갖는다고 주장한다. 그러한 접촉의 부정적인 효과를 보고한 논문은 드물다. 레비와 인더비친(개인적인 의사소통에서)은 그러한 상호작용에서 발생하는 현실이 방어적으로 사용될 수 있다고 느끼며, 이것은 어떤 현실도 그럴 수 있듯이, 뚜렷한 사실이다. 그러나 현실을 이처럼 방어적으로 사용하는 것은 그것을 피하기보다는 분석함으로써 더 잘 다루어질 수 있는 것으로 보인다. 그러나 사교적 만남에 해당하는 계획적인 개인적 접촉은 전혀 다른 문제임을 강조할 필요가 있다. 그것은 상호 동의에 의해서 이해라는 유일한 목적에 헌신하는 분석관계의 본질을 변질시키는 것이다. 분석가와 환자 두 사람은, 훈련 분석에서 그렇듯이, 분석상황 박에서 만날 때 처음부터 서로 조심하고 그러한 접촉을 최소로 유지하는 등, 이러한 상황에 대해서 경계하는 것이 보통이다.

넷째, 분석상황에서 분석가의 자기-노출에 의해 획득된 지식은 다른 방식을 통해 획득된 분석가에 대한 지식보다 더 논쟁적이다. 그러한 자기-노출은 여러 형태를 취하기 때문에 여기서 상세히 다룰 수는 없다. 아마도 유일하게 일반적으로 수용되고 있는 원리는 환자가 치료 상황에서 명백한 형태의 역전이 현상이 나타나고 있음을 발견할 경우, 그 행동에 책임이 있는 분석가는 어느 정도 자기 노출을 해야 할 의무가 있다는 것이다(예컨대, "내가 그 약속을 망각한 것은 내가 인식하고 있지 않은 무엇인가가 내 안에 있음을 말해주는데, 그것이 무엇인지 이해하도록 노력해볼게요. 그건 그렇고, 내가 나타나지 않았을 때 당신은 어떻게 느꼈나요?"). 분석가가 자신의 생각들, 느낌들, 환상들 그리고 이미지들을 노출하는 다른 실제의 예들은 갈수록 문헌에서 빈번히 등장한다. 일반적인 견해는 이것이 어떤 상황에서는 매우 유용함에도 불구하고, 그것은 여전히 신중하게 사용되어야 한다는 것이다.

간략히 말해서, 프로이트가 최초에 기술했던 익명성의 원리—즉, "분석가가 자신의 개인적인 내용을 자유롭게 논의 안으로 가지고 오는 것을 자제해야 한다는"(Freud, 1912b, p. 117)—는, 비록 언제 그리고 어떻게 분석가가 자신의 생각과 감정을 노출할 것인가의 문제는 더 많은 연구를 필요로 하지만, 여전히 중요한 기법적 원리로 남아 있다. "분석가에 대한 개인적인 사실들은 피분석가에게 알려지지 않은 채로 남겨져야만 한다"는 생각을 지나치게 확대해서 생각하는 것은 보증된 것이 아닐 뿐만 아니라 분석가 쪽에서 분석과정을 방해하는, 인위적인 정보의 보류를 고무할 수 있다.

비밀 보장

분석 회기들 동안 환자가 말하는 모든 것—실로, 그가 환자라는 사실을 포함하여 환자에 대해 분석가가 알고 있는 모든 것—은 절대 비밀이라는 이 원리는 히포크라테스 이후로 거의 신성한 것으로 간주되어왔다. 비밀 보장의 이유는 명백한 것이다. 우리는 환자에게 가장 수치스러울 수 있는 생각과 감정들 그리고 가장 감추고 싶은 소망을 포함하여, 가장 깊은 비밀들을 남김없이 이야기하라고 요구한다. 자신이 말한 것이 절대적인 비밀로 지켜진다는 보장 없이 그러한 자기 노출에 참여할 것을 기대하는 것은 분명히 합리적이 아니다. 따라서 분석가는 처음부터 그러한 보장을 확실히 해야 한다. 이 원리는 문자적으로뿐만 아니라 그 정신에 있어서도 지켜져야 한다. 분석가는 보통 자신의 배우자에게 거의 모든 것을 말하지만, 자신의 환자에 대해서는 결코 말하지 않는다. 분석가들은 환자들에 대해 뒷공론을 하지 않으며, 저녁에 집으로 가는 전철 안에서 동료에게 환자에 관한 이야기를, 아무리 환자의 정체성을 위장한다고 해도, 하지 않는다.

나는 지금 비밀 보장의 원리에 대해 이야기하면서도 그 원리로부터 벗어나는 어떤 것을 이야기해야 한다는 일종의 확신을 느끼고 있다. 그렇게 하는 것이, 불행하게도, 절대적으로 필요한 것으로 느껴진다. 무엇보다도, 우리는 법적인 강제로부터 자유롭지 못하다. 만약 소환장을 받는다면, 우리는 강제로 보고서를 쓰거나 증언하지 않으면 안 된다. 설령 우리의 환자가 그렇게 하도록 허락한다 하더라도, 우리는 마지못해 그렇게 한다. 분석 비용을 담당하는 보험회사들은 갈수록 점점 더 상세한 보고서를 요구하고 있고, 분석가들은 환자의 허락 하에 마지못해 그 요구를 따르고 있다. 그럴 경우에 나는 먼저 환자에게 내가 보험 회사에 제출하고자 하는 모든 것을 읽게 한다. 만일 환자가 어떤 내용을 바꾸기를 원한다면, 나는 그것이 보고서의 기본적인 진실을 변경하지 않는 한 그 요구를 따를 것이다.

또 다른 종류의 비밀 보장 위반은 분석가의 욕구들로 인해 발생하는데, 분석가는 교육적인 또는 자문을 위한 목적으로 동료들과 함께 논의하거나 논문을 쓸 때 임상적인 자료를 사용하고 싶어 한다. 어떤 분석가들은 그런 상황에서 단순히 환자의 정체성을 위장하는 것으로 충분하다고 느낀다. 나는 가능하다면 환자의 허락을 얻는 것 외에도 공개될 내용을 환자에게 보여주는 것이 필요하다고 생각한다. 이것이 분석 중간에 행해질 경우 명백히 복잡한 문제들이 발생하지만, 나는 지금까지 이해할 수 없을 정도로 환자가 반응하는 상황을 만난 적이 없으며, 때로는 심지어 유용한 결과를 가져온 적도 있다. 그러나 나는 그러한 절차들이 부정적인 영향을 미칠 수 있음을 의심하지 않는다. 그럴 수 있다는 의심이 들 때, 나는 단순히 그러한 주제에 관한 이야기를 꺼내지 않거나 자료를 사용하겠다는 생각을 포기한다.

교육적인 필요에 의해서, 필라델피아 정신분석 연구소의 훈련생들은 환자와 분석을 시작할 때 자신들이 훈련생이라는 사실과, 그 사례는 수퍼바이저와 함께 주기적으로 논의되어질 것이고, 다른 훈련생들 집단에서 교육적인 목적들을 위해 논의되어질 것이며, 환자의 신상을 보호하기 위해 가능한 모든 조처들이 취해질 것이라는 사실을 환자에게 말해줄 것을 요구받는다. 만일 환자들이 반대한다면, 그 사례는 비록 수퍼비전은 취소될 수 없더라도, 다른 학생들 앞에서 논의되지는 않는다. 간단히 말해서, 비밀 보장은 분석가의 가장 중요한 원리 중의 하나이며, 우리는 가능한 한 예외 없이 그 원리를 고수하고자 한다.

분석가가 실제로 하는 것: 해석

이제 나는 분석 기법에 관해서 대부분의 사람들이 가장 먼저 생각하는 활동에 대해 말하고자 한다. 나는 이미 분석가의 경청에 대해 말했는데, 사람들은 경청 외에 분석가가 하는 모든 것은 환자가 아직 모르고 있는 것에 대해서 설명해주는 것, 즉 해석이라고 생각할 것이다. 사실, 정신분석에 대한 일반적인 풍자에 의하면, 분석가는 가끔씩 해석을 해주는 사람으로 묘사된다. 그러나 우리가 보게 되듯이, 분석가는 그보다 더 훨씬 더 많은 것들을 한다. 회기 내내 말없이 앉아 있다가 한 두 마디 해석을 하는 분석가는 이제 찾아볼 수 없게 되었다. 확실히, 프로이트의 환자가 자신의 분석에 대해서 쓴 일기에 의하면, 프로이트는 결코 그렇게 하지 않았다. 그리고 나는 어떤 좋은 분석가도 그렇게 하지 않을 거라고 생각한다. 그러나 분석이 일단 분석가가 해석만을 하는 활동(Eissler, 1953)으로 정의되었다는 점에서 그리고 해석은 여전히 "분석가의 중심적인 치료적 활동"(Moore & Fine, 1990, p. 103)으로 간주되고 있다는 점에서, 그것은 논의의 시작을 위한 좋은 출발점으로 보인다. 해석에 대한 논의에서, 우리는 전이, 저항, 그리고 역전이 등과 같은 현상들을 피할 수 없게 될 것이다. 이것들은 아마도 정신분석 과정의 한 부분으로 생각하는 것이 더 나을 것이고, 따라서 이 책의 다른 장들에서 더 상세히 논의될 것이다.

해석에 대한 로웬스타인(1951)의 정의는 그 용어의 본질을 잘 담아내고 있는 것으로 보인다: "정신분석에서 이 용어[해석]는 분석가가 환자 자신들에 대한 지식을 더해 주기 위해 환자에게 설명을 해주는 것을 말한다"(pp. 3-4). 아마도 그것은 "환자 자신들에 대한 지식을 더해 주기 위한 의도에서"라는 말로 수정하는 것이 현명할 것이다. 왜냐하면 우리는 해석이 종종 우이독경이 되는 경우를 보기 때문이다. 우리가 보게 되듯이, 이것은 매우 다양한 종류의 해석을 포함하는 아주 광범위한 정의이다. 그것들을 설명하기 위해, 나는 3년 반 동안 나와 분석을 하고 있는 가상적 존재인 청년 B에 관해 논의할 것이다. 내가 그에게 해석할 수 있는 것을 탐구하는 동안, 독자들은 그를 더 잘 알게 될 것이다. 우선 나는 그의 수줍음이 변화되었다고 단순하게 말할 것이다. 그는 젊음이 넘치는, 온순하고, 대체로 좋은 성품을 지녔으면서도 다소 오만하게 다른 사람들을 침범하는 성향을 지닌 청년이다. 그럼에도 불구하고, 그는 계속해서 직무장애로 어려움을 겪고 있었고, 그 문제로 분석을 시작했다. 그의 어머니는 다소 수동적이고 매달리는 여성이었고, 그는 그녀의 눈동자와 같은 존재였다. 그녀는 그가 두 살 때 6개월 동안 우울증으로 인해 입원한 적이 있었다. 그의 아버지는 정서적으로 멀리 떨어져 살면서 일에 열중하는 사람이었고, 그는 그런 아버지를 항상 두려워했다. 그는 다음과 같은 내용의 꿈에 대한 이야기로 이 회기를 시작했다: "어린 아이가 넘어져 무릎을 다친 것 때문에 울고 있었다. 안경을 낀 여자가 그를 돕기 위해 다가왔지만, 그녀가 그를 막 들어올리려고 했을 때 누군가가 그녀를 불러냈다. 그녀가 떠난 후에 한 남자가 그에게 아이스크림을 주었고, 그래서 그는 울음을 그쳤다. 나는 단지 그 모습을 지켜보고 있었다." 그때 그는 연상하기 시작했는데, 이쯤해서 이 회기에서 발생할 수 있는 해석의 유형들을 생각해보겠다. 명백하게도, 나의 해석은 그리고 그 해석의 시점은 여기서 논의될 수 있는 것보다 더 많은 요소들에 달려있지만, 최소한 해석과 관련된 몇몇 주요 주제들에 관해 이야기할 수 있다.

해석의 유형들

전이 해석 대 전이 외 해석

만일 위에서 예시된 회기가 내가 휴가를 떠나기 직전에 발생한 것이라면, 나는 B씨가 아동이었을 때 어머니가 그를 두고 떠나갔던 일에 대한 반응을 고려할 것이다. 만일 내가 그렇게 해석한다면, 나는 전이 해석을 하고 있는 것이다. 이것은 전이 외 해석, 즉 분석가와 환자의 관계에 대한 해석과는 대조되는 것이다.

몇 해 전에, 이 점에 대한 활발한 논쟁이 있었다. 많은 분석가들은 전이 해석만을 제공해야 한다고 느꼈다: "만일 내가 휴가를 떠나는 일로 당신이 유기된다고 느끼고 있는 것은 아닌지 궁금하군요?"(참고로, 이 해석 자체가 전이 해석을 구성하고 있는가라는 물음은 흥미있는 질문이다.) 어떤 사람들은 해석이 완전한 것이 되기 위해서는 느낌의 발생에 관한 것과 결합되어야 한다고 주장했다: "아마도 당신은 두 살 때 어머니가 당신을 떠났을 때 슬펐던 것처럼, 내가 휴가로 당신을 떠나는 것으로 인해 슬플 것입니다." 어떤 사람들은 전이 외 해석—"당신은 당신의 아내가 여행을 떠나는 것 때문에 오늘 슬퍼 보입니다—이 제공될 수 있지만, 중요한 변화를 산출하는 것은 전이 해석뿐이라고 주장했다. 또 다른 사람들은 이 두 종류의 해석이 모두 정신분석적 변화에 중요하게 기여한다고 주장했다. 오늘날, 이 마지막 견해가 지배적으로 수용되고 있다.

해석의 종류들 중에서 어떤 것은 전이에서 만들어지고, 다른 것은 그렇지 않다. 다양한 해석들을 열거하면 다음과 같다.

재구성

만일 환자가 그의 어머니가 떠났던 사건을 기억하지 못하거나 아무도 그에게 말해준 적이 없다면, 그리고 만일 충분한 증거가 존재한다면(모든 해석에 필수적인), 아동기의 외상적 사건과 상호작용 유형은 재구성될 수 있다: "당신은 울면서 당신을 떠나고 있는 나이든 여자에 관한 일련의 꿈들을 꾸고 있습니다. 당신의 어머니가 당신이 어렸을 때 우울증에 빠졌고 당신을 떠났던 것은 아닐는지요? 아마도 그녀는 병원에 입원했거나 친척집으로 갔을 겁니다."

성격에 대한 해석

종종 성격 특질들이 갈등의 요소로 작용하는데, 이는 해석될 필요가 있다. 그것들에 대한 작업은 특수한 과정을 따른다 (Fenichel, 1941). 첫째, 분석가는 그것들을 전이로 해석하려는 유혹을 피해야 한다. B씨는 수줍어하면서도 나를 방문하는 처음부터 약간 거만한 태도를 유지했다. 그러나 그가 자신의 아버지를 대했던 방식으로 나를 대하고 있다고 지적하는 것은 부정확하고 생산적이지 못한 것이다. 사실, 그는 모든 사람을 대하는 방식으로 나를 대했기 때문이다. 환자가 자신의 오만함을 이해하기 위해서는 먼저 그것이 자신의 패턴, 즉 성격 특성임을 인식해야만 한다. 그 다음에 그는 그 성격 특성이 심각한 문제를 일으키고 있음을 인식해야만 한다. 그가 그것을 혐오하고 궁금해 하기 시작한 후에만 그는 그것을 들여다보겠다는 생각을 하게 될 것이다. 이 모든 것은 오랜 기간에 걸쳐 발생한다. 성격 특성을 분석하기 시작할 때, 나는 그것이 주로 직관의 문제라는 사실을 발견한다. 이 영역에서 분석가를 안내해주는 어떤 원리들이 있어야 하는데, 나는 아직 그것들을 발견하지 못했다.

저항에 대한 해석

글로버(1955)가 지적했듯이, 환자에게 그가 저항하고 있다고 말해주는 것은 마치 모래폭풍을 만나고 있는 사람에게 그의 반사 반응이 작용하고 있다고 하면서 눈을 깜박거리지 말라고 요구하는 것과 같다. 무의식적인 이유들 때문에 저항하는 환자들에게 그들이 저항하고 있다고 말하는 것은 소득이 없을 뿐만 아니라 비난으로 들릴 것이다. 그럼에도 불구하고, 저항은 분석 안에서 발생하는 행동의 중요한 부분이며, 그것은 이해되어져야만 한다. 일상적으로, 저항에 대한 해석은 어떻게 그리고 왜 저항이 발생하는가라는 측면에서 행해진다: "당신이 우는 것을 원치 않았던, 보이지 않는 꿈속의 그 남자를 기억할 수 있으세요? 나는 지금 당신이 슬픔으로부터 멀어지고 있는 이유가 내가 당신이 우는 것을 원치 않기 때문이라고 생각합니다." 저항에 대한 해석은 카이저(Kaiser, 1934)에 의해 처음으로 그리고 최근 들어서는 그레이(Gray, 1987)에 의해 강조되었는데, 그는 회기 중에 사고 과정(내용물이 아니라) 안에서 저항이 나타날 때, 그것이 나타나고 있음을 지적할 것을 권했다: "당신이 꿈에 대한 생각을 내게 말할 때, 안경을 끼고 있는 여자에 대해 말하고 나서는 갑자기 마음속에 아무런 생각도 나지 않는 것 같았는데, 그 점을 주목했는지요?" 이것은 정동의 변화, 사고 내용의 급작스런 변화, 혹은 연상의 흐름이 막히는 것에 대한 지적을 포함할 수 있다.

오이디푸스적 해석과 전-오이디푸스적 해석

과거에는 모든 갈등들이 오이디푸스 시기에 발생했거나 최소한 일차적으로 그 시기에 조직된 것으로 간주되었다. 전-오이디푸스기 갈등에 대한 증거가 발견되었을 때, 그것은 오이디푸스 불안들로부터의 퇴행적인 움직임으로 간주되게 되었다. 오늘날에는, 전-오이디푸스기 감정들과 경험들이 지속적인 영향을 미친다는 생각이 바꿀 수 없는 것이 된 것처럼, 전-오이디푸스기 자료는 오이디푸스기에서 온 자료만큼이나 자유롭게 해석되고 있다. 분석가는 B씨가 두 살 때 겪었던, 어머니가 자신을 두고 떠나가는 외상으로부터 슬픔, 무기력감, 그리고 격노가 떠오르고 있음을 깨닫도록 도와야 할 뿐만 아니라, 그가 이러한 감정들을 어머니에 대한 보다 긍정적인 감정과, 어머니가 집으로 돌아오고 나서 어머니와의 관계가 재확립된 이후로 발달한 아버지에 대한 경쟁적인 태도를 회피하는 데 사용하고 있음을 깨닫도록 도와야 한다.

해석의 기술

환자가 자유-연상을 하는 동안, 분석가는 두 가지 과제를 수행한다: 의식, 전의식, 무의식의 모든 수준에서 환자의 마음속에 존재하는 것을 이해하려고 노력하는 것과, 어떤 특정 순간에 어떤 측면을 환자에게 말해주는 것이 가장 유용한지를 결정하는 것. 이 과제들은 거의 의식 수준에서 이루어지는 것이 아니다. 대부분의 분석가들은 기대에 찬 관심과 열린 마음이라는 단순한 태도를 가지고 매 회기를 시작한다. 회기가 진행됨에 따라, 분석가는 많은 원천들, 즉 환자의 느낌들, 상상, 그리고 사고들뿐만 아니라 그가 그것들을 말하는 방식, 사용하는 단어들, 많은 비언어적인 목소리들과 행동들로부터 정보를 받아들인다. 이것들 중 얼마는 고요하게 떠있는 마음 상태에서 발생하는 연상들의 결과이고, 얼마는 환자에 대한 그의 전개념에서 유래한 것이며, 또 다른 얼마는 다른 환자들을 치료했던 경험과 분석 이론으로부터 유래한 것이다. 분석가는 아래에서 더 상세히 논의되듯이, 여러 가지 방식으로 환자와 상호작용한다. 차츰 환자가 어떻게 느끼고 있고 생각하고 있는가에 관한 그림이 마음속에 형성되는데, 그 그림은 때로는 환자가 그것들에 대해 분명하게 말해준 덕택에 비교적 확실한 것으로, 그리고 다른 때에는 추론에 기초한 덜 확실한 것으로 그 모습을 드러낼 것이다. 우리는 그 추론들을 "추측" 또는 "가정"이라고 부른다.

어떤 지점에서 우리는 환자에 대한 이 그림의 어떤 측면을 환자와 의사소통하기를 소망할 것인데, 무엇을 그리고 언제 말해줄 것인지, 즉 의사소통의 내용과 시간에 대한 결정 배후에는 특정 원리가 놓여있다. 보다 일반적인 원리들이 분석가의 태도와 관련되어 있듯이, 해석에 관한 이 원리들은 융통성 있는 지침에 불과할 뿐이다. 경험 있는 분석가들은 그것들에 대해 거의 의식적으로 생각하지 않는다. 경험이 많아질수록, 분석가는 어떻게 하는 것이 유용한 것인지 그리고 그것이 지침을 따르고 있는 것인지를 생각하는 데 더 자유로울 것이다. 그리고 궁극적으로 그렇게 하는 것이 이해에 도움이 되는 것인지를 쉽게 알 것이다. 페니켈(Fenichel, 1941)이 말했듯이, "당신이 왜 그런지를 알고 있다면, 허용될 수 없는 것은 아무 것도 없다." 그럼에도 불구하고, 지침들이 있으며, 그것들은 유용할 수 있다. 존재하고 있는 많은 지침들 중에 몇 가지만 제시하면 아래와 같다.

첫째, 해석은 일반적으로 "표면적인 것으로부터" 시작된다

(Kris, 1951). 그 말은 우리가 환자가 거의 인식하고 있는 것, 즉 전의식인 것을 해석한다는 것을 의미한다. 우리는 환자가 이해할 수 있기를 바라는데, 환자는 무의식 깊은 데 있는 것보다 그가 이미 거의 이해하고 있는 것을 훨씬 더 잘 이해할 것이다. 사실, 우리 작업의 많은 부분은 공식적인 해석을 제공하기보다는 환자로 하여금 감정이나 환상에 가까워지도록 돕는 것 또는 해석을 위한 준비작업을 하는 것으로 구성되어 있다. 만일 B씨가 내가 그가 우는 것을 원치 않는다고 느낀다면 그리고 그 생각이 상당히 확실한 것으로 여겨진다면, 나는 회기 중에 그가 어떻게 느끼는지, 나의 휴가에 대해 어떤 느낌들을 가지고 있는지, 그 순간 나의 태도에 대해서는 어떻게 느꼈는지, 그가 말하는 동안 슬픔이 묻어 있는 것을 주목했는지 등을 물어볼 것이다. 이 모든 것들은 나로 하여금 그가 소위 순수한 해석을, 즉 "당신은 내가 당신이 우는 것을 원치 않고 있습니다"라는 말을 들을 준비가 되어 있는지 아닌지를 판단할 수 있게 해줄 것이다. 다시금, 나는 이 모든 것에서 융통성을 강조하고 싶다. 때때로 나는 B씨가 차츰 어떤 것에 대해서 생각해보게 될 것이라는 희망 하에, 그가 실제로 준비되어 있는 것 이상의 해석을 하기도 하지만, 이것은 일상적인 것이 아니다.

둘째, 우리는 회기 동안에 느껴지는 지배적인 정서에 의해 안내를 받는다. 만일 B씨가 회기 내내 슬퍼한다면, 나는 비록 그가 더 깊은 수준에서는 분노하고 있다는 것을 알고 있지만, 그의 슬픔을 나의 휴가와 연결지으려고 할 것이다. 그의 격노는 그가 그것에 대해 느낄 수 있을 때까지 기다렸다가 다루어도 좋을 것이다. 우리가 그의 정서, 사고, 혹은 환상 등에 대한 해석을 할 것인지, 또는 저항에 대한 해석을 할 것인지, 아니면 그것들을 조합한 것에 대한 해석을 할 것인지는 지금 그가 무엇을 들을 수 있으을까에 대한 우리의 감각에 달려있다.

셋째, 우리는 전이 해석을 선호하지만, 그것은 우리가 전이가 그 회기의 주된 주제라고 느낄 때에만 그리고 적어도 그가 그것을 인식할 수 있는 가능성이 있다고 느낄 때에만 적용된다. 우리는 전이가 우리에게 명백한 것이라는 느낌에 스스로 속지 말아야 한다: 우리는 거의 항상 그것을 환자보다 더 분명하게 보는 경향이 있다.

넷째, 언제 우리가 해석할 것인가(회기의 초기에, 중간에 그리고 끝에)는 전적으로 예측이 불가능하다(또는 불가능해야 한다). 어제 기분이 상했던 환자가 면담실로 들어오면서 무심코 "선생님은 지금 하고 계신 넥타이가 신고 계신 양말과 어울리지 않는다는 것을 알고 계신가요?"라고 말한다면, 그것은 우리로 하여금 그가 여전히 기분이 상해 있다고 지적하기에 충분한 증거일 수 있다. 우리는 너무 적은 증거와 절대적인 확신 사이의 팽팽한 밧줄 위를 걷기 위해 최선을 다한다. 보통, 우리는 증거를 위해 기다릴 필요가 있다. 우리의 추측들은 많건 적건 항상 내적 확신의 느낌을 담고 있다는 점에서, 우리는 성급하게 결론에 도달하지 않도록 노력해야 한다.

다섯째, 자발성은 중요하다. 우리는 해석을 위한 순간이 전혀 우리의 기분에 달려있지 않다는 것을 알고 있다. 불안정한 분석가는 기분이 좋을 때는 곧바로 그리고 기분이 저조할 때는 늦게 해석할 것이다. 사람들은 분석가가 그러한 기분의 변동에 깨어 있어야 하고 그것들을 수정할 수 있어야 한다고 생각하는데, 그것은 어느 정도 맞는 말이다. 그러나 자발성의 중요성은 더욱 큰 것이기 때문에, 우리는 그것에 커다란 자율권을 허용해야 한다. 분석관계는 정서적인 것이다. 보통 좋은 분석가들은 그들이 어떤 것을 말하기 전에 그것에 대해 많이 생각하지 않는데, 그것은 계산된 해석은 대체로 정서적 충격을 덜 주기 때문이다. 규칙적인 해석은 피해야 한다. 내 수퍼바이저들 중의 한 사람은 자신의 학생들에게 해석을 하기 전에 최소한 35분 동안은 들어야 한다고 주장하곤 했다. 그러한 제한을 수용할 수 없는 나의 개인적인 무능력과는 상관없이, 틀에 박힌 해석은 분석에서 생명을 제거하는 것이다.

관계 개념과 해석

정신분석에서 관계의 중요성에 대한 증가하는 인식은 전이가 해석되는 방식에 깊은 영향을 끼쳐왔다. 나는 여기서 설명을 위해 내가 제시했던 가상적인 환자를 다시 사용해보겠다. 나는 프로이트와 그 후의 어떤 훌륭한 분석가도 분석상황에서 자신을 정서적으로 멀리 있는, 객관적인 관찰자로 간주하지 않았다는 사실을 잘 알고 있다. 그러나 우리의 전이에 대한 초점과 기법에 관한 원리들이 지닌 전체적인 경향은 우리를 정서적으로 초연한 태도로 환자의 왜곡을 지적해주는, 현실의 대변자라는 위치로 인도했다. 우리는 고전적인 전이 해석을 계속하고 있는데("나는 당신이, 사장이 당신을 괴롭히는 방식에 대해 말할 때 내가 관심을 보이지 않았다고 느낀 이유가, 당신이 나를 당신의 아버지가 당신을 괴롭히는 방식에 아무런 관심을 보이지 않았던 당신의 어머니처럼 보고 있기 때문이 아닌지 궁금하군요"), 그것은 옳은 것이다. 그러나 지금 우리는 우리에 대한 환자의 관찰을 왜곡으로 보는 경향성에서 많이 벗어났고, 그보다는 우리가 문제의 상호작용에 어떻게 참여하는지를 더 많이 궁금해 하는 경향이 있다. 결과적으로, 우리는 모든 훌륭한 정신분석에서 발생하는 편재하는 전이-역전이 재연을 더 많이 인식할 것이다. 우리는 그것들을 더 많이 탐구할 것이고, 그 탐구를 통해서 우리가 서로에게 미치는 영향에 대한 우리 자신과 환자의 이해를 확장하려고 노력할 것이다. 그 결과, 나는 내가 위에서 제시한 해석대신에 다음과 같이 말할 것이다: "어떻게 내가 무관심한 것처럼 보였는지에 대해서 좀더 말해보세요." 혹은 "내가 무엇을 했기에 또는 하지 않았기에 당신이 그런 느낌을 가졌을까요?" 혹은 "언제 그것을 알았지요?" 혹은 "내가 관심을 보이지 않았다는 당신의 관찰은 어떤 점에서 옳았다고 생각해요. 나는 그때 당신의 목소리가 낮아졌고, 그 싸움에 대해서 별 감정 없이 말했다고 생각해요. 이제 기억나는데, 나는 그때 당신이 말하던 것과는 다른 것을 생각하기 시작했고 그리고 지금 내가 깨달은 것은 그것은 적절한 것이 아니었다는 겁니다." 이런 나의 말에 대해 환자는 이렇게 말할는지 모른다: "사실 내가 그것에 대해 말하기 시작했을 때, 당신이 흥미를 느낄 거라고 기대하지 않았어요." 그리고 우리들 중 어떤 이는 적절한 대명사를 사용해서, "그 말은 당신의 아버지가 당신을 때릴 때 당신의 어머니가 했던 말처럼 들리는군요. 그녀는 정말 관심을 갖지 않았지요. 그래서 당신이 사장에 대해 말하기 시작했을 때, 내가 흥미를 가질 거라고 기대하지 않았고, 또 당신은 철수한 상태에서 나로 하여금 실제로 흥미를 잃게 하는 방식으로 말을 하기 시작했지요." 이러한 종류의 상호작용은 분석가를 이상화하는 경향 없이 더 깊은 통찰로 이끄는 것으로 보이는데, 고전적인 전이 해석은 그와 같은 상호작용을 장려할 것이다.

해석의 스타일

해석의 스타일에 대해 말할 때 가장 중요한 것은 그것이 분석가 자신에게 진실한 것이어야 한다는 것이다. 분석은 정직함과 진실의 추구에 기초되어 있다. 따라서 자신의 진정한 모습이 아닌 어떤 것이 되고자 하는 것은 그러한 추구를 방해할 뿐이다. 물론, 가장 효과적으로 이해하고 해석하기 위하여, 오랜 시간에 걸쳐 배우게 되는, "분석적 자기"라는 것이 있다. 해석 스타일에 대한 몇 가지 추천된 원리들이 있는데, 이것들은 분석가 자신의 개성과 조화를 이룰 때에만 유용한 것으로 판명된다. 이것들 중에는 다음과 같은 것들이 포함된다: 간결성, 감정적이면서도 비전문적인 언어를 사용하기, 적절하게 사용되는 유머, 자발성, 열린 마음으로 추구하는 진정한 호기심, 셰이퍼(1983)가 주장하는 긍정적 접근, 그리고 일종의 잠정적인 특성, 즉 틀릴 수 있음을 받아들이는 자세. 분석가의 해석 스타일은 환자에 따라 크게 변할 것이라는 사실을 주목하고, 때때로 그 변화에 대해 궁금해 하는 것은 바람직한 일이다: 그것은 환자와 분석가 두 사람 사이에서 특별한 무엇인가가 일어나고 있다는 단서가 된다. 마지막으로, 분석가는 자신의 스타일 안에 있는 일관된 요소들을 주목하는 것이 바람직하다. 그것들은 분석가가 존재하는 방식을 보여줄 것이고 분석가 자신에 관한 발견에로 인도할 것이라는 점에서, 항상 환영할만하다.

해석은 "정확한 것인가?"

아마도 이 맥락에서 "정확하다"는 말이 의미하는 것은 "정신분석 과정을 진전시키는 데 유용하다"는 것일 것이다. 해석의 내용은 정확하지만, 다른 요소들(해석 시기, 수준, 전이 상태, 등)이 그것을 환자에게 무용한 것으로 만들 수 있고, 그런 의미에서 그것은 부정확한 것일 수 있다. 역설적으로, 부정확한 해석이 그것의 부정확성에 대한 이유와 영향을 탐구하게 함으로써 분석과정을 진전시킬 수 있고, 더 깊은 이해로 이끌 수도 있다. 일반적으로, 분석가들은 해석이 유용한 것인가를 임상적으로 판단하기 위해 여러 기준들을 사용한다. 분석가의 해석에 환자가 동의하는 것은 그 기준들 중의 하나가 아니며, 글로버(1931)가 보여주었듯이, 치료적 효과도 아니다. 환자는 거의 또는 완전히 부정확한 해석에 대해서도 동의할 수 있다. 프로이트(1925)는 환자의 불일치가 그 해석이 부정확했다는 증거가 될 수 없다고 지적했지만, 사실 분석가는 보통 그 불일치가 방어적인 책략인지 아닌지에 대한 감각을 가질 수 있다. 단순히 말해서, 분석가는 분석과정의 진보를 나타내는 어떤 지표들을 찾는다: 새로운 기억들("아하" 느낌을 수반할 수도 아닐 수도 있는), 새로운 흐름의 연상들, 전이의 심화 또는 새로운 전이적 태도의 드러남, 감정 해소, 확증해주는 신체적 느낌의 출현, 그리고 그와 유사한 것들.

해석의 전략

레비(1987)가 지적했듯이, 정신분석 기법의 두 원리 안에는 역설이 내재되어 있다. 한편으로, 우리는 회기 안에서 무엇이 일어날 것이고 환자가 무엇을 느끼게 될 것이라는 전개념에 사로잡히지 않은 채 새롭게 매 회기에 접근해야 하고, 편견 없이 경청해야 한다고 믿는다. 이것은 정신분석이 환자를 따라가고 이해에 도달하도록 그를 돕는다는 단순한 한 가지 외에는 아무런 전략을 가지고 있지 않음을 말해준다. 다른 한편, 정신분석가들이 아마도 모든 환자에 대해 실제로 전략을 가지고 있음이 분명하다(비록 그것을 명료하게 진술한 문헌은 드물지만). 그들은 환자들에 대해서 많은 것을 알고 있고, 분석이 어떤 방식으로 진행될 것이라고 기대한다. 그들은 일련의 특정 해석들을 필요로 하는 전형적인 방어들에 대해 알고 있고, 보통 오이디푸스적 갈등에 도달하기 전에 해석될 필요가 있는 자기애적 방어들에 대해 알고 있으며, 환자로 하여금 어떤 것에 초점을 맞추게 할지에 대해 그리고 해석에 영향을 미치는 많은 다른 것들에 대해 알고 있다. 또한 그들은 특정한 부류의 환자들에게서 발생하는 전형적인 문제들과 상황들에 대해서 알고 있으며, 특수한 성격 유형들을 분석한 수많은 책들을 가지고 있다. 어떤 이들(예를 들어 Glover, 1955)은 심지어 각 종류의 문제들에 대한 분석이 예측할 수 있는 방식으로 진행될 것이며, 이들 방식들은 범주화되고 서술될 수 있다고 느낀다. 정신분석 기법에 관한 많은 문헌들이 이 점에 대해 말하고 있고, 그 문헌이 그토록 많다는 사실은 그것들이 분석가들이 계속해서 사용하는 귀중한 지식 체계임을 말해준다. 그런 점에서 분석가들은 그들의 기대들과 분석 방식에 영향을 미치는 전략들을 가지고 있는 것으로 보인다.

이 역설을 해결하는 것은 어려운 문제가 아니다. 물론 분석가는 분석 작업을 수행하기 위해 자신의 모든 경험과 지식을 동원할 것이고, 이것은 전략과 기법적 전술 모두를 형성하는 일을 포함한다. 그러나 이것은 교리적 기대에 사로잡히지 않고, 놀라워하고, 불확실해하고, 틀릴 수 있는 준비를 갖추는 특별한 방식으로 이루어진다. 그러한 전략들과 전술들은 현재의 가정들이 더욱 적극적인 것이 되게 하는 배경을 형성한다. 이전 면담을 마치면서 유혹적인 말을 했던 히스테리 환자와 면담을 시작할 경우, 분석가는 억압을 만나게 될 것이고, 유혹과 그것에 대한 억압적인 방어들의 증거에 더 많이 민감해야 할 것을 알고 있다. 동시에, 그는 가능한 한 모든 것에 개방적이기 위해 노력할 것이다. 간단히 말해서, 분석 기법은 많은 전략들을 가지고 있다. 이것들은 아마도 가르친 적이 없으며, 꼭 필요한 것임에도 불구하고 본격적으로 사용된 적이 거의 없는 것으로 보인다. 그러나 실제 분석상황에서 분석가는 의식적으로 자신의 전략을 옆으로 밀어둔 채, 출현하는 모든 것에 개방적인 상태를 유지한다.

다른 개입들

"변형 기법"(parameters)이라는 개념과 함께 아이슬러(1953)에 의해 제안된, 분석가는 오직 해석만을 한다는 생각은 지금은 더 이상 수용되지 않고 있다. 분석가는 해석 이외에도 많은 것을 한다. 나는 해석을 위한 준비라는 주제 하에 이미 그 점에 대해 언급했고, 그 외의 다른 곳에서도 그것을 암시했다. 개입이라는 단어는 분석가의 해석과는 별도로 분석관계에 참여하는 모든 방식들을 지칭하는 데 사용되게 되었다. 그것이 참여보다는 침범을 암시한다는 점에서, 적절한 표현은 아니지만, 다른 적절한 용어를 찾기가 쉽지 않다.

비브링(1937)은 그의 고전적인 논문에서, 해석과 함께 분석가가 사용하는 네 가지의 개입들—명료화, 제안, 조종, 그리고 감정해소—을 기술했지만, 이것으로 분석가의 활동을 설명하기에는 충분치 못하다. 게다가 비브링은 이 단어들을 요즘 우리가 사용하는 방식과 상당히 다른 방식으로 사용했다. 좋은 분석 기법은 분석가가 정신분석 과정을 진전시키기 위해 많은 것을 하도록 요구한다. 만일 분석가가 자신의 목표를 주로 통찰이라고 생각한다면, 그는 환자의 이해를 증진시키는 데 필요하다고 생각되는 것이라면 무엇이든 할 것이다. 만일 분석가가 자신의 목표 안에,

정지되었던 환자의 발달을 증진시키는 것을 포함시키고 있다면, 그의 활동은 더 많은 것들을 포함할 것이다. 거의 무한하게 다양한 분석가의 개입과 관련해서, 나는 통찰을 강조하는 분석가들에게서 볼 수 있는 몇몇 일반적인 유형들을 기술해보겠다.

직면

직면은 환자가 정말로 모르고 있거나 부인하고 있는 그의 행동이나 현실의 어떤 측면에 대해 환자의 주의를 이끌어내는 분석가의 행동이다. 직면은 비교적 온화한 것일 수 있다. 만일 내가 B씨에게, "당신 눈에 눈물이 고인 것을 알고 계세요?"라고 묻는다면, 그 질문은 온화하면서도 그가 느끼고 있는 것을 탐구하는데 필요한 예비 활동에 해당될 것이다. 만일 내가 그에게, "당신은 면담을 시작하기 전에 술을 마신다는 사실을 부인하고 있지만, 이 순간에 당신에게서 술 냄새가 나는 군요"라고 말한다면, 나의 직면은 역시 필요한 것이지만 덜 온화한 것이 될 것이다.

교육

프로이트(1937)는 분석가의 교육적인 기능에 대해서 잘 알고 있었다. 그는 정신분석 작업 과정의 한 부분으로서 교육을 포함시킨 적이 있다. 오늘날, 교육은 분석에서 보편적인 현상이지만, 그것은 대체로 통찰을 증진시키는 데 사용되는 것으로 간주되고 있다. 예컨대, 나는 심지어 분석을 시작하기도 전에 정신분석의 근본적인 원칙에 대해 환자에게 교육을 행하고, 최소한 그에게 그와 내가 함께 무엇을 할 것인지, 우리가 어떻게 분석을 진행할 것인지, 그리고 우리의 절차들은 어떻게 작용하는지에 대한 기본적인 생각들을 제공해준다. 나는 분석이 진행되는 동안 내내 그 안에서 발생하는 현상을 탈신비화하기 위해 모든 노력을 기울인다: 나는 나의 환자가 자신과 내가 하고 있는 것에 대해 아무런 생각을 갖고 있지 않거나 혼동된 생각을 갖고 있다는 증거에 민감하게 깨어있다. 나는 그 혼동의 무의식적인 원천들을 주의 깊게 탐구하는 한편, 우리가 무엇을 하고 있는지에 대한 나 자신의 생각을 검토한다. 나는 드물지 않게 환자들 자신들 및 분석과정과 직접적으로 연결되어 있지 않은 현실의 다른 측면들에 대해 교육한다. 예컨대, 만일 B씨가 자신이 울고 싶다고 느끼는 유일한 남자라고 실제로 믿고 있음이 분명히 드러난다면, 나는 그에게 윈스턴 처칠과 알렉산더 대왕이 자주 눈물을 흘렸던 것에 관해 말해줄 것이고, 나의 경험에 의하면 모든 남자들이 가끔은 울고 싶어 한다고 말해줄 것이다.

정신분석 상황을 유지하기

치료 동맹이 유지되지 않고는 분석이 진행될 수 없기 때문에, 만일 환자가 회기에 빠지거나 자신을 해할 수 있는 실제 위험에 처해 있다면, 우리는 정신분석이나 환자를 보존하는 데 필요하다고 생각되는 여러 가지 비해석적인 조처들을 행할 것이다. 만일 환자가 자살 충동을 갖고 있다면, 우리는 자살을 막기 위해 필요한 모든 조치들을 취할 것이다. 만일 환자가 너무 불안해하거나 우울해한다면, 우리는 보증(reassurance)과 지지를 제공하거나, 불안이나 우울을 완화시키기 위한 약물치료를 사용한다. 만일 퇴행이 통제를 벗어난 것으로 보인다면, 우리는 환자에게 일어나 앉을 것을 요구하는 등, 퇴행을 멈추게 하기 위한 조치들을 취할 것이다. 말할 필요도 없이, 우리는 이 모든 것들을 먼저 그것들을 이해하는 것을 통해서 다룰 것이지만, 그것이 충분하지 않을 경우, 우리는 다른 비해석적인 조치들을 사용할 것이다.

발달을 증진시키기

오늘날 많은 분석가들은 환자들과의 분석 과제들이 통찰을 통해 갈등에 대처할 수 있도록 도울 뿐만 아니라 정지된 발달을 재개하도록 돕는 것을 포함하고 있다고 느끼고 있다. 그럼에도 불구하고, 이것을 성취할 수 있는 양태들에 대한 논의들은 현저하게 적다(de Jonghe., 1991; Myerson, 1991; Killingmo, 1989). 아마도 이 문제(너무나 복잡해서 여기서 요약할 수는 없는)에 대한 가장 포괄적인 접근은 게도(Gedo)의 탁월한 작업일 것이다: 그는 일련의 논문들(1979, 1984, 1988)에서 광범위한 진단적 범주들에 속한 환자들에 대한 상세하고 체계적인 서술들을 발달시켰고, 그것들을 작업하는 데 필요한 이론들과 기법적 접근들을 서술했다. 의심의 여지없이, 이것은 미래의 정신분석 기법에 관한 연구에서 중요한 영역으로 판명될 것이다.

기타 사항들

분석은 분석가의 비해석적인 활동들로 가득 차 있다: 놀라움, 기쁨, 흥미, 그리고 다른 반응들을 표현하는 정서적 및 언어적 반응들과 같은 분석가의 인간적인 요소들; 역전이 행동에 대한 터무니없는 변명들(그 역전이가 환자에게 미치는 영향을 이해하는 데 중요한 부분인); 심지어 드문 경우이긴 하지만 신체적 접촉(Casement, 1982). 그리고 이 목록은 계속된다.

마지막으로, 분석가들은 비해석적인 개입을 할 때 그들이 해석을 할 때와 마찬가지로 그러한 개입들이 지닌 잠재적인 무의식적 의미들에 대해서 분명하게 알고 있어야 한다는 점을 강조하고 싶다. 예를 들어, 그들이 직면을 할 때 그들은 독재자로 보일 수 있고, 교육을 할 때 교사로 보일 수 있으며, 정신분석 상황을 지키려고 할 때 구원자로 보일 수 있다는 가능성을 알고 있어야 한다. 이것은 관계 안에서 일어나는 다른 모든 것과 같은 방식으로 이해되어야만 한다. 동시에, 분석가들은 모든 것을 이해하는 것은 불가능하다는 것을 인식해야 하며, 그 치료가 정신분석인지 아닌지의 문제는 거기에서 발생하는 모든 것을 이해하는 데 달려있는 것이 아니라 정신분석 과정이 발생했는가에 달려있다는 사실을 인식해야 한다.

결론

정신분석 기법은 예술이요 과학이다. 이 장에서 나는 그 두 측면들에 대한 아주 짧은 요약을 제시했다. 여기에서 빠진 것 중의 일부는 정신분석 과정과 치료 변화의 기제들을 다루는 5장에서, 그리고 다른 일부는 이 책의 여기저기에서 다루어질 것이다. 이 장의 내용은 일차적으로 정신분석 초보자를 위해 씌어진 것이다. 이 장을 읽고난 후에도 여전히 기법에 대해서 부족하다고 느낀다면, 그는 앞으로 여러 권의 독서를 필요로 할 것이고, "인생은 짧고 예술은 길다"라는 말을 생각하면서 위안을 얻어야 할 것이다. 그리고 세월이 흐르면서 기법적 기술들이 차츰 개선되는 동안, 기본적인 정신분석적 가치, 즉 환자에 대한 진정한 관심을 갖고, 진실을 향한 공동의 추구에 헌신한다면, 그는 처음부터 환자들을 크게 도울 수 있을 것이다.

참고 문헌

Bibring, E. (1937). Theory of the therapeutic results of psychoanalysis symposium. Int. J. Psychoanal,. 18: 170

Bion, W. R. (1977). Seven Servants. New York: Aronson.

Brenner, C. (1979). Working alliance, therapeutic alliance, and transference. J. Amer. Psychoanal. Assn., 27: 137-157.

Casement, P. J. (1982). Some pressures on the analyst for physical contact during the reliving of an early trauma. Int. Rev. Psychoanal., 2: 279-286.

Curtis, H. C. (1979). The concept of therapeutic alliance. J. Amer. Psychoanal. Assn., 27 (suppl.): 159-192.

De Jonghe, F., Rijnierse, P., & Janssen, R. (1991). Aspects of the analytic relationship. Int. J. Psychoanal., 72: 693-707.

Eissler, K. R. (1953). Effect of the structure of the ego on psychoanalytic technique. J. Amer. Psychoanal. Assn., 1: 104-143.

Ellman, S. J. (1991). Freud' s Technique Papers. New York: Aronson.

Fenichel, O. (1941). Problems of Psychoanalytic Technique. Albany, N.Y.: Psychoanalytic Quarterly Inc.

Freud, A. (1937). Writings of Anna Freud, Vol. 2: The Ego and

Mechanisms of Defense. New York: Int. Univ. Press, 1966.

Freud, S. (1900). The Interpretation of Dreams. SE, 4 and 5.

________. (1905). Fragment of an analysis of a case of hysteria. SE, 7: 3-124.

________. (1911). The handling of dream interpretation in psychoanalysis. SE, 12: 89-96.

________. (1912a). The dynamics of the transference. SE, 12: 97-108.

________. (1912b). Recommendations to physicians practicing psychoanalysis SE, 12: 109-120.

________. (1913). On beginning the treatment. SE, 12: 121-144.

________. (1914a). Remembering, repeating and working through. SE, 12: 154-156.

________. (1914b). On the history of the psychoanalytic movement. SE, 14: 3-66.

________. (1915). Observations on transference-love. SE, 12: 157-174.

________. (1919). Lines of advance in psycho-analytic therapy. SE, 17: 157-168.

________. (1923). The Ego and the Id. SE, 19: 3-68.

________. (1925). Negation. SE, 19: 235-242.

________. (1937). Analysis terminable and interminable. SE, 23: 209-254.

Gay, P. (1988). Freud: A Life for our Time. New York & London: Norton.

Gedo, J. (1979). Beyond Interpretation. New York: Int. Univ. Press.

________. (1984). Psychoanalysis and Its Discontents. New York &

London: Guilford Press.

________. (1986). Conceptual Issues in Psychoanalysis. Hillsdale, N.J.: Analytic Press.

________. (1988). The Mind in Disorder. Hillsdale, N.J.: Analytic Press.

Gill, M. M. (1982). Analysis of Transference. Vol. 1: Theory and Technique. New York: Int. Univ. Press.

Glover, E. (1931). The therapeutic effect of inexact interpretation. Int. J. Psychoanal., 12: 397.

________. (1955). The Technique of Psycho-Analysis. New York: Int. Univ. Press.

Gray, P. (1987). On the technique of analysis of the superego. Psychoanal. Q., 56: 130-154.

Greenberg, J. R. (1993). Psychoanalytic interaction. Psychoanal. Inq. (in press)

Greenson, R. R. (1967). The Technique and Practice of Psychoanalysis. New York: Int. Univ. Press.

Hoffman, I. (1992). Some practical implications of asocial-constructivist view of the psychoanalytic situation. Psychoanal. Dialogues, vol. 312: 287-304.

Kaiser, H. (1934). Probleme der technik. Jahrbuch fur Psychoanalytische Forschungen, 20.

Killingmo, B. (1989). Conflict and deficit. Int. J. Psychoanal., 71: 113-130.

Klein, M. (1948). Contributions to Psycho-Analysis 1921-1945. London: Hogarth Press.

Kohut. H. (1971). The Analysis of the Self. New York: Int. Univ. Press.

Kris, A. (1982). Free Association. New Haven & London: Yale Univ. Press.

Kris, E. (1951). Ego psychology and interpretation in psychoanalytic therapy. Psychoanal. Q., 20: 15-30.

Levy, S. T. (1987). Therapeutic strategy and psycho-analytic technique. J. Amer. Psychoanal. Assn., 35: 447-466.

Levy, S. T. & Inderbitzin, L. B. (1992). Neutrality, interpretation, and therapeutic intent. J. Amer. Psychoanal. Assn., 40: 989-1011.

Loewald, H. (1970). Psychoanalytic theory and the psychoanalytic precess. Psychanal. Study Child. 25: 45-68.

Loewenstein, R. (1951). The problem of interpretation. Psychoanal. Q., 20: 1-14.

Meissner, W. W. (1992). The concept of the therapeutic alliance. J. Amer. Psychoanal. Assn., 40: 1059-1087.

Mitchell. S. A. (1988). The intrapsychic and the interpersonal. Psychoanal. Inq., 8: 472-496.

Moore, B., & Fine, B., eds.(1990). Psychoanalytic Terms and Concepts. New Haven & London: Amer. Psychoanal. Assn. & Yale Univ. Press.

Muller, J. P. (1990). How theory shapes technique. Psychoanal. Inq., 10: 567.

Myerson, P. G. (1991). Childhood Dialogues and the Lifting of Repression. New Haven & London: Yale Univ. Press.

Paul, I. H. (1978). The Form and Technique of Psychotherapy. Chicago & London: Univ. Chicago Press.

Perry. H. S., & Gawell, M. L. (1953). The Collected Works of Harry Stack Sullivan. New York: Norton.

Pulver, S. E. (1991). Psychoanalytic technique. Psychoanal. Inq., 11: 65-87.

Rangell, L. (1981). From insight to change. J. Amer. Psychoanal. Assn., 29: 119-142.

Sandler, J. (1976). Countertransference and roleresponsiveness. Int. Rev. Psychoanal., 3: 43-48.

Spruiell, V. (1934). Rules and frames of the psychoanalytic situation. Psychoanal. Q., 52: 1-33.

Sterba, R. (1934). The fate of the ego in analytic therapy. Int. J. Psychoanal., 15: 117-126.

Zetzel, E. (1956). Current concepts of transference. Int. J. Psychoanal., 37: 369-376.

제 2 장

아동과 청소년 정신분석

스캇 도울링과 조앤 나겔
(A. Scott Dowling M.D. & Joanne Naegel)

분석은 심리내적 갈등으로 인해 발생한 유해적 요소를 제거하고자 한다. 만일 성공적이라면, 분석은 나이와 상관없이 관계, 학습, 그리고 정서적 반응에 대한 심리학적 능력을 증진시킨다. 이것을 성취하기 위한 고정된 기법은 없지만, 전반적인 원리는, 성인이건 아동이건, 각 환자의 발달적 상태와 개인적인 특성에 관한 고려를 포함하고 있다. 그러나 아동 정신분석에서 고유한 점은, 그것이 미숙한 성격이라는 틀 안에서 일어난다는 점이다. 이러한 이유로 아동 분석은 외적 관점에서 볼 때 성인 분석과 크게 다르다. 아동의 충동들과 환상들은 언어로 모든 것이 표현되기보다는 빈번히 그림, 놀이 또는 행동으로 표현된다. 거기에는 자유연상이 없을 수도 있다. 성인 분석에서와는 달리 카우치의 사용은 일부 청소년들에게만 해당된다. 분석관계 안에서 신경증적 반응에 거의 전적으로 초점이 맞추어지는, 전이 신경증은 아동에게서는 일시적이거나 거의 나타나지 않는다. 분석가는 아동과 실제 관계와 분석적 관계 모두를 맺으며, 종종 아동의 가족들과 규칙적으로 접촉한다. 이러한 명백한 차이점들과 다른 점들은 아동기의 심리학적 특성들에 따른 결과이다: 그리고 그것은 아래에서 논의될 기법의 수정을 가져왔다. 발달적 고려사항에 대한 특별한 중심성은 다른 고유한 문제를 발생시키고, 그 문제에 대한 고유한 해결책을 발생시킨다. 타당성에 대한 평가, 연구 방법론, 그리고 응용된 분석은 특별한 관심 대상이 되고 있다.

아동 정신분석의 발생과 발달

아동 정신분석과 성인 정신분석은 서로 간에 상호작용이 있었음에도 불구하고 별개의 길을 따라 발달해왔다. 이 둘 모두는 논쟁으로 가득한 복잡한 발달과정을 거쳤으며, 다른 모든 성장하는 학문이 그렇듯이, 많은 주제들에 대한 다양한 관점들을 보유해왔다. 가장 활기찬 논쟁들은 다음과 같은 주제들을 둘러싸고 이루어졌다: 분석 작업의 학령 이전 아동에의 적용 가능성, 분석에서 아동의 부모와 갖는 작업의 강도와 유형, 다양한 연령의 아동 분석에서 전이와 전이 신경증의 본질, 다양한 연령의 아동에게 사용할 수 있는 놀이 재료의 종류, 분석 환경 안에서 허용될 수 있는 욕구충족의 정도와 종류, 그리고 분석상황 안에서 한계를 설정하기 등. 이 목록은 확장될 수 있는데, 이는 아동 분석의 이론과 기법의 모든 측면들이 사실상 토론과 개정을 위해 열려 있음을 말해준다.

아동 정신분석은 불행하게도 정신증, 범죄, 그리고 비행에 대한 연구를 포함하는 것으로 "넓혀져 가는" 성인 분석을 아동에게 "적용하는" 것으로 시작되었다. 아동 정신분석은 말에 대한 공포증을 가지고 있던 다섯 살짜리 소년 한스를 연구한 프로이트의 사례에서 이미 시사된 바 있다. 당시 의사였던 아버지는 프로이트의 지도를 받아 한스를 치료했다. 이 치료의 성공은 프로이트가 자신에 대한 분석과 성인 분석을 통하여 재구성한 유아기 성욕에 대한 생각을 확인시켜주었다. 그러나 프로이트는 이 "아버지에 의한 치료"를 일반적으로 적용하는 가능성에 대해서 의구심을 가졌다. 더욱이 아동을 직접 분석할 수 있다는 생각은 그의 보고서에 언급조차 되지 않았다. 그러나 프로이트는 어린 아동들의 심리세계를 보여주는 관찰들에 계속해서 관심을 보였고, 그 자신이 수행한 여러 개의 관찰들을 발표하기도 했다. 그 중에 가장 잘 알려진 것은 자신의 딸인 안나의 딸기를 먹고 싶어 하는 꿈(1900)과, 자신의 손자의 놀이(1920)를 관찰한 기록이다.

아동 분석의 기법에 대해 처음으로 이야기한 사람은 후그-헬무스(Hug-Hellmuth, 1921)였다. 그녀는 작업의 특정한 분석적 측면에 더하여, 아동에게 교육적 및 도덕적 교훈을 주는 측면을 강조했지만, 어린 자아가 사용하는 방어와 저항의 복잡성과 그 자아가 갖고 있는 이해와 통합을 이룩할 수 있는 잠재력은 인식하지 못했다.

> 그녀는 분석 작업이 치료적인 동시에 교육적이기 위해서는, 단지 어린 아동을 고통에서 풀어주는 것만이 아니라, 아동에게 도덕적 및 미학적인 가치를 제공해주어야만 한

> 다고 보았다. 이러한 치료적이고 교육적인 접근이 필요한 대상은 성인이 아니라 아직 발달 중에 있는 아동과 청소년으로서, 이들은 강한 의지와 뚜렷한 목표를 지닌 존재가 되기 위해 분석가의 교육적 안내를 받을 필요가 있다 [Hug-Hellmuth, 1921, p. 287].

후그-헬무스는 아동이 분석가의 기능을 이해하지 못할 수 있으므로 분석가는 자신을 부모의 친구라든지, 개인교사라는 식으로 아이에게 소개하는 것이 좋다고 제안했다. 이 제안들에서 아이는 성욕과 관련되지 않은 순결성을 가진 존재로 인식되고 있으며, 아이의 자아는 마치 인식과 통합을 위한 능력을 갖고 있는 것으로 오인되고 있다.

후그-헬무스 분석 기법과는 대조적으로, 페렌치와 아브라함의 직접적인 영향 하에서 작업한 멜라니 클라인은 교육적인 견해로부터 자유로운 아동 분석을 제안했다(1921). 그녀는 아이가 분석적으로 의미있는 언어와 활동을 사용할 수 있음을 강조하면서, 분석가는 처음부터 해석적 관계를 확립해야 한다고 주장했다.

유아원과 유치원 교사로서 훈련받은 안나 프로이트는 1927년에 어린이 분석 기법에 대한 초기 견해를 제시했다. 후그-헬무스와 마찬가지로, 그녀는 분석관계의 확립에 본질적인 긍정적 전이를 형성하기 위해서는 분석 초기에 교육적인 단계가 필요하다는 점을 강조했다. 이러한 발달이 일어나는 시점에, 지그문트 프로이트(1926b)는 아동분석의 이론적 가치에 대해서 다시 글을 썼는데, 거기에서 그는 "성인 분석에서 미해결된 문제들"에 대해 "모호하지 않은 정보"를 주는 것에 대해서 그리고 아동 분석에서 심각한 결과를 가져올 수도 있는 실수로부터 성인 분석가를 보호할 필요에 대해서 언급했다(p. 215).

멜라니 클라인과 안나 프로이트 사이에서 계속된 논쟁에서, 전반적인 견해는 멜라니 클라인의 비교육적인 기법을 강하게 지지하는 쪽으로 기울었다(1927). 비엔나에서는 여러 명의 창조적인 분석가들이 안나 프로이트의 아동 분석과 사례 세미나에 동참했다. 이 선구자들 중에는 어거스트 아이히호른(August Eichhorn), 애니 에인절(Anny Angel), S. 번스타인(S. Bernstein), 베르타 보른스타인(Berta Bornstein), 이디스 벅스바움(Edith Buxbaum), 제니 왈더-홀(Jenny Waelder-Hall), 윌리 호퍼(Willie Hoffer), 마리안느 크리스(Marianne Kris), A. 포어스(A. Poerth), 그리고 에디사 스테르바(Editha Sterba) 등이 있다. 그들의 사례 보고와 이론적인 기여는 훨씬 더 탄력적이고 효과적인 분석 기법을 위한 길을 열었다. 기법에 있어서 가장 중요한 변화는 베르타 보른스타인의 탁월한 통찰의 결과로 발생했는데, 그것은 아동 분석의 초기 교육 단계는 불안을 유발하는 정서에 대한 아동의 방어적인 반응 분석에 의해 대체될 수 있다는 생각이었다(1945). 이 기법은 계속해서 아동 분석의 초기 단계에 대한 시금석이 되고 있다. 분석가는 방어에 의해 금지되어 있는 아동의 정서에 관해서 가끔 언급할 수 있다: 효과적인 해석은 아동에게 자신의 감정적인 내적 삶과 더 많이 접촉할 수 있게 하며 분석과정의 본질을 이해할 수 있도록 촉진시킨다.

초기에 수행된 아동 분석의 이론적 및 임상적인 수확은 정신분석적 기법의 획기적인 진보를 나타내는 안나 프로이트의 저서 자아와 방어기제(1936)에서 드러났다. 그녀는 아동들과 함께 한 자신의 경험에 근거해서 자아의 방어적 활동에 대한 인식과 반응—후기 정신분석적 진보의 모퉁이 돌인—에 대해 상술했다.

그녀의 책은 임상 기법에서 자아의 위치에 대한 연구에 불을 붙였으며, 정신분석의 기법적 관심이 원본능 분석에 대한 강조로부터 인격의 모든 구성 요소에 대한 균형 있는 분석에 대한 강조로 확장되도록 자극했다. 아동 분석으로부터 온 고유한 이론적 공헌은 특히 정상적인 인간발달의 세부사항을 밝히는 데 중요한 역할을 했다. 성인의 경우, 멀리서만 그리고 오랜 중간 단계 동안의 많은 영향을 통해서만 인식될 수 있는 유아기의 삶은 아동 분석에서 직접적으로 접근할 수 있다. 특히, 성인 분석에서 인식될 수 없었던 아동기 문제들을 분석적으로 이해할 수 있는 길이 열리게 되었다.

그 후 안나 프로이트와 멜라니 클라인 두 사람의 이론적 및 임상적인 입장은 그들의 초기 입장과는 다른 쪽으로 바뀌었다. 안나 프로이트는 분석에서 방어에 대한 해석이 지닌 힘을 인식하게 되면서 교육적인 접근을 옆으로 밀어놓았다. 그녀의 후기 연구는 정신분석의 모든 측면으로 확장되었다: 그녀의 공헌은 많은 사람들에 의해 그녀 아버지의 공헌 다음으로 가장 위대한 것으로 간주되고 있다.

멜라니 클라인의 개념들 중의 많은 것들은 정신분석에서 중요한 위치를 갖게 되었다. 예를 들어, 기본적으로 비교육적인 기법으로 어린 아동을 치료할 수 있다는 생각, 무의식적 갈등과 환상에 대한 표현으로서의 실연(enactments)과 놀이 활동, 그리고 언어 이전 시기 유아의 심리학적인 복잡성 등이 그것이다. 그러나 그녀의 후기 작업에서 이 영역들은, 모든 문제들이 생애 첫해 동안의 정신역동에 의해 내재적으로 결정된 것에서 발생한 것이라는 가정에 종속되게 되면서, 점점 더 환원적인 것이 되었다. 그녀는 또한 임상적 관찰보다는 이론적 확신으로부터 나온 분열, 내사, 투사 등과 같은 원시적인 방어기제들을 강조했다. 이 후기 이론들은 광범위한 비판을 받았고(예를 들어 Glover, 1945를 보라), 비록 유럽과 남미에서는 막강한 영향을 끼쳤지만, 북미에서는 크게 영향을 끼치지 못했다. 미국에서의 그녀의 영향력은 거의 다른 사람들 특히 위니캇, 컨버그, 비온 같은 사람들의 저술들을 통해서 간접적으로 이루어졌다.

아동 정신분석은 재구성된 외상적 사건을 새롭게 이해하는 데 기여했다. 그것은 차폐 기억이 다중적으로 결정되는 것과 마찬가지로, 재구성된 외상적 사건 또한 일련의 유사한 사건들이 하나의 외상으로 압축되어 기억된 것임을 보여주었다.

안나 프로이트의 후기 작업은 세 가지 점에서 획기적인 공헌을 했는데, 그것은 욕동, 자아, 초자아 발달에 대한 발견들을 임상작업을 위해 직접적으로 사용할 수 있도록 통합해낸 것이었다. 이들 중 첫째는 부모 및 아동과의 인터뷰에서 얻어진 역사적 및 진단적 자료들을 정리하는 방법인, 진단적인 윤곽(A. Freud, 1962; Nagera, 1963)이다. 이 윤곽은 "진보적 세력 대 퇴행적 경향," "불안에 대한 전반적인 태도," "승화 가능성" 등과 같은 기초 자료를 합성하고 조직하는 작업을 포함한다. 두 번째 공헌은 발달적 흐름의 개념(A. Freud, 1963; 또한 Neubauer를 보라, 1984)으로서, 이는 성적 및 공격적 욕동(원본능), 양심과 자기-평가(초자아), 그리고 조직화와 현실에 대한 관심(자아)이 계속 이어지는 발달단계의 특정 영역 안에서 표현되는 방식을 구체화한 것이다. 다른 임상가들은 발달과정, 예컨대 성 발달(gender development)을 조직화하고 개념화하는 데 이 개념을 사용했다(Tyson, 1982). 세 번째 임상적 공헌은 정신분석적 개념을 사용하여 원인론과 치료결과 모두를 포함하는 용어들을 만들어냄으로써 아동기 장애에 대한 진단적 틀을 제공한 것이다(A. Freud, 1965). 그 후에 이루어진 안나 프로이트의 공헌은 이 장의 마지막 부분에서 논의될 것이다.

아동 분석에서 이런 공헌들이 갖는 의미—평가

아동 분석은 심리적인 발달을 심각하게 가로막는 정신적 장애가 발생했을 때 고려된다. 모든 분석가들은 구조화된 신경증이 있거나 심각한 발달적 장애가 있을 때 또는 발달과정을 가로막는 해소되지 않는 방해물들이 있을 때, 아동 분석이 필요하다는 생각에 동의한다(Nagera, 1966). 구조화된 신경증에서 욕동은 이전에 확립된 고착 지점으로 퇴행하는데, 이는 이차적인 원본능-자아-초자아 갈등, 억압된 것들의 귀환, 그리고 증상 형성으로 인도한다. 발달 장애(developmental disturbance)는 발달적 움직임에 수반되는 불가피한, 그러나 때로는 발달적 움직임을 마비시키는 심각한 심리내적 및 외적 갈등 그리고 심리적인 고통을 가리키는데, 이것은 일반적으로 일시적인 현상이다. 그 중에서도 오이디푸스 단계의 유아 신경증이, 그것의 변화하는 강렬함과 불확실한 의미와 함께, 가장 잘 알려져 있고, 가장 중요한 것으로 간주되고 있다. 어떤 경우, 발달적 장애는 분석적인 도움 없이는 해결되지 못한다. 발달적 방해(developmental interference)는 우발적인 환경요인으로 인해 발생한 비슷한 상황을 지칭한다. 입원, 돌보는 사람의 상실, 신체적인 질병, 그리고 다른 환경적 및 정서적 기반의 붕괴는 발달적 방해를 야기할 수 있다. 발달적 장애와 방해들을 경험하는 아동에 대한 분석적인 관심은 아동의 직접적인 어려움들을 포함한다. 그러나 훨씬 더 중요한 점은 그것의 초점이 장기적으로 빗나가거나 장애를 입게 되는 발달에 맞춰져 있다는 사실이다.

비전형적(atypical)이거나 경계선적인 장애가 현존할 경우, 아동 분석이 필요한가의 문제는 좀더 논쟁적이 된다. 비전형적인 아동들은 다양한 자아 결핍들로 인해 그리고 순탄하지 못한 발달의 결과로 인해 고통을 겪는다. 그들에게 있어서 분석 치료는 심리내적인 갈등의 해결보다 직접적인 발달적 지원의 제공에 더 큰 강조점을 둠으로써 보다 고전적인 방법들로부터 멀어지는 것일 수 있다. 발달적 지원의 예들은 현실 지향성에 대한 잦은 강조, 적응적인 방어들을 강화하고 지원하기, 정서의 언어화, 그리고 본능적 표현의 주의 깊은 조절 등을 포함한다.

아동에 대한 분석적 평가는 아동의 현재 및 과거의 기능과 그가 살고 있는 대인관계적 환경에 대한 상세한 고찰을 포함한다. 원본능, 자아, 그리고 초자아 기능은 각각 그리고 신체적 및 대인관계적인 환경과의 균형과 상호작용이라는 측면에서 평가된다.

아동은 구강기에서 출발하여 항문기, 남근적 오이디푸스기, 잠재기, 전청소년기, 청소년기, 젊은 성인기에 이르는 심리성적인 발달 단계를 통해서 진보하게 되는데, 그 진보는 한 단계에서 다음 단계로의 움직임이라는 측면에서 뿐만 아니라 어느 단계가 지배적인가라는 측면에서도 평가된다. 아동 분석가는 운동성(motility), 말의 사용, 지적 기능, 구별하고 통합하는 능력과 그 방식들, 방어의 양태 등과 같은 자아의 기능을 고려한다: 아동의 초자아, 즉 발달하는 도덕적 감각은 그것이 어느 정도로 내재화되어 있는지 그리고 견고하면서도 부드러운 것인지의 측면에서 검토된다.

성격의 각 요소들 사이의 그리고 현실과의 균형과 상호작용은 여러 개의 발달적 흐름에 대한 검토를 통해서 평가된다(A. Freud, 1963). 이러한 분석적인 평가에서 분석가는 아동의 발달을 가로막는 장애물이 어떤 것인지를 확인한다—잠정적이거나 발달 단계의 특징적 요소가 아닌 심리내적 갈등이나 금지들. 마음의 대리자들 사이의 갈등은 삶의 과제들을 위해 사용해야 할 에너지를 소모시킨다. 비효율적인 방어들이 자아에게 과도한 제한들을 부과한다. 예컨대, 그것들은 학습을 방해하고, 운동능력을 제한하며, 감정의 표현을 가로막을 수 있다. 불안과 연결된 해결되지 않은 관심들이나 호기심들은 자아의 기능을 방해할 수 있다. 고착은 성욕이나 공격성의 보다 성숙한 표현들을 보다 미숙한 것들로 역전시키거나 자아 또는 초자아 기능의 퇴행을 이끌어낼 수 있다. 또한 공격적 및 성적 충동을 완전히 억압함으로써 생산적 활동을 제한할 수 있다.

아동이 겪는 고통의 질은 분석이 성공할 것인지를 평가하는데 중요한 고려사항이다. 성인 분석에서, 환자는 자신의 고통과 변화에 대한 소망을 가지고 스스로 분석가에게 온다. 아동 분석에서 우리는 고통을 받는 사람이 누구인지 그리고 왜 고통을 받는지 그 이유를 조심스럽게 평가해야 한다. 때때로 변화를 바라는 사람은 아이가 아니라 부모일 수 있기 때문이다. 만약 증상으로 인해 고통을 받고 있는 사람이 아동이라면, 이것은 그가 분석에서 작업할 수 있는 능력에 대한 좋은 징조이다. 이러한 분석작업을 수행할 수 있는 능력은 종종 무의식적인 환상을 이루고 싶은 소망을 포함하는, 증상의 제거에 대한 아동의 표현된 소망과 같은 것이 아니다. 분석에 대한 이러한 의식적 및 무의식적인 소망들은 저항을 구성하게 되고, 그 저항은 마침내는 분석되어야 한다. 만약 아동이 내재화된 갈등을 들여다보도록 도움을 받는다면, 자신 안에 있는 어려움을 다루기 위해 도움을 받기를 소망한다면, 그리고 적절한 삶을 방해하는 불안을 스스로 느낄 수 있다면, 이것들은 분석을 진전시키기 위한 긍정적인 힘이 될 것이다.

예후가 좋지 않은 아동 분석의 신호들

아동이 분석 치료에서 좋은 결과를 얻지 못하게 하는 다양한 상황들이 있다: 본능을 길들이는 것을 어렵게 만드는, 본능적인 소망의 좌절을 감내하지 못하는 무능력, 경직된 방어 활동, 적극적인 증상 형성, 분석 치료에 불가피하게 수반되는 불안에 대한 내성 부족, 그리고 낮은 수준의 승화 능력, 욕구충족을 위한 대안적 원천의 부족, 그리고 진전하고자 하는 경향성보다 퇴행적인 경향성의 우세 등. 아동 분석은 부모의 병리가 퇴행을 촉진시키고 승화를 방해할 때 특히 어려움에 부딪친다.

아동이나 청소년 분석에서 부모가 어떤 동기를 갖고 있는가는 정신분석이 과연 적합한지를 평가하는 데 있어서 중요한 고려사항이다. 부모는 정서적으로 분석을 지원할 수 있어야 한다. 즉 아동이 자신과 환경을 검토하는 것을 감내해야 하고, 아동 내부에서 발생하는 변화들을 허용해야 한다. 예를 들어, 분석이 진행되는 동안 아동은 조용하고, 수동적이며, 억압된 존재에서 부모의 것과 다른 의견들을 솔직하게 말하는 더 독립적인 존재로 변화할 수 있는데, 어떤 부모들은 이 변화를 감당해내지 못한다. 부모들은 자신들의 자녀들이 병적인 상태에 남아있기를 바라는 무의식적인 욕구를 가지고 있을 수도 있다. 그러한 욕구들을 가지고 있는 부모들은 종종 아동이 좋아지기 시작할 때 분석을 끝낸다. 다른 부모들의 경우, 아동의 병리는 가족의 비밀을 감추고 있는 가면이다. 그 가족의 비밀이 아동 분석가에게 알려지게 될 때, 그들은 아동의 분석을 중단할 수 있다.

한 여자 아동이 10세 때에 심한 학습장애 문제로 분석가에게 왔다. 분석을 시작한지 15개월 후에 그녀는 많은 과거의 사건들을 함축하는 최근의 사건에 대해 분석가에게 말할 수 있었다. 그녀는 자신의 아버지가 기분이 상하면 격노하여 물건을 집어 던지고 부순다고 말했다. 그 순간에 그녀는 자신이 죽임을 당할 것이라고 두려워하면서 그 파괴 행동을 지켜보아야 했다. 아버지의 이러한 격노는 가족 구성원들 중 누구도 말해서는 안 되고, 외부 사람들이 알아서는 안 되는 가족의 비밀로 유지되고 있었다. 그 비밀이 노출되고 나서 얼마 되지 않아, 부모는 아동의 학습 능력이 좋아졌기 때문에 분석가의 도움이 더 이상 필요치 않다고 말하면서 분석을 끝냈다. 사실, 아동의 학습 능력은 좋아지지 않았다. 부모가 자신들의 비밀이 노출되는 것을 참을 수 없었기 때문에 분석을 끝낸 것이었다.

아동 분석가가 가장 큰 유익을 제공할 수 있기 위해서는, 아동의 부모가 아이를 개인으로 인정할 수 있고 아이의 관심을 자신들의 것과 동등하거나 더 우선적인 것으로 취급할 수 있는 충분히 성숙한 사람들이어야 한다.

아동 분석과 성인 분석

유사점

성인 분석과 아동 분석의 기본적인 유사성은 같은 치료적 도구인 해석을 사용하는 것과, 무의식적 갈등의 해소라는 동일한 치료적 목표를 갖는 것에 있다. 해석의 과정은 일반적인 원리들을 따른다. 표면적인 내용물이 좀더 깊은 무의식적인 자료보다 앞서 해석된다. 방어는 무의식적인 욕동 지향적 소망들에 앞서 해석된다. 분석가의 언급은 종종 환자의 정서에 초점이 맞추어진다. 분석이 진행되면서, 욕동과 자아 또는 초자아 태도 사이의 갈등들이 좀더 분명하게 그 윤곽을 드러낸다: 분석가와 피분석가 모두가 환자의 갈등 세부사항에 관해 더 잘 알게 되면서, 해석을 위한 단계가 마련된다. 환자는 자신이 어떻게 금지된 충동들을 처리하는지를 더 잘 이해하게 된다. 금지의 감소와 갈등의 해소와 함께, 아동과 성인은 경직된 방어들이 변화되고 초자아가 수정되면서 보다 적응적으로 기능하게 된다. 환자의 욕구충족이 좀더 허용된다. 부분적인 고착지점들이 더 잘 이해되고 재작업되면서, 그러한 지점으로 퇴행하려는 경향성이 감소한다. 억제들과 신경증적 증상 형성이 극복된다. 승화 능력이 자유롭게 발달한다. 자아 기능은 강화되고, 자아가 영향을 미칠 수 있는 마음의 영역이 넓어진다(Freud, 1933, p. 80).

차이점

비록 목표와 기본적인 기법들이 비슷하다 하더라도, 아동 분석은 성인 분석과 크게 다르다(Panel, 1974). 아동들은 대부분의 성인들보다 통찰 능력과, 고통과 불안을 인내할 수 있는 능력이 적다. 아동 분석은 아동의 복지를 위해 헌신할 수 있는 부모의 관심과 기꺼움에 의존한다. 아동은 저항에 부딪치는 시기 동안, 건강으로 도피하는 시기 동안, 그리고 병이 악화되는 시기 동안 감정적인 지원을 위해 부모에게 의존한다. 부모는 분석을 위해 돈을 지불하고 분석 회기에 아동을 데려오는 일에 책임을 져야 한다.

일반적으로 아동 분석에서는 카우치를 사용하지 않는다. 아동은 이야기를 하는 동안 방안을 돌아다니거나 놀이를 한다. 아동은 집에서 가져온 물건들이나 분석가들이 제공해준 물건들을 가지고 자신의 생각과 감정을 극화하고 표현한다. 분석가는 크레용, 연필, 종이, 진흙, 인형, 블럭 그리고 자동차 같은 자기를 표현할 수 있는 물건들을 제공하고, 그것들의 사용에 참여한다. 언어적인 의사소통과 함께, 놀이와 신체적인 활동은 아동이 자신의 내적 삶의 내용들을 분석가에게 가져다주는 수단이다.

아동 분석에서 장난감이 사용되고 신체 움직임을 통한 표현이 허락되는데, 그 이유는 그것들이 종종 아동의 자기표현에 필수적인 수단이기 때문이다. 그러나 장난감과 신체 움직임이 아동 분석의 "주된 도구"는 아니다. 해석의 내용을 구성하는 것은 환자와 분석가 사이에서 이루어지는 언어적 표현이며, 환자의 자기표현을 가장 적극적으로 촉진시키는 것은 분석가와 맺는 치료적 관계이다.

> 성인 분석에서 환자가 현실과 환상과 전이를 어떻게 혼합할지의 문제는 환자의 결정에 달려있듯이, 아이가 자신의 생각과 환상과 소망을 치료자에게 얼마나 표현할 것인지, 장난감이라는 수단을 얼마나 사용할 것인지, 그리고 학교와 집에서 경험하는 것들을 얼마나 언어로 표현할 것인지는 아이 자신의 결정에 달려있다[Sandler et al., 1980, p. 39].

아동 분석을 위한 기법

아동이 표현을 위한 매개물을 어떻게 선택하고 사용하는가를 설명하기 위해 조이의 사례를 사용해보겠다. 작은 체구의 8살짜리 소년인 조이는 야뇨증 문제와 때때로 누이의 옷과 하이힐을 신는 행동으로 드러나는 남성됨에 대한 불확실성의 문제 때문에 분석치료를 시작했다. 그의 삶에서 중요한 한 사건은 그가 태어나기 전에 가깝게 지내던 남자 친척이 죽은 사건이었다. 분석 첫 해 동안 조이는 반복적으로 물건들에 걸려 넘어지거나 자전거 사고에 의해 부상을 입는 것을 통해 그의 강렬한 거세 불안을 표현했다. 분석에서 그는 블록을 사용하여 그의 친척의 죽음과 관련된 외상적 사건을 반복적으로 연출하였다. 이러한 놀이들은 보통 위기상황에서 마술적으로 구조되거나 놀랍게 반전되는 줄거리를 담고 있었다. 예를 들어, 죽은 줄 알았던 사람이 나중에 살아있는 것으로 드러나거나 끔찍하게 상처 입은 사람이 나중에 그런 척했던 것으로 드러났다.

매일 블록을 가지고 놀이를 하면서, 조이는 자신의 생각과 감정을 드러냈다. 분석에서 그는 놀이에서 표현된 가학적인 환상에 대해 말했고, 그의 분석가는 이 환상들이 어떻게 그의 실제 삶에서 불행한 느낌을 막아주는지를 해석해주었다. 따라서 비록 놀이가, 조이가 우주의 지배자로서 군림하면서 자기가 원하는 대로 다른 사람을 고문하고 손상을 입힐 수 있는, 환상 세계로의 도피임에도 불구하고, 그것의 중요성은 단지 방어에만 있지 않았다. 환상속에서 조이는 또한 처음에는 말로 표현할 수 없었던 그의 심리내적인 삶을 드러낼 수 있었다.

성인 분석과 대조되는 또 하나의 주요한 차이는 아동 분석이 자유연상 없이 이루어진다는 점이다. 청소년기에 도달하기까지, 많은 아동들 특히 어린 아동들은 표현과 자기 관찰을 동시에 편하게 할 수 있는 인지 능력이 부족하다. 만약 아동에게 마음에 떠오르는 것은 무엇이든 말하라고 한다면, 그는 비협조적이어서가 아니라 그렇게 의식적으로 말할 수 있는 인지 능력이 제한되어 있기 때문에 그렇게 하지 못할 수 있다. 게다가 아동 환자는, 성숙을 향해 그리고 자신의 생각을 통제하기 위해 노력하고 있는 다른 모든 아동들과 마찬가지로, 퇴행하는 것을 두려워하는 발달단계에 속해 있다. 아동들 특히 어린 아동들의 경우, 자기 관찰과 함께 자유연상을 유지할 수 있는 능력이 제한될 수밖에 없는 여러 가지 이유들이 존재한다.

아동들은 종종 꿈을 가지고 오는데, 그럴 경우, 비록 그들의 자발적인 생각들이 가끔 자유연상의 의미를 갖는다 하더라도, 거기에는 일반적으로 자유연상이 없다. 이런 이유로, 드러난 내용과 숨은 내용 사이의 연결을 확립하기가 어려울 수 있다. 다른 한편, 많은 아동들의 꿈들은 소망과 환상이 가볍게 위장된 것으로 이해될 수 있다. 성인 분석에서처럼, 꿈들은 분석가가 아동을 알고 그의 갈등을 알게 되면서 쉽게 해석될 수 있다. 물론 어떤 꿈들은 어린 아동들의 꿈에서도 복잡하고 잘 위장된 것일 수 있다. 비록 이런 꿈들이 종종 해석되지 않은 채 남겨진다 하더라도, 민감한 분석가는 아동의 언급이나 놀이나 환상 자료 안에서 숨은 의미와의 연결을 찾을 수 있다.

무의식에 도달하는 주된 통로인 자유연상을 사용할 수 없기 때문에, 아동 분석가는 아이의 무의식적 파생물과 의사소통하는 다른 방식들에 의존해야만 한다. 그것들은 아이가 분석가와 나누는 대화, 백일몽, 상상적 놀이, 그림, 말의 실수 그리고 전이 현상 등에서 찾을 수 있다.

모든 정신분석 환자들은 과거에 그들에게 중요했던 사람들에게 반응했던 방식대로 그들의 분석가에게 반응한다. 이러한 전이 반응에 대한 이해는 모든 분석에서 중심적인 문제이다. 부가적으로, 대부분의 성인 환자들에게서 분석가와의 관계의 갈등에 초점이 맞추어지는 전이 신경증이 때로는 일시적으로 그리고 때로는 보다 오랜 기간에 걸쳐 발달할 것이라는 점이 중요하다(Bird, 1972). 전이 신경증이 발생하는 기간동안 분석상황 밖의 삶에서 환자의 증상은 감소되거나 사라질 것이지만, 분석상황 안에서는 갈등이 더욱 강렬하고 뚜렷해질 것이다.

아동 분석에서 전이 현상을 이해하는 것은 성인 분석에서보다 더 복잡하다. 아동의 최초의 애정 대상인 부모가 여전히 그의 삶의 많은 부분을 차지하고 있는데, 그들은 실제 애정 대상으로서 전이 현상의 명료성을 변경시키고 혼동케 한다. 아동에게 있어서, 분석가는 (1) 그가 관계 맺고 있는 새롭고 유일한 사람, (2) 그의 현 부모와 유사한 사람, (3) 그가 전부터 가져왔던 관계와 반응들을 반복하는 사람이 될 것이다. 종종 이러한 분석가의 다른 의미들을 구분하는 것은 불가능하다. 분석가는 실제 인간으로서, 부모와 같은 사람으로서, 그리고 전이의 대상으로서 아동의 사랑과 미움을 받는 사람이 될 것이다. 이런 기법적인 어려움에도 불구하고, 전이 현상은 많은 경우에 이해되고 해석됨으로써 재구성을 가능케 하는데, 이 재구성은 소망, 감정, 방어를 포함한 과거의 사건들, 행동들, 그리고 심리적 상태들에 대한 설명으로서, 이후의 사건들과 행동들, 그리고 심리적인 상태를 이해하는데 도움을 준다.

비록 전부 다는 아니지만, 대부분의 아동 분석가들은 아동 분석에서 전이 신경증이 발달하는 경우는 드물다는 사실에 동의한다. 몇몇 사례 분석에서 그 점이 지적된 바 있다(Harley, 1971; Chused, 1988; Fraiberg, 1951, 1966). 성인 분석에서는 전이 신경증의 발달과 해소가 필수조건이라고 종종 언급되어 왔다. 성인 분석에서 이것이 일어나지 않을 때, 어떤 분석가들은 그것이 진정한 분석이었는지를 의심한다. 성인 분석에서 전이 신경증의 부재는 종종 강렬한 저항 때문이거나, 환자의 심리적인 접근 가능성을 제한하는 자아의 속성 때문이거나, 아니면 잘못된 분석 기법 때문으로 간주된다. 아동 분석에서 전이 신경증의 부재나 빈약함은 아동의 미성숙 때문으로 간주된다: 그것은 정신병리의 심각성이나 분석적 실수를 반영하는 것이 아니다. 하지만 전이의 형성과 인식에 대한 이러한 다양한 제한들에도 불구하고, 아동들과의 분석 작업은 대부분 전이 반응을 통해 발생한다.

아동 분석에서 드러나는 또 하나의 뚜렷한 특징은 특히 행동을 통해 이루어지는 비언어적 의사소통을 포함하는 다양하고 복잡한 의사소통의 형태이다. 이것은 다시금 아동의 발달적 특징들과 관련되어 있다. 행동을 통한 의사소통이 언어적 표현의 의미를 갖게 되는 것이 아동 분석과정의 본질적 부분이 되고 있는데, 이것은 성인 분석에서는 그다지 중요한 요소가 아니다.

아동 분석은 분석가에게 특별한 어려움을 부과한다. 왜냐하면 아동의 본능적인 표현은 항상 언어에만 국한되어 있지 않고, 아동의 갈등은 분노, 흥분 그리고 퇴행을 일으킬 수 있는 강력한 자극제이며, 분석가는 가끔 때리고, 차고, 깨물고, 침 뱉는 통제가 되지 않는 아동들을 만나게 되기 때문이다. 분석가는 자신과 환경을 보호하기 위해서 아동의 행동을 억제해야 할 경우도 있다. 다른 경우에, 아동 분석가는 회기 중에 사무실을 뛰쳐나가고, 똥오줌을 싸며, 물에 젖은 화장실 종이를 화장실 천정에 던지고, 갑자기 옷을 벗는 행동을 통해서 성적 관심이나 흥분을 표현하는 아동 환자를 만날 수 있다.

그러한 힘든 작업을 수행해야 하기 때문에 아동 분석가는 신체적으로 건강해야 하고, 자신을 잘 알아야만 하며, 그들 자신의 아동기 발달 각 단계에 대한 자신의 감정과 조율되어 있어야 하고, 아동에 대한 자신의 방어적 반응에 대해 알고 있어야 한다. 아동 분석가는 항상 퇴행으로 이끄는 압력에 노출되어 있다. 분석가는 퇴행하고자 하는 자신의 경향성을 피하는 동시에, 환자의 퇴행된 상태에 공감해주어야 한다.

이러한 요인들은 아동 분석가로 하여금 아동에 대한 무의식적으로 결정된 반응에 취약하게 만든다. 역전이는 아동의 부모와의 관계에 의해 더욱 복잡해진다. 부모를 비난하거나 부모에게 굴복하고자 하는, 또는 아동을 구출하거나 벌주고자 하는 무의식적인 경향성은 환자뿐만 아니라 부모의 태도에 의해서도 자극될 수 있다. 성인 분석에서처럼 역전이 반응에 대한 자기 분석은 필수적인 것이고 계속되는 과정이다. 본능적 표현의 직접성, 퇴행에의 압력, 아동의 삶에서 실제 인간으로서의 분석가의 역할, 그리고 아동이나 부모와의 동일시에서 오는 위험은 분석적 중립성을 계속적으로 위험에 처하게 만든다.

다양한 발달 단계에 있는 아동 분석

아동 분석은 긴 시간을 필요로 한다. 아동 분석은 일주일에 네 번에서 다섯 번, 45분에서 50분 동안, 일반적으로 여러 해에 걸쳐 수행된다. 아동과 분석가 사이의 의사소통이 언어에 의존하기 때문에 아동 분석은 세 살 전에는 거의 고려되지 않는다.

잠재기 이전인 3세에서 5세의 아동을 분석하는 사람들은 아동의 발달 정지가 아주 초기 단계에서 발생했기 때문이거나 구강기나 항문기 단계에의 부분적인 고착이 후기의 발달을 심각하게 저해하기 때문에 그렇게 한다.

잠재기 이전의 아동일 경우, 아동은 활동적이기 때문에 분석가는 가만히 앉아 있다가 주의 깊게 선택된 순간들에만 말할 수 없다. 아동은 분석가와 놀이를 시작하고 주도하는데, 이 놀이는 아동의 갈등을 이해하기 위한 중요한 통로이다. 다른 어떤 단계들보다 이 단계에서 탄생과 임신에 관한 환상이 가장 생생하게 표현된다. 비록 이 시기에 아동의 자아가 아직 완전히 형성되지는 못했지만, 초자아 전조가 그의 행동과 태도에 영향을 끼친다. 아직은 억압이 적극적인 방어로 사용되지 않는다. 따라서 아동은 자신의 과거를 모두 회상할지도 모른다. 빨기, 물기, 상처 입히기, 자르기, 차기, 그리고 사랑하기와 같은 충동들은 분석을 위한 자료가 되고, 때로는 놀이에서 행동화된다. 종종 3세 경에 절정에 이르는 전능 소망은 그 시기의 아동에게는 발달적으로 적절한 것인데, 이러한 전능 소망은 아동이 자신에게 책임이 있다고 느끼는 사건들—예를 들어 형제자매의 질병, 아기의 탄생 또는 애완동물의 죽음—을 분류하는 것을 어렵게 만든다.

이 시기의 아동에게 부모는 매우 실제적인 존재요, 필수적인 대상이다. 이런 이유로, 어린 아동의 부모는 특히 치료의 처음 몇 주 동안은 치료실 안에 함께 머무른다. 어린 환자의 분석가는 아동의 부모를 정기적으로 보고, 그들의 감정, 특히 아동의 문제에 대한 책임감, 자신들이 아동을 치유할 수 없는 데서 오는 수치심이나 죄책감, 또는 분석에서 제외되고 있다는 느낌 등에 민감해야 한다.

기법에 대한 논의를 담고 있는 두 살에서 네 살 아동의 분석적인 작업에 대한 몇몇 논문들이 존재한다(Bornstein, 1935; Fraiberg, 1951; Harley, 1951; Kestenberg, 1969; Kolansky, 1960; Neubauer, 1972; R. L. Tyson, 1978). 세 살 반 된 베티에 관한 분석을 다룬 쥴스 글렌(Jules Glenn, 1978)의 보고는 아동 분석 경험이 어떤 것인지를 말해준다. 그것을 다음과 같이 압축할 수 있다.

베티는 길게는 9일 동안이나 대변을 보지 못하는 변비를 앓기 시작한지 7개월 되었을 때에 분석을 시작했다. 변을 보지 않다가, 그녀는 야구공 크기의 대변을 보았다. 그때 그녀는 변기에 앉기를 거부한 채 여러 날 동안 바지를 더럽혔고, 그리고는 다시 변을 보유하기 시작했다. 게다가 그녀는 잠을 자다가 침대에 오줌을 싸기도 했다.

베티의 어머니인 G부인은 베티가 2세 2개월이었을 때, 베티의 동생인 필을 임신하였다. 베티의 변비는 G부인의 임신 마지막 3개월 동안에 그리고 그녀가 자신의 "뱃속에" 아기를 가지고 있다고 공표하고 나서 얼마 되지 않았을 때 시작되었다.

베티의 변비는 그녀가 상실할까봐 두려워했던 그녀의 임신한 어머니와의 동일시에서 온 것이었다. 그녀 내부의 대변은 그녀가 갖기를 소망했던 아기를 상징하는 것이었다. 그것은 또한 그녀가 갖기를 소망했던 페니스를 나타내기도 했다. 그녀는 가족 안에서 그녀의 어린 동생이 관심의 초점이 되고 있는 것을 시기했다.

분석에서 베티는 그녀의 소망들, 방어들, 갈등들을 표현하는 게임을 했다. 그녀는 분석가로 하여금 자신이 다른 사람들처럼 대변을 볼 수 있기를 원하고 있음을 알게 했고, 분석가가 이러한 그녀의 목표에 동의한 것은 치료 동맹을 형성하는 데 도움이 되었다.

남동생의 탄생을 둘러싼 베티의 감정은 새 사촌이 태어났을 때 분석에서 재구성되었다. 베티는 새 아기와 그의 어머니를 던져버리고 싶어 했다. 페니스 선망의 노골적인 표현으로서, 그녀는 처음에 글렌 박사의 성기를 공격하고는 진흙으로 만든 페니스를 부러뜨렸다. 그녀는 그것이 자신이 어머니와 아버지의 유일한 아이가 되기를 바라는 것을 나타낸다는 분석가의 해석에 동의했다. 베티는 그녀의 남동생이 엄마 뱃속에 있었을 때 어머니의 배가 불러있었다는 것을 기억했다. 그때 그녀는 자기도 뱃속의 변 때문에 배가 불러지면 아기를 가질 수 있다고 말했다.

베티는 잭 선장과 선장의 하인이요 조수였던 보스코 곰의 이야기를 꾸며냈다. 그녀의 어머니를 나타내는 잭 선장의 역할은 베티가 맡았고 베티를 나타내는 보스코 곰의 역할은 분석가가 맡았다. 이 게임의 초기 형태에서, 보스코 곰은 잭 선장에게 쵸콜릿을 먹였다. 그리고 나서 그 부부는 아기 또는 보스코를 위해 사냥하러 갔다. 잭 선장은 아프게 되었고 의사(분석가에게 역할이 배정된)에 의해 검진을 받았다. 그 병은 임신으로 드러났다. 의사는 선장의 항문에서 베티의 환상속의 물질인 BM아기를 제거했다. 나중에 분석에서, 베티가 남근기 단계에 확고히 뿌리를 내렸을 때, 의사는 다시 아기의 분만을 도와야 했는데, 이때는 선장 잭의 성기에서 아기들을 낳았다.

그녀의 화장실 갈등들뿐만 아니라 구강기적 임신, 항문기적 출산, 그리고 페니스 선망에 관한 환상들은 모두 분석에서 놀이로 표현되었는데, 이것들을 통해 베티는 어머니의 임신에 대한 자신의 시기심, 어머니처럼 되고 싶다는 소망, 화장실 훈련에 대한 분개, 그리고 상처 입었다는 자신의 감정을 표현하고 이해하고자 노력했다. 그녀의 놀이에서 드러난 다른 주제들은 강요당하고 있다는 느낌, 성인들은 BM을 가지고 있지 않다는 그녀의 믿음, 페니스와 BM이 같은 것이라는 생각, 그리고 그녀의 어머니가 그녀를 거세했고 그녀의 페니스를 빼앗아갔다는 환상 등이었다.

성기를 가지고 하는 자위를 하기 시작하면서, 베티는 변을 보유하는 증상을 포기했고 정상적으로 변을 보기 시작했다. 그녀는 항문기 고착으로부터 남근-오이디푸스 단계로 진보했다.

이 치료는 1년 동안 매일 만나는 작업을 통해 이루어졌다. 이 시점에서, 베티의 부모는 그녀의 발달이 만족스럽다고 느껴 종결할 것을 주장했지만, 분석가는 치료에서 얻은 유익을 확고히 하기 위해 좀더 작업하는 것을 선호했다. 5년 후에, 부모는 베티가 똥을 싸거나 오줌을 싸는 행동으로 퇴행하지 않는 행복하고 건강한 소녀가 되었다고 말했다.

5세 미만의 아동을 직접적으로 분석하는 것과는 대조적으로, 몇몇 분석가들은 부모와 규칙적으로 만나 도움을 주는 방식인 "부모를 통한 치료"를 선호한다(E. Furman, 1957; R. Furman & A. Katan, 1969). 여기서 아동의 갈등을 해결하도록 돕는 사람은 부모이다. 이런 방식으로 작업할 때, 아동 분석가는 유아원 등의 환경에서 어린 아동을 규칙적으로 관찰할 필요가 있다. "부모를 통한 치료"가 충분히 도움이 되지 않을 때, 아동은 분석으로 전환할 수 있다(또한 Kennedy & Moran, 1991을 보라).

오이디푸스 시기로부터 욕동이 새롭게 분출하기 시작하는 청소년기 이전까지에 해당하는 잠재기는 분석을 위한 이상적인 기간으로 간주된다. 많은 아동들은 이 기간 동안 분석 치료를 시작한다(Bornstein, 1949; Brody, 1961; Buxbaum, 1954; Sarnoff, 1976). 이 시기에 아동의 정신 구조는 보다 완전하게 형성되어 있고, 또한 오이디푸스 감정을 해결하기 위한 시도도 있었다. 잠재기 아동은 기능하는 초자아를 가지고 있고 본능적인 충동들을 다룰 때 다양한 방어기제들과 함께 억압을 사용할 수 있다. 아동이 학교라는 세계에 들어갈 때, 내재화된 갈등은 부모들과 가족 외부 사람들에게 좀더 가시적이 된다. 공부하는 일에서의 성취가 기대되고, 친구 사귀는 일에서의 어려움이 등장하게 될 것이며, 그 결과 아동의 정신적 고통은 명백해질 것이다. 아동 또한 이전보다는 부모로부터 좀더 독립적이 되고, 자신의 일차 가족 외부의 사람들과의 경험들에 점점 더 많은 관심을 갖게 된다. 분석 작업의 대부분은 이제 전이 현상의 분석을 통해 행해질 수 있다.

초기 잠재기 동안에 아동의 성격은 나중 시기보다 좀더 변화에 열려 있다. 동시에, 이 기간 동안 초자아의 깨어지기 쉽고 타협하지 못하는 특성은 분석가 쪽에서의 특별한 민감성을 필요로 한다. 아동은 그의 방어들이 본능적인 욕구에 의해 쉽게 압도되기 때문에, 어떤 퇴행에의 유혹에도 위협을 느낀다.

분석가가 영향을 미칠 수 없는 외부 상황들이 아동의 신경증을 지속시키거나 강화하는 요인으로 작용할 경우, 분석가는 아동이 부모에게서 좀더 독립적이 되는 후기 잠재기까지 치료를 연기하는 것이 바람직할 것이다. 그때가 되면 아동은 대중교통이나 자전거를 이용해서 혼자 분석을 받으러 올 수 있고, 부모 외의 다른 성인들이 지닌 건강한 측면들을 선택적으로 동일시할 수 있다.

대부분의 분석가들은 청소년기 동안에 행해지는 분석이 힘든 모험이라는 생각에 동의한다. 청소년은 정신의 "재조직화"(reorganization)가 발생하는 과정 안에 있다. 다시 일깨워진 성적 감정은 강력하고 청소년은 그것을 쉽게 통합해내지 못한다. 성적 충동을 방출하고자 추구하면서도 그러한 소망과 환상들을 의식적으로 인정하는 것을 두려워함으로써, 자위를 둘러싼 투쟁이 강렬해진다. 후기 잠재기와 전청소년기에 잘 작용하던 방어는 이제 부적절한 것으로 드러나고, 새로운 방어들은 형성 중에 있다. 이 시기는 부모에 대한 공개적인 적대적 태도, 주지화, 금욕주의, 그리고 성적 행동화 등으로 잘 알려져 있다. 이 시기에 자기애가 강렬해지고, 자기 자신이나 다른 어떤 것에 몰두한 채 가까운 가족들로부터 멀어진 것으로 보인다. 의기양양한 상태로부터 절망과 무기력감의 상태로 바뀌는 급작스런 기분의 변동이 나타나기도 한다(Freud, 1958).

그러한 대격변의 시기 동안에 분석을 한다는 것은 어려운 일이다. 분석을 해야 하는 이유가 그것을 반대하는 힘보다 더 강력한 것이어야 한다. 성인에게서 벗어나는 것이 발달적으로 적절한 시기에 그리고 초자아의 구조가 변화하는 시기에는 치료 동맹을 확립하기가 어렵다. 부모를 향한 오래된 근친상간적 유대에 대한 공포가 분석가에게 전이되기 때문에, 분석가는 십대 청소년이 경험하는 감정의 회오리에 휘말리게 된다.

청소년과의 분석 기법은 성인 분석의 기법에 가깝다. 환자는 카우치에 누울 수도 있고 자유연상이 가능할 수도 있다. 분석은 환자와만 해야만 하고, 비밀 보장이 주어져야 한다. 따라서 십대의 분석가는 일반적으로 환자의 부모를 따로 만나지 않는다.

안나 프로이트(1958)는 청소년 분석의 어려움을 이렇게 말한다. "청소년의 분석 치료는 처음부터 끝까지 비정상적인 강도와 다양성을 지닌 저항들을 만나게 되는 위험이 가득한 모험이다" (p. 261).

피터 블로스(Peter Blos, 1962, 1970)는 청소년 전기의 아동들 및 청소년들과의 분석적인 작업에 관한 글들에서, 이 연령 집단에게 분석이 유용하다는 점을 강조하였다. 십대들과 작업하는 많은 분석가들은 이들과의 분석 가능성에 대해 긍정적으로 느끼고 있다. 셀마 프레이버그(Selma Fraiberg, 1955)는 청소년 전기 아동들과의 작업에 대해 다음과 같이 쓰고 있다.

> 만약 우리가 이러한 초기 저항들을 극복하고 치료적 태도를 확립할 수 있다면, 우리는 우리의 작업에 유리한 사춘기 상황이 지닌 많은 요소들을 발견할 것이다. 나는 방어의 경직성, 동성애적 전이에 대한 두려움, 행동화 등과 우리의 작업에 불리한 요소들을 모두 논하지는 않겠다. 그러나 사춘기가 지닌 병적인 측면들은 발달을 향한 욕동의

> 엄청난 분출이라는 긍정적 측면에 의해 상쇄된다. 사춘기의 임상적인 모습은 때때로 우리를 놀라게 하고 후기 삶에서 드러나는 병적인 측면을 닮은 것일 수 있음에도 불구하고, 성장과 성취와 미래를 향한 충동 등이 긍정적인 결과를 가져오게 하는 요소로 작용한다는 점에서, 사춘기는 또한 희망과 약속의 시간이다[pp. 285-286].

라우퍼 부부(Laufers, 1978, 1982, 1984)는 그들의 분석 작업을 보다 심각한 장애를 가진 청소년들을 포함하는 것으로 확장하여 좋은 결과를 얻었고, 청소년의 심리에 대한 더 많은 통찰을 얻을 수 있었다.

청소년과의 분석 작업이 지닌 복잡성의 일부를 설명하기 위해 하나의 간략한 임상사례를 들어보겠다. 샘은 훌륭한 지적 능력에도 불구하고, 공부를 하지 않고 학교에서 낮은 점수를 받으면서 분석을 시작했다. 8년간 지속된 분석은 그의 청소년기 대부분을 포함했다. 샘은 예측할 수 없는 소년이었고, 친구가 없었으며, 종종 다른 이웃을 놀리거나 흥분하게 하거나 파괴적인 행동을 했다. 그는 아홉 살이 되어서도 여전히 자신의 침실에서 샤워실로 맨몸으로 달려가거나, 어머니 옆을 지나가면서 어머니의 "엉덩이"를 가볍게 두드리는 등 어머니에 대한 오이디푸스적 행동을 계속하고 있었다.

그의 어머니는 샘이 세 살이 되었을 때부터 자살 행동을 수반하는 정신병적인 우울증에 시달리고 있었다. 분석에서 샘이 갑자기 공부를 중단한 것이 특별히 어려운 사건 직후였음이 드러났는데, 그것은 어머니가 병원에 입원해서 붕대에 감겨있던 일이었다.

분석을 시작한 지 3개월 후에, 샘의 신경증은 강박 신경증으로 조직화되었다. 부분적으로 이것은 전이에서 보다 더 안전한 오이디푸스 대상을 갖게 된 결과였다. 그는 이어지는 18개월 동안, 전이에서 오이디푸스 감정에 대한 재작업을 통해서 강박적인 증상의 대부분을 극복할 수 있었다. 이것들 중에는 오이디푸스 대상으로서의 어머니에 대한 공포, 그녀가 자신을 해칠 것이라는 걱정, 거세 불안으로부터 벗어나기 위해 소녀가 되고 싶은 그의 방어적인 소망 등이 포함되어 있었다. 분석을 시작한 지 두 번째 해와 세 번째 해 동안에, 자료는 "나쁜 여자의 빰과 신체를 때리는" 샘의 자위 환상에 초점이 맞춰져 있었다. 이것은 그의 페니스가 어떻게 취급되어야만 하고 여자가 어떻게 취급되어야 하는지—따귀를 맞고, 매 맞고, 뼈가 부러져야 마땅한 존재라는 생각—에 대한 그의 생각을 보여준다. 분석에서 그는 이러한 생각들이 자신의 어머니와 관련된 것임을 알게 되었고, 또한 이 환상이 그녀가 그녀 자신을 상처 입히는 데서 쾌감을 느낀 여인이라는 점에서 그의 어머니를 기쁘게 해주기 위한 것임을 깨닫게 되었다. 7학년이 되었을 때 샘은 자신보다 나이가 많은 중학생 소년들과의 강렬한 동성애 활동에 몰두했다. 그는 싸움을 자극하고 도망치다가 잡혀서 빰을 얻어맞는 수동적 흥분을 추구했는데, 이것은 그의 자위 환상속에서 빰을 얻어맞는 여자가 되는 것과 관련되어 있었다. 여자가 되는 그의 환상은 선배 소년들에 대한 그의 공포를 극대화했다.

13세가 되었을 때, 샘은 본격적인 청소년기에 진입했고, 키가 6피트나 되어 그의 여자 분석가를 내려다보게 되었다. 그의 감정은 더 많이 방어되어 있었고, 자신의 감정을 드러내는 것을 꺼렸다. 수년 동안, 사무실에 들어오거나 떠날 때, 그는 분석가 옆을 빠르게 지나감으로써 자신의 얼굴을 분석가에게 거의 보여주지 않았다. 그는 대부분의 시간 동안 분석가를 등 뒤로 한 채 의자에 앉아 책들과 잡지들을 주시했다.

다음에 이어지는 5년 동안 샘은 그의 학습 장애를 이해하기 위한 작업을 시작했다. 그는 자신이 학교에서의 성취를 어린시절에 가졌던 화장실-훈련에 대한 감정과 혼동하고 있음을 깨닫게 되었다. 그는 교사가 자신으로부터 어떤 성취를 이끌어내려고 시도할 때마다 수동적으로 저항하면서 학교에서 과거의 항문기 투쟁을 재연했다. 이 두 가지 사실에 대한 재구성은 샘으로 하여금 학교에서 A학점과 B학점을 얻고 싶어 하는 소망을 갖는 지점에 도달하는 데 도움을 주었다. 그는 한 때 자신이 "쓸모없는 엉망인 소년," "냄새나는 시궁창"과 같은 녀석이라는 감정을 가졌던 일을 기억해냈다. 이 감정들은 그의 어머니가 아기를 낳기 위해 병원에 갔고, 이어서 정신병원에 입원했던 시기인 그가 두 살 되었을 때 처음으로 발생한 것이었다. 분석에서 도달한 두 번째 재구성은 그 자신과 그의 형제자매 때문에 어머니가 떠났다는 그의 믿음에 관한 것이었다. 만약 그들이 싸우지 않았더라면, 아마도 그녀는 떠나지 않았을 것이다. "나는 학교 공부가 개똥처럼 느껴진다"라는 느낌은 나중에 어린 자녀를 돌보지 않고 떠난 부모와의 동일시에서 기인한 것으로 이해되었다.

샘은 C학점 이하로는 받지 않겠다는 목표를 갖고 학교 공부를 따라잡기 시작했다. 그러나 그는 항상 한 과목에서 구출되어야 했는데, 이것은 그의 어머니가 너무나 자주 구출되어야 했던 것과 관련되어 있었고, 샘은 이 사실을 이해할 수 있었다.

샘의 작업은 매우 느리게 진행되었다. 그는 분석을 "안전한 하늘"로서 그리고 "현실의 닻"이라고 생각했는데, 그러면서도 그는 매우 조심스러웠다. 그는 만약 자신이 감정을 드러내놓고 말한다면, 분석을 계속할 수 없을 것이라고 믿었다. 분석가는 그에게 자유연상을 요구하거나 빈번한 해석을 제공하는 일을 자제했다. 그것은 샘에게 유혹으로 느껴졌을 것이고, 따라서 그의 통합 능력에 부담이 되었을 것이다. 그는 자신의 속도에 따라 말함으로써 그리고 자신에게 흥미 있는 사실들을 스스로 발견함으로써 통합을 성취하기 위해 씨름했다. 그는 15세 때 지하실에서 락 밴드를 형성했고, 몇 년 동안 드럼을 쳤다. 그는 자신의 차를 닦고, 꾸미고, 최신 소음기와 배기관을 설치하는 일을 즐겼다. 17세가 되었을 때 그는 여자친구를 사귀었다. 그가 비록 그녀와 함께 한 것에 대해서 분석가에게 다 털어놓지는 않았지만, 그가 그녀를 사랑하고 있고, 그러한 감정이 계속될 수 있다고 믿고 있었다.

이처럼 샘의 발달은 그가 17세에 분석을 끝냈을 때까지 계속되었다. 그는 이성과의 관계를 갖기 시작했고, 학교에서 그의 재능에 걸맞는 성적을 성취했다. 그는 더 개방적이 되었고, 자신과 부모의 관계 그리고 자신과 분석가와의 관계를 탐구할 수 있게 되었다. 그는 더 이상 얼굴을 감추지 않고 분석가를 정면으로 바라볼 수 있게 되었으며, 마지막 날에는 직접적으로 그리고 따뜻하게 "많이 감사해요"라고 말했다.

성 정체성, 대상관계 그리고 자아 기능이 공고화되고 안정되는 시기로 간주되는 후기 청소년기 동안에도 분석은 여전히 결과를 장담하기 힘든 모험으로 남는다. 분석 치료를 받는다는 생각은 특히 대학에 가기 위해, 독립하기 위해, 직업을 갖기 위해 집을 떠나게 되는 청소년에게 특히 위협적인 것이 될 수 있다. 동시에, 새로운 대상관계를 확립하는 데 따른 어려움, 성적 기능에 대한 관심 그리고 독립을 성취하고 직업 상황에 적응하는 데 따른 어려움 등은 후기 청소년 혹은 초기 성인이 분석을 추구하게 하는 요인들일 수 있다(Abend, 1974, 1987).

아동 분석가의 훈련과정

성인 분석에 비해 아동 분석이 처한 애매한 상태는 아동 분석가의 훈련에 대한 계속되는 논쟁에서 반영되고 있다. 우리는 "아동 분석은 자동적으로 여성 분석가들의 영역이 되었고, 이런 현상은 의심의 여지없이 계속될 것이다"(1933, p. 148)라는 프로이트의 진술에 담겨 있는 초기의 편견으로부터 이미 오래 전에 벗어났음에도 불구하고, 아동 분석 훈련의 가치에 대해서는 여전히 문제점을 갖고 있다. 소수의 사람들은 성인 분석에 대한 지식이 아동 분석가의 관점을 넓혀주듯이, 아동 분석에 대한 지식이 성인 분석가의 관점을 심화시킨다는 안나 프로이트의 철학에 의문을 갖고 있다. 그런가 하면 몇몇 사람들은 "우리가 어떤 입장에서 아동 분석가의 훈련을 시작하는가는 중요하지 않다. 아동 분석 훈련이 성인 분석 훈련에 부가적으로 제공될 수 있는 것과 마찬가지로, 성인 분석 훈련도 아동 분석 훈련에 부가적으로 제공될 수 있다. 따라서 아동 분석가가 된 후에 성인 분석가의 훈련을 받을 수 있다"(A. Freud, 1966, pp. 53-54)고 말한 안나 프로이트의 진술에 회의를 갖고 있다. 지금 미국에서 수행되는 아동 분석 훈련은 성인 분석 훈련이 거의 완성되었거나 잘 수행되고 있을 때 시작되며, 항상 성인 분석에 덧붙여서 제공되고 있다. 이 순서에 대해 의문이 제기되어왔고, 어떤 훈련 분석가들은 아동 분석과의 동시적인 훈련이나 아동 분석으로부터 시작하는 방안을 제안하기도 했다.

아동 분석가의 훈련에 대한 논의 근저에는 일반인 분석(lay analysis)에 대한 오래된 문제가 놓여있다: 의사가 아닌 분석가들은 성인 분석에서와 마찬가지로 아동 분석에 지대한 공헌을 했다. 대부분의 초기 선구자들은 일반인 분석가들이었다: 안나 프로이트의 특별한 위치는 아동 분석가들 사이에서 일반인 분석가들에 대한 존경을 보증해주는 요소로 작용했다.

헴스테드 클리닉에서 안나 프로이트의 지도 하에 제공된 아동 분석 훈련은 의학적인 훈련과 비의학적인 훈련을 결합한 모델이었다. 그 후로 의사가 아닌 지원자들을 위한 아동 분석 훈련 프로그램들이 유럽과 미국에서 발달되었다. 이들 프로그램의 졸업자들은 다른 아동 분석가들과 함께 아동 분석가 협회를 구성하였고, 아동 분석가들 사이의 상호 교류를 위한 국제적인 토론의 장을 마련했다.

연구와 아동 분석을 응용한 분석

아동 분석의 선구자들은 아동기 심리적 장애를 위한 합리적이고 집중적인 치료를 확립했을 뿐만 아니라, 정신분석을 위한 사실적이고 이론적인 기초를 확립하는 일에, 정상적인 아동들과 혼돈된 아동들의 심리를 이해하는 일에, 그리고 아동들의 심리적인 욕구를 위해 무엇을 제공해야 하는지에 대한 사회적 인식을 높이는 일에 중요한 공헌을 했다. 성인 심리의 좀더 완전한 이해를 위한 통로로서의 초기 발달에 관한 연구는 아동 분석가와 성인 분석가 모두의 마음을 끌었고, 그들 중 몇몇은 그들의 삶을 이 영역의 연구에 헌신했다. 프로이트는 정상적인 아동기에 대한 그의 재구성을 구체화하기 위한 수단으로, 아동들에 대한 동료들의 관찰들을 수집했다. 하인즈 하트만(1950)은 아동 관찰연구가 일반적인 정신분석적 심리학의 발달과정에서 임상적인 정신분석을 자연스럽게 보완해주는 역할을 한다고 믿었고, 에른스트 크리스(Ernst Kris)는 아동과의 치료 경험은 가지고 있지 않았지만 아동에 대한 이해가 정신분석학의 진보에 본질적이라는 믿음을 갖고 아동연구의 적극적인 지지자가 되었고, 예일 아동연구 센터의 연구원으로 일했으며, 아동 정신분석 연구의 설립자가 되었다.

아동 분석의 연구와 관련된 많은 방법론적인 토론들은 1920년대와 1930년대 동안 안나 프로이트와 멜라니 클라인 사이에서 발생했던 1941-1945년의 프로이트-클라인 논쟁(King & Steiner, 1991)과 관련되어 있다. 유아기와 아동기에 대한 연구와 관련하여, 이 논쟁은 두 개의 상호 연결된 주제들과 연관되어 있었다. 멜라니 클라인은 생애 첫해 동안에 선천적으로 결정된 본능적 갈등들이 부모 대상과 연결된 채로 아동의 정신 안에서 복잡한 환상을 발생시킨다고 믿었다. 그녀는 이중적 갈등들(분열적 자리와 우울적 자리)과 삼중적 갈등들(오이디푸스기적 갈등들)이 생애 첫 몇 개월 동안에 발생한다고 믿었는데, 이것은 이 시기의 아동은 대상관계와 환상의 형성과는 거리가 먼 미숙한 상태에 처해 있으며 점진적으로만 성숙과 발달과정이 발생한다고 믿었던 안나 프로이트의 견해와는 상반되는 것이었다. 두 번째 주제는 특정 형태와 유형의 정신 내용의 현존이나 부재를 결정하는 데 있어서, 이론으로부터 연역해낸 것 대 관찰과 임상 작업으로부터 도달한 것의 문제와 관련되어 있었다. 안나 프로이트의 견해는 아동들을 연구했던 경험에 기초한 것인데 반해서, 멜라니 클라인의 작업은 본능 이론의 필수조건에 대한 그녀의 이해에서 파생된 것이었다. 예컨대, 클라인에 의하면, 처음부터 존재하는 죽음 본능은 초기에 자기-파괴를 막기 위해 대상-지향적이고, 파괴적인 공격성을 필요로 하며, 따라서 대상관계와 파괴성 모두는 출생시부터 존재한다고 했다. 그러한 가정은 실제로 경험적으로 결정된 대상 표상에 대한 설명보다는, 내적으로 결정된 좋은 대상과 나쁜 대상을 다루기 위해 자아가 철저한 분열과 통합을 거치게 된다는, 편집-분열적 자리와 우울적 자리와 같은 복잡한 개념들을 필요로 하게 된다. 이러한 선험적인 신념들과 그에 따른 결과들이 클라인 이론의 토대를 구성하고 있다는 점에서, 그녀의 접근은 안나 프로이트의 신념들과는 크게 다르다.

미국의 경우, 발달에 대한 후성설적 관점과 관찰의 중요성을 강조하는 안나 프로이트에 의해 확립된 전통은 기능이 선험적으로 내재한다는 클라인의 견해보다 훨씬 더 많은 영향을 끼쳤다. 그러나 비록 죽음 본능이라는 극단적인 관점을 고수하는 사람들이 미국 정신분석학계에서 크게 영향을 미치지는 않았지만, 유아의 초기 발달이 갖는 심리적 복잡성에 대한 클라인의 초점을 주목하는 일은 중요한 과제로 간주되어왔다. 아동 발달에서 욕동의 영향력에 반대해서, 대상관계의 중요성에 대한 강조는, 역설적이게도, 클라인의 작업에 의해 촉진되었다.

여러 해 동안, 아동 분석에 대한 연구는 프로이트-클라인 논쟁에 의해 자극되었다. 부분적으로는 클라인 덕택에, 정신분석의 연구 영역은 초기 유아기, 관계의 형성과 발달, 특히 전-오이디푸스기의 이자단일체적 관계를 포함하도록 확장되었고, 그러한 주제들은 지속적인 관심의 주제들이 될 수 있었다. 이들 클라인 학파에 의해 고무된 주제들은 안나 프로이트가 주창한 기법, 즉 자연적인 환경과 분석 환경 모두에서의 주의 깊은 관찰, 세부사항에 대한 주의와 기록, 그리고 후성설적인 결론 형성 등을 사용하는 방법에 의해 연구되었다.

위니캇은 멜라니 클라인과 안나 프로이트 모두와 관계를 맺고 있었지만, 그들과는 독립적으로 작업했다. 그는 어린 유아에 대한 클라인의 관심에 의해 영감을 얻었고, 행동을 관찰하는 훈련된 소아과 의사의 눈과 발달적 문제들에 대한 프로이트 학파의 인식을 가진 채, 어린 유아의 삶에 대해 독창적이고 심오한 감각을 불러일으키는 이론을 형성해냈다(1975). 그의 작업을 통해 유아의 미성숙 상태는 이해할 수 있는 것이 되었고 전에는 알려지지 않은 방식으로 명료화되었다. 그는 확신과 자기-지식을 갖고 창조할 수 있는 성격을 형성함에 있어서 모성의 역할이 본질적이라는 사실을 강조했다(1960). 유아만을 보기보다는 어머니-유아 관계를 보는 그의 지속적인 초점은 분석적인 조사자나 비분석적인 조사자 모두의 유아연구에 핵심적인 기여를 했고, 정신분석에서 관계의 질이 중심적인 관심사가 되게 한 여러 이유들 중의 하나로 작용했다.

스핏츠(Spitz, 1946)는 인간 상호작용의 심리학적인 "자양분"이 결핍된 유아들 중에서 극심한 병적 상태와 사망률에 관한 연구를 하였고, 그 결과를 주의 깊게 통계화하고 필름에 담아낸 최초의 분석가였다. 그의 연구는 2차 세계 대전(1973) 동안에 안나 프로이트와 도로시 벌링햄이 했던 연구처럼 면담실이 아닌 유아방이나 탁아소 같은 집단 환경에서 행해졌다. 일련의 후기 연구들에서 스핏츠(1965)는 유아기의 정상적인 심리사회적 조직자들에 관해 차례로 서술했는데, 인간 발달에 대한 이러한 접근은 유아 행동에 대한 후기의 연구자들에게 크게 영향력을 끼쳤다(특별히 Sandler, 1980을 보라).

현대 유아연구는 유아기 상태를 최초로 정의한 피터 울프(Peter Wolff, 1959)에 의해 가능해졌다. 그는 유아의 행동적 및 생리적인 조건들은 보편적이고 단일하며, 관찰에 의해 증명될 수 있다고 보았다; 그는 또한 유아에 대한 조사 연구는 반복될 수 있고, 다른 연구자들에 의한 다양한 결과들은 서로 결합되거나 비교될 수 있다고 믿었다. 유아의 능력, 행동의 조직화, 그리고 사회적 반응에 관한 연구를 포함한 현대 유아연구 운동은 울프가 정의할 수 있고, 보편적인 각성 상태와 행동 상태를 인정함으로써 가능했다. 관찰의 상대적인 용이함 때문에, 유아의 능력에 대한 대부분의 연구들은 유아가 깨어있지만 비활동적인 상태에 있는 동안에 행해졌다. 그러나 유아의 삶의 대부분은 그러한 상태가 아니라, 덜 조직화된 욕구와 관련된 고도의 긴장 상태나 수면 상태로 이루어져 있다. 이러한 상태의 심리학적인 측면들은 유아연구에서 비교적 탐험되지 않은 상태로 남아있다.

비록 위니캇, 스핏츠 그리고 울프가 유아연구에서 어느 정도 다른 강조점들을 갖고 있고 또 그들이 모두 현대 정신분석학적 연구를 대표하는 사람들이기는 하지만, 그들 중 누구도 어떤 한 "학파"의 지도자가 되지는 않았다. 그들 사이의 차이는 체계적이고 반복된 관찰들이 사용된 정도에 그리고 그러한 관찰 결과들을 해석하는 데 다른 이론적인 강조점들을 사용한 것에 있다.

현대 정신분석적 연구자들 중 스핏츠의 동료인 로버트 엠데(Robert Emde)는 정동 발달에 대한 강조와 유아기 동안 조직자로서의 정동의 역할에 대한 강조를 통해서 스핏츠의 연구결과를 확장했다(Emde, 1976; Emde, 1983, 1990). 초기 프로이트 이론(1900)에서, 정동은 방출 현상으로서 이해되었는데, 후에 프로이트(1926a)는 그것을 방출에 대한 유아기 경험의 잔여 기억물이나 자아의 신호 기능에 의해 자극된 위협에 대한 자아의 반응으로 이해했다. 새로운 이론에서 정동은 리히텐버그의 동기 이론(1989)과 톰킨스의 이론적인 논의(1962-91)에서처럼 행동을 일으키는 타고난 일차적 동인들 또는 행동을 강화하는 요소들로 간주되었다.

최근 몇 년 동안, 유아연구는 아동연구 가운데 가장 두드러진

업적을 이룬 분야였다. 그것이 발견한 것들은 놀랄만하고, 깨달음을 주며, 매력적인 것이었다. 일단 유아의 상태들이 정의되자, 유아의 행동은 현대 기술의 자원들을 사용해서 기록되고 해부되었는데, 이로써 유아연구는 과학의 확증을 얻게 되었다. 몇몇 연구자들은 그들의 발견들을 아동과 성인 모두의 임상적인 문제들에 적용하는 것을 통해서 크고 도전적인 목소리를 갖게 되었다 (Stern, 1985).

아동에 대한 정신분석적 연구의 또 하나의 오래된 전통은 불행하게도 새로운 발견들에 의해 그 빛이 바래고 있다. 이 연구의 주제들은 유아, 걸음마 아동 그리고 취학 전 아동들을 포함하고 있는데, 사용된 방법들은 대체로 자연적이고 서술적인 것이었고, 현대 유아연구가 지닌 기계적 및 통계학적인 정교성을 갖지 못했다. 다른 한편, 그것들은 자연적인 방법을 사용함으로써 오랜 시간에 걸쳐 이루어지는 변동들, 일련의 순서들, 상호작용들 그리고 심리학적 사건의 변화들을 보여줄 수 있었다. 이 연구들은 아동의 단일한 상태나 정서적인 상태에 제한되지 않았다. 그것들은 걸음마 아기의 보통 상황에 대한 광범위한 관찰과 자료수집 가능성이라는 장점을 갖고 있다. 다시 말해 그것들은 과도기적 및 통합적인 과정 그리고 갈등 해소와 해체 과정에 대한 관찰이 가능했다. 예를 들어, 안나 프로이트와 도로시 벌링햄(1973)은 전쟁기간 동안 사려있고 따뜻하지만 보통 어머니보다는 덜 헌신적인 양육자에 의해 키워진 아동들의 특징들과 제한점들을 상술했다. 버려진 아이들을 수용하고 있는 기관에서 양육된 유아들에 관한 프로벤스와 립톤(1962)의 좀더 체계적인 연구는 그러한 상황에 의해 부과된 제한점들에 관해 좀더 세부적인 관찰 결과들을 제공했다.

이 오래된 전통 안에 있는, 지금은 고전이 된 사례 연구는 죠지 엥겔과 프란츠 라익스만(1956)에 의해 수행된 선천적으로 입이 막혀 있는 신생아에 관한 연구였다. 모니카는 비정상적인 수유 경험에 더해 모성적 돌봄의 박탈로 인해 고통받았다. 엥겔은 친숙한 사람과 낯선 사람에 대한 아이의 심리학적 반응 유형을 기록했다. 이 반응들은 스트레스 상황에 대한 인간의 보존-철수 반응이라는 그의 가정을 뒷받침해주는 것이었다(Engel, 1962). 모니카의 성인기의 삶에 대한 후속 연구에서, 엥겔과 그의 동료들(1985)은 유아기 경험이 드러난 행동과 태도에 지속적인 영향을 미친다는 사실을 보여주었다. 모니카는 그녀 자신이 유아기에 그랬던 것처럼, 거리를 두는 신체 자세를 사용해서 자신의 유아들에게 수유했고, 자신의 유아기 경험대로 사회적 통제라는 장치를 사용해서 유아를 통제했다. 심지어 더 놀라운 것은 그녀의 아동들까지도 그들이 먹었던 방식대로 그들의 인형에게 먹였다는 사실이었다.

심각한 장애를 가진 유아를 대상으로 연구를 시작한(1952) 마가렛 말러의 가장 영향력 있는 공헌은 6개월에서 36개월 사이의 유아가 어머니로부터 정상적으로 분리-개별화하는 과정을 밝힌 것이었다. 걸음마 아기에 대한 관찰을 토대로, 말러와 그녀의 동료들은(1975) 3개월에서 6개월 된 유아는 어머니와의 공생 관계에 있으며, 그러한 상태로부터 6개월에 "부화 단계," 12개월에서 13개월에 "연습 단계," 18개월에 "재접근 단계," 그리고 30개월에서 36개월에 "대상 항상성 확립 단계" 등의 단계들을 거쳐서 차츰 분리-개별화 되어간다는 견해를 확립했다. 그녀의 관찰연구는 분리-개별화라는 가정된 단계들로 조직화된 세부적인 정보를 제공하고 있다.

위니캇과 말러 두 사람의 작업은, 그들이 만든 용어들이 초기 발달에 관한 정신분석 이론의 은어가 되고 그 결과 그 의미가 더욱 확장되고 불명확해지게 되면서 혼란스런 결과를 가져왔다. 본래 의도되지 않은 의미를 갖거나 잘못 이해되면서, 이 용어들은 그것들의 저자에 대한 칭송 또는 비난과 함께 그 자체의 길을 걷게 되었다. "안아주는 환경," "충분히 좋은 어머니," "중간대상," 그리고 "일차적 모성적 몰두"와 같은 위니캇 학파의 용어들은 때때로 그것들의 본래 의미들과는 다른 것들이 되었다. "공생," "부화," "재접근," "분리-개별화"와 같은 말러 학파의 용어들 역시 때때로 그것들의 본래 의미와는 거의 상관없이 사용되고 있다. 이 용어들은 성인과 아동의 분석 모두에서 잠재적으로 병리적인 아동기 사건들에 대한 시나리오를 설명하는 데 사용되게 되었다. 어떤 사람들에게 있어서는 "발달"이라는 용어조차도 그것의 본래 의미를 상실한 채 정신병리가 일차적으로 전-오이디푸스기 문제로부터 발생한다는 믿음에 대한 유행어가 되고 말았다.

셀마 프레이버그는 때이른 죽음의 순간까지 안나 프로이트와 르네 스핏츠의 전통을 이어받았을 뿐만 아니라 그 전통의 범위와 이론적 기초를 성공적으로 확장한 연구자들의 리더였다. 그녀는 정신분석적 사고를, 정상적인 유아와 아동이 대상 세계와 사람들의 세계에 접근하고 이해하는 기술에 관한 피아제의 많은 통찰들과 결합하는 데 누구보다도 성공적이었다(1959). 이러한 그녀의 재능은 유아와 아동 발달 이론을 확립하는 데 중요한 기여를 했다. 비록 유아와 아동 발달 연구의 선구자들 중의 많은 이들이 분석가였지만, 그 영역은 갈수록 정신분석적 기원과는 다른 것이 되었다. 프레이버그처럼 다른 연구자들도 분석과는 낯선 기법들과 이론을 사용하게 되었고, 이는 성인 심리의 정신분석적 이해와는 거리가 먼 아동 발달 이론을 도출하는 결과를 가져왔다. 이 경향은 학문적 심리학(academic psychology), 신경 생리학,

간호학, 그리고 다른 배경들을 가진 최근의 유아와 아동연구가들 대다수에 의해 더 큰 추진력을 얻고 있다. 오늘날 아동 발달 연구는 정신분석적 통찰을 사용하고 있고 또 정신분석 이론에 공헌하고 있으면서도, 많은 면에서 정신분석과는 독립적인 학문분야로 인정받고 있다.

전청소년기(preadolescence)와 청소년기에 대한 표준적인 연구들은 피터 블로스의 특수한 영역으로서, 그의 논문들은 여러 세대의 분석가들에게 영향을 끼치고 있다(Peter Blos, 1962, 1967, 1970). 그의 발견들은 안나 프로이트의 발견들과 함께 청소년 정신분석의 효율성에 대해 일반적으로 비관적인 견해를 갖게 했다. 그러나 그 뒤에 행해진 분석 경험들—예를 들어, 새뮤얼 리트보(Samuel Ritvo, 1971, 1976, 1984)와 로퍼스(Laufers, 1978, 1982, 1984)—은 철저한 분석적 접근이 이 연령 집단에 유용할 수 있으며, 심지어 심각한 장애를 가진 비정신병적 청소년에게도 적용될 수 있음을 밝혔다.

에릭 에릭슨(1950, 1978)은 청소년 시절에 정체성 문제를 해결해가는 양태에 대한 설명을 통해서 정체성 형성이라는 개념을 확립했다. 그는 대인관계적이고 문화적인 환경이 개인에게 미치는 영향을 중요하게 생각했다. 또한 그는 연구 범위를 아동기와 청소년기를 넘어 삶의 전 기간을 포함하는 것으로 확대하였다.

위에서 언급된 연구들은 주로 표준적인 발달과 그것의 변형들과 관련되어 있다. 때때로 중복되기도 하는 다른 연구들은 특정한 육아 방식이 주는 심리적인 영향, 아동에 관한 법적 체계의 영향, 신체적 장애가 미치는 심리적 영향, 그리고 다양한 심리적 상태들에 대한 정의와 적절한 치료에 초점이 맞춰졌다. 이 글의 남은 부분에서, 우리는 이들 영역들에 대한 예를 살펴볼 것이다.

아동기의 특수한 문제들에 관한 정신분석적 연구들은 정상적인 발달과 병적인 발달 모두에 관한 우리의 이해에 공헌했다. 또한 그것들은 고통받는 아동들을 위한 치료 프로그램을 발달시키는 수단으로 사용되기도 했다. 이것은 특히 유아연구에서 그러했다. 아마도 이런 유형의 연구에서 최상의 예는 보지 못하는 장애가 심리학적이고 육체적인 발달에 미치는 영향에 대한 연구일 것이다. 이러한 연구에 기여하고 발달을 위한 예방 프로그램의 설립에 공을 세운 사람들은 도로시 벌링햄(1972), 셀마 프레이버그(1977), 그리고 데이비드 프리드먼(1975) 등이었다. 그보다 앞서, 옴웨이크와 솔릿트(1961)는 좀더 나이든 눈먼 아동을 정신분석적으로 치료했던 경험을 보고한 바 있다.

프레이버그는 눈먼 유아들에 관한 연구와 고통받는 유아-어머니 짝에 관한 연구에 정신분석과 피아제 이론을 혼합하여 사용했다. 그녀는 누구보다 먼저, 지속적인 사랑의 돌봄을 받은 눈먼 유아와 아동 중에서 사회적 능력과 이동 능력에서 심각한 제한을 갖는 경우는 종종 일정 수준 이상의 감각 운동 활동을 배우지 못했던 유아라는 사실을 깨달았다. 일반적으로 시각을 필요로 하는 이 발달은, 유아가 특별한 감각 운동 활동을 배우도록 돕지 않는다면, 일어나지 않는다.

프레이버그의 또 다른 중요한 연구들은 심각한 유아기 박탈의 효과에 대한 연구와 유아-어머니 짝을 위한 효과적인 치료의 방법들에 대한 연구다. 그녀는 자신의 저서 유아 정신건강에 대한 임상적인 연구(1980)에서 심하게 박탈당한 많은 유아들은 그들의 어머니에 의해 잘못 다루어진 유아들인데, 이 어머니들이 그렇게 한 이유는 그녀들 자신이 동일시한 양가적인 가족 구성원, 다른 말로 "유아방의 유령들"(ghosts in the nursery) 때문이라는 사실을 밝혔다. 프레이버그는 그 유령들과의 병리적 유대를 깨는데 도움이 되는 심리치료의 몇몇 특수한 기법을 상세히 설명했다.

좀더 최근에는 부모가 죽은 아동들(Furman, 1974), 생명이 위협받는 외상에 노출된 아동들(Terr, 1979, 1984), 그리고 정신병적 부모들과 함께 살고 있는 아동들(Anthony, 1986)에 대한 연구가 이루어졌다.

지난 40년을 돌이켜볼 때, 사회적으로 가장 큰 영향을 끼친 연구는 앞에서 언급된 바 있는 르네 스핏츠에 의한 연구였다. 그는 인간적인 접촉이 부족한 시설에서 돌봄을 받고 있는 유아들의 질병율과 사망률에 관해 연구했다. 이 연구는 더 많은 세부사항들을 밝혀낸 프로벤스와 립톤(Provence and Lipton, 1962)에 의해 그리고 제임스 로버트슨(1952)에 의해 시작된 관찰연구에 의해 더욱 확장되었다. 스핏츠의 연구는, 비록 루마니아에서 보고된 내용들이 다시 과거의 공포를 떠올리고 있지만, 최소한의 돌봄을 제공했던 대부분의 비인격적인 유아 시설을 폐쇄하도록 이끌었다. 로버트슨의 연구는 특히 영국과 미국에서 아동들의 입원 절차의 변화를 이끌어냈다.

로버트슨 부부는 언어(1989)와 영상을 사용하여 입원 기간 동안(1952, 1958) 또는 다른 이유로(1969, 1971) 며칠이나 몇 주 동안 부모로부터 떨어져 있는 아동들이 겪는 고통을 기록영상물로 만들었다. 이들의 발견은 충분한 관심을 이끌어냈고, 그 결과 영국 정부에 의한 플라트 위원회가 구성되게 되었다. 그 위원회는 모든 병원으로 하여금 어린 아동들의 부모가 함께 있을 수 있게 허용할 것을 추천했다(중앙 건강 협의회, 1959). 그 뒤를 이어 영국과 미국 모두에서 아동 병원의 정책들이 아동과 부모들에게 보다 잦은 방문과 더 적절한 지원을 주는 쪽으로 바뀌게 되는 조용한 혁명이 일어났다(Bergman, 1965; Plank, 1962).

안나 프로이트와 멜라니 클라인의 풍부하고 경쟁적인 개념들의 출현 외에도, 아동 분석가들과 유아연구자들은 일단의 관찰

결과들, 개념들, 연구 방법들을 한 데 묶어서 "애착 이론"으로 알려진 일련의 제안들을 형성했다. 그것은 존 보울비(1969-73)가 메리 에인스워스(1973)와 함께 이룩한 성취이며, 더 최근에는 마조리 메인과 D. 웨스톤(1981) 등의 업적이기도 하다. 애착 이론은 관계와 애착을 맺고자 하는 일차적 경향성이 몇 가지 생물-행동학적 체계들 중의 하나라는 가정을 갖고 있으며, 이러한 경향성은 먹이기, 안전, 그리고 공격성과 같은 다른 체계들이나 문제들과는 별도로, 그 자체로서 연구될 만한 가치가 있다고 믿고 있다. 애착 이론은 연구 디자인에 있어서 매우 혁신적이었고 아동-부모 애착의 성질을 결정하기 위한 재생 가능한 기법을 제공함에 있어서 매우 창조적이었다(Main & Weston, 1981).

미국의 경우, 사회적 패턴의 변화와 함께, 유아원이 아동 발달에 끼치는 영향(Provence, 1977), 한쪽 부모만 있는 가정, 그리고 어머니 대신 아버지가 일차적인 양육자인 가정이 아동 발달에 미치는 영향을 이해하고자 하는 관심이 높아졌다. 이것과 함께 어린 아동의 발달에 어머니의 공헌과 아버지의 공헌이 어떻게 다른지에 대한 뒤늦은 관심이 부각되었다(Chused, 1986; Herzog, 1983; Pruett, 1983, 1985).

법에 의해 제재를 받게 되는 아동의 문제는 아동 정신분석의 선구자 중의 한 사람인 어거스트 아이히호른의 관심을 끌었다. 그의 저서 고집불통의 청소년들(Wayward Youth, 1935)은 소년범들에 대한 다른 연구들(예를 들어, Gardiner, 1985)을 자극했고, 그의 중심적인 발견에 기초한 치료 양태들을 고안하도록 이끌었다. 그의 중심적인 발견은 반사회적 행동을 해결하는 최상의 방법은 아동과 능력 있는 성인의 관계를 통해서 그리고 교육적이고, 사회적이며, 미학적인 "영양소"를 제공하는 환경을 통해서라는 사실이었다(Redl, 1945; Bettelheim, 1950; Mayer

& Blum, 1971; Mayer 1977; Dowling, 1975).

알버트 솔린트의 많은 공헌들 중에는 소아과 병동에서의 돌봄과 아동의 법적 권리에 영향을 끼친 점이 포함되어 있다. 그는 안나 프로이트와 죠셉 골드스타인(Goldstein, 1973)과 함께 "아동의 최상의 유익을 위하여"라는 용어가 미국 법정에서 의미 있는 고려사항이 되게 했다. 전통적으로, 아동의 감금과 관련된 법적 절차에서 법적 강조는 부모의 권리에 대한 것이었고, 아동들은 부모의 소유물로 간주되었다. "아동의 최상의 유익을 위하여"는 법적 결정을 내리는 데 있어서 아동의 심리적 행복을 정당한 고려 사항으로 간주한다는 것을 의미한다. 솔린트와 그의 동료들은 아동에게 사랑이 있고, 사려 깊으며, 헌신적인 양육자를 가질 수 있는 권리가 있다는 사실을 강력하게 호소하면서, 아동은 법적으로 정의된 부모가 아니라 심리적인 부모를 필요로 한다고 지적했다. 심리적인 부모는 아동을 건강한 성인이 될 수 있도록 가장 잘 도울 수 있는 사람이며, 그런 점에서 그들이야 말로 아동의 감금 문제를 결정할 때 가장 중요한 사람이라는 것이다.

아동 분석은 안나 프로이트의 초기 저서인 교사들과 부모들을 위한 네 개의 정신분석 강의들(1930)을 시작으로, 항상 교육과 밀접한 유대를 가져왔다. 정신분석가들은 교육이 아동의 발달적인 힘을 활용해야 하고, 아동들의 심리학적인 욕구들을 고려해야 하며, 아동 각자의 개인적 욕구와 특성을 존중하는 분위기에서 가르쳐야 한다고 촉구해왔다.

아동 분석은 처음부터 신경증 외의 다른 아동기 정신병리 형태들에 대해 연구하였고, 그것들에 대한 치료적 접근들을 고안해 냈다. 나중에 성인 정신분석에서 "정신분석 범위의 확장"(Stone, 1954)으로 알려진 것이 아동 분석에서는 처음부터 알려져 있었다. 아동 분석은 변화하는 요구들에 대처하기 위해 변형된 치료법을 개발하는 데 있어서 더 직접적이었다고 평가할 수 있는데, 이에 대한 가장 명백한 예는 각 발달 수준에 맞추어 다른 분석 기법을 사용하는 것에서 찾을 수 있다.

아동 정신분석이 지닌 효율성의 제한점들과, 정신분석 대신에 또는 혹은 정신분석과 함께 다른 도움의 양태들을 사용한 것은 이 연구 영역에서 많은 열매를 가져다주었다. "경계선" 아동 또는 "비전형적인" 아동은 대부분의 아동연구에서 주요 주제가 되었는데, 그 연구들의 중심적인 물음은 그들의 정신병리가 심리내적 갈등의 결과인지 결핍의 결과인지, 선천적인 것인지 후천적인 것인지에 관한 것이었다. 만약 후자일 경우, 정신분석은 과연 그 문제에 도움을 줄 수 있는지, 있다면 어떻게 도울 것인지가 주요 관심사였다. 또한 갈등 대 결핍이라는 주제는 아직도 해결되지 않은 논쟁적인 문제로 남아있으며, 그것에 관한 논의는 인간의 성장과 정신병리에 대한 우리의 이해를 더욱 계몽시키고 명료화해줄 것을 약속하고 있다. 안나 프로이트(1970), 한시 케네디(1979), 그리고 케네디와 모란(1991) 등은 이러한 논의에서 중요한 공헌을 한 바 있다.

비록 아동 분석 사례에 관한 많은 문헌들이 있지만(정신분석적 아동연구와 안나 프로이트 센터의 간행물을 보라), 최근까지 정교한 통계학적 기법을 사용한 연구는 소수밖에 없었다. 최근 1991년까지도, 정신분석 치료 결과에 대한 개관이나 추후 연구들은(Bachrach, 1991) 아동 분석의 연구들을 포함하지 않고 있다.

유일하게 하이닉케(1965)는 유사한 증상과 비교 가능한 방어조직을 지니고 있는 10명의 아동 집단을 주 1회 만나는 심리치료와 주 4회 만나는 정신분석을 비교했는데, 그 중 여섯 명의 아동들은 심리치료로 치료했고 네 명의 아동들은 정신분석으로 치료했다. 두 집단 모두 치료에서 유익을 얻었지만, 종결 1년 후의 추후 확인에서 정신분석으로 치료받은 아동들이 "더 균형잡힌 방어의 사용, 더 너그러운 초자아 기능을 나타내는 증거, 그리고 아마도 가장 중요하게는, 상상력을 사용하여 설명하는 능력, 다양한 정서들을 표현할 수 있는 능력, 방어적이지 않은 유머의 사용, 그리고 자신의 행동과 그 근저의 동기를 관찰하는 능력 등과 같은 탄력성과 분별 능력의 징표들"을 보여주었다(p. 96).

과거에 이러한 시도가 드물었던 것과는 대조적으로, 안나 프로이트 센터는 최근에 정신분석적 심리치료와 정신분석의 유효성에 관한 일련의 인상적인 연구들을 내놓았다. 피터 포나기(Peter Fonagy) 와 안네-마리 탈란디니-샬리스(Anne-Marie Tallandini-Shallice, 1993)는 과학적 연구라는 전통적인 틀 안에서 사례 연구와 임상 자료의 연구가 이루어져야 한다는 중요성을 강조하면서, 정신분석적 연구에 대한 사려 깊은 비평을 제공했다. 그들은 다음과 같이 결론짓는다.

> 과학은 검사와 재분석에 열려 있는 공개적인 자료와 절차들에 의해 특징지어진다. 적절한 훈련과 적절한 방법에 관한 지식을 가지고 있는 사람은 누구나 그 결과들이 반복될 수 있는 것인지를 확인할 수 있어야만 한다. 설득력은 같은 결과가 반복될 수 있는 방법만이 가질 수 있다. 그런 반복 가능성과 공개적인 검사가 환영받지 못한다면, 그러한 진실 추구 공동체는 번영할 수 없다. 정신분석은 다른 사람의 발견들을 공유하고 서로의 경험으로부터 배우는 진실 추구자들을 자체 공동체 안에 담아내야 한다[p. 19].

메리 타겟과 한시 케네디(1991)는 넓은 범위의 질병을 가지고 있는 143명의 5세 미만 아동들을 치료한 안나 프로이트 센터에서의 경험을 재고했는데, 그 중 85%는 정신분석 치료를 받았다. 저자들은 "5세 미만에 의뢰된 아동의 17%는 치료 종결 시에 그리고 다른 75%는 치료를 시작할 때 정신의학적으로 진단할 수 있었음"을 발견했다. 일반 아동 평가 척도(Children's Global Assessment Scale) 점수는 "평균 14점이 올랐고, 이는 종결시 전체 평균 점수를 정상적인 범위의 낮은 쪽에 위치하도록 했다."

정신분석이나 정신분석적 심리치료를 받은 763명의 아동들에 관한 연구결과들이 발표되었고(Fonagy & Target, 1994; Target & Fonagy, 1994a) 또 요약되었다(Target & Fonagy, 1994b). 더 어린 아동들은 대부분 치료에서 유익을 얻었고, 정신분석에서는 청소년들보다 더 큰 유익을 얻었다. 또 하나의 결론은 아동 분석에서 발달적인 주제에 대한 강조를 지지하는 것으로서, 아동 치료의 결과에 대한 예상 요인들을 검토할 때 발달적 틀이 반드시 고려되어야 한다는 것이다.

아동의 발달적 변화와 심리적 갈등의 해소를 날마다 경험하면서, 개인분석가들은 많은 고무를 받겠지만, 만약 비 정신분석적 연구자들에게 그러한 방법의 힘을 확인시키기를 원한다면, 정신분석은 방법론적으로 적절하고, 정신분석 이론에 기초한 결과와 그 결과에 대한 추후 연구를 확립해야 할 것이다.

결론

성인 정신분석보다 늦게 시작했고 지금도 동등한 위치를 획득하기 위해 분투하고 있는 아동 분석이 실은, 부분적으로는 그러한 분투로 인해, 그러한 동등한 위치를 획득했고 또 정신분석 일반에 기여했음이 명백하다. 아동 분석의 중심에는 오래 전에 말했던 프로이트의 진술이 옳았다는 인식과 확신이 있다:

> 어떤 경우든 아동 신경증 분석은 특별한 이론적 관심을 끌고 있다고 주장할 수 있다. 대략적으로 말해서, 아동 분석은 아동의 꿈이 성인의 꿈에 관해 많은 것을 알게 해주는 것만큼이나 성인들의 신경증에 대한 적절한 이해에 도달하는 데 더 많은 도움을 준다. 그것은 아동 분석이 더 명쾌하거나 빈약하기 때문이 아니다. 사실, 아동의 정신적 삶 안으로 들어가 그것을 느낀다는 것은 치료자에게 특별히 어려운 일이 아닐 수 없다. 그러나 그럼에도 불구하고, 신경증의 본질이 아동에게서 명백하게 첫 싹을 드러낸다는 점에서 아동 분석에는 미래를 위한 많은 가능성이 있다[1918, p. 9].

아동 분석은 아동의 정신적 삶 안으로 들어가 "그 삶을 느끼고," "신경증의 본질이 명백하게 싹을 드러내는 모습"을 발견할 때 그것을 제거하는 일에 헌신한다. 그것의 풍부한 적용 가능성이 증명하듯이, 아동 분석은 모든 아동들의 삶의 질을 높이기 위한 통찰을 사용하는 일에 헌신하고 있다.

참고 문헌

Abend, S. (1974). Problems of identity. Psychoanal. Q., 43: 505-637.

________. (1987). Evaluating young adults for analysis. Psychoanal.

Inq., 7: 31-38.

Aichhorn, A. (1935). Wayward Youth. New York: Viking.

Ainsworth, M. (1973). The development of mother-infant attachment. In Review of Child Development Research. vol. 3, ed. B. M. Caldwell & H. N. Ricciuti (Chicago: Univ. Chicago Press)

Anthony, E. (1980). The family and the psychoanalytic process in children. Psychoanal, Study Child, 35: 3-34.

________. (1986). Terrorizing attacks on children by psychotic parents. J. Amer. Acad. Child Psychiat., 25: 326-335.

Bachrach, H., Galatzer-Levy, R., Skolnikoff, A., & Waldron, S. (1991). On the efficacy of psychoanalysis. J. Amer. Psychoanal. Assn., 39: 871-916.

Bergman, T. (1965). Children in the Hospital. New York: Int. Univ. Press.

Bettelheim, B. (1950). Love is Not Enough. Glencoe, Ill.: Free Press.

Bion, W. (1963). Elements of Psychoanalysis. New York: Basic Books.

Bird, B. (1972). Transference. J. Amer. Psychoanal. Assn., 20: 267-301.

Blos, P. (1962). On Adolescence. New York: Free Press.

________. (1967). The second individuation process of adolescence. Psychoanal. Study Child, 22: 162-187.

________. (1970). The Young Adolescent. New York: Free Pree.

Bornstein, B. (1935). Phobia in a two-and-a-half-year-old child. Psychoanal. Q., 4: 93-119.

________. (1945). Clinical notes on child analysis. Psychoanal.

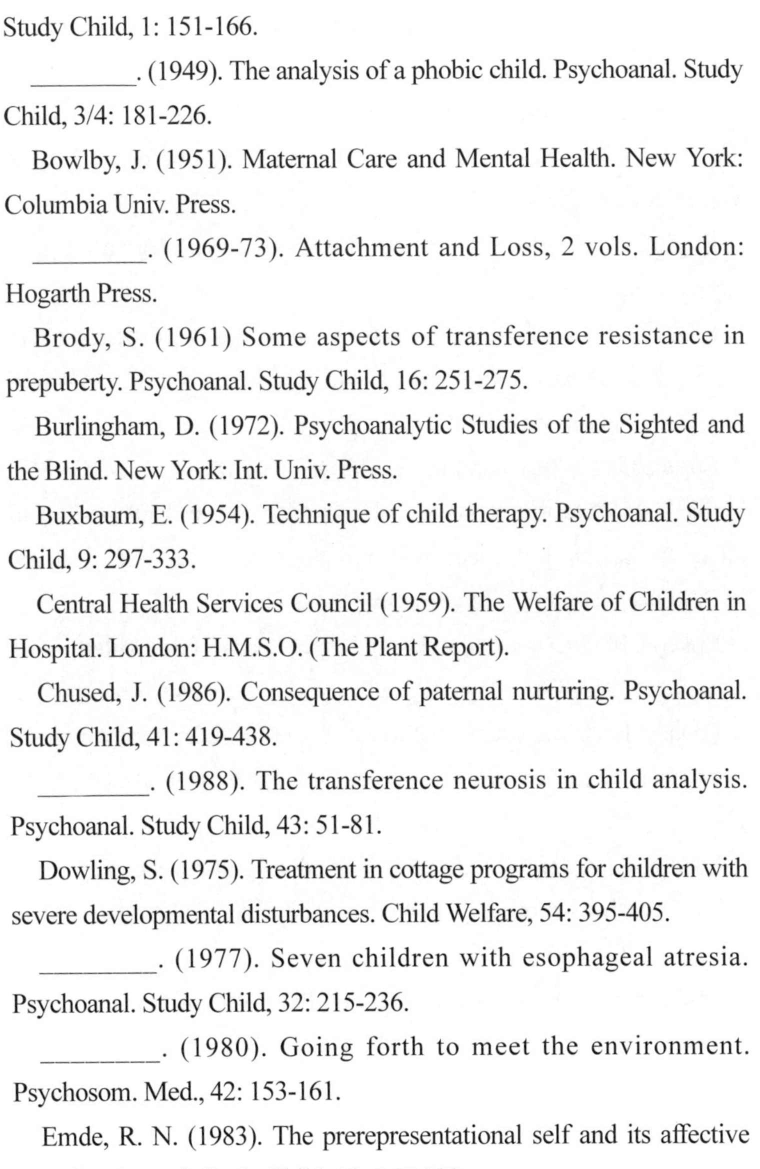

Study Child, 1: 151-166.

________. (1949). The analysis of a phobic child. Psychoanal. Study Child, 3/4: 181-226.

Bowlby, J. (1951). Maternal Care and Mental Health. New York: Columbia Univ. Press.

________. (1969-73). Attachment and Loss, 2 vols. London: Hogarth Press.

Brody, S. (1961) Some aspects of transference resistance in prepuberty. Psychoanal. Study Child, 16: 251-275.

Burlingham, D. (1972). Psychoanalytic Studies of the Sighted and the Blind. New York: Int. Univ. Press.

Buxbaum, E. (1954). Technique of child therapy. Psychoanal. Study Child, 9: 297-333.

Central Health Services Council (1959). The Welfare of Children in Hospital. London: H.M.S.O. (The Plant Report).

Chused, J. (1986). Consequence of paternal nurturing. Psychoanal. Study Child, 41: 419-438.

________. (1988). The transference neurosis in child analysis. Psychoanal. Study Child, 43: 51-81.

Dowling, S. (1975). Treatment in cottage programs for children with severe developmental disturbances. Child Welfare, 54: 395-405.

________. (1977). Seven children with esophageal atresia. Psychoanal. Study Child, 32: 215-236.

________. (1980). Going forth to meet the environment. Psychosom. Med., 42: 153-161.

Emde, R. N. (1983). The prerepresentational self and its affective core. Psychoanal. Study Child, 38: 165-192.

________. (1990). Mobilizing fundamental modes of development. J. Amer. Psychoanal. Assn., 38: 881-914.

Emde, R. N., Gaensbauer, T., & Harmon, R. (1976). Emotional Expression in Infancy. Psychological Issues, monograph 37. New York: Int. Univ. Press.

Engel, G. L. (1962). Anxiety depression-withdrawal. Int. J. Psychoanal., 43: 89-97.

Engel, G. L., Reichsman, F. (1956). Spontaneous and experimentally induced depression in an infant with a gastric fistula. J. Amer. Psychoanal. Assn., 4: 428-452.

Engel, G. L., Reichsman, F., Harway, V., & Hess, W. (1985). Monica: infant-feeding behavior of a mother gastric fistula-fed as an infant. In Parental Influences in Health and Disease, ed. E. J. Anthony & G. Pollack. Boston: Little, Brown.

Erikson, E. (1950). Childhood and Society. New York: Norton.

________. (1987). A Way of Looking at Things. New York: Norton.

Fonagy, P., & Tallandini-Shallice, A.-M. (1993). On some problems of Psychoanalytic research in practice. Bull. Anna Freud Centre, 16: 5-25.

Fonagy, P., & Target, M. (1994). The efficacy of psychoanalysis for children with disruptive disorders. J. Amer. Acad. Child Adolesc. Psychiat., 33: 45-55.

Fraiberg, S. (1951). Clinical notes on the nature of transference in child analysis. Psychoanal. Study Child, 6: 286-306.

________. (1952). A critical neurosis in a two-and-a-half-year-old girl. Psychoanal. Study Child, 7: 173-215.

________. (1955). Some considerations in the introduction to therapy in puberty. Psychoanal. Study Child, 10: 264-286.

________. (1959). The Magic Years. New York: Charles Scribner' s.

________. (1966). Further considerations of the role of transference in latency. Psychoanal. Study Child, 21: 213-236.

________. (1977). Insights from the Blind. New York: Basic Books.

________. (1980). Clinical Studies in Infant Mental Health. New York: Basic Books.

Freedman, D. A. (1975). Congenital and perinatal sensory deprivations. Psychoanal, Q., 44: 62-80.

Freud, A. (1927). Four lectures on child analysis. In Writings of Anna Freud, 1: 3-69.

________. (1930). Four Lectures on Psychoanalysis for Teachers and Parents. N.Y.: Int. Univ. Press In Writings of Anna Freud, 1: 73-133.

________. (1936). The Ego and the Mechanisms of Defense. New York: Int. Univ. Press.

________. (1958). Adolescence. Psychoanal. Study Child, 13: 255-278.

________. (1962). Assessment of childhood disturbances. Psychoanal. Study Child, 17: 149-158.

________. (1963). The concept of developmental lines. Psychoanal. Study Child, 18: 245-265.

________. (1965). Normality and Pathology of Childhood. New York: Int. Univ. Press.

________. (1966). A short history of child analysis. In Writings of Anna Freud, 7: 48-58.

________. (1969). Adolescence as a developmental disturbance. In

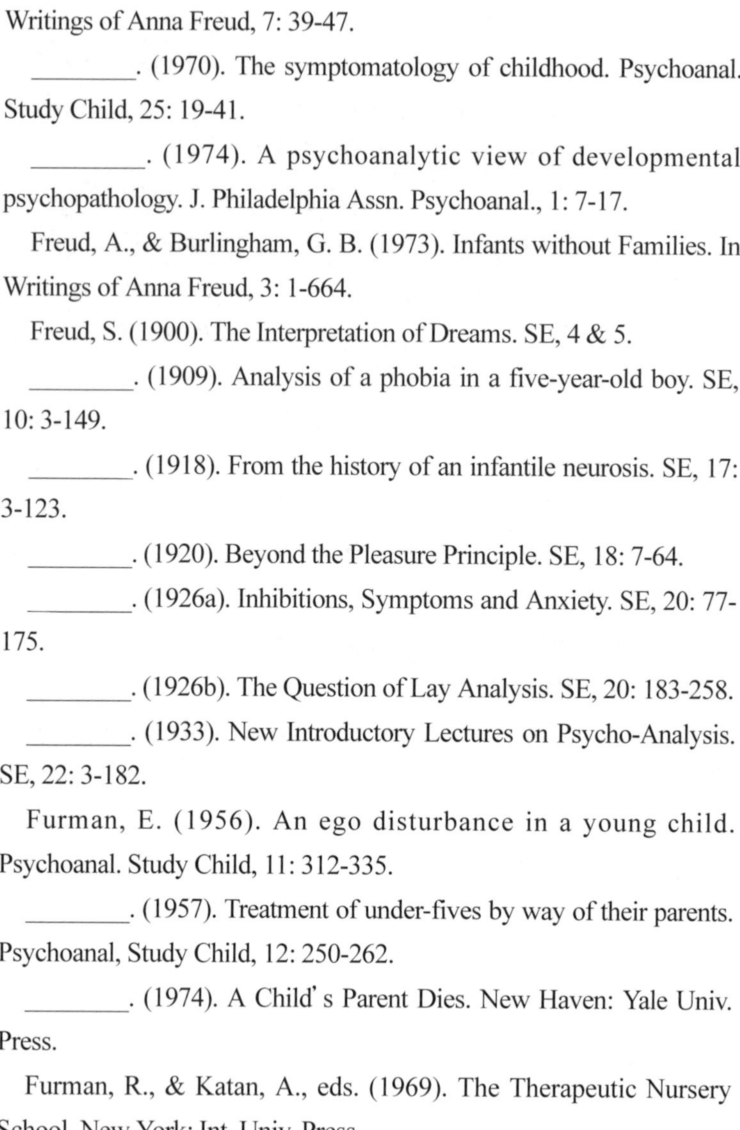

Writings of Anna Freud, 7: 39-47.

________. (1970). The symptomatology of childhood. Psychoanal. Study Child, 25: 19-41.

________. (1974). A psychoanalytic view of developmental psychopathology. J. Philadelphia Assn. Psychoanal., 1: 7-17.

Freud, A., & Burlingham, G. B. (1973). Infants without Families. In Writings of Anna Freud, 3: 1-664.

Freud, S. (1900). The Interpretation of Dreams. SE, 4 & 5.

________. (1909). Analysis of a phobia in a five-year-old boy. SE, 10: 3-149.

________. (1918). From the history of an infantile neurosis. SE, 17: 3-123.

________. (1920). Beyond the Pleasure Principle. SE, 18: 7-64.

________. (1926a). Inhibitions, Symptoms and Anxiety. SE, 20: 77-175.

________. (1926b). The Question of Lay Analysis. SE, 20: 183-258.

________. (1933). New Introductory Lectures on Psycho-Analysis. SE, 22: 3-182.

Furman, E. (1956). An ego disturbance in a young child. Psychoanal. Study Child, 11: 312-335.

________. (1957). Treatment of under-fives by way of their parents. Psychoanal, Study Child, 12: 250-262.

________. (1974). A Child' s Parent Dies. New Haven: Yale Univ. Press.

Furman, R., & Katan, A., eds. (1969). The Therapeutic Nursery School. New York: Int. Univ. Press.

Gardiner, M. (1985). The Deadly Innocents. New Haven: Yale Univ. Press.

Glenn, J., ed. (1978). Child Analysis and Therapy. New York: Aronson.

Glover, E. (1945). Examination of the Klein system of child psychology. Psychoanal. Study Child, 1: 75-118.

Goldstein, J., Freud, A., & Solnit, A. J. (1973). Beyond the Best Interests of the Child. New York: Free Press.

Greenspan, S. I. (1981). Psychopathology and Adaptation in Infancy and Early Childhood. New York: Int. Univ. Press.

Hall, J. (1946). The analysis of a case of night terror. Psychoanal. Study Child, 2: 189-227.

Herley, M. (1951). Analysis of a severely disturbed three-and-a-half-year-old boy. Psychoanal. Study Child, 6: 206-234.

________. (1967). Transference developments in a five-year-old child. In The Child Analyst at Work, ed. E. R. Geleerd, pp. 115-141. New York: Int. Univ. Press.

________. (1971). The current status of transference neurosis in children. J. Amer. Psychoanal. Assn., 19: 26-40.

Hartmann, H. (1950). Psychoanalysis and developmental psychology. Psychoanal. Study Child, 5: 7-17.

Heinicke, C. (1965). Frequency of psychotherapeutic session as a factor affecting the child's developmental status. Psychoanal. Study Child, 20: 42-98.

Herzog, J. M. (1980). Sleep disturbance and father hunger in 18-28-month-old boys. Psychoanal. Study Child, 35: 219-236.

Hoffer, W. (1949). Mouth, hand, and ego-integration. Psychoanal.

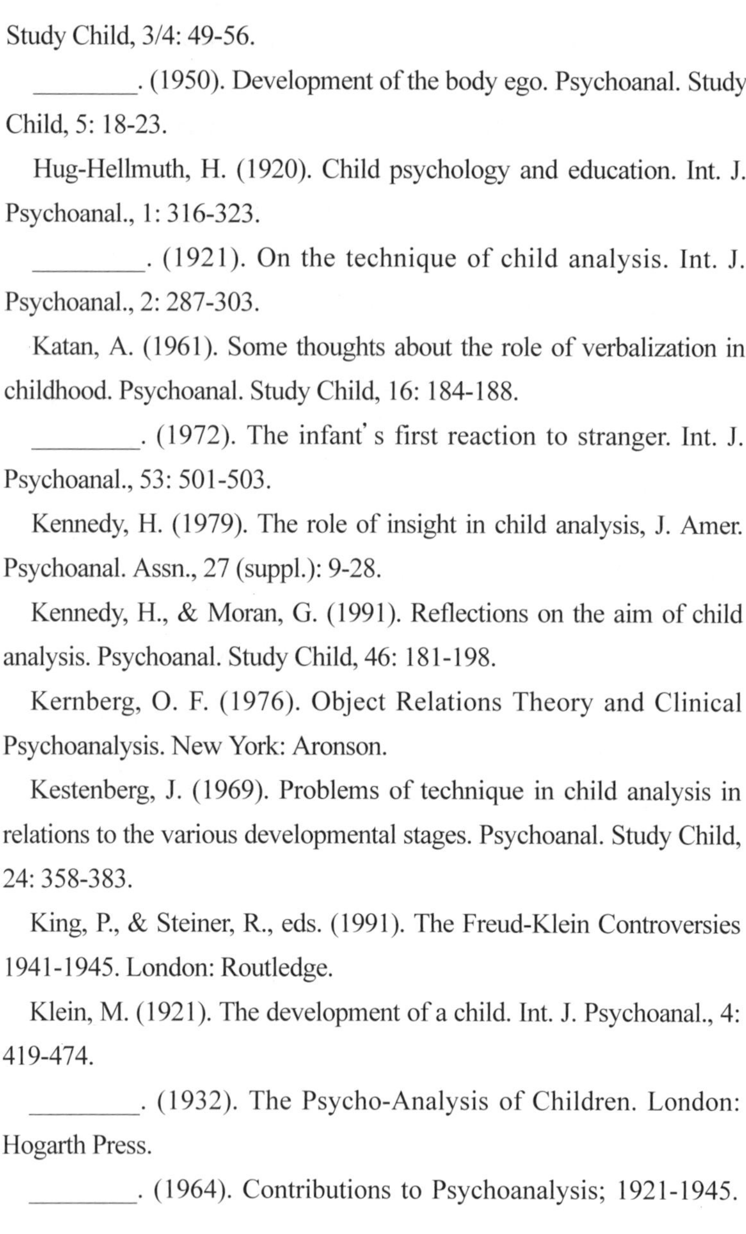

Study Child, 3/4: 49-56.

________. (1950). Development of the body ego. Psychoanal. Study Child, 5: 18-23.

Hug-Hellmuth, H. (1920). Child psychology and education. Int. J. Psychoanal., 1: 316-323.

________. (1921). On the technique of child analysis. Int. J. Psychoanal., 2: 287-303.

Katan, A. (1961). Some thoughts about the role of verbalization in childhood. Psychoanal. Study Child, 16: 184-188.

________. (1972). The infant's first reaction to stranger. Int. J. Psychoanal., 53: 501-503.

Kennedy, H. (1979). The role of insight in child analysis, J. Amer. Psychoanal. Assn., 27 (suppl.): 9-28.

Kennedy, H., & Moran, G. (1991). Reflections on the aim of child analysis. Psychoanal. Study Child, 46: 181-198.

Kernberg, O. F. (1976). Object Relations Theory and Clinical Psychoanalysis. New York: Aronson.

Kestenberg, J. (1969). Problems of technique in child analysis in relations to the various developmental stages. Psychoanal. Study Child, 24: 358-383.

King, P., & Steiner, R., eds. (1991). The Freud-Klein Controversies 1941-1945. London: Routledge.

Klein, M. (1921). The development of a child. Int. J. Psychoanal., 4: 419-474.

________. (1932). The Psycho-Analysis of Children. London: Hogarth Press.

________. (1964). Contributions to Psychoanalysis; 1921-1945.

New York: McGraw-Hill.

Klein, M., Riviere, K., Searl, M., Sharpe, E., Glover, E., & Jones, E. (1927). Symposium on child-analysis. Int. J. Psychoanal., 8: 339-391.

Kolansky, H. (1960). Treatment of a three-year-old girl' s severe neurosis. Psychoanal. Study Child, 15: 261-285.

Kris, E. (1956). The recovery of childhood memories in psychoanalysis. Psychoanal. Study Child, 11: 54-88.

Laufer, M. (1978). Nature of adolescent pathology and the psychoanalytic process. Psychoanal. Study Child, 33: 307-322.

Laufer, M., & Laufer, M. E. (1984). Adolescence and Developmental Breakdown. New Haven: Yale Univ. Press.

Laufer, M. E. (1982). Female masturbation in adolescence and the development of relationship to the body. Int. J. Psychoanal., 63: 295-302.

Lebovici, S. (1974). Traumatization. Int. Rev. Psychoanal., 1: 117-123.

Lichtenberg, J. (1989). Psychoanalysis and Motivation. Hillsdale, N.J.: Analytic Press.

Mahler, M. S. (1952). On child psychosis and schizophrenia. Psychoanal. Study Child, 7: 286-305.

Mahler, M. S., Pine, F., & Bergman, A. (1975). The Psychological Birth of the Human Infant. New York: Basic Books.

Main, M., & Weston, D. (1981). Security of attachment to mother and father. Child Development, 49: 932-940.

Mayer, M., & Blum, A. (1971). Healing through Living. Springfield, Ⅲ.: Thomas.

Mayer, M., Richman, L., & Balcerzak, E. (1977). Group Care of

Children. New York: Child Welfare League of America.

Nagera, H. (1963). The developmental profile. Psychoanal. Study Child, 18: 511-540.

________. (1966). Early Childhood Disturbances, the Infantile Neurosis and the Adulthood Disturbances. New York: Int. Univ. Press.

Neubauer, P. B. (1972). Psychoanalysis of the preschool child. In Handbook of Child Psychoanalysis, ed. B. Wolman, pp. 221-252. New York: Van Nostrand.

________. (1984). Anna Freud's concept of developmental lines. Psychoanal. Study Child, 39: 15-28.

Omwake, E. B., & Solnit, A. J. (1961). "It isn't fair." Psychoanal. Study Child, 16: 352-404.

Panel (1974). A comparison between adult and child analysis. C. Feigelson, reporter. J. Amer. Psychoanal. Assn., 22: 603-611.

Parens, H. (1979). The Development of Aggression in Early Childhood. New York: Aronson.

Pine, F. (1985). Developmental Theory and Clinical Process. New Haven: Yale Univ. Press.

Plank, E. (1962). Working with Children in Hospitals. Cleveland, Ohio: Press of Western Reserve University.

Provence, S., ed. (1983). Infants and Parents. New York: Int. Univ. Press.

Provence, S., & Lipton, R. (1962). Infants in Institutions. New York: Int. Univ. Press.

Provence, S., & Naylor, A., & Patterson, J. (1977). The Challenge of Daycare. New Haven: Yale Univ. Press.

Pruett, K. D. (1983). Infants of primary nurturing fathers.

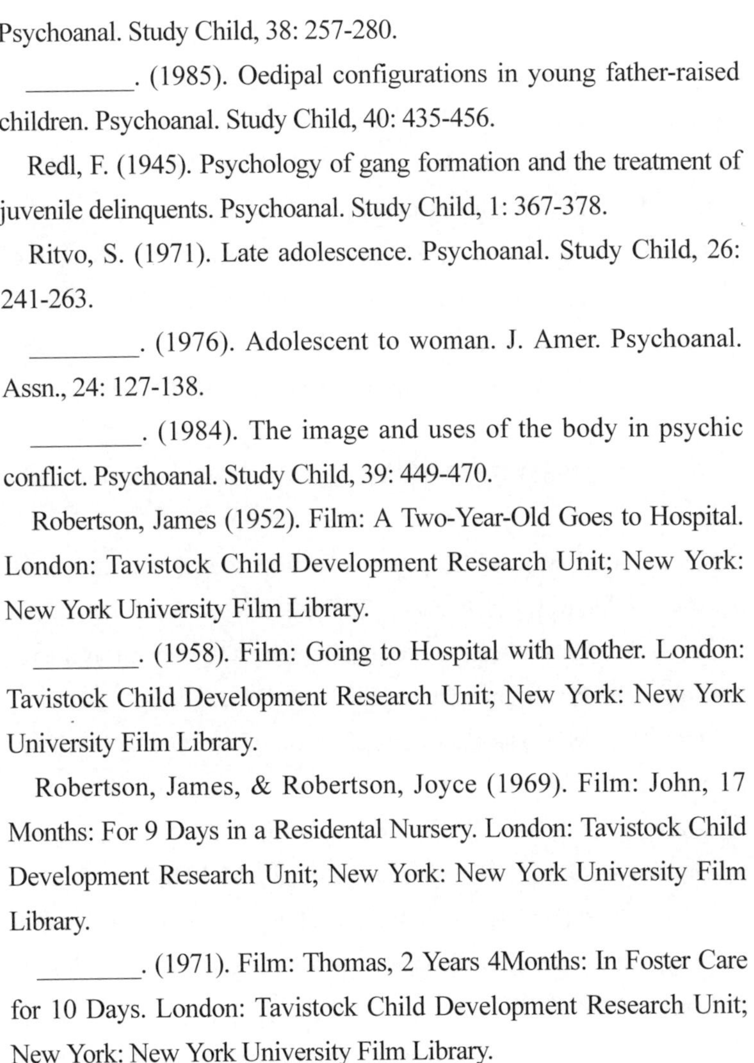

Psychoanal. Study Child, 38: 257-280.

________. (1985). Oedipal configurations in young father-raised children. Psychoanal. Study Child, 40: 435-456.

Redl, F. (1945). Psychology of gang formation and the treatment of juvenile delinquents. Psychoanal. Study Child, 1: 367-378.

Ritvo, S. (1971). Late adolescence. Psychoanal. Study Child, 26: 241-263.

________. (1976). Adolescent to woman. J. Amer. Psychoanal. Assn., 24: 127-138.

________. (1984). The image and uses of the body in psychic conflict. Psychoanal. Study Child, 39: 449-470.

Robertson, James (1952). Film: A Two-Year-Old Goes to Hospital. London: Tavistock Child Development Research Unit; New York: New York University Film Library.

________. (1958). Film: Going to Hospital with Mother. London: Tavistock Child Development Research Unit; New York: New York University Film Library.

Robertson, James, & Robertson, Joyce (1969). Film: John, 17 Months: For 9 Days in a Residental Nursery. London: Tavistock Child Development Research Unit; New York: New York University Film Library.

________. (1971). Film: Thomas, 2 Years 4Months: In Foster Care for 10 Days. London: Tavistock Child Development Research Unit; New York: New York University Film Library.

Rosenbaum, A. (1992). The assessment of parental functioning. Psychoanal. Q., 63: 466-490.

Sander, L. (1962). Issues in early mother-child interaction. J. Amer.

Acad. Child Psychiat., 1: 141-166.

________. (1980) Investigation of the infant and its caregiving environment as a biological system. In The Course of Life, ed. S. I. Greenspan & G. H. Pollock, vol. 1, pp. 177-201. Washington, D.C.: National Institute of Mental Health.

Sandler, J., Kennedy, H., & Tyson, R. (1980). The Technique of Child Psychoanalysis. Cambridge, Mass: Harvard Univ. Press.

Sarnoff, C. (1976). Latency. New York: Aronson.

Spitz, R. A. (1946). Hostpitalism. Psychoanal. Study Child, 2: 113-118.

________. (1965). The First Year of Life. New York: Int. Univ. Press.

Steiner, R. (1985). British psychoanalytical society' s controversial discussions. Int. Rev. Psychoanal., 12: 27-72.

Sterba, E. (1949). Analysis of psychogenic constipation in a two-year-old child. Psychoanal. Study Child, 3/4: 227-252.

Stern, D. (1985). The Interpersonal World of the Infant. New York: Basic Books.

Stone, L. (1954). The widening scope of indications for psychoanalysis. J. Amer. Psychoanal. Assn., 2: 567-594.

Target, M., & Fonagy, P. (1994a). The efficacy of psychoanalysis for children with emotional disorders. J. Amer. Acad. Child Adolesc. Psychiat., 33: 361-371.

________. (1994b). The efficacy of psychoanalysis for children: prediction of outcome in a developmental context. J. Amer. Acad. Child Adolesc. Psychiat., 33: 1134- 1144.

Target, M., & Kennedy, H. (1991). Psychoanalytic work with the

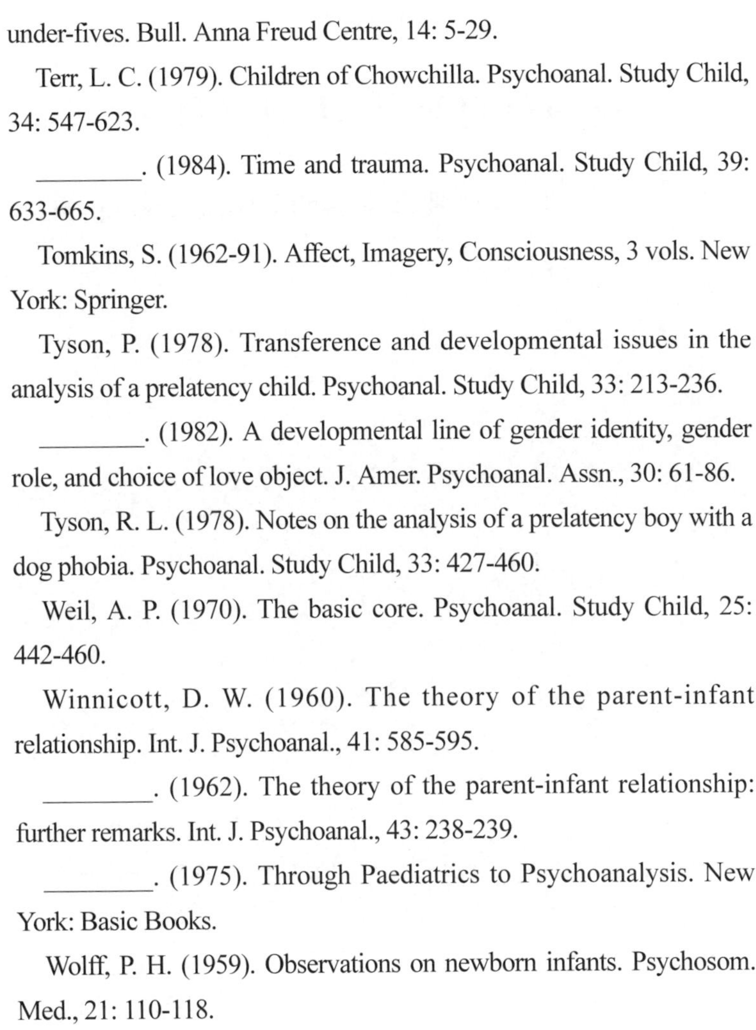

under-fives. Bull. Anna Freud Centre, 14: 5-29.

Terr, L. C. (1979). Children of Chowchilla. Psychoanal. Study Child, 34: 547-623.

________. (1984). Time and trauma. Psychoanal. Study Child, 39: 633-665.

Tomkins, S. (1962-91). Affect, Imagery, Consciousness, 3 vols. New York: Springer.

Tyson, P. (1978). Transference and developmental issues in the analysis of a prelatency child. Psychoanal. Study Child, 33: 213-236.

________. (1982). A developmental line of gender identity, gender role, and choice of love object. J. Amer. Psychoanal. Assn., 30: 61-86.

Tyson, R. L. (1978). Notes on the analysis of a prelatency boy with a dog phobia. Psychoanal. Study Child, 33: 427-460.

Weil, A. P. (1970). The basic core. Psychoanal. Study Child, 25: 442-460.

Winnicott, D. W. (1960). The theory of the parent-infant relationship. Int. J. Psychoanal., 41: 585-595.

________. (1962). The theory of the parent-infant relationship: further remarks. Int. J. Psychoanal., 43: 238-239.

________. (1975). Through Paediatrics to Psychoanalysis. New York: Basic Books.

Wolff, P. H. (1959). Observations on newborn infants. Psychosom. Med., 21: 110-118.

Young-bruehl, E. (1988). Anna Freud. New York: Summit.

제 3 장

정신분석적 개인 심리치료

베스 J. 실리그(Beth J. Seelig. M.D.)

서론

“심리치료”라는 용어는 언어적 의사소통을 사용하여 환자의 정신적, 정서적 상황을 개선하려는 광범위한 치료적 노력들을 가리킨다. 본 장은 그 중에서도 정신분석에서 파생되어 나온 그리고 역동적인 무의식적, 심리내적 갈등을 핵심으로 다루는 치료들에 대해서 논의할 것이다. 그리고 이 치료 양태들을 차별화하는 기본적인 기법의 차이와 함께, 이러한 치료에의 적합성 여부를 보여주는 징후 그리고 치료 선택에 관련된 사항도 논의에 포함될 것이다. 분석적으로 지향된 단기(한정-회기) 심리치료, 종결-개방형(장기) 정신분석적 심리치료, 분석적으로 지향된 지지치료, 정신분석을 위한 준비 단계로서의 심리치료 등이 구별될 것이다. 그리고 다른 치료적 접근들을 보여주는 임상 사례들이 제시될 것이다.

현재 실행되고 있는 다양한 정신분석적 심리치료들은 모두 지그문트 프로이트의 작업에서 유래한 것이다. 프로이트는 최초의 정신분석가가 되기 전에 먼저 심리치료사였다. 그보다 앞선 치료자 세대들과 마찬가지로, 그는 환자가 위임한 권위에 기초해서 환자의 삶의 사건들에 대한 직접적인 충고와 조종을 포함하는 암시의 형태들을 사용하여 변화를 가져오고자 하였다(Bibring, 1954). 이런 접근이 일부 히스테리 환자들에게서 명백한 성공을 거두었으나, 프로이트는 암시와 최면의 효과에 만족하지 않았으며, 이전에는 치료할 수 없었던 환자들을 이해하고 치료하고자 끊임없이 노력했다. 이런 노력은 정신분석의 이론과 실제를 위한 토대를 놓았을 뿐 아니라, 정신분석적 원리에 기초한 이후의 심리치료적 접근의 발전을 위한 토대를 마련했다. 프로이트의 일차적 관심은 정신분석 기법을 발전시키고 다듬는 데 있었다. 그럼에도 불구하고 그는 1919년에 이렇게 말했다 “우리의 치료를 광범위하게 적용하는 것은 아마도 우리로 하여금 분석이라는 순금에 직접적인 암시라는 구리를 자유롭게 합금하도록 강요할 것이다. 그리고 최면의 영향 또한 전쟁 신경증의 치료에서와 마찬가지로, 그 안에서 제 자리를 발견할 수 있을 것이다. 그러나 이런 심리치료가 어떤 형태를 취하든 간에, 그리고 그것이 어떤 요소들을 가지고 합성되든 간에, 그것의 가장 효과적이고 중요한 재료는 확실히 엄격하고 편향되지 않은 정신분석에서 빌려온 것들일 것이다”(pp. 167-168). 이러한 선견지명적인 말은 초기 기법의 지속적인 가치에 대해 그가 인식하고 있었음을 보여줄 뿐만 아니라, 심리치료를 정신분석보다 덜 가치 있는 치료 형태로 간주하는 전례를 제공하였다.

"부정확한 해석의 치료 효과"라는 자주 인용되는 논문에서, 글로버(Glover, 1931)는 분석과는 달리, 모든 심리치료는 다양한 형태의 암시들이라는 주제를 발전시켰다. 비록 그가 형편없는 분석은 훌륭한 암시일 수 있다고 말했지만, 암시가 열등한 치료라는 메시지는 분명했다.

1950년대는 정신분석의 전성기였다. 분석적 치료는 더 넓은 범위의 환자들에게 적용되었다. 동시에, 수정을 거친 정신분석이라 하더라도 그것이 모든 환자들에게 적합한 것은 아니라는 사실이 분명해졌다. 그리고 몇몇 심리치료 형태는 여러 상황에서 최선의 선택일 수 있음이 인정되었다. 스톤(Stone, 1951)은 심각한 인격장애 환자들과의 분석에 대한 논문에서 다음과 같이 주장하였다: 시간이 흐르면서 "정신분석의 더 깊은 발전이나 수정이 분석 영역의 확장을 보다 안전한 것으로 만들 것이다. 그러나 여러 부류의 질병들이 '단기 심리치료,' '정신분석적 정신의학,' '수정된 정신분석' 등의 기법들로 더 잘 치료될 수 있게 되면서, 어떤 영역에서는 정신분석의 치료적 낙관론이 줄어들 수도 있을 것이다"(p. 217). 그는 또한 비교적 심각한 반응을 보이는 신경증이나 경미한 신경증의 경우에는 좀더 가벼운 형태의 치료 방법들이 적절할 것이며, 따라서 그런 환자들에게는 보다 단기간에 행해지는 정신분석적 심리치료가 바람직하다고 제안하였다. 스톤(1954)은 "정신분석 치료 범위의 확장"이라는 자신의 후기 논문에서 경계선 환자들뿐만 아니라 심각한 인격장애 환자들의 분석적 치료에 대한 그의 논의를 확장하였다. 그의 견해는 정신분석은 때때로 상당히 변형된 기법을 사용함으로써 전통적 치료 형태로는 도움을 받지 못하는 많은 환자들에게 치료적 희망을 줄 수 있다는 것이었다. 보다 정교화된 정신분석 이론을 토대로 최상의 치료 선택을 판단함으로써, 심리치료 기법의 발달이 더욱 촉진되었고, 따라서 심리치료는 정신분석 공동체 내에서 존경받는 자리를 획득하게 되었다.

1950년대 이후로 정신역동적 심리치료의 새로운 학파들이 생기기 시작했는데, 그 중에는 전통적 정신분석과의 연결을 부인하는 학파들도 있었다. 그와 동시에 많은 심리치료 문헌들이 나오기 시작했는데, 그런 문헌들의 대부분은 분석가가 아닌 사람들이 분석 훈련을 원치 않는 학생들을 대상으로 쓴 것이었다. 이런 문헌을 다루는 것은 본 장의 영역을 넘어서는 것이다. 왈러스타인(Wallerstein 1966)은 "심리치료의 현 상황: 이론, 치료 실제, 연구"라는 논문에서 벌라드(Bullard, 1959), 루벤스타인과 팔로프(Rubenstein & Parloff, 1962) 스트럽(Strupp, 1960), 프랭크(Frank, 1961), 스트럽과 루보르스키(Strupp & Luborsky, 1962), 에델슨(Edelson, 1963), 타라초프(Tarachow, 1963), 드왈드(DeWald, 1964) 등의 공헌을 포함한 정신분석적 심리치료 영역의 주요 문헌들을 철저히 개관하고 요약하였다. 또한 보다 최근의 논문에서 왈러스타인(1989)은 정신분석과 심리치료 사이에서 계속해서 발달되고 있는 관계에 대한 깊이 있는 관점을 제시하였다.

다양한 형태의 심리치료가 발달됨에 따라, 치료의 효과에 대한 연구들이 나타나기 시작했다. 심리치료 연구 분야는 계속해서 확장되어왔다. 심리치료(와 정신분석)에 대한 최초의 주요한 장기적인 종적 연구는 메닝거 재단의 심리치료 연구 프로젝트였다. 1952년에 시작된 이 연구의 결과는 치료 받은 42인의 인생이라는 제목으로 출간되었다(Wallerstein, 1986). 메닝거 프로젝트의 연구결과는 왈러스타인의 1988년 논문 "정신분석과 심리치료: 상대적 역할에 대한 재고"에 요약되어 있다. 그 연구는 정신분석을 포함한 모든 치료가 처음에 생각했던 것보다 더 많은 지지적 요소들을 갖고 있다는 사실을 발견하였다. 게다가 다양한 치료 형태들은 표현적-지지적 기법의 혼합에 집중되는 경향이 있으며, 치료 성과는 정확한 예측이 힘든 것으로 드러났다.

레더와 타이슨(Reder & Tyson, 1980)은 단기 심리치료와 장기 심리치료가 중단되는 현상에 대한 광범위한 연구결과를 출간하였다. 그들의 지속적인 발견들 중 하나는 치료 초기에 치료를 중단하는 확률이 높다는 것이었다. 이런 점에서 그들은 어떤 심리치료든 간에 초기 단계를, 치료의 적합성과 치료자와 환자의 조화를 평가하는 "시험" 기간으로 보는 것이 바람직하다고 제안했다.

"누가 심리치료에서 유익을 얻는가?"(Luborsky et al., 1988)는 펜실베니아 심리치료 프로젝트의 결과를 상세히 설명하고 있으며 또한 시카고 심리치료 프로젝트를 포함한 다른 심리치료 연구들에서 얻은 자료를 재검토하고 있다. 이 연구는 치료에서 얻는 유익이 지속적으로 평가될 수 있다는 것을 발견했으며, 아울러 치료 성과에 대한 환자의 평가와 치료자의 평가 사이의 바람직한 상관관계가 있음을 발견했다. 그 연구는 또한 환자의 2/3가 "중간 정도"나 "상당 정도" 호전되었다는 것을 발견하였으며 특히 가장 호전된 집단의 성과는 추후 7년이 넘는 기간에도 잘 유지되었음을 확인했다.

치료의 다양한 효력을 보다 체계적으로 연구하기 위해서 정신역동적 요소들을 확인하고 측정하려는 노력을 통해 심리치료 매뉴얼들(manuals)이 발달하게 되었고, 그것들은 구체적으로 측정 가능한 심리치료 기법을 가르치는 데 사용될 수 있었다. 루보르스키(1984)는 「정신분석 심리치료의 원리: 지지-표현적 치료를 위한 매뉴얼」에서 펜실베니아 심리치료 프로젝트가 권고한, 표준화되고 재생과 측정이 가능한 심리치료 형태들에 관해 상술하였다.

심각한 인격장애 환자 특히 경계선 인격장애 환자의 치료 기법들은 컨버그와 그의 동료들에 의해 체계적으로 연구되었다. 그들의 접근과 초기 결과들은 클라킨과 그 동료들(Clarkin et al., 1992)에 의해 설명된 바 있다. 특정한 형태의 심리치료들에 대한 다른 매뉴얼들로는 스트럽과 빈더(Strupp & Binder, 1984)의 「심리치료의 새로운 열쇠: 역동적 단기 심리치료 기법서」(TLDP), 클러만과 그 동료들(Klerman et al., 1984)의 「우울증의 대인관계 심리치료」(IPT), 벡과 그 동료들(Beck et al., 1979)의 「우울증의 인지치료」 등이 있다.

진단 도구뿐만 아니라 치료과정의 다양한 측면들을 연구하는 데 사용될 수 있는 방법들이 다양한 연구자들에 의해 계속 발전되고 다듬어지고 있는데, 그런 연구자들 중에는 치료 매뉴얼을 발전시킨 이들도 있다. 현대에는 심리치료 과정에서 대인관계적 상호작용의 연구에 대한 관심이 매우 높다. 여기에는 치료 상황 밖의 중요한 관계 패턴뿐만 아니라 치료 동맹과 전이/역전이 등도 포함되어 있다. 상호작용의 방법들과 심리치료 패턴에 대한 연구는 루보르스키(Luborsky, 1976); 호로위츠(Horowitz, 1979); 길과 호프만(Gill & Hoffman, 1982); 샤흐트와 그 동료들(Schacht et al., 1984); 맥심(Maxim, 1986); 키슬러(Kiesler, 1987); 그리고 페리와 그 동료들(Perry et al., 1989)에 의해 이루어졌다.

정신분석적 심리치료 분야의 연구는 측정의 문제뿐만 아니라 종종 장기간의 치료를 연구하는 데 따른 어려움에도 불구하고 계속되고 있다. 현 상태의 정신역동적 연구 노력을 요약한 최근의 작업으로는 밀러와 그 동료들(Miller et al., 1993)이 저술한 「정신역동적 치료에 관한 연구: 임상적 실제를 위한 핸드북」을 들 수 있다. 이 책에는 환자 선택, 치료의 정의, 다양한 정신역동적 심리치료를 연구하는 데 사용되는 방법 등의 유용한 정보가 담겨 있다.

정신분석과 심리치료의 차이

분석가들 사이에서 정신분석과 정신분석적 심리치료의 핵심적인 차이와 유사성에 대한 논쟁은 현재까지도 계속되고 있다. 일반적으로 행해지는 신경증 환자들의 정신분석적 심리치료는 정신분석에 물을 탄 것인가, 아닌가라는 문제는 여전히 논쟁 중에 있다. 몇몇 저자들은 심리치료 기법과 정신분석 기법을 분명하게 구별하지 않은 채로 서술함으로써 이런 혼란을 가중시켰다. 게다가 심리치료가 교육되는 과정에서 빈번히 일반인들에게 정신분석적 문헌들을 사용하게 되는데, 이때 만약 강사가 자신이 가르치고 있는 심리치료 기법이 표준적인 정신분석 기법과 어떻게 다른지에 대해 분명하게 서술하지 않는다면, 이 문제에 대한 혼란이 야기될 것이다. 이것은 쉬운 일이 아니다. 심리치료를 배우는 학생이 이미 분석 훈련을 받았거나 심리치료와는 다른 정신분석을 받아본 경험이 있어야만, 그 차이를 분명히 구분할 수 있기 때문이다.

이 책에는 올바른 정신분석과 정신분석적 심리치료가 바탕을 두고 있는 주요 이론적 개념들이 설명되어 있다. 이 책의 1장과 5장은 정신분석 기법과 정신분석 과정에 대해 시드니 풀버가 집필하였는데, 고전적 분석에서 사용되는 기법적 절차와 과정을 상세하게 논의하고 있다. 이런 주제들에 대한 간단한 요약은 「정신분석 용어 사전」(Moore & Fine, eds., 1990)에서 "정신분석," "분석," "분석 기법," 그리고 "분석적 치료"라는 표제 하에 제시되고 있다. 올바른 정신분석과 관련해서 여기서는 분석가가 환자 뒤에 있고 환자가 카우치에 눕는 것이 환자의 외부 자극을 감소시키며, 따라서 퇴행이 촉진되고 환자의 아동기 초기 대상에 대한 본능적 충동과 소망이 재활성되어 분석가에게로 전치된다(전이)고 말하는 것으로 충분할 것이다. 환자는 생각나는 것은 무엇이든지 솔직하게 말하도록 격려 받으며(자유연상), 그 결과 전에는 의식하지 못했던 애증과 연관된 생각들과, 그것들을 억누르고 있던 부모와 사회의 영향력이 파생물의 형태로 드러날 것이다. 분석가는 환자의 정동과 행동 그리고 현실에서의 사건, 견해, 기억, 환상, 그리고 꿈에 관한 이야기 등을 들으면서 획득하는 모든 정보들을 자신의 "고요히 떠도는 주의"(Freud, 1912, p. 111)를 활용하여 자신의 이론적 지식, 임상적 경험, 정서적 반응, 그리고 환상의 측면에서 처리할 것이다. 이것은 분석가가 이러한 과정에 대한 환자의 저항을 관찰하고, 탐구하고, 그것과 관련된 심리내적 갈등을 밝혀내고, 그런 갈등을 해소시키는 타협들(종종 증상이나 성격 특성으로 나타나는)을 추론해내는 것을 의미한다. 분석가의 기법 절차는 대부분 해석으로 제한된다. 여기서 해석이란, 환자의 자유연상을 촉진시키고, 저항의 다양한 측면들을 탐구하고, 과거와 현재의 심리적 현상들과 일상 행동 사이에 어떤 연결이 있는지를 살피고, 전이의 측면들을 명료화하고, 과거 사건들 특히 현재의 갈등으로 이어지도록 환상을 전개시킨 사건들을 재구성하려는 언어적 노력을 가리킨다. 매 주 4회기 이상의 빈도로 3년 이상의 기간에 걸쳐서 행해지는 이 과정은 본능적 욕동 충동과 엄격한 초자아를 점진적으로 수정하고, 갈등의 감소와 보다 적응적인 해결(구조적 변화)을 획득하는 것을 목표로 한다.

정신분석적 심리치료의 어떤 유형들은 이런 특성들을 공유한다. 그러나 위에서 요약한 정신분석 기법과는 대조적으로, 심리치료에서 따르는 일반적인 절차들은 퇴행을 최소화하고 강렬한 전이를 줄이고자 한다. 환자는 분석가와 마주 보고 앉으며, 현 상황의 현실을 강조하고, 분석가는 나름의 개성을 가진 새로운 대상으로 간주되는 덜 수동적인 상태에 있다. 자유연상은 대체로 장려되지 않으며, 설령 그것이 자발적으로 일어난다 하더라도, 깊은 무의식적 힘의 안내를 받기가 어렵다. 치료 회기 빈도도 주 1회에서 3회까지 다양한데, 이로 인해 관계의 강도가 떨어진다. 설령 논의의 주제를 선택할 수 있는 기회가 환자에게 주어진다 하더라도, 치료자가 명료화하기 위해 적극적으로 질문을 하는데, 이것은 종종 환자로 하여금 분석의 경우보다 더 빨리 어떤 관련성을 인정하도록 이끈다. 그리고 때로는 탐구를 위해 환자에게 그의 삶의 측면들을 직면시키기도 한다. 저항을 충분히 탐구할 수 있는 기회가 많지 않으며, 그런 것들은 이상화된 전이, 교육, 설득으로 극복될 수 있다.

아마도 전이를 기법적 중립성의 입장에서 체계적으로 해석하는 것은 올바른 정신분석의 핵심적인 특징일 것이며, 바로 이것이 다른 심리치료들과 심지어 정신분석적 심리치료와도 구별되는 요소일 것이다(Gill, 1954). 올바른 정신분석과는 달리, 심리치료에서 전이는 그대로 남겨지거나 조작적으로 사용된다. 심리치료에서 전이가 해석될 때, 그 해석은 전이 신경증의 체계적인 해석과는 다른 것이다. 심리치료에서 그런 전이가 발생하려면 회기의 빈도가 더 잦아야 하고, 치료 기간이 더 길어야 하며, 환자가 심리학적인 민감성을 갖고 있어야만 한다. 그런 경우에 심리치료는 정신분석과 거의 비슷할 것이다. 그러나 1954년에는 정신분석적 심리치료와 정신분석을 구분하는 선이 명확했지만, 이제는 그것이 더 이상 불가능하다는 사실을 길(Gill)을 포함한 모든 저술가들이 인정하고 있다.

현재 치료자와 환자 사이의 상호작용의 특성에 대한 많은 논의가 이루어지고 있다. 어떤 경우에 상호작용에 대한 초점은 전이에 대한 초점을 대체하였다. 오렘랜드(Oremland, 1991)는 이런 접근을 설명하면서, 치료에서 "지지적"이란 용어보다는 "상호작용적"이란 용어를 선호하였다. 정신분석에서 전이 해석이 변화의 도구로 사용되었던 것처럼, 상호작용적 치료에서는(환자의 전이보다는 오히려) 치료자와 환자 간의 상호작용이 변화의 도구로 사용된다는 것이다. 현 상태는 이러한 상호작용적 접근의 영향에도 불구하고 대부분의 정신분석 저술가들은 계속해서 전이의 체계적 해석을 분석에서 중심적인 것으로 보고 있다. 그들은 불완전한 전이 해석이나 전이 해석의 부재를 심리치료의 주요한 특징들 중 하나로 간주하고 있으며, 그런 점에서 심리치료를 정신분석과 구별하고 있다. 이런 맥락에서 나는 독자에게 「심리치료: 분석적 접근」(Aronson & Scharfman, 1992)을 추천하고 싶다. 그 책에서 저자는 분석의 기법과 목적을 심리치료의 그것들과 대조하고 있다.

비브링(Bibring, 1954)은 정신분석과 정신분석적 심리치료 모두에서 사용되는 다섯 가지 기본적인 기법들을 암시(suggestion), 제반응(abreaction), 조작(manipulation), 명료화, 해석으로 열거하면서 그것들의 역할들을 논의하였다. 암시는 치료자가 환자의 행동과 생각과 감정의 변화를 일으키기 위하여 자신의 권위를 행사하는 것을 말한다. 이것은 환자가 전이를 통해 치료자에게 권위적인 힘을 부여하기 때문에 가능한 것이다. 환자의 행동을 바꾸라고 직접적으로 충고하는 극단적인 형태의 지지적인 치료는 나중에 논의될 것이므로, 여기에서는 상세히 다루지 않겠다. 다만, 환자와 치료자 모두가 깨닫지 못한다고 해도, 치료자가 환자에게 원하는 행동에 대한 미묘하고 비언어적인 암시가 환자에게 의사소통된다는 점을 지적하고 싶다. 암시에 의한 변화는 일반적으로 전이 인물의 지속적인 현존을 요하며, 그러한 변화는 오래 지속되지 않는 경향이 있다.

제반응은 이전에 억압되었던 정동들을 치료 회기 중에 방출하는 것을 말한다. 비록 제반응을 일으키도록 특별히 고안된 기술적 전략들이 외상 후 스트레스 장애의 치료를 제외하고는 모두 폐기되었지만, 그 현상은 대부분의 심리치료에서 여전히 발생하고 있다. 예컨대, 정서적으로 의미 있는 통찰의 성취는 부분적으로 심리치료 과정에서 발생하는 제반응이 가져다주는 지적 이해와 정서적 이해의 결합에 달려있다.

다양한 형태의 조작에는 치료와 환자의 생활을 구조화하려는 덜 극적인 노력들뿐만 아니라 직접적인 충고가 포함되어 있다. 비브링(1954)은 환자의 분개(resentment)를 누그러뜨리기 위한 또는 환자를 치료 틀 안에 머무르지 못하게 하는 다른 정서적 장애들을 줄이기 위한 치료자의 말도 조작으로 간주했다. 현재 이 용어는 일반적으로 그렇게 사용되지는 않고 있지만, 환자에게서 변화(change)를 일으키기 위해 치료 틀을 특정하게 변경하는 것(alteration) 역시 조작으로 간주되고 있다. 치료의 강도를 조절하기 위해 회기의 빈도를 늘리거나 줄이는 것도 그런 변경에 해당된다.

명료화는 환자의 감정, 태도, 환상에 대한 환자의 인식을 증가시키려는 치료자의 모든 노력을 말한다. 명료화는 뒤에 오는 해석을 위한 준비 단계로 사용된다. 그것은 또한 다양한 형태의 심리치료에서 해석으로 이어지지 않고서도 광범위하게 사용되고 있다. 예를 들면, 환자가 어떤 것에 대해 말하는 동안 의식적으로 인식하지 못한 상태에서 환자가 주먹을 불끈 쥐거나 목소리가 높아질 때, 이것을 분노의 표시라고 지적하는 것이 명료화이다.

해석은 정신분석과 정신분석적 심리치료에서 중심적인 위치를 차지하고 있는 기법이다. 해석은 환자의 현재 의식적인 소망, 환상, 감정을 그것들의 무의식적인 짝과, 과거 기원과, 그리고 전이에서 현재 나타나는 것과 연결시키는 것을 말한다.

이런 기법에 교육이 더해질 수 있다. 그러나 교육이 정서적 특성보다는 인지적 특성을 갖고 있다는 점에서 기법으로서의 교육의 효과는 한계가 있다.

심리치료의 범주들

로버트 나이트(Robert Knight, 1949)는 프로이트를 따라 심리치료를 표현적(탐구적) 유형과, 이와 대조적인 지지적 유형으로 나누었는데, 이런 분류는 지금도 일반적으로 받아들여지고 있다. 표현적 심리치료의 목적은 들춰내고 검사하며 탐구하고 표출하는 것을 통해 갈등을 해소하는 것이다. 정신분석은 모범적인 표현적 심리치료이다. 지지적 치료의 목적은 일차적으로 방어를 강화하는 것이다. 따라서 그런 치료에서는 갈등을 탐구하지 않는다. 증상들은 설명, 교육, 보장 등에 의해 개선되고, 부적응 행동은 환경의 변경과 아울러, 치료자 외의 다른 사람들에 의한 감화(inspiration), 상담, 설득, 통제 등에 의해 다뤄진다.

심리치료는 치료가 행해지는 기간에 따라 더 세분될 수 있다. 심리치료는 제한된 기간(time-limited) 동안에 수행하기 위해 의도적으로 치료의 초점을 제한하는 것일 수도 있고, 종결 개방형(open-ended)일 수도 있다. 시간이 제한된 형태의 치료는 일반적으로 초점을 갖고 있지만, 종결 개방형 심리치료도 특정한 이유로 인해 그 기간이 짧을 수 있다. 이런 형태의 치료들 사이에는 중요한 차이가 있다. 제한된 시간 동안의 소위 초점적 심리치료에서 치료자는 환자의 문제에 대한 보다 전반적인 탐구보다는 환자 인격의 특정 영역에 집중한다. 그 외에도 치료자는 치료 아주 초기부터 종결 문제를 다루게 된다.

환자에 대한 평가

치료과정을 환자에게 제안하기에 앞서 환자에 대해 철저한 평가가 이루어져야 한다. 심각한 자살 위험 같은 정신의학적 응급요소가 있을 경우, 그 요소를 다루는 것이 선행되어야 한다. 환자가 겪고 있는 어려움이 유기체적인 문제가 아니라는 것을 확인하는 것과, 환자가 정신증을 앓고 있는지 아니면 주요 정서 장애를 앓고 있는지를 아는 것이 중요하다. 환자의 정신의학적 상태에 대한 초기 평가가 이루어진 후에 어떤 치료 형태가 적합할 것인지를 고려해야 할 것이다. 유기체적 원인으로 인한 증상이나 정신증적 장애를 가진 환자에게 심리치료가 바람직할 수도 있다. 그러나 이런 경우 적절한 의료적, 신경학적 평가와 약물치료가 선행되어야 한다. 만약 약물 남용의 문제가 있다면, 이런 문제에 대한 치료는 일반적으로 다른 어떤 형태의 심리치료보다 우선해야 할 것이다.

심리치료를 찾는 환자들을 평가하는 데는 다양한 접근들이 사용된다. 환자를 평가하고 적절한 치료를 결정하는 데 오토 컨버그(1975, 1984)의 접근은 매우 유용한 것으로 보인다. 컨버그는 환자가 사용하는 지배적인 방어들을 평가하는 "구조적 면담"에 기초해서 환자들을 신경증, 경계선, 정신증이라는 세 범주로 나누었고, 경계선 환자들은 분열, 다양한 형태의 투사 특히 투사적 동일시, 원시적 이상화, 부인, 전능성, 평가 절하 등의 원시적인 방어들을 사용한다고 특징지었다. 컨버그의 용어로, 구조적 정신증 환자들(이들 중에는 명백한 정신증 환자들과 일부 경계선 환자들이 포함된다)은 다른 경계선 환자나 신경증 환자와는 달리 면담 과정에서 현실 검증의 심각한 결함을 드러내는 경향이 있다. 이런 환자들은 컨버그가 말하는 구조적 면담에서 행해지는 일련의 명료화, 직면, 해석에 대해 망상이나 사고장애로 반응하는 등 현실 검증 능력의 손상을 드러내거나, 증상이 악화되거나 더욱 경직된(원시적인) 방어들에 의존하는 모습을 보인다. 대조적으로, 경계선 환자들은 지금 여기의 면담 상황에서 그들의 원시적 방어들이 직면되고 해석될 때 치료적 진전을 보인다. 신경증 환자들이 일차적으로 사용하는 방어들은 보다 원시적인 방어들보다는 억압, 반동 형성, 고립, 취소(undoing), 합리화와 주지화 등의 높은 수준의 방어들이다.

치료를 선택하는 문제

진단 평가 후에, 특정 환자를 위해 어떤 치료를 선택할 것인지를 결정하게 된다. 결정에 도달하기 위해서는 드러난 정신병리의 성질 외에도, 환자의 인생 단계, 그가 경험하는 어려움들, 외적 현실의 문제들뿐만 아니라 동기와 초기 저항의 문제 등이 고려되어야 한다.

신경증 환자들과 일부 높은 수준의 경계선 환자들, 즉 높은 수준의 방어를 사용하고 투사적 동일시와 분열 같은 원시적 기제를 별로 사용하지 않는 사람들은 정신분석이나 심리치료를 적용할 수 있을 것이다. 그러나 만약 심각한 신경증적 어려움이 환자의 삶 전반에 만연되어 있는 것으로 보인다면, 일반적으로 정신분석이 최선의 치료일 것이다. 이런 점에서 환자가 분석이 가능해 보인다는 사실이 그 환자에게 분석이 가장 적절한 치료라는 것을 꼭 의미하는 것은 아니다. 타이슨과 샌들러(Tyson & Sandler, 1971)는 이렇게 말한다.

> 치료에 적합한 환자를 선택하는 문제는 환자의 증상보다는 환자가 분석을 받을 수 있는 능력을 갖고 있는지에 대한 평가가 더 중요하다. … 환자의 징후는 정신분석적 치료에 적합하지만, 환자 자신이 분석에 부적합할 수도 있기 때문이다. 마찬가지로, 환자는 정신분석에는 잘 반응하지 않는 것으로 알려진 증상(예를 들면, 말더듬기나 틱 장애)을 가지고 있지만, 다른 기준에 근거해서는 정신분석을 받는 데 적합하며, 설령 본래의 증상이 남아있더라도 정신분석에서 커다란 유익을 얻을 수 있는 사람일 수 있다[p. 215].

평가를 한 치료자가 분석가가 아닐 경우, 분석이 최선의 치료로 평가되는 환자는 분석가에게 의뢰되어야 한다. 만약 그 환자가 분석을 받을 경제적 여유가 없다면, 감독 하에 이루어지는 수퍼비전 사례(control case)로 의뢰될 수도 있을 것이다.

정신분석적 심리치료가 적용되는 환자 집단에는 신경증적 어려움이 비교적 제한된 것이거나 급성의 경미한 환자들이 포함된다. 또 다른 집단은 치료받으러 올 수 있는 빈도에 제한이 있거나, 분석가와 같은 지역에 살고 있지 않은 사람들이다. 분석가는 환자가 정신분석보다 심리치료를 선택하는 이런 "현실적" 이유들을 고려함에 있어서, 현실이 어떻게 저항으로 사용되는가를 인식하는 것이 필수적이다. 분석이 가능해 보이는 환자에게서 중요한 신경증적 어려움들이 계속된다면, 외적 요소들을 바꾸어야 할는지도 모른다. 이런 외적 요소들의 저항적 측면들이 적절하게 탐구될 때 종종 심리치료가 분석으로 전환되는 경우가 있다. 이러한 초기 저항들을 다루는 것은 예비 심리치료의 초점이 될 수 있다.

지속되는 중요한 문제를 가지고 있지만 정신분석에 적합하지 않다고 평가되는 환자들은 탐구적 심리치료에서 그런대로 유익을 얻을 수 있는 사람들과, 탐구적 접근이 금기시 되는 사람들로 나눌 수 있다. 탐구적 접근이 금기시되는 사람들은 심각한 경계선(종종 구조적 정신증적) 환자들과 명백한 정신증 환자들을 포함한다. 이런 환자들에게는 종종 약물치료를 병행하는 지지적 심리치료가 최선일 수 있다. 물론 예외는 있다. 동기화되고 심리학적인 감수성을 가진 일부 정신증 환자들은 지지적 기법이 혼합된 정신분석적 심리치료에서 많은 유익을 얻을 수 있다.

정신분석적 심리치료의 형태들

표현적 정신분석 심리치료

한정된 기간 동안에 행하는 초점적 심리치료.

프로이트의 초기 심리치료는 모두 짧은 것이었고, 이것은 일부 후기 심리치료도 마찬가지였다. 정신분석과 심리치료가 발전함에 따라, 분석과 정신분석적 심리치료의 기간이 길어졌고 점점 더 비용이 많이 들게 되었다. 이러한 문제는 시간과 비용을 모두 절약하면서도 심리치료를 원하는 많은 환자들에게 유용한 단기 치료 기법을 발전시키려는 노력을 발생시켰다.

1960년대 초반에 여러 연구자들은 단기 역동 심리치료를 주제로 책을 출간하기 시작했다. 말란(Malan, 1963), 발린트와 그 동료들(Balint et al., 1972)은 초기에 이런 주제에 대해 많은 공헌을 하였다. 정신역동적 단기 심리치료 기법에 대한 문헌은 70년대에 계속 발전하였다(Mann, 1973; Malan 1976; Davanloo, 1978; Sifneos, 1979). 이러한 소위 초점적 접근에서, 대개는 먼저 신경증 증상을 일으키는 갈등의 영역을 확인하는 작업이 수행된 후에, 치료는 그런 갈등 영역에 초점을 맞추어 행해지는 방식으로 진행된다. 이런 접근의 핵심적인 특징은, 종결 개방형 심리치료와는 대조적으로, 치료 기간이 처음부터 정해진다는 것이다. 이런 치료에서 치료자들은 환자에게 매우 적극적이며 지시적이다. 그리고 환자들은 선택된 문제에 대해 연상하도록 교육받는다.

와이쓰버그(Weissberg, 1984)는 단기 역동 심리치료를 행하는 정신분석가의 태도를 이렇게 요약하고 있다. "그는 전통적인 기준에서 볼 때 성찰적이거나 관조적이기보다는 적극적이고 직면시키는 경향이 있다. 그의 태도는 무언가를 기대하면서 고요히 떠도는 주의를 유지하는 것이라기보다는 끊임없이 깨어있는 것이다. … 퇴행이나 치료적 초점을 우회하는 것은 단호히 제지된다. 치료자는 억압된 정동을 적극적으로 추적하는 데 집중한다. 그리고 나서 해석을 통해 그것을 인지과정과 연결시켜준다"(p. 109). 이런 치료에서 초기 평가는 치료 작업의 초점을 규정한다. 이런 치료 형태에서 환자에 대한 정신역동적 이해가 중심적일지라도, 그 과정은 정신분석 과정과 전혀 다르며, 장기 또는 단기의 종결 개방형이고 덜 직접적인 정신분석적 심리치료와도 크게 다르다. 치료의 종결이 처음에 정해진다는 사실은 종결 문제가 처음부터 중심적인 것임을 말해준다.

단기 역동 심리치료 분야는 계속 확장되고 있다. 최근에는 구스타프슨(Gustafson, 1986)과 호로위츠와 그 동료들(Horowitz et al., 1984)의 저술이 많은 공헌을 하였다. 나는 아래에서 단기 정신분석적 심리치료를 받은 청소년의 사례를 제시해보겠다.

18세의 대학 신입생인 에이미는 방학동안 집에 와 있었는데, 학교로 돌아가는 것을 너무 비참하게 느꼈다. 그것은 남자친구가 그녀에게서 수백 달러와 자동차를 빌린 뒤 사라져버렸기 때문이었다. 그녀는 자신이 "뭉개졌다고" 느꼈으며, 너무 창피하고 우울해서 학교로 돌아갈 수 없었던 일로 심리치료를 받게 되었다.

에이미는 그때까지 자신의 인생은, 끔찍스러운 가족의 비극을 제외하고는, 행복했다고 말했다. 그녀가 8살이었을 때 2살 위의 오빠가 트럭에 치여 "뭉개졌다." 그는 집 앞마당에서 놀고 있었는데, 그 옆에는 사고가 거의 일어난 일이 없는 길이 있었다. 아주 부적절한 순간에 그가 길로 뛰어나갔고 트럭 운전사는 차를 멈출 수가 없었다. 그녀는 집 뒤에서 놀고 있었기 때문에 실제로 그 사고를 목격하지는 않았지만, 엄마의 비명 소리를 듣고 뛰어와 트럭 바퀴에 깔린 오빠를 보았다. 그녀는 그 사고 이후 자신과 아버지가 엄마보다 그 비극에 더 잘 대처했다고 말했다. 엄마는 슬픔과 심한 죄책감 때문에 심리치료를 받아야 했다. 그녀는 그 사고는 누구의 잘못도 아니라고 말했지만, 그녀 또한 자신이 오빠를 뒷마당에서 함께 놀자고 불렀더라면 그런 사고가 일어나지 않았을 것이라고 생각했던 일에 대해서 말했다.

에이미는 주 3회의 집중적인 치료 권고를 받아들였다. 그녀는 다음 학기에 학교로 돌아가기로 했고, 그로 인해 우리는 4개월의 시간을 얻을 수 있었다.

에이미는 심리적 민감성을 갖고 있었고, 영리했으며, 경계선적 특성으로부터 자유로웠다. 나는 그녀의 고통스런 관계에 포함된 것이 단기 치료에서 다루기가 쉽지 않은 신경증 패턴일 수 있다는 점이 마음에 걸렸다. 그러나 나는 그녀가 처한 발달단계에서는 대학 생활에 적응하면서 청소년기의 삶의 과제를 끝내는 것이 중요하다고 느꼈다(Blos, 1979를 보라). 단기 집중치료를 통해 그녀가 이 일을 해내도록 도울 수 있다면, 나중에 보다 철저한 작업인 정신분석이 필요할 수 있다고 해도, 그것은 해볼만한 가치가 있는 시도로 보였다. 물론 우리의 환자들이 현실 생활로 되돌아가는 것은 항상 중요하다. 그리고 이런 사실은 우리가, 치료를 빨리 끝내고 싶어 하는 환자들 특히 현실적인 문제로 인해 치료를 지속하는 것이 너무 부담스런 환자들의 욕망에 동조하는데 일조할 수 있다. 이런 현실 문제에 따른 저항의 측면은 항상 존재하며(Inderbitzin & Levy, 1994), 따라서 보다 철저한 치료적 노력에 대한 저항을 환자가 극복하도록 돕는 것이 필요한가에 대한 결정이 초기 평가에서 이루어져야 한다. 환자의 "현실"의 어떤 영역이 도전받지 않은 채로 남게 되고 어떤 영역이 분석될 것인지를 선택하는 일에 역전이 요소가 영향을 끼칠 가능성은 항상 존재한다. 초점적 치료에서는 항상 환자의 인격의 주요 영역은 다루지 않는다는 암묵적인 동의가 이루어진다. 따라서 신경증 문제들을 다루는 것에 대한 환자의 저항과, 인식되지 않은 역전이의 공모 가능성은 커질 수밖에 없다.

치료과정 초기에 에이미의 우울증은 긍정적인 전이의 따스한 볕으로 인해 사라졌고, 에이미는 자신이 데이트를 시작했던 젊은 남자의 감정을 "우롱"한 일로 인해 내가 화를 내고 있다는 환상을 발달시켰다. 그녀는 이 젊은이에게 행사하는 자신의 힘을 즐기면서 자신에 대한 비난을 내게 투사하고 있었다. 그녀는 자신이 그를 "뭉갤" 수 있는 힘(과 욕망)을 가지고 있다는 것을 두려워했다. 나는 그녀에게 말하기를, 내가 화가 나 있다고 느끼는 그녀의 느낌은 그녀가 남자친구에게 유쾌하게 힘을 행사하는 것에 대해 치료자인 내가 그녀를 벌할 것이라는 내적 확신(소망이기도 한)을 반영하는 것이라고 했다. 그녀는 또한 자신이 그를 뭉갤 기회를 얻기 전에(나에 의해) 뭉개지길 바랐다. 다음 회기에 그녀는 다음과 같은 꿈을 보고했다. "내가 우리 집 앞에 있는 길바닥에 누워 있었는데, 내 등에는 타이어 바퀴가 있었어요. 나는 '아프지 않아' 라고 말하는 어린 오빠의 소리를 들었어요. 나는 안도감을 느끼면서 잠에서 깨어났어요. 정말 아프지 않았어요."

꿈에서 오빠가 몹시 아팠을 거라는 아동기 공포와 그러지 않았기를 바라는 그녀의 소망에 의해 그녀의 오빠가 아닌 그녀 자신이 뭉개졌다는 사실이 그녀의 직접적인 연상의 출발점이 되었다. 그녀는 전에는 무의식 상태에 있었던 오빠의 죽음에 대한 죄책감을 생생하게 느꼈다. 그녀의 연상에서 그녀는 어렸을 때 때때로 오빠를 해충과 같은 존재로 보았고, 그가 없어졌으면 좋겠다고 생각했던 사실을 회상했다. 무의식적으로 그녀는 오빠의 죽음이 자신의 소망충족이었다고 느꼈다. 꿈의 의미에 대한 에이미의 통찰은, 형제 경쟁자를 파괴할 수 있었다는 것은 그녀의 어머니(오이디푸스 경쟁자인)나 아버지도 파괴할 수 있음을 나타낸다는 인식으로 확장되지는 않았다. 그러나 분석에서 얻을 수 있는 것에 비해 이 치료에서 행한 작업이 불완전한 것임에도 불구하고, 자신을 통제하면서 벌주는 남자친구를 찾고자 하는 그녀의 욕구는 덜 절실해졌다. 그녀는 지역 대학 축구 팀에서 태클을 맡고 있는 다른 젊은 남자와 데이트를 시작했다(그녀는 자신이 일하고 있던 서점에서 그를 만났다). 심리치료를 통해 에이미의 타협 형성(Brenner, 1982)은 어느 정도 바뀌었다. 그녀는 여전히(아버지나 트럭처럼) 자신을 뭉갤 수 있는 남자에게 끌렸지만, 이 남자는 대부분의 공격성이 그녀보다는 남자 동료들(형제 인물들)에게로 향했다. 그녀는 자신이 태클을 맡고 있는 트럭과 같은 남자친구를 선택하는 무의식적 의미를 아직 깨닫지 못했다. 그리고 나는 그것을 해석하지 않기로 했다. 에이미는 계획대로 대학으로 돌아갔다.

종결-개방형, 단기 정신분석적 심리치료

단기 분석적 심리치료는 문제가 상당히 부분적인 것으로 보이는 경미한 신경증 환자에게 최선의 치료이다. 이런 치료 형태는 나중에 부가적인 치료가 필요할 수도 있지만, 환자로 하여금(비교적 덜 심각한) 신경증 문제를 극복하도록 도울 수 있다. 종종 단기 치료에 적합한 문제들은 삶의 위기 상황에 대한 반응으로 드러난다. 환자가 느끼는 고통스런 정동의 정도는 강렬할 수 있지만, 대체로 그 문제는 긴급하거나 부분적인 형태로 드러난다. 만성적이고 만연된 성격적 문제는, 긴급한 문제보다 주관적인 고통이 덜할 수는 있지만, 일반적으로 단기 치료에는 적합하지 않다. 급성 환자에게는 단기 치료가 적합한 것으로 간주된다. 다른 한편, 급성 문제가 심각하게 신경증적인 문제에서 파생된 것이라면, 우선 치료 목적은 제한된 것이어야 하고 보다 철저한 치료가 나중에 계속 필요할 수 있음을 이해하는 상황에서 단기치료를 시도할 수는 있겠지만, 일반적으로는 단기적 접근이 적합한 것으로 보이지 않는다.

다음의 사례는 단기 분석적 심리치료가 바람직한 환자에 대해 말해준다. 30세의 음악가인 N여사는 35세의 변호사인 남편이 경미한 심근경색 증상을 겪은 후에 급작스럽게 불안하고 우울한 상태에서 심리치료를 받으러 왔다. 남편의 가족은 고지혈증이라는 내력을 갖고 있었다. 남편의 병은 N여사에게 커다란 충격이었다. 그녀는 그를 사랑했고, 함께 자녀를 갖고 싶어 했다. 그러나 그가 병원에 입원한 이후로, 그녀는 태어날 아이가 그의 병을 물려받았기 때문에 어려서 죽을 것이라는 강박적인 공포에 사로잡혔다. 불안하고 우울한 그녀는 고통스럽고 혼란스러운 감정을 다루기 위해 치료를 받으러 왔다. 그녀는 전에는 결코 그런 증상이 없었고, 항상 잘 기능했으며, 많은 좋은 친구들에 둘러싸여 만족스럽고 행복한 결혼생활을 하고 있었다. 그녀는 구조적 신경증을 앓고 있었다. 심각한 스트레스는 과도한 방어를 일으켰고, 그로 인해 증상이 나타나게 되었다.

주 2회 심리치료가 추천되었고 동의되었다. 치료는 탐구적인 방식으로 행해졌다. 치료 초기에 시간제한은 거론되지 않았다.

N부인은 또 다시 경색이 일어나서 남편이 죽기 전에 그를 떠나 이런 "유전적" 결함이 없는 다른 남자를 찾고 싶다는 무의식적 충동을 곧 인식하기 시작했다. 그녀에게는 이런 가능성을 생각한다는 것은 용납될 수 없는 것이었다. 그것은 불성실한 것이라고 느껴졌다. 그러나 그녀는 심리치료라는 안전한 환경 안에서 남편을 떠나고 싶은 강한 욕망을 느꼈으며, 자신을 몹시 사랑하는 남편에 대한 자신의 불성실과, 자신이 이 문제로 괴로워해야 한다는 사실이 공평하지 않다는 생각 때문에 고통스럽게 울었다. 나는 그녀가 남편을 떠나는 환상에 대해 죄책감을 느끼고 있다고 지적했다. 그녀는 그런 생각을 한다는 것이 그런 행동을 하는 것과 같은 것이라고 반응하고 있었다. 나는 그녀에게 그녀와 같은 상황에 있는 어떤 사람이 곤경에서 벗어나기 위해 남편을 제거하는 것을 포함해서 여러 가지 방법을 생각하는 것이 이상한 일인지를 자문해보라고 했다. 그녀는 자신에 대해 매우 높은 기

준을 가지고 있으며, 그것에 미치지 못할 경우 심한 죄책감을 느낀다는 사실에 대해 말했다. 계속해서 그녀는 남편을 떠나는 생각을 할 때 자신이 엄마처럼 되는 것 같다고 말했다. 그녀는 다섯 살 때 엄마가 자신마저 속이면서 아버지를 떠났던 것에 대해 말했다. 나중에 그녀의 부모는 다시 화해했지만, 그 사건은 계속해서 그녀의 뇌리에 남아있었다. N부인은 항상 어머니의 행동을 몹시 경멸했으며, 그녀 자신은 결코 그런 일을 하지 않을 거라고 확신했었다. 그녀는 자신의 어머니를 경멸한 것과 동시에 자신은 착한 소녀라는 자부심을 가지고 있었고, 엄마가 착했더라면 부부간의 불화는 막을 수 있었을 거라고 생각하고 있었다. 이러한 통찰과 함께 N부인의 불안과 우울이 감소하기 시작했다. 우리가 계속 함께 작업하면서, 남편의 아이를 갖게 되면 그 아이는 반드시 유전적인 결함 때문에 어려서 죽을 거라는 환상은 남편에 대한 그녀의 용납될 수 없는 적대적 충동에 대한 벌이었음을 깨닫게 되었다. 차츰 강박적 사고가 사라졌고, N부인은 남편과 그들의 상황에 대해 의논하기 시작했다. 이제는 자신의 환상에 대해 더 이상 그렇게 끔찍스럽게 느끼지 않아도 되었다. 놀랍게도 그녀는 자신이 그 상황에 대해 아주 현실적으로 말할 수 있게 된 것이 남편을 안도하게 해주었음을 깨달았다. 지금까지 그는 그녀와 그 문제에 대해 의논할 수 없다고 느끼고 있었는데, 그것은 그에게는 그것을 생각하는 것만으로도 그녀에게 상처를 주는 것이라고 여겨졌기 때문이었다. 부부는 더 가깝게 느끼기 시작했고, 가능한 한 많은 정보를 얻어 그들의 상황에 대처할 수 있도록 유전적인 상담뿐 아니라 그 외의 의료적 조언도 구하기로 했다

치료 초기 단계에서 심리치료와 분석의 주된 차이는, 분석에서는 온전한 자유연상을 사용하지만 심리치료에서는 이와는 대조적으로 긴급한 위기 상황과 그에 수반된 정신역동적 문제들에

대한 탐구에 초점이 유지되는 데서 찾을 수 있다. 게다가 앞의 사례에서 환자는 주 2회 치료자와 마주 앉아서 치료를 진행했다. 나의 경우는 일반적으로 분석에서보다 심리치료에서 더 적극적이 되는 경향이 있다. 심리치료 작업에서는 전이가 초점이 되지 않는데, 이 점은 전이가 일차적인 작업 영역이 될 정도로 아직 충분히 발달하지 않은 정신분석 초기 단계와 특별히 다를 바가 없다. 앞에서 제시한 심리치료는 초점을 갖고 있었고 단기간 동안에(5개월 동안 지속된) 이루어졌지만, 기간이 한정된 치료라기보다는 종결-개방형 치료였다. 이것은 처음에 종결 날짜가 정해지는 형태의 단기 치료와는 차이가 있다. N부인의 심리치료에서 종결은 치료가 4개월이 지난 후에서야 결정되었다. N부인은 자신이 바라던 대로 증상을 완화시킬 수 있었는데, 치료 종결에 대한 이야기를 꺼낸 사람도 그녀였다. 종결은 한 달 후에 이루어졌다.

분석에 앞서 행해지는 심리치료("예비 심리치료")

심리치료를 받으러 오는 환자들 중에는 분석이 최선의 치료로 여겨지는 환자들이 흔히 있다. 많은 경우 그런 환자들은 처음에 분석 권고를 받아들이길 꺼려할 수 있다. 그런 환자들은 치료를 받게 한 원인인 신경증 문제에 대한 작업을 통해서, 외적 현실을 핑계로 삼는 것을 포함한 분석에 대한 초기 저항을 극복할 수 있다. 그런 환자에게는, 분석을 위한 첫 단계로서 심리치료를 고려하는 것이 유용하다. 이것은 본질적으로 나중에 분석으로 되돌아가야 하는 변형기법에 해당된다(Eissler, 1953). 그런 환자들은 종종 분석 틀에서 어느 정도 벗어나서 작업할 수 있으며, 심리치료에서 얻은 통찰은 더 깊은 자기-탐구에로 이끌 수 있다. 내가 지금 서술하고자 하는 F부인이 그런 환자였다. 그녀는 심리치료를 통해서 자신의 딸과 남편 모두에 대한 자신의 신경증적인 어려움이 어디에서 온 것인지를 부분적으로 인식할 수 있었다. 그러나 그녀는 정신분석 과정을 통해서만 이런 부분적인 통찰을 본능적 충동들과 무의식적인 환상에 연결시키면서 그것들을 정서적으로 보다 깊이 있고 의미 있게 이해할 수 있었고, 전이 안에서 그런 충동과 환상을 분석할 수 있었다.

심리치료 과정에서 환자는 대체로 보다 집중적인 작업을 원하게 될 것이고, 회기의 빈도가 제한된 것 때문에 좌절감을 느끼게 될 것이다. 이런 일이 일어날 때 회기의 빈도를 주 4회 내지 5회로 늘리도록 권할 수 있고 카우치를 사용하는 것도 권할 수 있다. 동일한 분석가와 본래의 정신분석으로 전환하는 일은 종종 자연스럽게 이루어질 수 있다. 심리치료를 받고자 했던 초기 욕구는 그 후의 분석기간 동안에 분석될 수 있으며, 이 기간 동안에 암시, 조작 그리고 직접적인 충고와 같은 지지적 기법의 사용은 가급적 피해야 한다. 이런 종류의 예비 심리치료가 요구되는 기간은 다양하지만 대체로 일년 이하이다.

F부인은 성교 중에 오르가즘을 느끼지 못하는 것 때문에 남편의 분석가에게서 내게 의뢰된 38세의 여성이었다. 그녀는 자위를 할 때는 오르가즘을 완벽하게 느낄 수 있기 때문에 이것은 그녀 자신의 문제가 아니라고 느끼면서 마지못해 치료에 왔다. 그러나 그녀는 가정의 평화를 지키기 위해서 그리고 두 살 된 딸과의 어려움에 대해 이야기하는 것이 도움이 될 것이라는 생각 때문에 그 의뢰를 받아들였다.

F부인은 네 아이 중 맏이였으며, 2년 아래의 여동생과 12살 아래의 쌍둥이 남동생이 있었다. 그녀의 부모들은 작은 소매점을 경영하였는데, 그녀는 어린 남동생들을 돌보는 일을 도맡아하는 "붙박이 보모"로 성장했다. 그녀는 그 일 때문에 또래 친구들과

의 삶이 방해를 받을 때 분개했다. 그러나 그녀는 자신이 하고 있는 일을 자랑스러워했으며 남동생들에 대해서는 자신이 엄마보다도 더 좋은 엄마라고 생각하기도 했다. 엄마는 통제적이었고 가정에서 항상 모든 것을 결정하는 사람이었다. F부인은 과묵한 아버지를 좋아했고 엄마가 아버지를 지배하는 것에 대해 분개했다. 엄마의 통제는 딸의 신체를 새롭게 고치는 데까지 뻗쳤다. 엄마는 딸의 코, 치아, 피부를 "뜯어 고쳤고" 그 과정에서 딸에게 자신이 몹시 추하게 태어났다는 확신을 심어주었다.

F부인은 청소년기 후반에 엄마에게 반항하면서, 술을 마시기도 했고, 성관계를 갖기도 했으며, 자신을 매우 섹시하고 매력적인 여성으로 생각했다. 그녀는 자신이 성교 중에 오르가즘을 느끼지 못한다는 사실에 대해 의식적으로는 별 걱정을 하지 않았고 오히려 자신의 성적 기술에 대해 자랑스럽게 여겼다.

20대 후반에 F부인은 지금의 남편을 만나 열렬한 연애 끝에 결혼했다. 그녀의 남편은 자신의 불안 증상을 다루기 위해 심리치료를 시작했고, 마침내 아내가 자신과의 성관계에서 오르가즘을 느끼지 못하는 것에 대한 불만을 토로했는데, 이것이 그녀의 치료를 의뢰하게 한 계기가 되었다.

F부인에게는 정신분석이 최선의 선택이었다. 그녀의 신경증적 어려움들은 오래된 것이었고, 그 외에도 그녀는 심각한 성격병리를 갖고 있었다. 하지만 그녀의 초기 저항은 심리치료조차도 거부할 정도로 강한 것이었다. 이것을 인식하고 있던 나는 처음에 그녀에게 분석을 권하지 않았다. 그런 제안을 받았더라면 그녀는 분명 모든 형태의 치료에서 도망쳤을 것이다. 대신에 나는 그녀 자신이 고민하고 있는 영역, 즉 너무 요구적이고 못된 행동으로 그녀를 격노하게 만드는 두 살 된 딸과의 어려움을 탐구할 것을 권했다. 그녀는 이 문제에 대해 작업하려는 동기를 갖고 있었고,

시간과 비용이 너무 많이 든다고 생각했음에도 불구하고 주 2회 심리치료 권고를 받아들였다.

F부인은 차츰 자신의 딸에게 한계를 설정하지 못하는 문제의 근원에 대해 통찰을 얻게 되었다(그녀는 예전에 엄마에게 통제될 때 질식당할 것처럼 느꼈듯이, 자신의 통제가 딸의 영혼을 질식시킬까봐 두려워했다). 그런 통찰의 결과 그녀는 자신의 양육방식을 어느 정도 변화시킬 수 있었고, 어린 딸의 행동을 호전시킬 수 있었다. 그녀는 자기-탐구가 자신을 나아지게 하는 데 실제로 도움이 되고, 자신의 생활에 변화를 가져온다는 사실을 깨달으면서 심리치료 상황에서 자신을 성찰하는 일에 더 적극적이 되었다. 점차 그녀는 자신이 남편과 오르가즘을 느끼지 못하는데도 마치 모든 것이 "순조로운 양" 보이게 하는 것이 자신에게 왜 그렇게 중요했었는지에 대한 이유를 탐구하기 시작했다. 그녀는 무슨 문제가 있음을 인정하는 것은 모든 것이 엉망임을 인정하는 것이라는 공포를 갖고 있었다. 그녀는 자신의 충동의 힘에 대한 강렬한 공포를 느끼기 시작했으며, 그 공포가 성적 또는 공격적인 유혹의 상황뿐만 아니라 침대에서 그녀가 "얼어붙는 데" 기여했음을 감지하기 시작했다. 그녀의 증상은 남편에 대한 무의식적인 적대감을 표현하고 있었다. 오르가즘을 느끼지 못함으로써 그에게서 성적 능력에 대한 느낌을 박탈한 것은 그녀가 자신의 무의식적 적대감과 거세 소망을 인식하지 못하도록 방어하기 위한 것이었을 뿐만 아니라, 그런 용납될 수 없는 소망을 갖고 있는 그녀 자신에 대한 처벌이었다. 심리치료에서, 비록 이런 역동들이 F부인에게 명확하게 인식된 것은 아니지만, 그녀는 남편의 여러 번의 실패에 대해 자신이 화가 나 있다는 사실을 인식하게 되었다. 그녀가 남편과 오르가즘을 느끼지 못하는 것은 그녀가 보복하기 위해 그에게 오르가즘을 주지 않는다는 의미를

갖게 되었다. 그녀는 밀어붙이는 엄마처럼 되고 싶지 않았다. 그녀는 자신을 억제하지 않는다면, 엄마가 아버지를 지배했던 것처럼 자신도 남편을 완전히 지배할 것이라고 느꼈다. 그녀는 예전에 딸에게 적절한 한계를 주지 못하는 무능력의 많은 부분이 자신이 엄마에게서 통제되었던 방식으로 딸을 통제할지도 모른다는 두려움에 기초해 있었음을 이제는 명확하게 볼 수 있었다. 이런 통찰은 그녀가 삶의 다양한 영역에서 효과적으로 기능하지 못하게 원인을 제공한 사람들을 해칠 수도 있는 자신의 힘에 대한 두려움을 깨닫는 데 도움을 주었다. 이런 예비적이고 불완전한 통찰은 자기-탐구를 둘러싼 심각한 불안을 감소시켰고, F부인으로 하여금 자신에 대해 더 많이 배우게 하였다. 그녀는 심리치료를 시작한 지 1년 후에 주 2회 상담에 만족하지 않게 되었고, 정신분석 권고를 받아들여 주 4회 카우치에 누워 분석을 시작하게 되었다. 그녀는 분석 작업에 적합한 환자로 확인되었다.

장기 정신분석적 심리치료

정신분석적 심리치료는 탐구적 치료에서 유익을 얻을 수 있을 정도로 충분한 힘이 있으면서도 자아가 연약해서 분석을 받기에는 적합하지 않은 환자들에게 최선의 치료이다. 그런 환자들은 정신병리 범위에서 일반적으로 더 높은 수준의 경계선 환자나 대체로 경계선 특성을 지닌 심각한 신경증 환자에 해당한다. 많은 자기애적 환자들도 이 범주에 속한다. 그런 환자의 치료는 대개 시간이 오래 걸리며, 이런 형태의 심리치료는 기법과 결과의 측면에서 정신분석과 거의 비슷하다. 그것은 그런 심리치료 과정에서 구조적 변화가 일어나기 때문이다. 일반적으로 정신분석적 심리치료의 기법은 탐구 영역이 단기 치료에서처럼 제한적이진

않더라도 정신분석만큼 광범위하지 않다는 점에서, 정신분석과 차이가 있다. 치료자는 분석에서보다 대체로 더 적극적인 태도를 유지한다. 이런 유형의 심리치료에서는 비록 환자들이 종종 강렬한 전이를 나타내고 그것에 대한 해석이 작업의 중요한 부분을 이룰지라도, 전이 신경증이 발달하지 않고, 따라서 전이 신경증에 대한 체계적인 분석이 이루어지지 않는다. 또한 부정적 전이는 적극적으로 해석되는 반면, 긍정적인 전이는 더 깊은 작업에 방해가 되지 않는 한, 대체로 그대로 내버려둔다.

H씨는 학교에서 퇴학당할 위험에 처한 상태에서 치료에 의뢰된 대학원생이었다. 그의 지적 능력은 문제가 되지 않았지만, 두드러지게 무례한 그의 태도와 정해진 시간에 작업을 끝내지 못하는 습관은 계속해서 문제가 되고 있었다.

H씨는 자신이 교수들로부터 부당한 대우를 받고 있다고 생각했지만, 어려움을 일으키는 데 자신이 일정 몫을 담당하고 있다는 사실은 인식하지 못하고 있었다. 그는 교수들과 논쟁을 했다는 것은 인정했지만, 그 논쟁들이 그들의 잘못 때문이라고 생각했다. 이런 어려움들은 그가 평생 갖고 있는 패턴이 드러난 최근의 현상이었다. H씨는 자신을 항상 부당한 취급과 학대를 받는 희생자라고 느껴왔다.

H씨의 첫 박해자는 그의 엄마였다. 그는 자신의 엄마를 끔찍하게 나쁜 성질의 소유자로 묘사했다. 열렬한 신앙인이었던 그의 엄마가 격노하면 그에게 "악마보다 더 나쁜 녀석"이라고 소리치는 일이 그의 아동기 내내 자주 일어났다. 그녀는 그가 자신의 삶을 생지옥으로 만든다고 비난했다. 그는 자라면서 그녀도 자신에게 똑같은 일을 하고 있다고 비난하곤 했다. 본질적으로 엄마와 아들은 그들의 가정이 지옥과 같다는 데 동의했다. 그들이 동의하지 못한 것은 그들 중 과연 누가 악마인가라는 것이었다. H

씨는 아버지를 엄마와는 대조적으로 수동적이고 격노에 찬 폭발을 두려워하는 사람으로 묘사했다. 그는 자신의 일로 철수한 채 조용하게 살아가는 인물이었다. 그러나 그는 때때로 어린 아들을 꼭 안아주며 달래주었다.

H씨는 생활의 모든 영역에서 엄청난 고통을 겪고 있었다. 그의 삶에서 갈등 없는 영역은 아무 데도 없는 것처럼 보였다. 초기 평가에서 그는 자기 성찰과 통찰 능력이 거의 없는 것으로 드러났다. 그는 줄기차게 자신의 모든 문제들은 외적인 불운 때문이라는 입장을 유지했다. 그는 다른 사람들과 강렬한 관계를 맺을 수 있는 능력을 갖고 있었지만, 그 관계는 엄마와의 관계를 가피학적으로 재생하는 것이었다. 이런 종류의 경직된 성격병리에 변화를 가져오기란 매우 어려운 일이었으며, 오직 탐구적 접근만이 환자로 하여금 자신의 불운에 스스로 어떤 역할을 하고 있다는 것을 인정하고 마침내 부적응 행동을 바꾸도록 도울 수 있었다.

치료 초기에는 가피학적 전이가 주요 초점으로 드러났다. 이러한 강렬한 전이의 초기 모습은 심각한 신경증 환자와 경계선적 특성을 지닌 인격장애 환자들에게서 전형적으로 나타나고 있다. H씨 정도의 가피학적 병리가 있는 환자들에게서 예상되듯이 (Kernberg, 1988), H씨는 부정적 치료 반응을 보였다. 그는 해석을 공격으로 경험했고, 새로운 통찰은 매번 불행의 새로운 출처가 되곤 했다. 그는 내가 자신을 좋아지게 만들기보다는 더 나빠지게 만든다고 비난하기 시작했다.

치료에서 H씨는 전이 환상을 재연하고 있었다. 그는 희생자 역할을 다시 만들어내고 있었고, 내게는 가학적인 학대자의 역할이 맡겨졌다. 나는 이것을 해석했고 그가 실패하는 것으로 나를 파괴할 수 있을 거라는 환상을 갖고 있다고 말해주었다. 나는 그를 효과적으로 치료하려는 나의 노력을 그가 실제로 실패하게 만들 수 있다는 것을 인정하면서, 내게 부분적인 실패를 안겨주기 위해서 그가 실패하는 것이 과연 가치 있는 것으로 생각되는지에 대해 물었다. 전이에서 활성화되는 병리적 대상관계를 지속적으로 해석해주는 그런 개입은 H씨 자신의 자기-파괴적 행동을 수정하는 데 도움을 주었다. 시간이 흐르면서 그는 나와 자신의 교수들을 포함한 모든 사람들의 선한 모습 속에 있는 "실제" 냉혹함을 폭로하기 위해 자신이 그들을 화나게 만들고, 이어서 그들을 자신에 대한 박해자로 만든다는 사실을 알게 되었다. 그는 자신의 말처럼 모든 곳에 "똥을 누는 데"서 쾌감을 느낀다는 사실을 더 명료하게 인식하게 되었다.

몇 년 간의 심리치료를 통해 권위적 인물들을 자극하여 피학적인 상황을 만드는 그의 행동은 줄었고, 가피학적이지 않은 관계를 맺을 수 있는 그의 능력은 향상되었다. 엄마와의 관계도 어느 정도 호전되었다. 그는 자신의 문제가 전적으로 외적 현실 때문이라는 확신에 더 이상 매달릴 필요가 없었다. 그는 반성하고 내적 성찰을 할 수 있는 능력을 얻게 되었다. 갈등을 재연하던 경향성은 수정되었고, 대부분의 자기-파괴적 충동들을 행동화하지 않을 수 있게 되었다.

H씨는 분석이 아니라 집중적인 장기 정신분석적 심리치료를 필요로 했던 주요 성격병리 환자의 경우이다. 표준적인 분석 기법의 퇴행을 유발하는 측면이 H씨에게는 감당하기가 어려웠던 것 같다. 그러나 그는 탐구적 심리치료에서 많은 도움을 얻을 수 있었고 중요한 구조적 변화를 성취할 수 있었다.

분석적으로 지향된 지지적 심리치료

정신분석적으로 지향된 지지적 심리치료는 다른 형태의 심리치료에 비해 문헌이 많지 않다. 이 형태의 치료는 심각한 정신병리의 사례에 적용하기 위해 정신분석적 치료를 수정한 데서 유래했다. 나이트(Knight, 1949)는 지지적 기법을 사용하겠다는 결정은 일반적으로 환자의 연약함, 경직성 또는 너무 강한 방어적 성향과 같이 표현적 치료를 어렵게 만드는 요소들에 근거해 있다고 말했다. 이런 생각은 일반적으로 여전히 받아들여지고 있는데, 특히 표현적 기법과 혼합하여 사용될 수 없는 지지적 치료에서 두드러지게 드러나고 있다.

순수한 형태의 지지적 심리치료는 표현적 형태의 심리치료와는 달리 해석을 사용하지 않는다. 그러나 워맨(Werman, 1984)이 지적한 대로, 때로는 퇴행을 피하고 주지화 같은 보다 높은 수준의 방어를 촉진하기 위해 분석가는 상향적인 해석(명백한 원시적 자료에 보다 높은 수준의 의미를 부여하는)을 할 수도 있다. 록랜드(Rockland, 1989)는 더 나아가, 글로버(1931)가 설명했듯이, 방어를 강화하고 적응을 향상시키기 위해 의도적으로 부정확한 해석을 사용하는 것을 옹호했다. 예컨대, 그는 이렇게 말한다: "한 경계선 환자가 치료자를 포함하여 몇 사람들을 조롱하고 있다. 그녀의 태도는 건방지고 오만하며, 자신에 대해 전적으로 만족해 하는 것으로 보인다. 그때 치료자는 그러한 평가절하를 무시한 채, '당신이 나와 너무 가까워지는 것을 두려워하는 것은 아닐까요?' 또는 '당신이 공격성을 표현할 때 더 편안해지는 것으로 보입니다!' 라고 말한다"(p. 96). 이 예에서, 전이 안에서 발생하는 자기애적 평가절하는 해석되기보다는 제쳐놓는다. 그리고 환자는 자신의 행동에 대해 수용적이고 편안하지만 엄밀히 본다면 그렇게 정확하지 않은 합리화를 제공받는데, 이것은 그녀가 치료자와 다른 사람들을 향한 자신의 공격성에 대해 인식하지 않은 채 그것을 다룰 수 있도록 돕기 위한 것이다. 이 과정에서 공격성이 완화되고 환자는 치료자를 이상화하고 동일시하도록 미묘하게 고무된다. 컨버그(1984)는 지지적 심리치료를 규정하면서, 그것은 "해석을 사용하지 않고 부분적으로는 명료화와 제반응을 사용하며 대부분은 암시와 환경적 개입(environmental intervention)을 사용한다"고 말한다(p. 150).

심리치료를 행하는 치료자가 중립성을 유지하는가의 문제는 심리치료를 더 세분화하는 요소이다. 이런 맥락에서 중립성은 참여에 무관심하거나 부족한 것을 의미하는 것이 아니라는 점이 강조되어야 한다. 레비와 인더비찐(Levy & Inderbitzin, 1992)에 따르면, 정신분석과 정신분석적 심리치료에서 중립성은 최적으로 유지됨으로써 치료과정을 일관되게 촉진시키는 요소로 작용하며, 그 과정에서 피분석자는 갈등과 그것이 만들어내는 정동이 분석상황 내에서 그리고 특히 전이 인물로서의 분석가와의 관계에서 어떻게 관리되는지를 인식하게 된다(p. 1009). 대조적으로, 지지적 치료에서 치료자는 현실의 요구에 크게 동조하면서, 자아를 강화하기 위해 노력한다. 그리고 갈등의 근원을 온전히 탐구하려고 시도하는 것과는 대조적으로, 환자가 갈등을 피하거나 "봉합하도록" 돕는다. 지지적 치료는 주지화 같은 보다 높은 수준의 방어를 강화하고, 분열과 투사적 동일시 같은 보다 원시적 방어들을 약화시키려는 시도를 포함한다는 데 일반적으로 의견이 모아지고 있다. 환자의 환경을 조작하기, 충고하기, 다양한 형태의 암시를 사용하기 등은 모두 지지적 치료에서 제 나름의 자리를 갖고 있다. 지지적 심리치료는 성공적인 암시의 도구인 긍정적 이상화 전이를 유지하는 것에 크게 달려있다. 그러나 이런 긍정적인 전이의 강화는 또한 다른 어려움을 야기할 수 있으므로 가능한 한 그러한 전이의 강도를 최소로 유지하는 것이 바람직하다.

최근에 대학을 졸업하고 나서 직업을 구하지 못한 채 집에서 생활하고 있는 22세 된 청년인 존은 몹시 초조하고도 우울한 상태로 내 사무실을 찾았다. 그는 수면장애, 몸무게가 6.8kg이나 빠질 정도로 심한 식욕부진, 주의력 결핍 등의 무기력한 우울증 징후를 갖고 있었다. 그는 자신이 달려오는 기차에 몸을 던지는 환상을 갖고 있으며 자신의 집에서 겨우 한 블럭 떨어진 곳에 철로가 있다는 말을 했다. 그는 한시도 가만히 앉아 있지 못했고 상담하는 동안에도 계속 초조해했다. 이런 초조한 상태의 우울증(agitated depression)과 자살에 대한 생각(suicide thought)에도 불구하고 존은 자살을 시도하지 않았고 그런 충동을 통제할 수 있다고 느꼈다. 가족들이 기꺼이 24시간 감독을 할 수 있었기 때문에, 나는 그를 외래 환자로 받아들이는 데 동의했다. 존과 그의 부모는 이 계약에 동의했고, 존은 자신의 자살 충동을 통제할 수 없을 때에는 내게 전화를 하겠다는 약속을 계약 내용에 추가했다.

우울증은 약물로 다스려졌고, 우울증을 촉발하는 문제가 무엇인지 분명해졌다. 존은 항상 사회성에서 문제를 갖고 있었다. 그는 어린시절에 바보 같은 아이였고, 청소년기에는 "괴짜"로 여겨졌다. 다른 아이들과 다르다는 그의 느낌은 고통스럽고 심각한 것이었다. 대학에서 그는 좀 나아져서 몇몇 친구를 사귀었고 비교적 합리적으로 행동했다. 그러나 다시 집으로 돌아오자 그의 사회적인 바보스러움은 직업을 구하는 데 커다란 방해로 작용했다. 그가 우울에서 벗어났을 때 나는 탐구적인 접근을 취했는데, 존은 이것을 감당하지 못했다. 엄마는 그가 여자이길 바랐었고, 여자친구를 찾지 못하는 어려움은 아마도 그가 충분히 남성적이지 않기 때문일 거라는 생각을 말하는 상황에서, 그는 TV에 나오는 모든 동성애자들이 존으로 불린다는 사실을 발견했는데, 그는 이것이 자신에게 주어진 메시지였다고 하면서 현실 검증의 문제를 드러내기 시작했다. 그가 망상적이 되고 있음이 명백해졌을 때, 나는 나의 접근을 바꾸었다. 나는 그런 생각이 직장을 구하고 여자친구를 만나지 못하는 것에 대한 그의 불안 때문에 생긴 환상이라고 지적함으로써 그를 안심시켜주고자 시도했다. 나는 또한 아마 존이라 불린 배역들 중 몇몇은 동성애자일 수 있지만, 그것은 우연의 일치일 뿐이라고 말해주었다. 나는 그러한 그의 생각이 바로 불안에서 온 증상이며, 아마도 그는 자신의 심리치료에 너무 강렬하게 몰입하고 있는 것 같다고 말해주었다. 그는 자유연상을 하면서 그의 생각을 기록하는 데 많은 시간을 보내고 있다고 말했다. 나는 그에게 이것을 멈출 것을 제안했고, 몰두할만한 다른 것이 있는지 물었다. 그는 기타 연주에 대해 말했고, 나는 그에게 자신의 어려움들에 대해 곰곰이 생각하는 대신에 그것을 행동에 옮기도록 격려했다. 나는 또한 회기의 빈도를 주 2회에서 주 1회로 줄였다. 때때로 우리는 외적 현실에 초점을 맞추는 지지적 형태로 계속 작업을 하였다. 존은 훨씬 더 좋아졌으며, 결국 직장을 구했는데, 이것은 그의 자존감 향상에 상당한 도움을 주었다. 그 후 그는 일단의 친구들과 밖으로 나가기 시작했으며 결국 데이트를 하기 시작했다. 그는 다시는 정신증적 특성을 보이지 않았다.

내가 존의 사례를 서술하는 의도는 근저의 정신증적 구조가 명백해질 경우, 탐구적 치료에서 지지적 치료로의 전환이 효과적일 수 있음을 보여주기 위해서이다. 존은 페노치아진 같은 신경안정제를 필요로 하지 않았고, 나 역시 그를 입원시킬 필요가 없었다. 그는 나의 제안을 받아들였고, 환상과 현실을 구별할 수 있는 능력을 보완하는 데 필요한 긍정적 전이를 충분히 유지할 수 있었다. 나는 그가 전이에서 나와의 융합에 대한 원시적인 소망/공포를 다루고 있고, 이것이 여자 동성애자—남자 동성애자가 아닌—가 되는 소망/공포에 일조하고 있다는 사실을 알고 있었다. 이 갈등은 자신의 엄마에 대한 그의 말에서 반영되고 있었다. 오이디프스 전이의 출현 또한 심각한 퇴행에 일조했던 것으로 보인다. 그러나 이런 추측을 확증할 수 있는 자료는 드러나지 않았는데, 그 이유는 그런 자료의 출현이 정신증적 퇴행을 악화시킬 수 있기 때문이었다. 전이 해석은 전적으로 피하면서, 대신에 나는 그가 나와 자신을 구별하도록 도왔고, 회기 수를 줄이자고 제안했으며, 자유연상을 억제하고 다른 활동들에 집중하도록 장려함으로써 갈등의 출현을 막았다.

결론

한 환자에게 적합한 특정한 심리치료를 결정하는 데는 많은 요소들이 포함된다. 어떤 두 환자가 갖고 있는 문제점과 핵심적인 역동적 분투가 유사한 것일 수 있지만, 치료에 사용할 수 있는 시간의 틀, 종종 저항에 영향을 받는 환자의 성향, 그리고 정신병리의 심각성과 특성 등에 따라 다른 치료적 접근이 선택될 수 있다. 치료 목표 또한 초점적인 증상 해소로부터 집중적인 심리치료나 정신분석을 통한 인격의 구조적 변화에 이르기까지 그 범위가 다양할 수 있다. 단기 치료가 그 목표를 이루는 데 충분한 것으로 생각된다면, 보다 광범위한 치료를 하기에 앞서 단기 치료가 시도되어야 할 것이다. 그러나 그러한 시도에 앞서 항상 "이 치료는 어떤 치료 목표에, 누구에게 그리고 누구를 위해 충분한 것인가?" 라는 물음을 염두에 두어야 할 것이다.

환자가 치료를 받으러 오는 목표는 중심적인 관심사가 아닐 수 없다. 그러나 이 목표는, 성격병리로 인해 불감증이라는 신경증적 증상에서 벗어날 수 없었던 F부인의 경우에서처럼, 정신병리에 크게 영향을 받을 것이다. 치료자는 환자가 아픈 사람이기 때문에 그의 선택은 고려되어서는 안 된다는 우월적 태도라는 암초와, 환자의 삶의 모든 결정들을 액면 그대로 받아들여야 한다고 생각하는 소용돌이 사이를 조심스럽게 항해해야 한다. 책임있는 항해는 환자를 온전히 평가하고 치료에 사용할 수 있는 다양한 선택권을 제공할 뿐 아니라 치료자가 임상상황에서 최적이라고 믿는 것을 권하는 것이다. 이 과정에서 본질적인 요소는 지속적으로 존중해주고 탐구하는 치료자의 태도이다.

만약 상당한 정도의 신경증적 어려움이나 성격병리가 있다면 그리고 환자가 분석 치료의 일부인 전이의 강도와 퇴행을 무리없이 견딜 수 있다고 생각된다면, 최적의 치료는 정신분석일 것이다. 정신분석적 심리치료가 최선의 치료일 경우는 신경증적 어려움의 범위가 제한되어 있고 비교적 경미하거나 급성일 때 또는 정신병리의 정도가 분석을 감당할 것 같지 않을 때이다. 분석적으로 지향된 지지적 심리치료는 환자가 정신증이거나 노출 기법을 사용할 경우 정신증을 드러낼 가능성이 분명할 때, 최선의 치료 선택이 될 것이다. 그런가 하면 중간 상황일 경우에는 지지적 기법과 표현적 기법을 혼합하여 사용할 수 있을 것이다.

치료자는 새로운 정보에 비추어 필요하다면 자신의 치료적 접근을 수정할 수 있도록 자신의 임상적 결정을 주기적으로 재평가하는 것이 중요하다. 나는 나의 임상 사례들을 통해서 개인의 상황에 적합한 심리치료를 계속적으로 선택하고 수행하는 과정을 보여주고자 했다.

참고 문헌

Alexander, F., French, T. M., et al. (1946). Psychoanalytic Therapy. New York: Ronald Press.

Aronson, M. J., & Scharfman. M. A., eds. (1992). Psychotherapy: The Analytic Approach. Northvale, N.J.: Aronson.

Balint, M., Ornstein, P. H., & Balint. E. (1972). Focal Psychotherapy. London: Tavistock.

Beck, A. T., Rush, J. A., Shaw, B. F., & Emery, G. (1979). Cognitive Therapy of Depression. New York: Gulford Press.

Bibring, E. (1954). Psychoanalysis and the dynamic psychotherapies. J. Amer. Psychoanal. Assn., 2: 745-770.

Blos, P. (1979). The Adolescent Passage. New York: Int. Univ. Press.

Brenner, C. (1982). The Mind in Conflict. Madison, Conn.: Int. Univ. Press.

Bullard, D. M., ed. (1959). Psychoanalysis and Psychotherapy: Selected Papers of Frieda Fromm-Reichmann. Chicago: Univ. Chicago Press.

Clarkin, J. F., et al. (1992). Psychodynamic psychotherapy of the borderline patient. In Borderline Personality Disorder, ed. J. F. Clarkin,

E. Marziali & H. Munroe-Blum, pp. 268-287. New York: Guilford Press.

Davanloo, H. (1978). Basic Principles and Techniques in Short-Term Dynamic Psychotherapy. New York: Spectrum Publishers.

Dewald, P. A. (1964). Psychotherapy: A Dynamic Approach. New York: Basic Books.

Edelson, M. (1963). The Termination of Intensive Psychotherapy. Springfield, Ⅲ.: Thomas.

Eissler, K. R. (1953). The effect of the structure of the ego on psychoanalytic technique. J. Amer. Psychoanal. Assn., 1: 104-143.

Frank, J. D. (1961). Persuasion and Healing. Baltimore: Johns Hopkins Univ. Press.

Freud, S. (1893). Studies on Hysteria. SE, 2.

________. (1912). Recommendations to physicians practising psychoanalysis. SE, 12: 111-120.

________. (1919). Lines of advance in psycho-analytic therapy. SE, 17: 159-168.

Gill, M. (1954). Psychoanalysis and exploratory psychotherapy. J. Amer. Psychoanal. Assn., 2: 771-797.

Gill, M., & Hoffman, I. (1982). A method for studying the analysis of aspects of the patient's experience of the relationship in psychoanalysis and psychotherapy. J. Amer. Psychoanal. Assn., 30: 137-167.

Glover, E. (1931). The therapeutic effect of inexact interpretation. Int. J. Psychoanal. Assn., 30: 137-167.

Gustafson, J. P. (1986). The Complex Secret of Brief Psychotherapy. New York: Norton.

Horowitz, M. J. (1979). States of Mind. New York: Plenum. 2nd ed., 1987.

Horowitz, M. J., Marmor, C., Krupnuk, J., Wilner, N., & Wallerstein, R. (1984). Personality Styles and Brief Psychotherapy. New York: Basic Books.

Inderbitzin, L., & Levy, S. T. (1994). On grist for the mill: External reality as defense. Am. J. Psychoanal., 42: 763-788.

Kernberg, O. (1975). Borderline Conditions and Pathological Narcissism. New York: Aronson.

________. (1984). Severe Personality Disorders. New Haven: Yale Univ. Press.

________. (1988). Clinical dimensions of masochism. Am. J. Psychoanal., 36: 1005-1029.

Kiesler, D. J. (1987). Check List of Psychotherapy Transactions—Revised (CLOPT-R) and Check List of Interpersonal Transactions—Revised (CLOIT-R). Richmond, Va.: Virginia Commonwealth Univ.

Klerman, G., Weissman, M., Rounsaville, B., & Chevron., E. (1984). Interpersonal Psychotherapy of Depression. New York: Guilford Press.

Knight, R. P. (1949). Psychoanalytically oriented psychotherapy. Bull. Am. Psychoanal. Assn., 4/3: 36.

Levy, S. T., & Inderbitzin, L. B. (1992). Neutrality, interpretation, and therapeutic intent. J. Amer. Psychoanal. Assn., 40: 989-1011.

Luborsky, L. (1976). Helping alliances in psychotherapy. In Successful Psychotherapy, ed. J. L. Claghorn, pp. 92-116. New York: Brunner/Mazal.

________. (1984). Principles of Psychoanalytic Psychotherapy. New York: Basic Books.

Luborsky, L., Crits-Christoph, P., Mintz, J., & Auerbach, A. (1988). Who Will Benefit from Psychotherapy? New York: Basic Books.

Malan, D. (1963). A Study of Brief Psychotherapy. London: Tavistock.

________. (1976). The Frontier of Brief Psychotherapy. New York: Plenum.

Mann, J. (1973). Time-Limited Psychotherapy. Cambridge, Mass.: Harvard Univ. Press.

Maxim, P. (1986). The Seattle Psychotherapy Language Analysis Schema. Seattle: Univ. Washington Press.

Moore, B., & Fine, B., eds. (1990). Psychoanalytic Terms and Concepts. New Haven: Yale Univ. Press.

Oremland, J. D. (1991). Interpretation and Interaction. Hillsdale, N.J.: Analytic Press.

Perry, J. C., Augusto, F., & Cooper, S. H. (1989). Assessing psychodynamic conflicts, 1. Psychiatry, 52: 289-301.

Reder, P., & Tyson, R. L. (1980). Patient dropout from individual psychotherapy. Bull. Menninger Clinic, 44: 229-252.

Rockland, L. H. (1989). Supportive Therapy. New York: Basic Books.

Rubenstein, E. A., & Parloff, M. B., eds. (1959). Research in psychotherapy, vol. 1. Washington, D.C.: Amer. Psychol. Assn.

Schacht, T. B., Binder, J., & Strupp, H. (1984). The dynamic focus. in Strupp & Binder, pp. 65-109.

Sifneos, P. (1979). Short Term Dynamic Psychotherapy. New York:

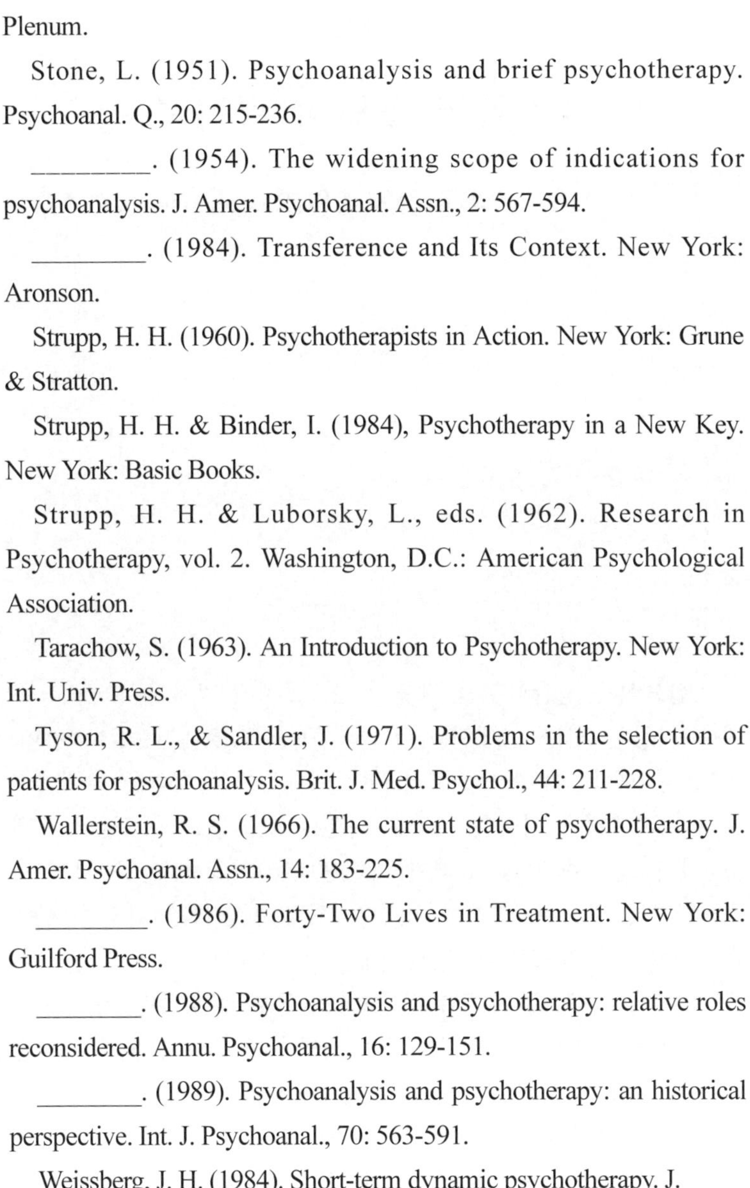

Plenum.

Stone, L. (1951). Psychoanalysis and brief psychotherapy. Psychoanal. Q., 20: 215-236.

________. (1954). The widening scope of indications for psychoanalysis. J. Amer. Psychoanal. Assn., 2: 567-594.

________. (1984). Transference and Its Context. New York: Aronson.

Strupp, H. H. (1960). Psychotherapists in Action. New York: Grune & Stratton.

Strupp, H. H. & Binder, I. (1984), Psychotherapy in a New Key. New York: Basic Books.

Strupp, H. H. & Luborsky, L., eds. (1962). Research in Psychotherapy, vol. 2. Washington, D.C.: American Psychological Association.

Tarachow, S. (1963). An Introduction to Psychotherapy. New York: Int. Univ. Press.

Tyson, R. L., & Sandler, J. (1971). Problems in the selection of patients for psychoanalysis. Brit. J. Med. Psychol., 44: 211-228.

Wallerstein, R. S. (1966). The current state of psychotherapy. J. Amer. Psychoanal. Assn., 14: 183-225.

________. (1986). Forty-Two Lives in Treatment. New York: Guilford Press.

________. (1988). Psychoanalysis and psychotherapy: relative roles reconsidered. Annu. Psychoanal., 16: 129-151.

________. (1989). Psychoanalysis and psychotherapy: an historical perspective. Int. J. Psychoanal., 70: 563-591.

Weissberg, J. H. (1984). Short-term dynamic psychotherapy. J.

제 4 장

심리학과 집단 심리치료

라몬 간자레인(Ramon Ganzarain, M.D.)

정신분석은 생물학적인 적응 기관으로서의 자아가 평균적으로 예측 가능한 환경 안에서 원본능 욕동을 숙달해가는(Hartmann, 1964) 한 사람 심리학으로부터, 환경이 더 이상 자연을 의미하지 않고 아기에게는 엄마를 그리고 성인에게는 동료 인간들의 사회를 의미하는 두 사람 심리학으로 변화했다(Guntrip, 1971). 적응은, 엄격히 말해서, 환경에 맞추기 위한 개인의 변화라는 한쪽 측면에 대해서만 말한다. 인간관계는 두 사람 또는 더 많은 사람들 사이의 의사소통과 공유된 경험을 통한 상호적인 자기-충족을 포함한다. 그러므로 적응이라는 개념은 돌봄과 관심의 문제를 다루는 의미 있는 관계라는 보다 높은 개념에 의해 보완될 필요가 있다. 집단에 대한 정신분석적 견해는 소위 구조이론이라 불리는 것과 거의 동시에 생겨났다. 구조이론의 일부인 초자아에 대한 서술에서, 초자아는 그것의 사회적 성질과 기능들이 강조되면서, 아동의 최초 전체-대상관계 위에 심리적 동일시물과 내사물에 의해 덧씌워진 마음의 영역으로 설명되었다(Guntrip, 1967, p. 220). 생물학의 수준을 넘어 인간의 사회적 본성을 인식하게 된 것은 인간의 마음속에 현존하는 타자들에 대한 "내재화된" 표상들을 발견한 것에 기초해 있다. 정신분석의 치료 목표는, 집단치료에서와 마찬가지로, 관계 안에서 성장하고 발달하는 인간의 마음의 능력이 있기에 성취될 수 있다. 그러한 관계 안에서 자아가 동일시한 것들은 검토될 수 있고 조정될 수 있으며, 그 결과, 자기는 더욱 발달할 수 있다.

이 장에서 나는 정신분석적 집단 심리치료, 집단에 대한 몇몇의 사회심리학적인 연구들, 집단 심리치료, 이러한 주제들에 관한 몇몇의 논쟁적인 문제들, 그리고 이 영역에서 출현하고 있는 몇몇의 새로운 경향들에 대해 서술하고자 한다.

정신분석적 집단 심리학

정신분석적 집단 심리학은 "대중"(masses)을 이해하고자 하는 시도에서 소그룹에 대한 연구로, 또 집단을 아버지 중심적인 원시적 오이디푸스적 무리의 복사물로 바라보는 것에서, 집단을 어머니 중심적인 무리로 바라보는 전오이디푸스적 관점으로 진화해왔다; 정신신경증에 대한 이해와 필적되는, 집단의 정신적 삶에 대한 유비적인 이해로부터 집단 심리학을 정신병적 정신과정과 비교하는 것으로 이동했다. 또한 소그룹에 대한 사회 심리적 연구들, 즉 새로운 이론들뿐만 아니라 지도력과 다른 집단 역할에 대한 연구도 커다란 발전을 이룩했다.

"대중"에서 소그룹으로

르봉의 관찰(1987)을 정교화한 프로이트의 집단심리 연구(1921)는 사실 "대중" 또는 대집단에 관한 것이었다. 프로이트의 이론적 고찰은 멜랑콜리 환자가 애도과정 동안에 사용하는, 상실한 대상과의 관계에 과도한 리비도를 투자하는 것으로 이해되고 있는 내사적 동일시 기제에 대한 프로이트 자신의 임상적 관찰을 르봉의 관찰과 연관시킨 것이었다. 게이(Gay, 1988, p. 384)는 프로이트가 사용한 독일어 "Massenpsychologie"를 "group psychology"로 옮긴 표준판 번역을 "서투른 번역"이라고 논평했다. 이것에 대한 정확한 번역은 "psychology of the mass"라는 것이다. 프로이트가 사랑하는 대상과 동일시하는 자아에 대한 개념을 집단 심리학에 적용한 것은 집단 심리의 더 나은 이해를 위한 중요한 공헌이었다.

집단의 심리적 특성은 집단 공통의 요소를 갖고 있으면서도 그 집단의 크기에 따라 달라진다. "군중"(crowd)은 300명 또는 그 이상의 모임을 가리킨다. 르봉은 더 작은 그룹에 대한 연구에 앞서 군중 심리에 대해 서술했다. 그는 군중 심리의 특징으로서 (1) 구성원들 사이에서 발생하는 정서적 전염 현상 (2) 현실 검증 능력의 약화 (3) 충동 표현에 있어서 무감각한 상태와 격한 상태 사이를 급격히 오가는 현상 그리고 (4) 지도자에 대한 의존을 꼽았다. "대집단"(large group)은 25명에서 60명으로 구성되는 집단을 가리킨다(Anzieu, 1975, p. 80). 20명 미만의 집단에서 구성원들은 다른 구성원들과 빠르게 동일시하고 공감과 반감에 기초한 여러 가지 관계들을 형성한다. 대조적으로, 대그룹에서는 각 구성원의 구별된 정체성을 유지하기가 어려운데, 이것은 정체성 상실에 대한 불안을 야기한다. 그러므로 대집단의 구성원이 된다는 것은 "일시적으로 탈인격화"를 경험하는 것과 같다(ibid., p. 86). 사회적 피드백의 부재는 모성적 보호를 상실했다는 감정을 불러일으킨다. 각 개인은 대상의 분열, 파괴적인 충동의 투사, 필사적인 연결고리의 추구와 같은, 원시 정신증적 불안에 의해 야기되는 전형적이며 원초적이고 무의식적인 방어기제에 직면하게 된다. 종종 대집단의 구성원들은 그들의 인격이 무너진 것 같다는 느낌을 서술하곤 한다. "많은 수의 익명의 사람들을 직면하는 것은 자기 자신의 익명성을 인식하도록 위협한다"(Turquet, 1975). 대집단에서 연설하는 사람은 큰 소리로 자기 자신에게 말하든지 아니면 허공에 대해 말한다. 그들은 종종 방금 자기보다 먼저 말한 사람을 비판하거나 공격하는 경향이 있다.

"집단관계 컨퍼런스"는 집단의 행동과 지도력에 관해 경험적으로 배우기 위해 A. K. 라이스 연구소가 조직한 것으로서, 모임을 진행함에 있어 일반적으로 소집단 모임과 대집단 모임을 번갈아 갖는 것으로 유명하다. 따라서 전이는 분열되는데, 긍정적인 전이는 소집단에 집중되고 부정적인 전이는 대집단에 집중되는 모습을 보인다. 집단적인 부정적 전이는 처음에는 자기 파괴에 대한 환상으로 나타나지만, 그것은 곧 지도자들에 대한 공개적인 적대감으로 바뀌어 나타난다. 때때로 그것은 정신적 해체의 위협에 직면한 대집단에 의해 무의식적으로 희생자로 지정된 다른 구성원에게 전치된다(Anzieu, 1975, p. 97).

인간은 일상적으로 가정, 학교, 직장이나 여가 활동 등 소집단에 정서적으로 참여하고 있으며, 현재 멀리 떨어진 곳에서 일어나고 있는 사건들을 대중 매체를 통해 수많은 사람들이 각자의 거실에서 동시에 경험하는 것을 제외하고는, 이따금씩만 대중 집회와 같은 대집단 모임에 참여한다. 집단에 대한 프로이트의 관찰이 대중에게 초점을 맞춘 제한된 것이었음에도 불구하고, 개인이 집단에 참여함으로써 어떻게 기본적으로 영향을 받는지에 대한 그의 평가는 정확한 것이었다. 그것은 집단 구성원들은 그들을 하나로 묶어주는 지도자와의 공통된 동일시를 공유하고, 각 구성원은 보다 원시적인 정서 수준으로 퇴행한다는 생각이다.

소집단에 대해 보다 구체적으로 관찰하고 성찰하는 과제는 다른 분석가들의 몫으로 남겨졌다. 그들 중에서 비온(1961)은 멜라니 클라인의 원시적 방어기제 개념(투사적 동일시와 분열)과 초기 정신증적 불안(우울 불안과 분열-편집 불안) 개념을 적용하여 그리고 정신분석적 관찰 방법을 사용하여 소집단 심리학에 대한 경험적 연구를 수행했다.

부성 중심에서 모성 중심으로

프로이트는 토템과 타부에서 "인류학, 민족지학, 생물학, 종교사, 그리고 정신분석에서 나온 추론들을 종합해냈다"(Gay, 1988, pp. 328-329). 그는 토템 동물이 아버지를 나타낸다고 해석했고, 최초의 무리를 지배하면서 성장한 아들들을 몰아내고 무리의 모든 여자들을 독차지한 질투심 많은 아버지에 대해 아들들이 두려운 감정을 가졌던 상황을 재구성해냈다. "어느 날 쫓겨난 아들들은 힘을 합쳐 아버지를 죽이고 그의 살을 나누어 먹었는데, 이로써 아버지를 중심으로 한 시대는 끝이 났다. … 폭력적인 원부(原父)는 의심의 여지없이 형제들 사이에서 두려운 시기의 대상이었다. 그리고 그의 살을 먹음으로써 그와의 동일시를 성취했다 (Freud, 1913, pp. 141-142).

프로이트는 죄책감의 기원을 추구하는 과정에서 종교의 심리적 뿌리를 오이디푸스 콤플렉스에서 찾았다. 피터 게이(p. 335)는 이에 대해 다음과 같이 논평했다: "민족지학적인 자료는 어머니를 잡아먹는 내용이 아버지를 잡아먹는 내용보다 더 풍부하다는 사실을 보여주고 있음에도 불구하고, 프로이트는 자신의 재구성에서 사실상 어머니에 대해 전혀 언급하지 않고 있다." 어쨌든 프로이트의 사고에 따르면, 아버지에 대한 양가감정과 동일시는, 그를 죽이고 싶어 했던 공유된 소망에 대한 죄책감과 함께, 아버지를 중심으로 한 집단을 형성하게 했다는 것이다. 그러나 "권위적인 아버지는 지금은 거의 사라진 것으로 보인다. 새로운 폭군은 사랑 및 삶의 원천과 그것에 대한 경쟁의 원천이라는 두 얼굴을 가진 여신 칼리와 같은 어머니이다"(Hearst, 1981, p. 25).

아동에게 분석을 적용한 멜라니 클라인(1932)은 자신의 임상적 관찰에서 죄책감의 발달적 기원이 일차적 애정 대상인 어머니에 대한 양가감정에 있음을 발견했다. 그녀는 프로이트가 인류의 초기 역사 발달에 대한 추론으로 제시한 것을, 아동들이 어머니에 대해 갖는 양가감정의 표현으로서 어머니의 젖가슴이나 신체 내용물을 먹는 아동의 환상에서 임상적으로 관찰하였다. 죄책감은 클라인의 발달 이론에서 유아의 정서적 성장의 주요 척도로 간주되는 "우울적 자리"의 중심에 위치해 있다. 우울적 자리에서 양육, 돌봄, 그리고 지원의 원천으로서의 어머니는 좋은 대상이 되는데, 그러한 좋은 대상의 상실은 유아에게 극도의 고통을 가져다준다. 그러나 양육과 돌봄을 줄 수도 주지 않을 수도 있는 어머니의 힘은 아이의 시기심과 공포를 야기한다. 따라서 유아는 어머니를 먹어치우고 그녀가 가진 것들을 합입하거나 훔

침으로써 또는 투사적 동일시를 사용하여 그녀의 젖가슴에 항문기적 공격을 가함으로써 어머니가 가진 모든 힘을 제거하는 환상을 갖는다.

몇몇 집단치료사들(Scheidlinger, 1974; Hearst, 1981)은 집단 그 자체를 집단 구성원들을 위한 좋은 어머니로 서술했는데, 그러기 위해서는 다음의 조건들이 충족되어야 한다: (1) 구성원들로 하여금 집단에 소속됨으로써 사회적 존재감과 삶을 살고 있다는 느낌을 느낄 수 있게 해야 한다"; (2) 집단의 가치 측면에서 각 구성원들의 가치를 인정해줌으로써 "확신을 갖게 해주어야 한다"; 그리고 (3) 구성원이 고통 가운데 있을 때 지원과 돌봄을 제공함으로써 "든든한 느낌을 주어야 한다." 나는 다른 곳에서 집단이 가진 환상들에 기초해서 나쁜 집단에 대해 서술했는데, 그것들은 다음과 같다: (1) 개인에게 집단의 가치를 강요하는 "부담을 주는 집단"; (2) 구성원의 공로와 소유물을 빼앗아가는 "삼키는 집단"; (3) 구성원들의 비밀과 사생활을 캐묻고 그것에 영향을 미치려고 시도하는 "침범하는 집단"; 그리고 (4) 집단 구성원 중에 누가 없어도 사회적으로 살아남을 수 있을 정도로 "상호성이 결핍된 집단"(Ganzarain). "좋은" 어머니 집단과 "나쁜" 어머니 집단에 관한 환상은 대리 어머니 대상에 대한 집단 구성원들의 양가감정을 표현한다.

비온은 정신병적인 불안(분열 편집 불안과 우울 불안)으로부터 자기를 보호하기 위해 원시적 방어기제들(즉, 투사적 동일시와 분열)을 사용한다는 클라인의 개념을 집단 심리학에 적용했다. 그는 집단의 구성원이 되는 데서 활성화되는 정신병적인 불안에 대한 퇴행적 시도를 어머니의 젖가슴과의 관계를 처리하는 유아의 경험에 비유했다. 그는 집단을 환상속에서의 "대리 젖가슴"으로 보았다. 비온은 집단의 정서적인 삶에 참여할 때 개인이 겪는 퇴행 경험에 대한 프로이트의 견해를 확인해주었고, 그런 경험에서 구성원들이 갖는 환상은 젖가슴에 대한 매우 초기의 전 오이디푸스기 환상, 주로 구강기 환상에로 회귀하는 성질을 갖고 있음을 밝혔다. 또한 그는 투사적 동일시를 부가함으로써 집단 심리학에서의 동일시의 역할에 대한 프로이트의 견해를 확장시켰다.

오이디푸스적 특징에서 전 오이디푸스적 특징으로

정신분석학 내에서 집단 심리학은 현재 각 개인과 집단의 내적 표상(전 오이디푸스적인 대리 어머니로 지각되는) 사이의 이자적(dyadic) 관계와 비교될 수 있는 것으로 간주되고 있다. 오이디푸스적인 삼자적(triadic) 문제들은, 비록 현존하기는 하지만, 먹느냐/굶느냐, 유능하냐/무능하냐, 생존이냐/멸종이냐의 문제보다는 덜 긴급한 것이다. 강렬한 원시적인 공격성은 리비도보다 더 강한 힘을 갖고 있는 것으로 보인다. 자기 또는 대상의 생존에 대한 불안은 거세 불안을 능가한다. 여기서 사용되는 주된 방어기제는 단순한 억압보다는 분열, 투사적 동일시, 내사, 부인, 그리고 투사이다. 카우프(Kauf, 1991, p. 189)가 말하듯이, "집단은 전 오이디푸스 자료를 자극하는 요소가 되는 동시에 그러한 억압적인 저항을 다룰 수 있는 상황을 제공함으로써 효과적인 치료 도구가 될 수가 있다." 그 점에서 집단은 상당한 심리치료적 가치를 갖고 있다. 글래처(Glatzer, 1985)는 다음과 같이 전 오이디푸스기적인 "마녀-엄마"에 대한 환상을 기술했다:

> 어머니는 즉시 아이의 공격성이 투사되는 대상이 되며 그녀의 실제적인 혹은 환상적인 공격에 대한 아이의 격노의 대상이 된다. 결국 아이는 대체로 아이 자신의 창조물인, 악의적이고 강력한 인물과 직면하게 되는데, … 그때 아이는 생사가 달린 투쟁에 얽히게 된다. 그리하여 내적 세계는 현실에 의해 영향 받지 않는 상태가 될 수 있다. 부정적으로 경험된 자기의 일부를 부인하는 것 또한 그것의 완고함에 기여한다. … 일단 강력한 어머니 원상에 투사되고 나면, 수용될 수 없는 감정과 환상들은 안전하게 나-아닌 것(non-self)이 된다. 결과적으로, "나쁜" 어머니는 위험한 박해자인 동시에 아동의 가장 불만스러운 측면에 대한 보호자이다[카우프에 의해 인용되었음, 1991. pp. 177-178].

성격에 자리잡은 피학증은 끈질긴 저항의 원천으로 작용한다 (Glatzer, 1985):

> "나쁜" 어머니가 가진 힘에 의해 자신이 희생되었다는 느낌을 최소화하고, 상실한 통제감을 되찾고 전능 환상을 다시 얻기 위해, 피학적 환자는 자신이 경험했던 박탈을 재연하는 방법을 찾아낼 것이다. 그는 돌무더기에서 물을 찾고 삶에서 만족스러운 것을 모두 망쳐버림으로써 반복적으로 자신의 "나쁜 부모"가 된다. …그는 종종, 비록 새롭게 변형된 형태이기는 하지만, 나쁜 어머니와의 상호작용을 무의식적으로 불러일으킴으로써 자신이 사랑과 돌봄을 받기 원하는 사람들에게서 격노를 불러일으킬 것이다. 이런 식으로 환자는 자신의 박탈 경험을 통제한다. 환자는 "나쁨"의 요소가 자신 바깥에 있음을 반복해서 확인한다

[카우프에 의해 인용되었음, 1991, pp. 178-179].

전 오이디푸스기적인 성격병리를 심리치료에 대한 강력한 저항일 뿐만 아니라 심리적 불행을 스스로 지속시키는 요소로 서술함으로써, 분석적으로 지향된 집단치료자들은 집단을 그러한 저항을 해결하기 위한 장으로 사용함으로써, 환자들이 자신들의 삶을 즐기는 법을 배우도록 돕고 그들의 내적 대상들을 다루는 과정에서 피학적으로 결정된 초기 고착점을 넘어서 계속해서 발달할 수 있도록 돕고자 한다(Glatzer, 1969; Ganzarain, 1983, 1989).

신경증적 불안에서 정신병적 불안으로

집단 심리는 구성원들의 정신기능을 초기 수준으로 퇴행하게 하기 때문에 원시적 방어들과 정신증적 불안이 다시금 집단의 정신적 삶을 지배하게 된다. 그러나 동시에 집단 심리는 각 구성원들이 적응적이고 현실-지향적인 자아 자원을 보유할 수 있게 함으로써 위협적인 상황을 효과적이고 창조적인 방식으로 직면할 수 있는 바람직한 환경을 제공한다. 달리 말해서, 역설적으로, 집단은 때로 완연한 정신증에서처럼 현실을 거부하거나 피하거나 아니면 왜곡하는가 하면, 나중에는 반대로 그들의 정신증적 공포를 해결하고 극복하기 위한 적응적인 자아 자원을 활성화시키기도 한다. 내가 칠레 대학교에서 정신의학을 가르치고 있을 때, 학생들에게 지원자들로만 구성된 집단에서 심리치료를 받을 수 있는 기회를 준 적이 있었다(Ganzarain, 1989). 나는 그 집단들 중 하나를 맡게 되었는데, 한번은 주 1회씩 만나는 회기를 빠지게 되었다. 그들은 나 없이 그들끼리 만나되, 항상 그랬듯이 한 사람의 관찰-보고자를 두기로 했다. 내가 돌아왔을 때, 얼마의 변화가 분명히 드러났다. 예를 들면, 그들은 공손하게 돕고자 했던 이전의 태도와는 대조적으로, 항상 필요했던 모자라는 의자들을 나르는 일에 아무도 나를 돕지 않았다. 내가 모임에 참가하기 위해 사무실에 도착했을 때, 나는 나의 "공식적인 자리"에 이미 다른 사람이 앉아있음을 발견했고, 간신히 마지막 의자를 차지할 수 있었다. 나는 그들의 비언어적인 행동이 나에게 내가 돌아오지 않기를 바라고 있음을 암시하고 있다고 논평했고, 아마도 그들이 지난 회기에 내가 그들을 유기했다고 느끼는 것 같다고 추측했다.

나의 공식적인 자리를 차지하고 있던 학생이, 나를 기쁘게 해주기를 바라면서, 나의 부재 시에 그들이 가졌던 훌륭한 회기에 대해서 관찰-기록자로부터 보고를 받았느냐고 물었다. 나는 기록자에게서 이전 회기에 대해 들었음을 말해주었다. 그리고 나는 지금 "우리는 당신 없이도 훌륭한 회기를 가질 수 있다"라는 메시지를 듣고 있다고 덧붙여 말했다. 강렬한 긴장이 느껴지는 침묵이 뒤따랐다. 잠시 후에 나의 자리를 차지하고 있던 학생이, "보세요. 이것이 바로 당신이 있을 때 일어나고 있는 일입니다. 당신이 한 말이 이 침묵을 낳았고, 우리를 불편하게 만들고 있습니다"라고 지적했다. 나는 이렇게 응답했다: "아마도 나의 부재가 당신들의 기분을 상하게 한 것 같습니다. 어쨌든 당신들은 나를 필요로 하지 않는다는 것을 보여주려고 했습니다. 오늘, 당신들은 어쩌면 내가 당신들의 좋았던 이전 회기에 대해 들었을 거라고 생각하는 것 같아요. 그리고 마치 그것이 나에 대한 공격이라도 되는 것처럼 느끼는 것 같습니다. 그래서 당신들은 내가 방에 들어오는 것과 나의 소위 공식적인 자리에 앉는 것을 허용하지 않는 것을 통해서 나에 대한 두려움을 표현하고 있습니다." 팽팽하게 느껴지는 더 오랜 침묵이 뒤따랐다. 누군가가, "당신이 무엇을 하고 있는지를 보시죠. 우리는 당신과는 좋은 회기를 가질 수 없어요"라고 말했다. 나는, "당신들은 마치 내 말이 당신들을 비난하고 있거나 좋은 회기를 가질 수 있는 당신들의 능력을 깎아내리고 있다고 생각하고 있습니다"라고 대답했다.

그때 나의 자리를 차지하고 있던 학생은 오른손으로 눈을 가린 채 자꾸 창밖을 내다보고 있었다. 그는 "당신은 마치 나에게 최면을 걸기라도 하듯이 똑같은 말을 단조로운 어조로 반복하고 있고, 또 그런 눈으로 바라보고 있군요. 나는 마치 최면에 빠지기라도 하듯이 졸음이 밀려오는 것을 느꼈어요. 또한 나는 심한 두통 느꼈는데, 그것은 당신이 나에게 주고 싶어 했던 거라고 생각해요. 나는 창밖을 바라보거나 눈을 가리는 것을 통해서 당신의 눈빛으로부터 나 자신을 보호해야 할 필요를 느꼈습니다"라고 말했다. 이런 말들을 주고받은 후에 방 전체는 불안과 놀라움으로 가득했다. 또 다른 구성원이, "나도 비슷한 것을 느꼈어요. 나는 당신이 지금 내가 겪고 있는 심한 복통을 내게 주었다고 확신해요"라고 말했다.

나는 내가 그들에게 고통을 주고, 그들의 리더의 머리를 공격하며 마치 나에 대한 그들의 환상속의 공격을 그들에게 되돌려 주기라도 하듯이, 그들이 나를 무서워하도록 만들고 있다는 그들의 확신에 대해 좀더 상세히 다루었다. 나는 내가 자신들을 복수의 목표로 삼고 있다고 느꼈던 두 사람이 나의 부재 시에 집단을 이끌었던 사람들이라는 사실에 대해 성찰했다: 그들 중 한 사람은 지금 나의 공식적인 자리에 앉아 있다. 집단 구성원들은 강렬한 정서적 경험을 공유하면서 놀란 것처럼 보였고, 어떤 일이 일어나고 있는지를 이해하고 나자 약간의 안도감을 느끼는 것으로 보였다. 시간이 다 되었고, 우리는 한바탕 웃음을 터뜨리면서 회기를 마쳤다. 그 과정에서 우리가 막 함께 경험한 것에 대해 놀라워하는 언급들이 있었다.

그 두 사람은 편집증 같은 "망상의 영향력"을 경험했다. 더욱 놀라운 것은 그러한 망상적 믿음이 그것의 무의식적인 의미와 근저의 정신증적 편집 불안을 해석하는 것에 의해서 그토록 빠르게 해소되었다는 점이었다. 정신증적인 행동과 생각, 감정은 더 이상 남아 있지 않았다. 그것들은 정서적 이해를 공유했을 때 사라졌다. 그들 중 누구도 그 회기 전이나 후에 임상적으로 정신증적인 학생은 없었다. 그러나 회기 동안에 드러났던 그들의 불안의 강도는 상당한 것이었는데, 특히 그것은 비언어적인 표현들 즉 시선, 손으로 눈을 가리기, 시선 접촉의 회피, 장기간의 강렬한 침묵, 의자 위에 웅크려 앉는 행동 등에서 드러났다. 그 다음 모임에서 집단은 지난 주간의 경험에 대해 성찰하였고 그것에 대해 좀더 깊은 이해를 얻을 수 있었다.

집단의 정신 작용은 인간으로 하여금 정신증적 정서 경험의 황량함으로 뛰어들 수 있게 하고 그렇게 함으로써 때때로 문제를 효과적으로 해결할 수 있게 허용한다는 점에서, 꿈의 정신 작용에 비할 수 있다(Anzieu, 1975). 망상과 창조성은 우리의 무의식적인 삶에서 서로 가까운 곳에 있으며, 우리는 이 둘 모두를 집단과 꿈에서 경험할 수 있다. 대상관계 정신분석적 집단 이론과 치료는 정신 실재의 내적 환상 세계에, 그리고 자기와 그것의 내적 대상들 사이의 상호교류에 초점을 맞추고 있다. "내적 대상"은 우리의 마음속에 우리와 그들 사이의 관계에 대한 인상들을 남긴 실제 사람들의 정신적인 표상이다. 우리 마음은 외적이고 객관적인 현실 안에서 그리고 내적이고 주관적인 현실 안에서 또한 그 두 세계 사이에 있는 일련의 중간 영역들 안에서 동시에 작용한다. 대상관계 정신분석 치료는 자기와 대상 사이의 상호교류를 왜곡하고 그것들을 자기의 멸절에 대한 위협으로(분열-편집적 불안) 또는 사랑하는 대상의 파괴에 대한 위협으로(우울 불안) 오해하게 만드는, 공격 환상에 의해 자극되는 초기 불안에 초점을 맞춤으로써, 집단의 정신 작용이 지닌 정신증적 특징을 구체적으로 활용한다.

집단 구성원들은 방 안에 있는 개인들의 집합과는 구별되는 "내적 대상"으로서의 "실체적 집단"이 존재한다는 환상을 갖는다. 이 환상속의 실체로 인해 실제 집단은 구성원들의 마음속에 모호한 형태로 존재하는 공유된 환상으로 대체된다. 내적 대상으로서의 집단은 다양한 형태를 취할 수 있다. 비온은 이러한 공통의 환상을 기술하기 위해 "집단의 기본적인 가정"이라는 용어를 고안해냈다. 집단 구성원들이 자신들을 정신증적 불안으로부터 방어하기 위해 투사적 동일시를 사용하는데, 그 결과 각 구성원은 개인적인 참여를 부정하면서 공유된 공통의 기본적 가정들을 받아들이기를 거부하고, 그것들을 "내 것이 아닌" 낯선 것으로 지각한다. 동시에 그 개인은 그 가정들이 자신의 집단이 지닌 악의 있는 강력한 구성 요소라고 믿으며, 따라서 그것들을 "내 것" 또는 "나"의 일부로서 지각한다: 다른 말로, 내적 대상으로서의 집단은 "자기만도 타자만도 아닌, 둘 모두이다." 그것은 위니캇이 말하는 중간 대상과 같은 것으로서, "환상의 영역"이나 "심리적인 공간"에 위치한 집단 구성원 공동의 창조물이다. 대상관계 정신분석 집단치료에서 치료적 작용은 집단 심리의 한복판에서 발생한다. 다시 말해서, 치료는 구성원들의 "환상의 영역" (Winnicott, 1967)에 위치한 대리 어머니로서의 공통의 내적 대상에 대한 공유된 모호한 환상들 위에서 발생한다. 톨핀(Tolpin, 1972), 볼칸(Volkan, 1976), 리주토(Rizzuto, 1979), 그리고 모델(Modell, 1984) 등의 몇몇 정신분석가들은 아동기 욕구를 넘어 타자와 관계 맺고 싶어 하는 인간의 욕구에 대해서, 특히 "자기나 타자가 아니라 양자 모두인 공유된 대상 표상을 통해서 집단적으로 관계 맺고 싶어 하는 욕구"에 대해 서술했다(Jacobson, 1989, p. 480). 위니캇(1967, p. 117)에 따르면, 그러한 이미지들은 우리들로 하여금 "분리됨과 연합됨 사이의 상호작용"에 대한 생생한 느낌을 갖게 한다.

집단 실체는 추상적인 개념이 아니라 생생한 정신적 실재이다. 그것은 진정된 것으로서 경험되기 때문에, 집단 구성원들 사이의 상호작용에 영향을 끼친다. "그것은 타협의 과정(말로 표현되지 않는)을 통해 만들어지는데, 그 과정에서 구성원들은 자신들이 원하는 집단의 실체를 만들고자 시도하며, 또 그것이 실제로 존재하는 것이라고 다른 사람들을 확신시키고자 한다. 이 과정에서 모든 사람이 갖는 협상력은, 그것이 무엇이든 간에, 집단-실체에 소속되고자 하는 욕구에 의해 제한된다"(Jacobson, 1989, p. 483). 객관적인 외부 집단은 마침내 구성원이 원하는 대리 어머니를 나타내는 집단 실체가 된다. 그러나 어떤 소망들은 수용되어질 수 없기 때문에, 그것들은 포기되고 거절되고 투사된 개인의 부분들이 될 수 있다. 집단의 기본적인 가정들은 구성원들의 포기된 부분들의 총합이 된다. 그래서 모든 집단의 구성원들은 그러한 가정들을 의식 안에 받아들이려 하지 않는다. 여기에는 익명성을 둘러싼 일종의 음모가 있다. 익명의 존재가 되는 것을 통해 기본적인 가정들은 상당히 무자비하게 기능할 수 있는데, 바로 그런 이유로 그 가정들은 강렬한 두려움의 대상이 된다. 집단 구성원들의 소망은 또한 공격적인 환상들에서 기인하는 초기 정신증적 불안에 의해 예상되고 기대되는 파괴로부터 자기와 사랑하는 대상을 보호해야 할 필요를 나타낸다. 분열, 투사적 동일시, 투사, 전능 부인, 그리고 내사와 같은 원시적 방어기제들은 그러한 파괴로부터 자기와 사랑하는 대상을 보호하기 위한 자아의 기본적인 초기 자원들이다.

집단이 방어기제로서의 투사적 동일시를 광범위하게 사용하는 것은 대상의 분리 또는 상실이라는 객관적인 외부 현실을 동시에 인정도 하고 거절도 하는 중간 현상의 발달로 인도한다. 그러한 중간 현상은 주관적인 내적 현실을 회피하는데, 그것은 투사된 것은 더 이상 "나 아닌 것"으로 여겨지기 때문이다. 그러나 거기에는 계속되는 모호한 동일시(투사적 동일시)가 여전히 남아 있기 때문에, 투사된 것은 회수되거나 재내사될 수 있으며, 그 결과 내 것이 될 수 있고, "회복된 나의 일부"가 될 수 있다. 심지어 외부 현실과 내부 현실 사이에 존재하는 차이조차도 희미해질 수 있는데, 그것은 중간 현상이 그 정의상 자기와 타자 중 그 어느 것도 아니기 때문이다. 여기에서 발생하는 "환상의 영역"은 객관적 현실과 주관적 현실 두 가지 모두를 번갈아가며 부인하기도 하고 확인하기도 한다.

사회심리학에서 온 공헌들

나는 이제 사회심리학이 어떻게 집단을 연구해왔고 개념화해왔는지에 대해 간략하게 검토할 것이다. 사회심리학은 사회학과 심리학의 혼합물이다. 나는 여기서 집단에 대한 오늘의 견해에 중요한 영향을 끼친 몇몇 사회심리학 이론들, 즉 레빈(K. Lewin, 1952)의 장 이론(field theory)과 폰 버탈란피(von Bertalanffy, 1968)의 일반체계 이론 그리고 소위 역할 이론에 대해서 다룰 것이다.

이 세 이론들 모두는 집단치료와 관련되어 있다.

장 이론(field theory)

레빈(1952)은 사회심리학의 과학적 연구 방법론을 수학과 물리학의 연구 방법론에 필적할만한 수준으로 끌어올리기 위해 노력했다. 그는 경험적이고 직관적인 것에서부터 추상적이고 형식적인 것으로 움직여갔다. 그는 인간 행동을 결정하는 요소들이 엄격한 수학적 용어들로 제시될 수 있다고 주장했다. 그는 자기장(磁氣場)을 연상시키는 장(場)이라는 용어와 집단에서 작용하는 "세력들"을 암시하는 "피드백," 또는 "집단 역동"이라는 용어들을 물리학에서 빌려왔다. 레빈의 근본적인 이론은 "장" 이론인데, 그는 모든 행동이 주어진 시간 동안 어떤 장의 상태 안에서 발생한 변화를 포함하고 있다고 생각했다(dx)/(dt). 장은 한 개인이나 집단의 삶의 공간(life space)이다. 과학자의 임무는 특정 시간 동안 특정 삶의 공간이 갖고 있는 자산들을 특징짓고 또 그 자산들의 변화를 지배하는 법칙들을 서술하는 데 적합한, 이론과 관찰 기법 및 측정 기법들을 발달시키는 것이다. 장 이론(케슬러의 게쉬탈트 심리학에 의해 자극받은)의 기본적인 주장은 특정한 삶의 공간을 구성하는 다양한 부분들이 어느 정도 상호의존적이라는 것(시각적인 지각에서 전경과 배경이 그러하듯이)이다. 상호의존적인 사실들의 집합체는 공간에 대한 수학적 개념과 긴장 및 세력에 대한 역동적인 개념들을 사용하여 다룰 때에만 적절히 다루어질 수 있다. 레빈에게 있어서, 동시대성은 본질적인 것이다. 특정 시간 동안 결정요소들은 동시에 현존하는 장의 자산들이다. 레빈은 환상이나 꿈과 같은 인간 심리의 주관적인 현상에 대해 고려하지 않았다. 그가 장의 자산들이 갖는 속성 중에 동시대성을 장에 영향을 미치는 유일한 요소로서 강조한 것은 지금 여기에만 초점을 맞추는, 심리 현상에 대한 비역사적인 관점을 촉진시켰다. 그는 초기 정서발달의 중요성을 부정하는 방식으로 시간의 차원을 취급했다. 비주관적이고 비역사적인 심리학인 장 이론은 정신분석학의 본질적인 주장과는 반대된다.

그럼에도 불구하고 설리반의 대인관계 정신의학 학파는 레빈의 장 이론을 정신병리학과 치료에 적용했다. 설리반(1953)의 생각들은 미국에서 주로 I. 얄롬(1975)으로 대표되는, 집단 심리치료에 대한 대인관계적 또는 상호작용적인 접근을 자극했다. 장 이론은 또한 영국의 풀크스(Foulkes, 1948; Foulkes & Anthony, 1957)와 그의 동료들에게 집단 역동에 관한 개념을 제공했다.

일반체계 이론

일반체계 이론은 체계의 본질적인 구성 요소들을 열거하고, 전체성 안에서 그것들의 상호 영향을 서술하는 분석 방법이다. 그것은 천문학과 물리학에서 생물학과 심리학에 이르기까지 많은 주제들에 적용할 수 있는 추상적 이론이다. 그러므로 그것은 연구되고 있는 구체적 주제에 대한 구체적인 서술들로 채워질 필요가 있다. 따라서 일반체계 이론을 집단 심리치료에 적용하기 위해서는 구체적인 집단 이론으로 일반적인 이론의 틀을 채워 넣는 것이 필요하다. 일반체계 이론과 몇몇 집단 이론들의 조합은 집단에 관한 다양한 분석적 개념들을 통합한 "초이론"(metatheory)과 같은 것이 될 수 있다. 다른 곳에서 나는 집단 심리치료에 대한 하나의 유용한 접근으로서 일반체계 이론을 대상관계 이론과 결합시킬 것을 제안한 바 있다(Ganzarain, 1977,

1989). 나는 1989년에 다음과 같이 썼다:

> 일반체계 이론의 개념들은 우리가 개인의 정신과정과 집단의 정신과정 사이의 상호작용을 더 잘 이해하도록 도울 수 있다. 예를 들면, "동형태"(isomorphism, 하위체계들 사이의, 그리고 그러한 하위체계들과 그것들을 모두 포함하는 전체 체계 사이의 기본적인 구조적 유사성)라는 개념은, 통합과 파편화라는 상반된 상태들을 오가는 공유된 동요와 관련해서, 자아와 집단 사이의 비교를 풍부하게 할 수 있다. 우울적 자리를 잘 극복한 후에 도달하는 잘-통합된 자아 상태가, 응집성을 획득한 작업 집단이 통찰, 통합 그리고 회복에 초점을 맞추게 되는 시기에 비교될 수 있는 것처럼, 분열되어 있고 응집적이지 못한 분열성 자아 상태는 통합되지 못한 집단에 비교될 수 있다[p. 40].
>
> 일반체계 이론은 살아있는 체계들의 안과 밖에서 발생하는 역동적이고 전체적인 상호작용을 통해서 어떻게 경계들이 계속적으로 상호 교차하게 되는지를 강조한다. 따라서 일반체계 이론은 어떻게 집단과 자기-경계들이 명백한 공간과 시간의 경계들을 넘어 확장되었는지—투사와 내사를 통해서—에 대한 새로운 이해를 더해줄 수 있다[p. 64].

역할 이론

연극에서 배우에게 특정 역할이 부여되듯이, 집단 심리에서도 구성원들은 집단의 다양한 기능들을 수행하도록 역할을 배정받는다: 각자는 어떤 기능을 맡을 것인지를 선택할 수도 있고 다른 구성원들과 협상하기도 한다. 어떤 집단 기능을 수행하기로 선택하는—그리고 수용되는—사람들은 집단이 인정하는 특정한 위치를 차지하게 될 것이다. 역할들은 재가되고 합의된 사회적 기대들처럼 개인 구성원들이 어떻게 행동해야 할지를 암시해준다. 그래야만 특정 순간에 사회적 집합체의 욕구를 충족시키는 데 필요한 집단 기능들이 적절히 수행될 수 있다. 그때 역할들은 집단 구성원들에게 일종의 각본으로 주어진 사회적인 욕구들을 나타낸다. 개인들은 집단의 욕구가 충족된다면, 어떤 역할을 맡을지를 선택할 수 있다. 역할들과 배우들은 누가 어떤 역할을 연기할 것인가에 대한 말로 표현되지 않은 사회적인 협상의 각기 다른 그리고 독립적인 측면들이다. 개인은 주어진 역할을 수행함에 있어서 다른 사람으로 교체될 수 있으며, 그렇기 때문에 그는 그 장면을 떠날 수 있다. 그러나 누군가가 그를 대신해서 그가 포기한 기능을 수행해야 한다. 왜냐하면 집단이라는 무대에서는 어떤 역할도 포기될 수 없기 때문이다.

임상적으로, 대상관계 이론은 역할을 집단 심리와 개인 심리의 복합적인 표현이라고 생각하며, 그런 점에서 집단이 갖는 기대들은 집단 구성원 각자가 집단이 필요로 하는 기능을 수행하도록 "강요할" 수 있는 특정한 사람을 찾고자 하는 투사의 결과일 수 있다고 본다: 그 기능들은 또한 특정 개인들의 성격 특성과 잘 맞는 "역할"로서 서술될 수 있다. 예를 들면, "도끼" 역할은 가학적 성격 특성을 가지고 있는 누군가에게 넘겨질 것이고, 그 결과 집단은 바람직하지 못한 구성원을 상징적인 처형을 통해 제거하는 일에 그 도끼 인물을 사용할 수 있다. 또는 피학적인 성격의 소유자는 집단의 "희생자"가 되도록 예정되어 있기 때문에, 집단은 반항적인 구성원을 정죄하고/처벌함으로써 집단의 규범을 강화하는 데 그런 개인을 이용할 수도 있다. 많은 역할들은 집단 구성원들의 무의식적인 방어들의 표현이 아니라 집단의 기능들이나 집단의 필요들(예를 들면, 문지기 또는 시간 지킴이 역할)의 표현이다.

지도력, 구성원의 자격, 경계, 규범, 권력, 의사소통, 집단의 규모, 다양한 지도력 유형 등의 주제들에 관심을 갖는 소집단의 사회 심리학에 대한 많은 경험적인 연구들이 수행되어왔다(Cartwright & Zander, 1968을 보라).

사회 심리학에 대한 정신분석학의 기여

사회와 기관들에 대한 영국 분석가들의 관심은 2차 세계 대전 동안에 정신분석적 통찰을 가치 있는 것으로 평가하는 사회 과학자들의 관심과 합류하게 되었다. 이 강력한 제휴는 계속 되었고, 영국에서 유럽 대륙으로 그리고 미국에까지 확장되었다.

비온(Bion, 1961)과 풀크스(Foulkes, 1948)는 정신분석과 사회 심리학을 연결하기 시작했다. 이 분야에 기여한 다른 분석가들은 자끄(Jacques, 1976, 1982), 멘지스(Menzies, 1988), 안지우(Anzieu, 1975), 미트셜리히(Mitscherlich, 1969), 그리고 잘레스니크와 그 동료들(Zalesnik et al. 1975) 등이다: 이 영역에 기여한 몇몇 중요한 과학자들로는 라이스(A. K. Rice, 1963)와 레빈슨(H. Levinson, 1980) 등이 있다. 많은 사람들이 정신분석 실제의 파생물 또는 평행물로서, "고객에게 유익한 변화를 촉진하는 것을 지향하는" 방식으로 "기관을 위한 컨설턴트 모델"을 발달시켰다(Menzies, 1988, p. 285). "기관들은 존재하기에 더 좋고, 더 효율적이고 건설적이고 생산적으로 활동할 수 있는 곳으로 변화될 수 있다. 그러나 그러한 건강한 기능을 성취하기 위해서는 "효과적으로 협력하는 것을 가로막는 인간의 기본적인 어려움들과 그것들이 불러일으키는 불안들 그리고 그 불안들에 대한 방어들"(p. 297)을 극복하는 것뿐만 아니라, 지도력 부문에서 권력 남용의 역동을 극복하는 것이 필수적이다.

미국의 레빈슨(1980)은 정신분석적 개념들을 사용하여 조직에서 누가 성공적인 지도자가 될 수 있는지를 판단할 수 있는 평가 기준을 발달시켰다. 그는 다음과 같이 질문한다: (1) 어떻게 그가 공격성, 애정(가까움을 위한 필요), 혹은 의존성을 다루는가? (2) 그는 효율성을 측정하는 데 어떤 가치를 사용하는가? 레빈슨은 또한 조직의 간부가 다양한 과도기를 살아가는 동안에 발생하는 성인 발달에 정신분석적 개념을 적용했다.

집단 심리치료

집단 심리치료 영역은 너무 빨리 그리고 너무 다양한 방향으로 성장하는 바람에, 그것에 대한 공통된 정의를 내리기가 매우 어렵게 되었다. 치료자의 이론적 성향에 따라 특정 개념들과 기법들이 선택되었다. 그런가 하면 "집단 심리치료의 '표준' 모델에 대한 몇 가지 실질적인 정의에 도달하기 위한" 노력들이 있었다. 샤이드링거(Scheidlinger, 1982)는 "집단치료 양태들의 전체 범위와 전통적 심리치료 사이에 대한 가장 엄격한 구분"을 시도했다. 그 결과, 그는 사람들을 돕는 집단을 네 개의 주요 범주로

구분했다: (1) 심리치료 집단 (2) 정신병원 환자들을 위한 치료 집단 (3) 인성훈련과 인간발달을 위한 집단 그리고 (4) 자기 치유와 상호 치유 집단. 그는 집단 심리치료를, 집단 과정에 대한 전문적 훈련을 받은 심리치료사가 집단 구성원들의 정신 건강을 '회복' 하기 위해 즉 그들의 성격적 역기능을 개선하기 위해 주의 깊게 계획된 소집단 안에서 집단 구성원들과의 정서적인 상호작용에 참여하는, 심리치료 분야 내의 특수한 임상 영역이라고 정의했다 (p. 7). 그는 "치료 집단"의 범주 안에 외래 환자와 입원 환자를 수용하는 시설에서 활동하는 모든 종사자들(훈련받은 전문가에 국한하지 않고)이 사용하는 다양한 접근들을 모두 포함시켰다. 종종 그것들은 정신과 환자들에 대한 일차적인 치료를 보조하기 위한 이차적인 치료 양태들로 간주되었다. 훈련 집단은 그것의 목적이 심리치료보다는 정서적이고 인지적인 교육 영역에 있다는 점에서 다른 범주들과 구별된다(p. 8). 여기에는 소위 T-집단 (NTL), 자기-분석 집단, 그리고 타비스톡 연구 집단이 포함되어 있다. 마지막으로, 문제를 해결하기 위한 집단인 자기-치유 집단들이 있는데, 그것들 중에는 AA(Alcoholics Anonymous) 집단이나 상호 도움을 통해 특수한 목적을 성취하고자 하는 다른 치유 집단들이 포함되어 있다.

정신분석적 집단치료의 다양한 유형들

압세(Abse, 1974)는 정신분석적 집단 심리치료와 비분석적 형태들을 구분하는 기준이 전이의 극복과정에 있다는 점을 강조했다. 다른 치료들과는 달리 정신분석적 치료에서는 전이의 극복과정이 핵심을 이루고 있고, 따라서 장기적인 접근을 필요로 한다는 것이다. 전이에 초점을 두고 있는 저항에 대한 분석은 인식되지 않은 갈등들에 대한 자아의 무의식적 방어들에 대한 탐구와 극복과정을 필요로 한다. 몇몇 치료사들은 정신분석적 집단치료가 최소한 주 2회의 75분에서 90분짜리 회기를 필요로 한다고 본다. "순수한" 분석적인 모델을 추구하는 사람들과는 달리, 다른 치료사들은 정신분석적 집단치료를 다양한 보완적인 치료 양태들과 함께 사용하는 방식을 따른다. 다양한 치료자들 간의 충분한 빈도의 의미 있는 협동 모임을 통해서 전이를 분열시키는 위험을 막을 수만 있다면, 향정신성 약물, 개인 심리치료(심지어 다른 치료사와 함께 하는), 부부/가족 치료와 병행하는 치료, 상호지지적인 자기-치유 집단에 참여하는 것 등이 허용되고 있다.

팔로프(Parloff, 1968)는 정신분석적 집단 심리치료를 기법에 초점을 맞추어 세 유형으로 분류했다.

첫째, 심리내적 양태는 집단 안에 있는 개인들을 다루고, 각 개인 내부의 무의식적 갈등을 탐구하는 것을 목표로 한다. 그것은 어떤 점에서 같은 방에 있는 여러 명의 환자와 개인 정신분석을 하는 것과 비슷한데, 그 집단에서 구성원들은 차례로 자신의 정서적인 문제들에 관해 이야기를 하는 것으로 진행된다. 뉴욕의 몇몇 분석가들(Wolf & Schwartz, 1962)은 자신들이 개인 분석을 하고 있는 환자들을 이런 양태의 집단치료에 참가시켰는데, 그 결과, 그 환자들은 같은 치료자에게서 개인 치료와 집단치료를 동시에 받게 되었다.

둘째, 대인관계적 접근은 주로 구성원들 간의 상호작용에 초점을 맞추는 치료 양태이다. 그것은 설리반의 대인관계 정신의학 학파, 번(Berne, 1966)의 교류 분석(TA), 그리고 펄스(Pearls, 1969)의 게쉬탈트 치료(혹은 교류 분석과 게쉬탈트 치료의 조합)와 이론적으로 연결되어 있다. 얄롬의 접근(Yalom, 1975) 또한 이 범주에 속한다. 하지만 얄롬은 치료자가 한번에 한 구성원과 갖는 교류를 선호했던 방금 언급한 다른 사람들에 비해 구성원들 사이의 상호작용을 더 많이 이용하였다(Goulding, 1972). 교류 분석의 과제는 환자의 상호작용을 특징짓는 자아의 상태(부모, 아동, 또는 성인)를 진단하고, 환자가 삶의 초기에 학습했거나 선택했을 수 있는 무의식적인 "삶의 계획" 또는 "각본" 또는 환자의 "게임"이 어떤 것인지를 확인하는 것이다. 그것의 목적은 환자로 하여금 의도적으로 하나의 자아 상태에서 다른 자아 상태로 변화할 수 있도록 돕는 데 있다.

심리내적 양태와 대인관계적 양태는 정신증적인 집단 현상에 초점을 두고 있지 않다: 이 접근들은 원시적인 불안과 방어들에 대한 클라인/비온 학파의 개념들은 사용하지 않고, 주로 신경증적인 갈등에 초점을 두는 몇몇 수정된 프로이트 학파의 개념들을 사용한다.

셋째, 집단-중심적(group-centered), 전인적(holistic), 혹은 통합적(integralist) 접근은 전면에 드러나는 개인들 사이의 상호작용에 초점을 맞추면서 동시에 배후에 상존하는 집단 세력이나 역동에 대해 연구한다. 이 학파는 집단에 의한 집단치료를 추구한다. 영국에서는 비온(1961)과 에즈리엘(Ezriel, 1950)이, 미국에서는 휘타커와 리버만(Whitaker and Lieberman, 1964) 그리고 호르위츠(Horwitz, 1983) 등이 대표적인 이론가들로 알려져 있다. 풀크스(Foulkes, 1948)와 안토니(Foulkes and Anthony, 1957)는 영국에서 집단 분석을 발달시켰는데, 그들은 개인의 과거 경험보다는 현재의 집단 역동에 의존해 있는 지금 여기에서의 역동을 이해하기 위해 레빈(1952)의 장 이론(field theory)에서 필요한 개념을 빌려왔다. 레빈의 "동시대성 원리"(principle of contemporaneity)에 따르면, 집단의 "아동기는 현재에 담겨있다"(Whiteley & Gordon, 1979,

p. 19). 풀크스의 기법은 치료자-중심적인 것이 아니었다. 그는 지도자가 "무대 배후"의 "지휘자"로서의 은밀한 역할을 수행하기를 바랐다. 그는 집단의 일부이면서도 동시에 집단으로부터 독립적인 존재로 남고자 했다. 그는 집단을 위한 봉사자가 되고자 했다(p. 21). 풀크스의 접근은 대인관계적인 것과 소위 그가 집단 "모체"라고 부른 것에 초점을 맞추는 집단-중심적 접근을 이따금씩 혼합하는 것이었다. 이때 그가 말하는 모체란 대인관계적 상호교환을 위한 배경을 형성하는 집단 내의 전체 의사소통 망을 의미한다.

각 구성원이 표현하는 것들, 방안에 있는 모든 사람들 사이의 상호작용, 그리고 일반적인 집단의 분위기는 모두 동시적으로 발생한다. 따라서 집단 심리치료사의 상황은 과도한 정보의 투입으로 인해 과부하가 걸린 컴퓨터에 비교될 수 있다. 치료사는 빈번히 수많은 집단 현상들 중에 어떤 것을 먼저 언급해야 할지 당혹스러울 것이다. "공통의 집단 긴장"(common group tension)이라는 에즈리엘의 개념은 언어적 수준에서 특정 순간에 의미 있는 정서적 행동이 어디에서 발생하는지를 진단하는 데 도움을 줄 수 있다. 그러나 주로 비언어적인 방식으로 표현되는 집단 내부의 지배적인 정동을 관찰하는 것이 언어에 주의를 기울이는 것보다 훨씬 더 의미 있는 일이다. 실제로, 집단 내의 비언어적 의사소통을 관찰하고 읽는 법을 배우는 것은 집단 심리치료사들이 개발해야 할 가장 중요한 기술이다. 비온(1961)은 다음과 같이 말한다: "집단은 기본적으로 마음의 원시적이고 전 언어적인 층을 표현하는 비언어적인 교류들을 통해 의사소통한다."

집단-중심적 또는 통합적인 접근은 개인 정신분석 세팅에서 빌려온 외삽된 개념들을 넘어 구체적인 집단 현상에 초점을 맞추는 유일한 정신분석적 집단 심리치료이다. 사실 대부분의 집단 심리치료 양태들은 본질적으로 프로이트의 기본적인 정신분석적 개념들을 적용함으로써 집단 상황에 개인 치료적 개념들을 병렬시킨 것이다. 비록 퇴행, 동일시, 갈등, 방어, 자기, 대상, 전이 그리고 역전이, 행동화, 극복과정 등과 같은 많은 분석적 용어들이 집단 심리치료에 적용되거나 적응될 수 있겠지만, 그 외에도 우리는 집단 심리학의 고유한 내용을 담아낼 수 있는 집단 자체에 대한 이론적 개념들을 필요로 한다. 일반체계 이론과 대상관계 이론을 결합시킨 이론은 수수께끼 같고, 종종 혼란스러운, 모순적인 집단 내 행동의 복잡한 조합들을 하나로 엮어내고 예측할 수 있는 것으로 만들 수 있는 것으로 보인다: 적응적 행동이 퇴행적인 순간들과 공존하며(과제가 적절하게 수행되는 순간과, 기본적인 가정들의 영향으로 인해 과제가 비효율적으로 수행되는 순간이 교대한다); 어떤 때에는 공포를 진정시키고 경감시키지만, 어떤 때에는 불안을 견딜 수 없을 정도로 강렬한 것으로 증폭시킨다. 많은 가족의 문제들과 사회적인 문제들이 집단 안에서 재생되고, 개인의 초기 불안이 사회적 현실과 함께 짜여지는 곳인 이 소우주 안에서 다루어진다. 어떤 때에는 시기심이 참을 수 없이 강력해지는가 하면, 다른 때에는 인간의 차별성에 대한 가혹함을 부드럽게 하는 상상력 있는 "평준화" 정책을 촉진시킨다. 양가성의 양쪽 극은 서로 뒤바뀔 수 있다; 경계들이 필요하지만, 그것들은 또한 자기를 형성하고, 지탱하고, 자극하고, 때로는 멸절될 수 있기 위해서 삼투성을 지닌 것이어야 한다; 전체 체계는 개인의 욕구에 전적으로 공명하고 반응할 수도 있고, 그와는 반대로 개인을 아예 무시할 수도 있다. 마지막으로, 궁극적인 역설은 위에서 언급된 모든 것들이 치료적으로 유용한 것이 될 수 있다는 점이다.

대상관계 집단 심리치료 기법은 집단 심리학의 핵심을 다루는 것으로 이루어져 있으며, 그 핵심은 공통의 내적 대상에 대한 공유된 환상들로 구성되어 있다: 집단의 실체는 대리 어머니로서 "환상의 영역" 안에, 즉 구성원의 마음 안에 위치해 있다. 대상관계 집단 기법은 집단 실체의 이미지를 형성하기도 하는 원시적 방어기제들에 특별히 초점을 맞추는데, 이때 그 집단 실체의 이미지는 각 구성원들의 자기와 집단 사이에서 발생하는 "나와/나 아닌 것"에 대한 경험의 변동 과정을 통해 형성된다. 다양한 동일시, 부인, 분열 또는 투사 등의 초기 방어들은 자기와 대상(집단을 포함하여)의 환상들을 교대로 또는 동시에 촉진시킨다. 심리치료는 대상과 교류하는 자기의 책임을 증진시키는 한편, 환상 속에서 사랑하는 대상에게 입힌 손상을 복구하는 능력을 촉진시키는 것을 통해 우울 불안(사랑하는 대상을 손상 입혔다는 죄책감)을 해소하는 데 필요한 연료를 공급해준다. 스턴(Stern, 1985)이 말하듯이, 이러한 활동적 자기의 성장은 자기-신뢰, 다른 사람에 대한 관심, 승화, 그리고 창조성의 능력을 확장시킬 수 있다. 대상관계 집단 심리치료는 클라인과 비온의 개념들을 약간의 위니캇 개념들과 함께 임상 실제에 적용하고 있는 유일한 기법적 양태이다.

대상관계 집단치료의 임상 사례

집단-중심 치료

나는 임상 사례에 대한 논의를 통해서 (1) 집단 구성원들의 무의식적인 자아 방어들에 대한 탐구; (2) 집단 안에서 이루어지는 극복과정에 대한 몇몇 세부적 측면; (3) 집단 심리치료에서의 전이; 그리고 (4) 투사적 동일시에 관해 설명해보겠다.

무의식적인 방어를 탐구하기

8명의 결혼한 사람들로 구성된 외래 환자 집단의 세 번째 회기에서, 네 명의 남자들 중 한 사람인 잭은 자신이 계속해서 집단 모임에 참가해야 하는지에 대해 질문을 제기했다. 이 집단은 네 명의 새로운 환자들이 이전 집단의 네 명과 합류함으로써 형성된 집단이었다. 잭은 이전 집단의 구성원이었었는데, 그의 아내가 계속해서 참가하는 것을 금했기 때문에 그 집단에는 한 회기만 참석했었다. 1년 후에 그는 다른 집단에 참여하겠다고 신청했다. 세 번째 회기에서 그는 아내가 만일 자신이 계속해서 그 모임에 간다면 이혼할 것이라고 위협한다고 보고했다.

잭은 그의 아내가 다른 남자와 외도를 하고 있다는 것을 막 알았을 때 치료를 받기를 원했다. 그는 거절당한 느낌, 질투심, 그리고 불안한 감정을 느꼈다. 그의 아내는 잭이 집단에 참여하는 것이 그녀의 외도에 대한 보복이라고 명백히 느꼈다.

잭은 유아적인 인격의 소유자였고 심한 불안을 갖고 있었다. 그의 어머니는 캔자스 시골에 있는 농장에서 두 명의 아이들과 혼자 힘으로 살고 있는 과부였고, 잭의 바로 위의 형은 정신지체 장애인이었다. 잭이 8세였을 때, 어머니는 그녀의 장애 아동을 보호시설에 맡기기로 결정했다. 잭은 감히 이 결정에 대해 묻지 못했다. 그는 형이 나쁘기 때문에 어머니가 형을 집밖으로 쫓아냈다는 환상을 갖게 되었다. 어머니에게 극도로 의존되어 있던 그는 자신도 집밖으로 쫓겨날 수 있다는 공포 때문에, 감히 어머니에게 도전할 수 없었다. 그는 어머니와 가졌던 관계를 집단 심리치료사와의 관계에서 반복하는 것을 두려워했다. 그는 무의식적으로 그가 집단치료에 참여하는 것을 꺼리는 그의 아내에게 동조했고, 그녀로 하여금 자신의 두려움과 의심을 대신 말하게 했다. 이 문제가 내가 보고하고 있는 회기에서 논의된 것이었다. 그는 자신의 아내와의 관계에 대해 장황하게 설명했는데, 이것은 명백하게 집단의 시간을 잘못 사용하는 것이었다. 구성원들 중에서 몇몇이 질문을 제기하기 시작했다: "왜 우리는 잭의 아내에 관해 논의하고 있는가? 그녀는 집단의 구성원이 아닌데, 왜 그는 그녀에 대해 말해야 하는가?" 그 집단은 잭이 아내의 지배를 받고 있으며, 아내는 잭이 자신에게 맞서게 될까봐 그의 인격적인 변화를 두려워하고 있다고 진단했다.

심리치료 집단과 결혼한 부부라는 두 체계 사이의 경계 영역 안에서 중요한 심리학적 교류들이 발생하고 있었다. 잭의 아내는 투사를 통해서 집단 구성원들에 의해 공유된 두 개의 두려움, 즉 치료적 관계 안에 "사로잡히는 것"에 대한 두려움과 변화에 대한 두려움을 담아내는 "그릇"이 되었다. 변화에 대한 잭의 아내의 두려움을 집단 구성원들이 느꼈을 때, 그들은 또한 그들 자신의 변화에 대한 두려움도 느꼈던 것이다.

나는 그처럼 자신의 두려움을 "외부 사람들"에게 전가하는 투사에 대해 해석했다. 집단은 잭과 그의 아내의 관계에 관한 정보가 집단에 들어오는 것을 허용했지만, 마치 그것이 집단에게는 낯선 문제인 것처럼 다루면서 그 주제를 집단 체계 바깥에 두고자 했다. 여기에서 치료사의 도움은 투사를 해석하는 것으로 이루어졌다.

집단은 또한 잭이 집단에 머무르도록 용기를 줌으로써 또 하나의 경계 기능을 수행했다. 구성원들이 실제로 집단에 해가 될 수 있다는 우려 때문에 집단치료를 그만 두겠다는 잭의 위협은 그를 안아주기 위한 활동들을 증가시켰다. 잭은 동시에 그의 아내가 그에게 했던 것을 집단에게 똑같이 하고 있었는데, 그는 아내가 자신을 다른 남자에게 빼앗길 수 있다고 위협했던 것처럼,

그 집단이 그를 상실할 수 있다고 위협하고 있었다. 일반체계 이론의 관점에서 보자면, 그의 아내와 잭의 상호작용은 사실 투사를 통해 집단 체계로 확장되고 있었다. 또한 잭의 아내는 잭이 그녀를 내사하는 것을 통해서 상징적으로 그 집단 안에 존재하고 있었다고 말할 수 있다.

일반적으로, 이러한 매우 복잡한 방식들을 통해서 심리치료 집단의 경계는 구성원들을 둘러싼 집단 외부의 사람들—배우자, 부모, 형제/남매, 직장 상사, 직장 동료 등—로 확장된다. 내사와 투사는 무의식의 무시간성이 집단의 시간 경계를 모호하게 하는 것과 마찬가지로, 현 집단의 공간 개념을 모호하게 한다. 따라서 우리는 구성원 각자와 그의 대상들—현재의 대상들과 과거의 대상들 모두를 포함한— 사이의 관계 패턴이 생생하게 재연되는 것을 목격하게 된다.

어떤 것은 집단 안에 받아들이고 어떤 것은 집단의 관심 바깥에 둘 것인가에 관한 물음은 이 임상 사례에 의해서 예시되고 있다. 잭의 부인은 집단 구성원들의 정신적 삶의 몇몇 요소들을 담아내기 위한 그릇이 되고 있고, 또한 집단에 대한 잭의 공포 및 그것과 유사한 다른 구성원들의 공포를 담아주는 그릇으로 인식됨으로써, 그 집단의 원거리 구성원이 되고 있다. 투사에 대한 해석은 집단에서 추방되고 배제된 정신 내용을 집단 체계 안으로 다시 가져오게 했다. 집단의 반응은 처음에는 어느 정도 저항하는 것이었지만, 점차 구성원들은 변화의 가능성에 대한 공포에 대해 작업하기 시작했다.

집단치료사의 역할은 일차적 임무, 즉 치료를 위한 경계를 유지하는 것으로 묘사되었다. 치료사는 회피하고 싶은 내용물을 배제하지 않도록 예방함으로써 이 기능을 수행했다. 인용된 사례에서, 치료사는 잭의 자기 체계와 집단 체계 모두의 경계를 좀더 수용적인 것으로 만들기 위해 노력했다. 그가 그 두 체계 안에서 계속되고 있는 것을 잭의 아내에게 투사하고 있다고 해석한 것은 그런 노력의 일환이었다. 잭과 집단 모두가 오래된 "나쁜" 어머니 내사물에 대한 그들의 유아적 불안을 인식하도록 도움으로써, 치료사는 환자로 하여금 새로운 가능성에 대해 마음을 열게 했으며, 그 결과 그들은 더 이상 과거의 원초적 불안에 기초한 행동을 반복하지 않아도 되었다. 이제 그들은 다른 방식으로 자신들의 상황을 조사할 수 있게 되었다. 잭은 새롭고, 좀더 주장적이고, 더 강하고, 공포에서 더 많이 벗어난 자기 이미지를 형성하기 시작했다. 그는 집단에 머물렀고, 이혼의 위험에 직면했으며, 실제로 나중에 이혼하기로 결정했다. 치료사는 그의 사려 깊은 이해를 통해서 상황에 대한 더 많은 분석이 가능하도록 집단의 경계를 보다 수용적인 것으로 만들었다. 구성원들은 이제 그들이 변화를 계획하는 것에 의해 실제로 위협받지 않는다는 사실을 깨달을 수 있었다. 체계 분석은 잭이 치료 집단과 결혼한 부부라는 두 체계들에 속해 있음을 보여주었다. 그는 그 두 체계들 사이의 경계에 있었고, 그것들은 각각 그의 일부를 이루고 있었다.

정신분석적 집단치료에서의 극복과정

다니엘은 그가 40세 때 나와 함께 치료를 시작했다. 그는 결혼한 지 12년이 되었고, 10개월 동안 다른 집단치료에 참여한 적이 있었다. 그와 다른 오래된 세 사람은 새로 들어온 네 명의 구성원과 함께 새로운 집단을 형성했다. 다니엘은 그의 이전 치료사에 따르면 피학적인 성격의 소유자였다. 그는 그 집단에서 희생자가 되었다. 그의 치료사는 그가 더 나빠지고 있다고 서술했다. 내가 집단을 시작하기 전에 다니엘을 보았을 때, 나는 그가 치료를 단념하는 것이 좋겠다고 암시했다. 그러나 그는 아직 성취하지 못한 무언가를 이루고 싶어 했고, 그래서 집단에 참여하고 싶다고 고집했기 때문에, 나는 결국 동의했다.

여섯 번째 회기에서 다니엘은 사춘기 이래로 성적 무능을 겪고 있고, 가끔씩만 오르가즘에 도달할 수 있다고 보고했다. 그는 자신의 사정 불능을 그의 파트너를 임신시키는 것에 대한 두려움과 연결시켰다. 게다가 그는 3년 전에 정관수술을 한 이후로 발기부전을 겪고 있었다. 그는 임신의 두려움에서 벗어나 자유롭게 성을 즐기고 싶었지만, 실망스럽게도 그의 발기 능력을 잃고 말았다.

다른 세 명의 남자 구성원들도 정관수술을 받았지만, 그들 중 누구도 발기 불능으로 고통받지 않았다. 따라서 다니엘은 그의 발기부전이 정관 수술로 인한 문제가 아니며 그의 성적 무능이 심리적인 것이라는 사실에 직면하게 되었다. 한 여성 구성원은 그녀의 남편 역시 정관수술 후에 성적 무능력으로 고통받고 있다고 보고했다. 루시는 남편이 비뇨기과 의사를 만나보아야 한다고 주장했고, 그러자 그녀의 남편은 곧 성적 능력을 회복했다. 루시의 보고는 다니엘에게서 아내의 돌봄을 받고 싶다는 소망을 불러 일으켰고, 또 자신의 성적 능력에 대해 아내가 같은 방식으로 관심을 가져주기를 바랐다. 집단은 그가 과도하게 의존적인 자세를 갖고 있음을 직면시켰고, 그가 스스로 비뇨기과 의사와 약속을 정할 수 있다고 제안했다.

다니엘은 자신의 아내를 마치 상실한 성적 파트너인양 우울하게 갈망하는 태도를 채택하면서 그리고 그녀에 대한 편집적인 두려움을 발달시키면서, 의존적인 상태로 퇴행했다. 그는 그녀가 자기를 사랑하지 않는다고 느꼈으며, 그녀가 자신과 결혼한 것은 돈 때문이었을 것이라고 의심했다. 집단은 다니엘에게 그가 아내에 대한 깊은 불신을 가지고 있으면서도 그녀에 의해 돌봄을 받기를 바라는 갈등적인 소망을 갖고 있음을 직면시켰다.

16번째 회기에서 다니엘은 자신이 비뇨기과 의사에게 갔다 왔고, 아내와의 성적인 문제도 해결되었다고 보고했다. 그는 자신이 아내에게 너무 의존적이었던 사실을 인정했다. 그는 자신의 만족스런 성교에 대해 보고하면서 마치 자신의 취약성—아내에게 사랑받아야만 하는—을 드러내는 듯한 모습을 보였고, 아내에 대한 성적 욕구에 대해 말할 때는 극도로 자신 없어하는 간접적인 어투로 말했다. 다음에 이어지는 회기들에서 다니엘은 그의 회복된 남성적 능력에 대해 행복해했고 자랑스러워했다.

17회기부터 50회기 기간에 우리는 여성에게 의존해 있는 것에 대한 그의 수치심을 검토했다. 그는 그의 어머니의 총애를 받았지만, 지금 그는 결코 먼저 어머니에게 편지를 쓰거나 전화하는 일이 없다. 그는 그녀가 먼저 그렇게 해주기를 바랐다. 어머니의 총애를 받는 아이가 되고 싶은 욕구와 누구의 도움도 필요로 하지 않는 강한 남자가 되고 싶은 욕구 사이에는 갈등이 있었다. 이전 집단의 구성원들은 다니엘이 그들의 여성 치료사가 마을을 떠날 것이라고 말했을 때, 특이한 반응을 보였던 일을 기억해냈다. 다니엘은 그때 집단에 오는 것을 멈추었고 그래서 마지막 두 달 동안 회기에 참석하지 않았다. 그는 "나는 핑계가 있어"라고 말했는데, 그가 본래 말하고자 했던 것은 "거기에는 충분한 이유가 있어"였다. 그는 집단이 모이는 그 시간에 그의 아들이 리틀리그 야구팀에서 경기를 하고 있었다고 말하려고 했다. 그는 그때 치료사가 마을에 머무르든 떠나든 전혀 개의치 않는다고 덧붙여 말했다. 그는 그녀의 이름을 기억하려고 노력했지만, 기억할 수 없었다! 그는 자신이 이전 치료사가 갖는 정서적 중요성을 부인하고 있었고, 분노로 가득 차서 그녀를 자신의 기억에서 지워

버렸다는 것을 깨달았다. 그는 아내와 여성 치료사 모두에게서 좌절을 겪고 난 후에 여성에게 의존하고 싶은 자신의 소망을 부인했고, 그들에게 분노로 반응했으며, 그들을 멀리했다. 다니엘은 그의 여성 치료사, 아내, 그리고 어머니의 중요성을 부인했고, 그의 인생에서 그들을 삭제하려고 했다. 중요한 여성의 상실로 인한 우울 반응은 그녀를 필요로 하고 그리워하는 그의 내적인 정신 실재와 함께 경조증적으로 부정되었다. 그는 상실을 부인함으로써 그러한 상실을 항구적인 것으로 만들었다. 다니엘은 스스로를 여성들을 필요로 하지 않는 전능한 존재라고 느끼면서, 그의 여성 치료사와 아내에게서 등을 돌렸다. 그는 그들이 갖고 있는 정서적 중요성을 스스로 조절할 수 있다고 믿었고, 그들을 평가절하함으로써 그들에 대한 승리감을 느꼈다. 자신에게 중요한 여자들의 상실(과거나 현재의, 환상속의 또는 실제의)에 대한 애도를 부인함으로써 그는 그러한 애도과정을 직면하거나, 다루거나, 혹은 설명할 수 없었다. 애도과정을 다루는 것, 그 여성들이 갖는 정서적 가치를 수용하는 것, 그리고 그들과의 관계를 회복시키고 싶은 그의 부인된 소망을 받아들이는 것, 이 모두는 구체적인 극복과정을 필요로 했으며, 그 결과 다니엘은 아내와의 관계를 회복하기 시작했다. 다니엘은 그의 아내와 그의 여성 집단치료사의 상실에 대한 병리적인 애도를 극복한 후에 새로운 행동을 배우고 실천할 수 있었다. 그리고 그의 첫 번째 집단의 구성원이었던 두 사람의 현존은 현 집단과 이전 집단 사이를 연결해주는 교량역할을 했다.

다니엘은 그의 성적 파트너와 정서적 관계를 맺지 않은 상태로 남아있는 한편, 난잡한 성적 욕구에 대한 자기-처벌인 성적 무능력을 스스로에게 부과함으로써, 그의 초자아를 매수했다. 그는 자유로운 성생활을 즐기기 위해 정관 수술을 받았지만, 그것이 그의 성적 무능의 "원인"이 되는 역설적인 결과를 가져왔다. 다니엘은 도움은 거절한 채 불평만 늘어놓는, 완고하고 피학적인 인격이었다. 그는 집단치료사를 포함하여 자신의 삶에서 중요한 사람들을 화나게 하고, 가치절하하며, 불신했다. 그는 자신을 운명이나 누군가의 잘못으로 인한 가련한 희생자로 제시했다. 그는 때때로 나를 자극해서 집단 내의 잠재적인 권력 투쟁에 끌어들이고자 했다. 그때 다른 집단 구성원들은 전이/역전이의 가-피학적인 줄다리기에 연루되는 일 없이 나의 객관성을 회복하기 위한 일시적인 쉼터를 제공해주었다.

분리 불안은 극복과정에서 다루어야 할 중요한 측면이다. 분리 불안은 우울적 자리의 해소 과정을 자극하기도 하고 편집-분열적 및 조적 방어로의 퇴행(이전 치료사와의 분리에 대한 다니엘의 반응에서 볼 수 있듯이)을 자극하기도 한다. 만일 우울적 자리가 성공적으로 해소된다면, 회복을 위한 능력은 사랑과 관심의 능력이 증오를 능가할 수 있도록 허용할 것이다.

전이

정신분석 이론의 진보는 전이의 새로운 측면을 발견하게 했다. 예를 들면, 대상관계에 관한 연구는 분석상황이 초기 어머니-아동 관계의 반복이라는 생각을 갖게 했다. 자아 심리학 분야에서 이루어진 실험연구는 불안을 회피하기 위해 개인이 사용하는 방어과정의 중요성을 증가시켰다. 아동과 성인 정신증 환자 또는 자기애적 인격장애 환자와 같은 다양한 유형의 환자들에게 정신분석적 심리치료를 적용하면서 전이의 새로운 측면들이 밝혀지게 되었다.

전이가 잘 통합되고 성숙한 자아 기능을 필요로 하는가와 성숙한 자아 없이도 정신분석적 심리치료가 가능한가의 문제는 서로 관련된 문제로서, 정신분석 내에서 격렬한 논쟁을 불러일으켰다. 강렬한 퇴행이 집단 심리치료에서 일어날 때, 우리는 그 퇴행이 단지 저항에 따른 현상인지(Zetzel, 1956), 아니면 그것이 또한 초기 불안에 대한 좀더 깊은 탐구를 허용함으로써 전이에 대한 이해를 확장하기 위한 현상인지를 스스로 물어보아야 한다.

전이의 개념을 정신분석적 집단치료에 적용하는 것은 더 많은 탐구를 요하는데, 그것은 무엇보다도 전이의 목표물이 다중적이기 때문이다: 치료자(한 사람이나 두 사람), 다른 구성원들, 하나의 실체로서의 집단. 다양한 목표들의 현존은 전이를 희석시키는가라는 질문과 함께, 완전한 전이 신경증이, 그것의 탈융합이나 감소와는 상관없이, 집단 안에서 발달할 수 있는가라는 질문을 야기한다.

전체로서의 집단은 환자의 원가족에 대한 감정이 전치되는 장소가 될 수 있다. 예컨대, 한 환자는 "나의 가족은 이 집단과 마찬가지로 여덟 명이었어요"라고 말했다. 혹은 근친상간 피해자 집단이 "여성 치료사와 남성 치료사에 의해 공동으로 진행될 경우, 집단 구성원들이 그들의 집단을 자신들의 혼돈스러웠던 원가족의 복제물로 지각하고, 다른 치료소로 가기 위해 그 클리닉을 떠날 것을 고려함으로써, 그들 각자가 성장해가는 과정에서 경험했던, 집을 떠나고 싶은 소망을 반복하는 모습이 관찰된다.

집단 자체가 "나쁜" 엄마가 될 수 있다. 예컨대 한 환자는 "이 집단은 마치 나의 어머니처럼 전혀 인정해주지 않고 부정적인 반응만 보이네요"라고 말했다. 그러나 집단 자체는 또한 환자들을 사랑하고 그들이 사랑받을 만한 가치가 있는 존재임을 알게 해주는 "좋은" 어머니로서의 안아주는 환경을 제공할 수도 있다.

그것은 또한 구성원이 필요로 할 때, 함께 있어주고, 용기와 지지를 제공하기도 한다. 예컨대, 추수감사절 저녁에 정신병을 앓고 있던 어머니에 의해 양육된 아버지/딸 근친상간의 희생자는 자신의 삶에서 특별한 명절과 관련된 보통의 가족 경험을 상실했음을 인식하게 되면서 외롭고 우울해졌다. 그때 그녀는 엄마가 그리워졌고 전화를 걸고 싶어졌다. 그러나 그녀는 어머니에게 전화하는 대신에 다른 집단 구성원에게 전화했는데, 이것은 어머니의 돌봄을 받고 싶은 욕구를 다른 집단 동료에게 말하는 것으로 바꾼 명백한 전치 현상이었다.

치료사와 다른 집단 구성원들은 전이에서 부모, 형제/자매, 배우자, 연인, 박해자 등 매우 다양한 역할들을 부여받을 수 있다. 예를 들면, 잭과 다니엘은 자신들의 어머니에게 가졌던 감정의 일부를 자신의 치료사에게 옮겨놓았다.

비온(1961)은 집단 내 개인의 정서적 삶이 유아가 최초로 젖가슴과의 관계에서 정신증적 불안을 경험했던 것과 비슷하다고 서술했다. 따라서 그는 젖가슴에서 내적 대상으로서의 집단으로 옮겨가는 부분 대상 전이가 존재한다고 가정했다. 그는 또한 투사적 동일시와 분열 같은 원시적 방어기제들이 어떻게 집단 안에서 주된 방어로 작용하게 되는지에 대해 서술했다. 비온의 제자인 에즈리엘(Ezriel, 1950)은 투사적 동일시에 대해 이렇게 말했다: "몇몇의 사람들이 집단에서 만날 때, 그들 각자는 자신의 무의식적인 환상속의 대상을 다양한 집단 구성원들에게 투사하며, 그 투사된 것에 따라 그들을 조종하려고 시도한다."

따라서 에즈리엘에 따르면, 각 구성원은 다른 집단 구성원들로부터 다중의 투사적 동일시를 받으며, 따라서 집단의 "역할 흡수"(Redl, 1963) 작용에 의해 특정 역할을 받아들이도록 강요되는데, 그 결과 특정한 역할 패턴이 형성된다. 그때 특정 행동들은 자동적으로 그것들과 상보적인 반응들이나 역할들을 불러오게 된다. 예를 들면, 한 구성원의 과시적 행동은 다른 사람들에게 그것을 바라보게 하는 초청인가 하면, 피학적 욕구는 다른 사람들로 하여금 상처 입히고 지배하고 학대하게 하는 초청이다(Ganzarain & Buchele, 1988). 몇 가지 상보적이고 상응적인 역할들은 이렇게 서술될 수 있다. 하나의 특정한 역할에서 그것과 상반된다는 의미에서의 상응적인 역할로 바뀌는 것은 투사적 동일시를 방어로서 사용하게 하는 효과를 산출한다. 하나의 역할에서 다른 하나의 역할로의 변동은 반복될 수 있으며, 그 결과 혼동을 야기할 수 있다. 예를 들면, 학대받은 희생자는, 근친상간 희생자가 종종 근친상간의 가해자가 되듯이, 그들에게 고통을 가한 사람처럼 될 수 있다.

투사적 동일시

투사적 동일시는 심리내적인 방어기제(Klein, 1952, pp. 300-301)인 동시에 대인관계적 의사소통의 수단이다(Bion, 1962, pp. 36-37). 방어로서의 투사적 동일시는 불안한 자기가 (분열과 투사를 사용한 후에 또는 그러한 사용에 이어) 환상속에서 대상들 안으로 들어가 그 대상들을 전능적으로 조종하는 것을 통해서 멸절 공포로부터 자신을 보호하는 데 사용될 수 있다. 클라인은 투사적 동일시의 이런 측면을 "침범적인 동일시 환상으로 이루어진 방어"라고 불렀는데, 그것은 자기가 원치 않는 정신 내용을 제거하거나 대상 안으로 폐기하는 것을 가리킨다. 집단이 구성원 중의 한 사람을 희생양으로 만드는 것도 동일한 방식에 따라 이루어진다. 그러나 투사적 동일시에 의존할 때 자기는 대상에게 단지 제한된 정도로만 영향을 끼칠 수 있다. 투사적 동일시가

"의사소통을 목적으로 하는 환상"이 될 때(Bion, 1962), 그것은 "비사전적(혹은 비언어적)인 언어"를 통해 작용한다(Meltzer, 1982, p. 202). 소집단에서는 비언어적인 메시지들이 광범위하게 사용된다. 예를 들면, 내가 세 달 안에 토페카를 아주 떠나겠다는 계획을 집단에게 공고한 다음 회기에 환자들은 내가 2주 동안 결석할 것이지만 그 다음 회기에는 참석할 것이라고 말하는 동안 갑자기 자리에서 일어나 방을 나갔다. 집단 구성원들은 내 말에 귀를 기울이지 않았고, 나를 쳐다보지도 않았으며, 내게 등을 돌린 채 자리를 떴다. 그들은 내가 그들에게 하고 있다고 느낀 것들을 나에게 똑 같이 되돌려주면서 비언어적으로 나에게 보복했다. 그들은 내가 버림받았다는 느낌과 죄책감을 갖게 하는 데 성공했다. 실제로 나는 혼돈스러웠고 그래서 나 역시 그 다음 모임에 결석할 것이라고 말했다. 이러한 나의 말실수는, 프로이트가 지적했듯이, 나도 그들에게 등을 돌림으로써 그들에게 보복하고 싶은 무의식적 충동의 표현이었다. 내가 나의 실수를 정정해야 했을 때, 나는 더 혼돈스런 상태가 되었다. 나는 내가 버림받았다는 느낌을 상쇄하기 위해서 말은 하지 않았어도 그들이 방안에 머물러 있기를 기대하고 있었는데, 바로 이 점 때문에 나와 집단 구성원들 사이에는 버리는 자와 버림받는 자의 역할을 오가는 동일시와 함께, 역할이 전도되는 현상이 발생했다. 이러한 모든 상호교환들은 내가 언어를 강렬한 비언어적 대화를 감추기 위한 연막 화면으로 사용하는 동안 비언어적으로 발생했다.

사람들 간의 비언어적 의사소통은 다중적이고, 복잡하며, 종종 무의식적이다. 우리의 일반적인 외모, 자세, 복장, 얼굴 표정, 어조, 등은 다중적인 이미지들을 전달하며, 그 이미지들은 그것들의 수령자가 우리들을 어떻게 지각하는가에 따라 다르게 읽혀진다. 투사적 동일시를 통해 보내진 메시지들은 "그것들을 받아들이는 사람들 안에서 내적 경험들을 활성화시킨다"(Torras de Beas, 1989). 집단 심리치료에서, 각 집단 구성원은 같은 흐름에 따라 치료사와 그리고 다른 집단 동료들과 상호작용한다. 각 구성원 안에는 또한 "내적 경험들(혹은 내적 대상들)의 활성화"가 발생한다. 그때 거기에는 메시지를 보내는 사람과 각 집단 구성원 사이의 대화가 발생한다. 그 동안 다른 구성원들은 상호작용하고 있는 환자들을 공명해준다. 게다가, 그들은 모방에 의해 공동-치료사로 행동하도록 배운다. 레들이 말하는 역할 흡수(Redl, 1963)는 투사적 동일시를 매개로 이루어진다. 그러나 우리는 그러한 매개가 특정한 정신적 내용물—예를 들어 분노—을 그의 마음에서 꺼내어 누군가의 마음속으로 옮겨놓는 것을 의미하지 않는다는 점을 명백히 해야 할 필요가 있다. 그것은 오히려 메시지를 듣는 사람이 메시지를 보내는 사람의 지배적인 정동에 대해 무의식적으로 지각하는 것(또는 비언어적인 의사소통) 그리고 그 메시지를 받는 사람의 마음 안에서 동일한 정신 내용이 불러일으켜지고 공명되는 것을 의미한다(Ogden, 1979). 투사된 것은 다시 내사될 수 있기 때문에, 새로운 역할의 뒤바뀜이 발생하게 된다. 투사된 내용 안에 담긴 심각한 불안을, 투사를 받는 사람이 고요하게 처리해낸다면, 그 내용은 투사한 사람의 자기에 의해 동화될 수 있고 소화될 수 있다. "성공적일 경우, 이 과정의 최종 결과는 방어로서의 투사적 동일시가 의사소통으로서의 투사적 동일시로 변형되는 것이다"(Torras de Beas, 1989, p. 266). 비온(1962)에 따르면, 아이를 돌보는 어머니의 상상적 사고(reverie)는 유아의 불안을 처리해내고 소화시켜줌으로써 유아의 불안을 담아주고, 다시금 그러한 의사소통으로서의 투사적 동일시를 통해서 고요한 마음의 상태를 유아에게 되돌려준다.

논의

나는 여기서 기법 및 이론과 관련된 논쟁적인 주제들에 대해 간략히 검토해보겠다. 쟁점이 되고 있는 몇 가지 기법적인 질문들은 다음과 같다: (1) 집단 심리치료는 진정으로 "정신분석적"인가? (2) 심리치료 집단들은 단지 사회적인 지지망을 제공할 뿐인가? 아니면 집단 구성원들의 정서적 성숙을 실제로 증진시킬 수 있는가? (3) 대상관계 집단치료는 심리극, 교류 분석, 그리고 게쉬탈트 등의 인접한 심리치료들과 어떤 관계인가?

집단 심리치료는 정신분석인가?

집단 심리치료는 전이에서 반복되는 무의식적 패턴들과 갈등들을 탐구하고 발굴하기 위해 환자들의 방어적인 저항들을 분석하는 일에 초점을 맞춘다는 점에서, 정신분석적 치료라고 정당하게 말할 수 있다. 그러나 몇몇 분석가들과 집단치료사들은 집단 심리치료를 정신분석적 치료로 간주하는 견해에 동의하지 않는다. 안토니(Anthony, 1971)와 같은 분석가들은 환자가 집단에서 충분히 퇴행할 수 있는지 그리고 집단 안에서 전이 신경증이 실제로 발생할 수 있는지에 대해 의문을 제기했다. 그리고 얄롬과 같은 탁월한 집단치료자들은 집단이 환자들의 정신 건강을 효과적으로 증진시킬 수 있는 대인관계적인 학습의 기회를 제공한다고 주장하면서, 무의식의 탐구를 시도하지 않는다.

표현적-지지적인 개인 심리치료의 양태들이 있는 것과 마찬가지로, 무의식의 탐구와 지지적이고 방어를 강화하는 심리치료적인 요소들을 다양한 비율로 혼합하여 사용하는 집단치료가 있다. 게다가, 개인 치료와 집단치료의 양태들을 동시에 행하는 양태도 있는데, 그 또한 두 가지 치료를 같은 치료사가 행하는 것으로부터 각기 다른 치료사가 행하는 것에 이르기까지 다양하다. 그러나 치료를 시작하기에 앞서 시행하는 임상적인 평가는 환자가 치료 작업을 해낼 수 있는 능력이 있는지 그리고 표현적/탐구적 접근으로부터 유익을 얻을 수 있는지를 가늠할 수 있다. 샤이드링거(Scheidlinger, 1982)는 네 가지 유형의 치료사 집단을 구별했는데, 그 중에는 소집단 안에서 발생하는 정서적인 상호작용들을 활용하고 정신 건강을 회복하기 위해 그러한 상호작용들을 성찰하는 전문가들(정신분석과 집단 역동 기법에 관해 훈련받은) 범주가 존재한다고 지적했다.

집단치료는 지지와 성장 중에 어떤 것을 더 많이 제공하는가?

상호지원을 통한 자조(自助) 집단은 AA(Alcoholics Anonymous) 운동이 시작되고 확산된 미국에서 점점 더 인기를 얻고 있다. 대부분의 사람들은 예컨대 최근 걸프전 동안에 미국에서 발생했던 사건이나 얼마 전에 멕시코 씨티에서 발생했던 지진 참사와 같은 집단적인 사건에 의해 영향을 받는다. 그때 자조 집단은 피해자들이 경험한 아픔과 공포를 경감시키는 일에 크게 기여했다. 그와 같은 지지적 집단은 각 개인들의 지속적인 성장을 방해하거나 멈추게 하지 않는다. 그러나 그런 집단은 단지 일시적으로 어려움을 함께 나눌 수 있는 동료 집단의 필요성을 보여주었을 뿐이다. 그와는 달리, 심리치료적 집단은 의존 욕구와 정서적 욕구를 충족시켜주는 것 외에도 지속적인 인격적 성장을 고무하고자 한다.

인접한 집단치료들

심리극(Moreno, 1951)

교류분석(Berne, 1966)과 게쉬탈트 치료는 어느 정도 정신분석적 뿌리와 연결점을 가지고 있다. 극(劇)은 일종의 대리 자유연상으로서 자발적인 행동을 촉진시킨다. 교류분석과 게스탈트 집단치료는 개인으로 하여금 전체 인격 안에 잘 통합된 상태로부터 빈약하게 통합된 상태에 이르는 다양한 자아 상태들에 관해 검토할 수 있도록 도움을 준다. 개인 안에는 통합되지 못한 다른 부분들(혹은 "역할들"), 즉 분열된 자기의 요소들 또는 아이, 부모, 성인의 역할들이 존재할 수 있다. 특징적인 행동 유형들("각본")과 선호되는 적응적 행동("게임들") 또한 검토된다. 이러한 치료 양태들은 종종 주말 워샵("마라톤"으로 불리는)이나 단기 집단 경험(검토된 정서적 갈등을 세부적으로 극복하기 위해 충분한 시간을 사용하지 못한 채 이루어지는)으로 제공되고 있다. 따라서 이것들은 정신분석적인 것으로 간주될 수 없다.

이러한 인접한 집단치료들에서, 전체 현상으로서의 집단(group-as-a-whole phenomena)은 집단 실체(the group entity)나 내적 대상으로서의 집단(the group as internal object)과 관련되어 있는 것으로 간주되지 않는다. 대신 각 환자는 청중(마치 고대 희랍의 극장에서 코러스를 담당했던 사람들처럼 행동하는) 앞에서 자신의 연기 순서를 기다린다.

마지막으로, 이론적인 주제에 관해 언급해보겠다: 집단에 대한 다양한 정신분석적 이론들을 통합하는 것이 가능한가? 아니면 다원주의는 불가피한 것인가?

통합인가? 다원주의인가?

1960년대와 1970년대 동안에 이루어진 집단 심리치료의 극적인 성장은 그와 동시에 이론적 영역에서의 불일치와 실천적 영역에서의 "지방주의" 또는 "열광적 분파주의"를 가져왔다. 예를 들면, 월프와 슈와르츠(1962)에게 있어서, "집단 역동에 대한 강조는 반-분석적인 것이었다. 그들은 집단치료에서 치유의 발생이 분석가의 전문적인 개입을 통해서라기보다는 집단의 응집성이나 분위기에 의해서 이루어진다고 보고 있지만, 그러한 견해는 신비주의적인 것이라고 주장했다." 그러나 지난 10년 동안 이론에 대한 이데올로기적인 논쟁에서 다원주의(단 하나의 설명적인 체계가 한 학문 분야의 모든 현상들을 설명할 수 없다는 믿음을 의미하는)가 승리했고, 그 결과 실제 치료에서의 절충주의(다양한 기법들 중에 최상의 것을 선택하는 것을 의미하는)를 수용하게 되었다(Scheidlinger, 1991, p. 217).

따라서 샤이드링거(1991, p. 222)는 "가장 최근의 집단 심리치료 문헌은 이론적 일원론을 버리고, 다양한 이론들의 연결이 종국에는 일반적인 집단 심리치료 이론의 발달로 이끌 것이라는 희망을 토대로 이론적 다원주의와 통합주의를 받아들였다"라고 말한다. 여기서 집단 심리치료는 다시금 정신분석학의 최근 경향과 일치하고 있다. 왈러스타인(1988)이 몬트리올에서 열린 국제정신분석협회 회장 연설에서 "하나의 정신분석인가 아니면 다수의 정신분석인가?"라는 주제를 채택한 것은 바로 이러한 경향성을 반영한다. 그의 생각은 다양한 정신분석 학파들 사이의 공통 기반에 대한 탐구를 자극했다. 그러한 공통 기반을 추구하는 사람들은, 동시에 지나치게 통합을 강조한 나머지 차별성에서 얻을 수 있는 서로를 자극하는 효과와 "우리 모두를 더 현명하고 창조적이게 하는 갈등"을 상실하고 "맹목적인 순응주의"로 나아가는 것에 대해 경고했다(Schafer, 1990, p. 52). 몇몇 사람들(Curtis, 1993)은 전통적인 미국 정신분석적 견해를 옹호하면서, 이러한 정신분석의 새로운 "일치적"(ecumenical) 관점에 반대했다. 라켈 골드스타인(Raquel Goldstein, 1991)은 부에노스 아이레스에서 열린 훈련담당 분석가 학회(Congress of Training Analyts)에서 이데올로기적인 혼돈과 경직된 정통주의의 화석화 사이의 딜렘마 대신에 제 삼의 대안을 제안했다. 그녀가 제시한 해결책은 특정 이데올로기를 고수하는 것은 주로 확인받고 방어적인 위안을 얻기 위한 것, 즉 모호한 인간의 마음에 대한 감당할 수 없는 복잡성을 부인하기 위한 것임을 깨닫고, 모호성과 그것에 수반되는 불안으로부터 배워야 한다는 것이었다. 어떤 이론도 신성시할 것이 아니라 그것을 창조적으로 이해하려고 노력하면서, 그러한 본질적인 혼돈과 모호성을 견디는 법을 배우는 것이야말로 정신분석 수련생들이 그들의 훈련 분석과 분석가들에게서 얻을 수 있는 교훈이라는 것이다. 그런 점에서 그녀는 정통주의가 아닌 다원주의를 제안하고 있다. 스트럽(Strupp, 1989)은 통합주의적인(절충주의적인) 심리치료사들을 환영하는데, 그 이유는 그들의 기법이 치료사의 "경전"에서 온 것이라기보다는 특정 조건하에 있는 환자들의 구체적인 필요에서 나온 것이기 때문이라는 것이다. 샤이드링거(1991, p. 223)는 이러한 맥락에서 스미스와 그의 동료들(Smith et. al., 1981)에 의해 수행된 심리치료의 유익에 대한 연구를 추적하면서, 그들이 도달한 결론의 타당성을 강조한다. 그들은 어떤 하나의 임상 모델의 우월성을 증명할 수 없는 상황에서, "치료사는 자신의 모델이 유일하게 진실된 길이 아니라는 사실"을 인정하면서도 하나의 모델을 잘 배우고 실천하는 것이 바람직하다는 다원주의적 입장을 옹호했다. 미국 집단 심리치료 협회와 미국 정신분석 협회는 국제 정신분석 협회가 이런 방향으로 나아가고 있는 것과 나란히 다원주의를 채택하고 있는 것으로 보인다. 모든 사람들이 이론적 차이와는 상관없이 심리치료에서 정말로 중요한 것은 환자/치료사 관계라고 주장하는 현상은 실로 매혹적이기도 하고 혼란스럽기도 하다.

새롭게 출현하는 경향들

이론에서

클라인 학파의 개념들과 위니캇 학파의 개념들을 통합하려는 경향이 증가하고 있다. 예컨대, 클라인의 투사적 동일시는 위니캇이 말하는 "중간 현상"을 매개해주는 요소로 볼 수 있다. 왜냐하면 그것에 의해 "나도 아니고 타자도 아닌, 그러면서도 그 둘 모두인" 상황들이나 영역들이 가능해지고, 그 결과 발달하는 자기가 분리 불안을 극복하고 자기에 대한 정의를 확립할 수 있게 되기 때문이다. 코헛(1971)의 자기대상 개념은 위니캇의 중간 현상 개념의 확장으로 보인다. 그런 점에서 코헛의 자기 심리학의 공헌 중에 일부는 클라인, 비온, 위니캇 등의 영국 이론가들의 공헌들을 보완해주는 것으로 보인다.

또한 "혼돈"(chaos) 현상을 인간의 마음에 적용할 수 있는 것으로 인식하는 데 따른 이론적인 확장 경향성이 출현하고 있다. 정신 현상은 체계를 형성하는 통합적인 부분들 사이의 혼돈스런 상호작용 안에서—어떤 체계에서도 마찬가지로—동일 구조로 표현되며, 따라서 얼마의 "뱅들"(bangs, 우주에서 일어나는 빅뱅과는 달리 경미한)이 일어날 수 있다: 우리가 구조화되지 않은 정신적 혼돈이 주는 모호성을 견디는 법을 배운다면, 우리의 직관은 새롭게 조직화되는 종합을 파악할 수 있다. 현대 정신분석 이론은 소위 혼돈 이론에 의해 영향을 받기 시작했다(Spruiell, 1991). 개념적 혼란에도 불구하고, 중간 현상 개념과 투사적 동일시 개념이 성장을 촉진시키고 정신적 긴장을 완화하기 위해 자기와 대상 사이의 경계들이 서로 뒤섞일 수 있음을 더 잘 이해하도록 우리들의 마음을 열어준 것처럼, 혼돈에 대한 우리의 보다 깊은 이해가 사회적 상황 안에 존재하는 인간의 마음에 대한 우리의 이해를 더 풍요롭게 할 수 있을 것이다.

집단 심리학의 실제 적용

부부 치료, 가족 치료, 그리고 집단치료의 기법들을 보완적으로 사용하는 것은 전문적인 도움을 받고자 하는 환자들에게 더 큰 유익을 가져다줄 수 있다. 영국의 스키너(1976)와 많은 미국의 치료자들은 다양한 기법들을 조합하여 사용하고 있다.

기업들과 기관들의 효율성에 관심을 갖는 심리학은 집단 심리학에 관한 정신분석적 개념들을 인간의 조직 체계에 적용하고 있다. 영국과 미국에 사무실을 두고 있는 A. K. 라이스 연구소

(1965)는 여러 해 동안 이러한 생각들을 가르치고 적용해왔으며, 많은 지회들을 거느린 집단 발달을 위한 국제 훈련 연구소를 세웠다. 그리고 대집단 심리학에 대한 새로운 연구들 또한 A. K. 라이스의 몇몇 자문위원들에 의해 수행되었다.

기업들과 기관들을 다루는 심리학이 사회 심리학의 한 분야로 자리 잡게 된 한편, 집단 심리치료는(심리적인 문제를 가진 환자들을 돕기 위한 다른 집단 기법들과 마찬가지로) 의학적 또는 임상적 심리학의 특수 전문영역이 되고 있다. 이 두 가지는 모두 여러 측면에서 의미 있는 실천적 적용 가능성들을 갖고 있다.

우리가 살펴보았듯이, 집단 심리에 대한 이해는 정신분석학으로부터 온 중요한 공헌들을 통합해냈고, 그 결과 집단치료의 몇몇 양태들이 정신분석의 일부로 인정받게 되었다. 집단 심리학은 또한 다양하고 보다 특수한 이론과 실천의 영역으로 확장되었다.

참고 문헌

Abse, W. D. (1974). Clinical Notes on Group Analytic Psychotherapy. Charlottesville: Univ. Press, Virginia.

Anthony, E. J. (1971). Comparison between individual and group psychotherapy. In Comprehensive Group Psychotherapy, ed. H. I. Kaplan & B. J. Sadock, pp104-117. Baltimore: Williams & Wilkins.

Anzieu, D. (1975). The Group and the Unconscious. London: Routlege & Kegan Paul, 1984.

Berne, E. (1966). Principles of Group Treatment. New York: Grove Press.

Bion, W. R. (1961). Experiences in Groups. London: Tavistock.

________. (1962). Learning from Experience. London: Heinenmann.

Cartwright, D., & Zander, A. (1968). Group Dynamics Research and Theory. 3d ed. New York & London: Harper & Row.

Curtis, H. (1993). Psychoanalytic ecumenism and varieties of psychoanalytic experience. Presidential address. J. Amer. Psychoanal. Assn., 40: 643-663.

Ezriel, H. (1950). A psychoanalytic approach in group treatment. Brit. J. Med. Psychol., 23: 59-74.

Foulkes, S. H. (1948). Introduction to Group Analytic Psychotherapy. London: Heinemann.

________. (1964). Group Analytic Psychotherapy. London: Gordon & Breach.

Foulkes, S. H., Anthony, E. J. (1957). Group Psychotherapy. Harmondsworth: Penguin.

Freud, S. (1913). Totem and Taboo. SE, 13: 1-161.

________. (1921). Group Psychology and the Analysis of the Ego. SE, 18: 69-143.

Ganzarain, R. (1977). General systems and object relations theories. Int. J. Group Psychother., 27: 441-456.

________. (1983). Working through in analytic group psychotherapy. Int. J. Group Psychother., 33: 281-296.

________. (1985). Primitive defenses and psychoticlike anxieties. Issuse in Ego Psychology, 3(2): 42-48.

________. (1989). General systems and object relations theories. In Object Relations Group Psychotherapy. Madison, Conn.: Int. Univ. Press.

________. (1991). The "bad" mother-group. In Psychoanalytic Group Theory and Practice, ed. S. Tuttman. Madison, Conn.: Int. Univ. Press.

Ganzarain, R., & Buchele, B. (1988). Fugitives of Incest. Madison, Conn.: Int. Univ. Press.

Gay, P. (1988). Freud: A Life for Our Time. New York: Norton.

Glatzer, H. T. (1969). Working through in analytic group psychotherapy. Int. J. Group Psychother., 29: 292-306.

________. (1985). Early mother-child relationships. Psychodynam. Psychother., 3: 27-37.

Gleick, J. (1987). Chaos. New York: Viking.

Goldstein, R. (1991). Chaos, ossification or what? Precirculated paper of the Fifth IPA Conference of Training Analysts, Buenos Aires.

Goulding, R. (1972). New directions in transactional analysis. In Progress in Group and Family Therapy, ed. C. J. Sager & H. S. Kaplan, pp. 105-134. New York: Brunner/Mazel.

________. (1971). Psychoanalytic Theory. Therapy and the Self. London: Hogarth Press.

Hearst, L. (1981). The emergence of the mother group. Group Analysis, 14: 25-33.

Horwitz., L. (1983). Projective identification in dyads and groups. Int. J. Group Psychother., 33: 259-279.

Jacpbson, L. (1989). The group as an object in the cultural field. Int. J. Group Psychother., 39: 475-497.

Jacques, E. (1955). Social systems as defense against persecutory and depressive anxieties. In New Directions, ed. M. Klein, P. Heimann, & R. Money-Kyrle, pp. 478-498. London: Tavistock.

________. (1976). A General Theory of Bureaucracy. New York: Halstead Press.

________. (1982). The Form of Time. New York: Crane & Russak.

Kauff, P. F. (1991). The Unique contribution of analytic group psychotherapy to the treatment of preoedipal character pathology. In psychoanalytic Group Theory and Practice, ed. S. Tettman, pp. 175-190. Madison, Conn.: Int. Univ. Press.

Klein, M. (1932). The Psychoanalysis of Children. New York: Grove Press, 1960.

________. (1946). Notes on some schizoid mechanisms. Rpt. in Developments in Psycho-analysis, pp. 292-320. London: Hogarth Press, 1952.

Kohut, H. (1971). The Analysis of the Self. New York: Int. Univ. Press.

Le Bon, G. (1897). The Crowd. London: Fisher Unwin, 1920.

Levinson, H. (1980). Criteria for choosing chief executives. Harvard Business Rev., 58(4): 113-120.

________. (1981). Executive. Cambridge, Mass.: Harvard Univ. Press.

Lewin, K. (1952). Field Theory in Social Sciences. London: Tavistock.

Meltzer, D., et al. (1982). The conceptual distinction between projective identification (Klein) and container/contained (Bion). J. Child Psychother., 8: 195-202.

Menzies, I. E. P. (1988). A psycho-analytic perspective on social institutions. In Melanie Klein Today, ed. E. B. Spillius, vol. 2, pp. 284-299. London & New York: Routledge.

Mitscherlich, A. (1969). Society without Father. New York: Harcourt, Brace & Word.

Modell, A. (1984). Psychoanalysis in a New Context. New York: Int. Univ. Press.

Moreno, J. L. (1951). Sociometry. New York: Beacon House.

Ogden, T. H. (1979). On projective identification. Int. J. Psychoanal., 60: 357-373.

Parloff, M. (1968). Analytic group psychotherapy. In Modern Psychoanalysis, ed. J. Marmor, pp. 492-531. New York: Basic Books.

Perls, F. (1969). Gestalt Therapy Verbatim. Lafayette, Ind.: Real People Press.

Redl, F. (1963). Psychoanalysis and group psychotherapy. Amer. J. Orthopsychiat., 33: 135-147.

Rice, a. K. (1963). The Enterprise and Its Environment. London: Tavistock.

________. (1965). Learning for Leadership. London: Tavistock.

________. (1969). Individual, group and inter-group Processes. Human Relations, 22: 562.

Rizzuto, A. M. (1979). The Birth of a Living God. Chicago: Univ. Chicago Press.

Rosenfeld, H. (1979). Transference psychoses in the borderline patient. In advances in Psychotherapy of the Borderline Patient, ed. J. Le Boit & A. Capponi, pp. 485-510. New York: Aronson.

Scheidlinger, S. (1974). On the concept of the "Mother-Group." Int.

J. Group Psychotherapy. Madison, Conn.: Int. Univ. Press.

________. (1982). Focus on Group Psychotherapy. Madison, Conn.: Int. Univ. Press.

________. (1991). Conceptual pluralism. Int. J. Group Psychother., 41: 217-226.

Schafer, R. (1990). The Search for the common ground. Int. J. Psychoanal., 41: 49-52.

Skinner, R. (1976). One Flesh, Separate Persons. London: Constable.

Smith, M. L., (Glass, C. G. & Miller, J. J. (1980). The Benefits of Psychotherapy. Baltimore: Johns HopKins Univ. Press.

Spruiell, V. (1991). Being a psychoanalyst. Paper read at the annual meeting of the American Psychoanalytic Association.

Stern, D. N. (1985). The Interpersonal World of the Infant. New York: Basic Books.

Strupp, H. H. (1989). Psychotherapy. Amer. Psychol., 44: 717-724.

Sullivan, H. S. (1953). The Interpersonal Theory of Psychiatry. New York: Norton.

Tolpin, M. (1972). On the beginnings of the cohesive self. Psychoanal. Study Child, 26: 316-352.

Torras de Beas, E. (1989). Projective identification and differentiation. Int. J. Psychoanal., 70: 265-274.

Turquet, P. M. (1975). Threats to identity in the large group. In The Large Group, ed. L. Kreeger. London: Constable.

Volkan, V. (1976). Primitive Internalized Object Relations. New York: Int. Univ. Press.

Von Bertalanffy, L.(1968). General Systems Theory. New York: Braziller.

Wallerstein, R. (1988). One psychoanalysis or many? Int. J. Psychoanal., 69: 5-21.

Whitaker, D., & Lieberman, M. (1964). Psychotherapy through the Group Process. New York: Atherton.

Whiteley, J. S., & Gorodon, J. (1979). Group Approaches in Psychiatry. London: Routledge & Kegan Paul.

Winnicott, D. W. (1967). The location of cultural experiences. In Playing and Reality, pp. 112-121. Harmondsworth: Penguin.

Wolf, A., & Schwartz, E. K. (1962). Psychoanalysis in Groups. New York: Grune & Stratton.

Yalom, I. (1975). The Theory and Practice of Group Psychotherapy. New York: Int. Univ. Press.

Zalesnik, A., & Kets de Vries, M. F. R. (1975). Power and the Corporate Mind. Boston: Houghton Mifflin.

Zetzel, E. R. (1956). Current concepts of transference. Int. J. Psychoanal., 37: 369-376.

제 5 장

정신분석 과정과 치료적 변화의 기제

시드니 E. 풀버(Sydney E. Pulver, M.D.)

정신분석 과정을 서술하는 것이 왜 그렇게 어려움으로 가득 차 있는가를 이해하기란 그리 어려운 일이 아니다. 다루어야 할 주제가 너무 복잡하기 때문에 저자들은 자신들이 설명하고 있는 것을 정확하게 이해하고 그런 시도와 연관된 문제들에 관해 충분히 생각하지 않는다면, 불가피하게 길을 잃게 될 것이다. 나는 독자들이 최소한 어느 정도 준비되어 있기를 기대하면서, 이 "과정"을 정의하고 연관된 문제들을 명료화 혹은 최소한 기술하는 것으로 본 장을 시작하겠다.

나는 다른 곳에서 정신분석 "과정"을 상세하게 정의한 적이 있다(Pulver, 1988). 옥스퍼드 영어 사전에 따르면, 과정이란 단어는 "뚜렷하게 발생하고 있거나 지속되면서 어떤 결과를 산출하는 계속적인 행동이나 행동의 연속 또는 작용이나 작용의 연속"

을 의미한다. 그렇다면 정신분석 과정에 대한 서술은 적어도 발생하는 행동, 참여자들(분석가와 피분석자), 분석상황 그리고 그런 행동들이 마침내 어떤 결과를 만들어내는 순서와 방식에 대한 설명을 포함해야 한다.

그런 요소들을 보다 상세하게 탐색하기 전에, 나는 일반적인 두 가지 오해를 풀고 싶다. 첫째 정신분석과 정신분석 과정은 같은 것이 아니라는 점이다. "정신분석"은 프로이트가 발전시킨 학문 분야를 일컫는 포괄적인 용어이다. 거기에는 치료 방법, 인간 정신에 대한 이론, 그리고 인간의 정신을 조사하는 양태가 포함되어 있다. "정신분석 과정"은 치료 중에 일어나는 일을 지칭하는 용어이다. 둘째, 정신분석 과정은 정신분석 기법과 같은 것이 아니라는 점이다. 이 둘은 아주 쉽게 혼동될 수 있다(Arlow & Brenner, 1990). 정신분석 기법은 분석가가 무엇을 하는지를 그리고 어떻게 해서 그것을 하기로 결정했는지를 다룬다. 정신분석 과정은 확실히 기법의 요소들을 많이 포함하고 있으면서도, 또한 환자가 무엇을 하고 있는지, 그리고 환자와 분석가의 마음속에 그리고 그들의 관계 안에서 무슨 일이 일어나고 있는지에 대한 것도 많이 포함하고 있다. 정신분석 기법은 분석가가 분석을 행하는 방식과 관련이 있는 반면, 정신분석 과정은 분석이 적절하게 이루어질 때 무슨 일이 일어나고 있는지와 관련되어 있다. 본 장에서는 기법의 어떤 측면들은 불가피하게 과정으로 고려할 것이다. 그러나 그 경우에도 그 기법들이 과정에 어떤 영향을 미치는가, 그리고 그 영향이 어떻게 나타나는가라는 측면에서 논의될 것이다. 반대로, 1장에서 살펴보았듯이, 적절한 정신분석 과정의 여러 측면들 또한 기법에서 중요한 역할을 한다(예컨대 정신분석 상황). 이와 같이 기법과 과정은 서로 중복되는 부분이 있지만, 그럼에도 불구하고 그 둘은 별개의 것이며 각기 다른 설명을 요한다.

정신분석 과정을 서술할 때 부딪치는 문제점들

이제 정신분석 과정을 서술하는 데서 만나는 문제들을 살펴보자. 첫 번째 문제는 복잡성이다. 프로이트는 그 과정이 상당히 잘 이해되고 다소 쉽게 설명될 수 있는 것처럼 서술했다. 불행하게도 진실은 정반대이다. 우리는 한 개인의 생물학적 과정을 설명하는 데 커다란 어려움을 겪고 있으며, 그의 심리적 과정에 대한 설명은 훨씬 더 난해하다. 두 명 또는 그 이상의 개인들 사이에서 일어나는 심리적 과정은 거의 항상 아주 피상적인 설명에 그칠 뿐이다(Boesky, 1990). 예컨대 정신분석 과정의 작은 부분인 해석이라는 단순한 행위는 그 자체로 복잡한 하위 과정들로 이루어져 있다. 그러나 우리는 마치 유능한 정신분석가라면 그것이 무엇인지 알고 있고 또 서술할 수 있어야 하는 것처럼, 정신분석 과정에 대해 유창하게 말하는 경향이 있다.

이와 관련해서 '정신분석 과정을 얼마만큼 상세하게 서술하는 것이 적절하며, 그것이 가능하기나 한 것일까?' 라는 물음이 제기된다. 하나의 과정은 일련의 변화들로 이루어져 있다. 이런 변화들을 대략적으로 서술하는 것은 비교적 쉬운 일이다. 그러나 이런 주요한 변화들을 만들어내는 그 세부적인 내용들과 작은 변화들의 조합을 서술하는 것은 훨씬 더 어려운 일이다. 예컨대 우리는 환자가 정신분석 과정의 일부로서 퇴행을 시작한다고 말할 수 있다. 그러나 퇴행의 과정을 서술하는 것은 훨씬 더 어렵다. 어떤 변화가 퇴행에 포함되는가? 변화는 어떤 순서로 일어나며, 그 순서는 변하지 않는 것인가? 만일 변화들 중 하나가 초기 발달 단계의 특징들과 관련된 환자의 성적 동기에서 일어난 것이라면, 이것은 어떻게 일어나는가? 그의 성욕의 얼마나 많은 부분들이 포함되는가? 그러므로 정신분석 과정을 서술하려고 할 때, 우리는 얼마나 깊은 수준에서 서술할 것인지를 결정해야 한다. 우리는 그 과정의 어떤 부분들에 대해 더 많이 알고 있기 때문에, 이런 결정들은 매우 복잡하고 대체로 명확하게 설명되지 않는다. 그 결과, 과정의 어떤 측면에 대해 동의하지 않는 저자들은 명료한 인식 없이 그 내용을 다른 깊이의 수준에서 서술할 수 있다.

세 번째는 관점에 관한 것으로, 이 역시 쉽지 않은 문제이다. 모든 과정에 내재된 변화들은, 초심리학의 관점과 유사한 방식으로, 여러 관점에서 바라볼 수 있다. 예컨대, 그것들은 발생하는 위치(분석가, 환자, 분석관계)에 따라 그리고 시간의 순서에 따라 정신분석 중에 일어나는 전이나 저항과 같은 전형적인 현상의 측면에서 서술될 수 있고, 또는 보다 추상적인 수준에서 원본능, 자아, 초자아에서 일어나는 변화의 측면에서 서술될 수 있다. 그러한 서술을 하는 것은 자신의 관점을 명확하게 하기 위해 매우 바람직하다. 여기서 나는 불완전하게나마 그런 설명을 시도하고 있다. 정신분석 과정에 대한 완전한 서술은 모든 관점을 포함하는 것이 이상적일 테지만, 그런 목표를 달성한다는 것은 너무 먼 이야기이다. 대부분의 경우에 나는 여러 다양한 관점을 혼합하여 서술할 것이다.

몇몇 다른 질문들은 관점의 개념과 관련되어 있다. 정신분석 과정을 환자의 관점에서 보아야 하는가 아니면 환자-분석가 팀의 관점에서 보아야 하는가? 프로이트의 초기 태도로 인해 정신분석 과정은 환자의 정신에서 주로 발생한다고 보는 전례가 만들어졌다. 아마 분석가도 그 과정에 영향을 미칠 것이지만, 그것을 형성하는 데 핵심적인 역할은 하지 않는 것으로 간주되었다. 오늘날 우리는 피분석자와 분석가 사이에서 깊이 있는 상호작용이 발생한다는 것을 알고 있다. 그리고 우리는 그들의 관계에 중요하게 초점을 맞추고 있다. 그럼에도 불구하고 여전히 분석과정은 환자의 정신 측면에서만 서술되고 있다. "한-사람" 심리학으로 그 과정을 서술할 것인가, "두-사람" 심리학으로 설명할 것인가의 문제가 논쟁이 되어 왔다. 오늘날 많은 분석가들은 분석과정에 대한 실제 서술에서, 비록 계속해서 환자에게 초점을 맞추고 있기는 하지만, 두 사람 심리학을 사용하고 있다.

이것은 정신분석 과정이 자동적으로 발생하는 것인가라는 질문과 밀접하게 관련되어 있다. 몇몇 분석가들(Menninger, 1958)은 그런 식으로 보는 경향이 있으며, 프로이트는 이것을 지지했다. "분석가는 … 기존의 억압을 푸는 과정을 발생시킨다. 그는 이 과정을 감독할 수 있고, 촉진시킬 수 있으며, 그 과정을 가로막는 장애물을 제거할 수 있다. 그리고 그는 그 과정의 많은 부분을 망칠 수도 있다. 그러나 대체로 일단 그 과정이 시작되면, 그것은 나름의 방식대로 진행되며 어떤 정해진 방향을 취하거나 처방된 순서를 따르는 것을 허용하지 않는다"(Freud, 1912, p. 130). 이런 관점이 맞다면—그 과정이 발생하는 사건의 성질에 따라 결정된다면—, 분석가는 그 과정을 방해하지 않는 것 외에는 할 일이 거의 없는 것처럼 보인다. 그러나 오늘날 대부분의 분석가는 이런 견해에 동의하지 않는다. 그들은 환자와 분석가 모두가 분석과정을 창조해내는 데 어떤 역할을 한다고 느낀다. 견해의 차이는 다만 정도의 문제이다. 내 생각에 따르면, 대부분의 환자들에게 있어서 그 과정은 아마도 분석가가 누구인가와 상관없이 거의 비슷할 것이다. 그러나 어떤 환자들에게는 분석가의 인격과 기법이 그 과정에 좀더 강한 영향을 미치는가 하면, 다른 환자들은 분석가의 현실에 의해 거의 영향을 받지 않는 것으로 보인다. 또한 어떤 분석가들은 분석에서 일어나는 과정에 대해 더 많은 영향을 미치는가 하면, 다른 분석가들은 영향을 적게 미치는 것으로 보인다. 간단히 말해서 이 과정에는 많은 변수들이 존재하며, 우리는 그 과정의 일정 부분만이 내재적인 것이라고 보아야 할 것이다. 그것은 세부사항에서 그리고 종종 광범위한 형태에서, 거의 항상 환자와 분석가의 관계에 의해 영향 받는다.

최종적으로 한 가지 성가신 물음이 고려되어야 한다. 정신분석 과정은 하나인가 아니면 여럿인가? 이 질문은 결정적으로 중요하다. 각각의 환자-분석가 짝은 모두 다르기 때문에 그 과정은 무한히 다양한 것이라고 주장할 수도 있을 것이다. 그러나 우리는 여기에서 다양한 개인 분석 자료들에서 요약된 보다 광범위하고 보다 일반적인 정신분석 과정에 대해 말하고 있다. 경계선 환자나 공포증 환자처럼 아주 다른 환자들의 분석과정이 뚜렷한 차이를 보인다는 데는 의심의 여지가 없다. 또한 다양한 역동 내용, 성격 특성, 기법 등이 분석과정에 중요한 영향을 끼치는 것도 분명해 보인다. 그러나 모든 정신분석에 공통적이고 일반적으로 적용되는 전체 과정을 서술할 수 있는가, 또는 궁극적으로 많은 다른 과정들이 설명될 수 있는가의 문제는 여전히 불확실한 것으로 남아있다. 나는 후자의 관점에 가깝다. 여기서 내가 설명하고자 하는 정신분석 과정은, 비록 그것이 유일한 것은 아니지만, 대부분의 분석가들이 대부분의 환자들 특별히 신경증 환자들에게서 발생하는 것으로 인정될 수 있는 것이다.

이런 어려운 문제점들에도 불구하고, 우리는 최선을 다해 정신분석 과정을 탐구해야 한다. 아브람스(Abrams, 1987)가 지적하듯이, 정신분석 과정을 묘사하려는 우리의 시도는 "우리의 학문 분야의 실제와 이론뿐만 아니라 방법에 대한 근본 원칙에 관심을 기울이는 것이기도 하다"(p. 441). 게다가 정신분석 과정에 대한 진정한 이해는 정신분석이 정신분석적 심리치료와 어떻게 다른

가에 대한 논쟁을 해결하는 데 커다란 도움을 줄 것이며, 또한 환자의 과정을 평가하는 데 실질적인 도움이 될 것이다. 왜냐하면 그것은 확실히 많은 기법적 문제들을 해결할 것이기 때문이다. 따라서 훌륭한 기법은 정신분석 과정을 촉진시키는 것이라고 정의하는 것이 합당하다고 느껴진다.

정신분석 과정에 대한 서술

알로우와 브렌너(Arlow & Brenner, 1990) 그리고 다른 이들이 지적했듯이, 정신분석 과정에 대한 관점은 병인론의 성질에 크게 의존되어 있다. 예컨대 분석가가 자신의 환자들 대부분의 증상이 정신증적 갈등에서 온 것이라고 생각한다면, 그는 그런 갈등을 해결하는 측면에서 분석과정을 보는 경향이 있을 것이다.[1] 다른 한편, 환자들의 문제를 자아 발달, 자아-구조 또는 다른 영역의 결함으로 본다면, 그는 그런 결함을 수정하는 측면에서 그 과정을 바라보게 될 것이다. 나는 이 문제에 대해 다른 이들이 생각해온 수많은 방식들을 요약하는 대신에,[2] 환자의 문제들이 지배적으로 갈등에서 기인하며 증상이나 성격 특성으로 나타난다는 입장에 서있는 분석가의 분석에서 발생하는 과정에 대해 비교적 간략하게 서술해보겠다. 환자는 아마도 상대적으로 분석이 가능

1) 1장에서와 마찬가지로 "그"는 양성 중 어느 한쪽 성(sex)이든 상관없이 일컫는 것으로 이해되어야 한다.

2) 관심 있는 독자들은 정신분석 계간지 59(4) (1990)에서 그 주제에 대한 훌륭한 논문집을 찾을 수 있을 것이다.

하며 일반적인 분석상황(매주 4-5회에 걸쳐 카우치에 누워 자유연상을 하는)을 수용할 것이다. 그는 이 시대의 전형적인 보통의 미국 분석가, 즉 자아-심리학적 접근을 따르는 비교적 고전적인 훈련을 받았지만 다른 학파의 유용한 점들을 포용하는 융통성 있는 분석가에게서 분석을 받고 있을 것이다(Pulver. 1993). 나는 이 논의에서 다른 병인론에 대해서도 언급할 것이지만, 나의 강조점은 일관되게 갈등에 있다. 내가 지금 서술하려고 하는 과정이 다른 유형의 환자들과의 분석에서도 종종 발생할 것이지만, 그것이 내가 여기서 주장하고자 하는 것이 아니다. 나는 환자와 분석가가 무엇을 하고 있는지, 그들이 어떻게 서로 상호작용하는지 그리고 그들 각자에게 심리내적으로 어떤 일이 일어나는지와 같은, 분석가들이 일반적으로 동의하고 있는 과정들을 보여주고자 한다. 이런 문제들이 이미 이 책의 다른 곳에서 기술되고 있기 때문에, 여기서 심층적으로 다루지는 않을 것이다. 나는 퇴행과 전이 그리고 심리 변화의 기제 같은 보다 중요한 과정에 대해서는 좀더 상세하게 논의할 것이며, 전이 신경증의 해소와 극복과정 같은 몇몇 하위 과정에 대해서는 덜 상세하게 논의할 것이다. 나의 본질적인 목표는 완벽하게 일관되고 통일된 관점이라기보다는 절충적인 관점을 제시하는 것이며, 이는 대부분의 미국 분석가가 정신분석 과정을 바라보는 견해이기도 하다. 전자는 미래의 과제로 남겨질 것이다.

과정 전반에 대한 서술

1. 병리적 갈등은 욕동, 그 외의 동기들, 그리고 이런 동기들에 대한 금지로 이루어져 있다. 그것들은 대체로 생애 초기에 그 기원을 갖고 있다. 분석상황과 절차는 이런 유아적 갈등이 후기 파생물의 형태로 출현하도록 촉진시킨다. 환자가 카우치에 누워 자신의 마음에 떠오르는 것에 대해 말할 때, 그가 말하는 것은 의식적, 전의식적, 무의식적인 동기들이 혼합된 것에 의해 영향을 받을 것이다.(본 장에서 말하는 동기는 욕동과 욕동 파생물만이 아니라 모든 동기를 포함한다. 어떤 종류의 동기든 갈등이 수반될 수 있다는 점에서, 나는 이 용어를 가장 넓은 의미에서 사용하고 있다.) 예컨대, 의식적으로 환자는 가능한 한 자신에 대한 많은 정보를 분석가에게 제공하기 위해 아동기 외상 경험에 대해 분석가에게 이야기하기 시작할 것이다. 전의식적으로 그는 질서정연한 방식으로 분석에 접근하기로 결정했을 수 있을 것이다. 그리고 무의식적으로 그는 분석가가 자신에 대해 측은하게 여기기를 바라고 있을 수도 있을 것이다.

2. 이런 갈등들이 고통스런 감정을 일으키기 때문에, 환자는 그것들을 의식 바깥에 두고자 한다. 정신 내용을 인식하지 않기 위해 그가 사용하는 방법을 우리는 방어라고 부른다. 그리고 치료에서 그것들이 미묘하거나 명백한 반대 행동으로 나타날 때 저항이라고 부른다. 치료를 시작하면서 환자의 마음속에는 그가 갈등을 빚고 있는 동기들로부터 오는 몇 가지 생각들이 있을 것이다. 따라서 환자는 그것을 억제하든지, 주의를 다른 데로 돌리든지, 그것을 느끼지 않으려고 또는 그것이 드러나지 않게 하려고 이런 저런 방식을 사용할 것이다. 분석가는 가능한 한 요령 있게

이런 저항의 징후들과 원인들을 지적할 것이다. 이 해석들은 점차 환자가 이전에 보기 두려워하던 것을 바라보고 받아들이는데 도움을 줄 것이며, 자신이 그것을 보지 않으려고 했음을 깨닫게 할 것이다.

3. 분석상황과 절차의 계속적인 영향 하에 퇴행이 발생한다. 환자는 심리적으로 분석상황 밖에서와는 달리 분석상황 안에서 점차 초기 수준에서 기능하기 시작한다. 이런 퇴행과 함께 초기 갈등적 동기들이 활성화된다.

4. 관계가 강화되고 갈등 파생물이 보다 유아적인 양상을 띠게 되면서, 그것들은 점점 분석가에게 초점이 맞추어지게 된다(전이). 이 초점이 점점 강화되면서, 전이 신경증이 발달한다. 분석이 진행되면서 환자와 분석가가 서로에 대해 갖는 감정이 더욱 강렬해진다. 환자가 갖는 이런 감정의 일부는 그가 생애 초기에 중요했던 사람들에게 가졌던 감정에 기초해 있는데, 이것이 "전이"이다. 분석가에게도 이와 상응하는 반응이 일어날 수 있는데, 그것이 "역전이"이다. 전이는 점차 강화되어 분석가가 환자의 삶에서 가장 중요한 사람으로 생각되는 지점에까지 이르게 되는데, 그때 우리는 전이 신경증이 발생했다고 말한다.

5. 이 모든 일이 일어나는 동안 분석가는 유용하다고 생각될 때 갈등의 측면들을 해석하고, 환자는 그 해석을 이해하기 위해 작업한다. 이러한 점진적인 이해로 인해 보다 강렬하고 보다 원시적인 갈등에 더 많이 접근할 수 있게 되고, 그것을 보다 효과적이고 적합한 방식으로 다룰 수 있게 된다. 전이 신경증이 발생한 후에 갈등은 여러 파생물의 형태로 다시 나타나고 해석되며 더 깊이 이해되는데, 이 과정은 "극복과정(working through)"이라고 불린다. 이 기간에 환자의 갈등은 다소 퇴행한 형태로 여러 가지 다른 방식으로 드러난다. 이 퇴행은 주로 전이에서 일어나

는 것으로 여겨지고 있지만, 때로는 환자의 일상생활에서 일어나거나 환자의 아동기에 일어났던 것이기도 하다. 다양하게 위장된 갈등의 형태들이 해석되면서, 환자는 점차 그것들을 인식하고 받아들이게 된다.

6. 극복과정이 충분히 진전되었을 때, 분석가와 환자는 분석을 종결하는 데 동의하게 되고, 이로써 종결 단계가 시작된다. 이것은 극복과정, 특히 분리와 관련된 갈등의 극복과정을 자극한다. 이 극복과정은 분석이 종결될 때까지 계속된다. 이 시점에서 환자는 이전에 받아들일 수 없었던 동기들을 다루는 보다 적합한 방식들을 발견하게 된다. 환자는 점차 분석가를 전이 측면("전이 신경증의 해소")에서뿐만이 아니라 보다 현실적인 측면에서 바라보게 되며, 증상이 완화되고, 바람직하지 않은 성격 특성이 변화되었음을 인정하게 되고, 마침내 분석을 끝내는 것("종결")에 대해 분석가와 논의하고 동의하는 데 이른다. 이 종결 단계 동안에 분석은 종결을 앞두고 새로 발생하는 문제와 예전의 문제 모두에 초점을 맞추면서 평소처럼 진행된다. 이 단계에서의 협상작업과 함께 분석은 끝나게 된다.

여기에서 제시된 정신분석 과정은 갈등에 초점을 둔 것이다. 이것은 과도하게 단순화되거나 이상화된 서술이지만, 정신분석 과정에 대한 전체적인 조망을 주기에는 충분한 것이기를 바란다. 그리고 아래에서 제시되는 주요 하위 과정들에 대한 보다 자세한 논의를 통해서 정신분석 과정에 대한 비교적 명확한 그림이 떠오르게 될 것이다.

정신분석 과정의 주요 하위과정[3]

저항

환자가 처음 카우치에 누울 때 그는 보통 자신과 분석가가 무엇을 하려고 하는지에 대한 비교적 정교한 생각을 갖고 있다. 환자는 우선 그들의 공동 작업에서 자신이 맡은 역할, 즉 마음에 떠오르는 모든 것을 말해야 한다는 설명을 듣는다. 그러나 그는 분석 경험이 전혀 없기 때문에 어떻게 하는 것인지 또는 어디서부터 시작해야 하는지 실제로 짐작하지 못한다. 그는 대체로 불안해하고 있고, 알지 못하는 어떤 것을 성취하는 것에 대한 의식적인 염려와, 앞으로 일어날 수많은 일에 대한 무의식적인 두려움을 갖고 있다. 그럼에도 불구하고 나아지고 싶은 자신의 소망으로 인해 그리고 분석가가 제공하는 약간의 확신과 교육 그리고 이따금씩 주어지는 해석의 도움을 통해 환자는 자유연상을 시작한다. 그는 자신의 방식대로 자유연상을 한다: 이치가 닿게, 파편적으로, 장황하게, 간결하게. 환자들이 각기 다양한 것처럼 자유연상의 유형도 다양하다. 그러나 그 모든 것은 역설적인 현상에 의해 특징지어진다. 환자는 의식적으로 분석가와의 작업에서 자신이 맡은 일을 완수하기 위해 생각나는 모든 것을 말하고자 하지만, 조만간 그는 더 이상 그렇게 할 수 없거나 그렇게 하고 싶지 않다는 것을 깨닫게 된다. 환자는 때때로 알면서 그리고 더

3) 다음의 세 가지 주제들—저항, 전이 그리고 역전이—은 6-8장에서 상세히 다뤄지고 있다. 여기서는 단지 정신분석 과정에 특별히 적절한 것으로 보이는 몇 가지 문제들만을 언급할 것이다.

빈번하게는 모르는 상태에서 기본적인 규칙에 "저항"하기 시작한다. 환자가 순응하지 않는 것은 모든 치료자들에게 익숙한 일이다. 환자는 처방된 약을 복용하지 않거나, 지시된 운동을 하지 않을 수 있다. 그러나 유일하게 정신분석에서만 저항은 보편적이고도 필수적인 현상으로 간주되고 있다. 그 이유는 아마도 명백한 것일 것이다. 우리는 환자의 정서적 문제를 일으키고 있는 감정을 발견하기 위해 환자에게 자유연상을 하도록 요구한다. 그러나 그는 이런 감정들을 인식하지 못하는데, 그것은 그런 감정들이 고통스럽고 따라서 그런 감정을 인식하기를 원치 않기 때문이다. 따라서 처음부터 자유연상은 불가능한 과제인 것이다. 환자는 우리와 작업하고 있으면서 동시에 우리에게 저항한다.[4] 이런 저항이 나타나는 시점과 그것이 드러나는 방법은 매우 고유하다. 어떤 환자들은 카우치에 눕는 그 순간부터 한마디 말도 하지 못하는데 반해, 다른 사람들은 어떤 주제를 다루기 전까지는 그런대로 자유연상을 한다. 회기 전체가 아무런 저항의 증거 없이 지나가기도 하고, 한 회기 동안에도 저항이 없어졌다가 다시 나타나기도 한다. 저항은 매우 명백한 것일 수 있다("생각나는 것을 모두 말하는 것이 얼마나 중요한지는 알고 있어요, 그러나 어떤 상황에서는 당신에게 결코 말할 수 없는 것도 있다는 점을 알려드려야 할 것 같군요"). 어떤 저항은 숨겨져 있지만 명백한 것일 수 있다("오늘은 운동을 끝내야 했기 때문에 늦게 온 것뿐이에요"). 또는 대체로 다루기가 가장 어려운 것으로서, 어떤 저항은 거의 침묵하는 것으로 나타날 수 있다. 이것은 몇 달 동안 정서

4) 나는 저항에 대한 많은 이유들 중 하나만을 제시했을 뿐이다. 프로이트(1926)는 수많은 다른 이유들을 열거했으며 6장에서 맥로울린이 그것들을 상세하게 설명하고 있다.

적으로 그리고 생산적으로 자유연상을 했지만 그 목적이 분석가를 기쁘게 하려는 것이었던 순응적인 환자에게서 볼 수 있는데, 이러한 순응은 분석과정에 아무런 도움도 되지 못한다. 그러나 그러한 저항들 중에 가장 중요한 것은 아마도 아래에서 자세히 설명되고 있는 전이 저항일 것이다.

위에서 말한 모든 것은 저항이 바람직하지 않다는 의미를 내포하고 있다. 정신분석의 목적이 무의식적인 정신 내용을 발견하는 것이라는 관점에서 본다면, 저항은 바람직하지 않을 것이다. 프로이트는 최면술을 포기한 후에도, 저항을 만날 때 분석가의 명성과 권위를 사용하여 저항을 극복하고자 했다. 정신분석의 고전적인 시기(Classical Period)가 다 지나고 나서야 비로소 저항이 분석과정의 가치 있는 핵심적인 부분이라는 사실이 명백해졌다. 저항은 환자가 관계에서 경험하는 고통스런 감정과 생각 그리고 환상들을 다루는 방법인 것이다. 그에게는, 무엇으로부터 자신을 보호하고 있는지를 이해하는 것이 중요한 만큼, 자신의 저항의 측면을 이해하는 것도 중요하다. 환자가 정신분석을 마친 후에 자기-분석의 과제를 계속해서 수행할 수 있는 능력은 바로 이 작업에 달려있다. 이것을 인식하고 있는 숙련된 분석가는 저항의 징후에 대해, 저항이 분석을 "방해"하는 것에 대해 짜증스러워하는 초보자와는 다른 태도를 취한다. 보다 숙련된 분석가도 작업 관계가 난항에 부딪칠 때 자연스럽게 곤혹스러움이 밀려올 것이다. 그러나 그때 그는 훨씬 더 강렬한 흥미를 느낄 것이다. 왜냐하면 새로운 발달이 예고되고 있기 때문이다. 이때 분석관계를 심화시키고 보다 깊은 분석과정으로 나아갈 수 있는 또 다른 기회가 주어진다.

어떤 점에서 저항을 이해하는 것은 무의식적 내용을 이해하는 것보다 훨씬 더 중요하다고 볼 수 있다. 특정한 무의식적 환상을 이해하지 못한 실패는 전체적으로 꽤 성공적인 분석에서 해소되지 않은 갈등으로 남게 될 것이다. 반면에, 중요한 저항을 이해하지 못하는 실패는 분석을 막다른 골목으로 이끌 것이다. 여기에서 이해를 강조하는 것에 주목하라. 저항을 “다루거나”(handling) “관리한다”(managing)는 생각은 분석가를 객관적이고 권위적인 치료자로 여기던 시대의 잔재이다. 오늘날 우리는 이 문제를 환자가 저항을 이해하도록 돕는다는 측면에서 생각한다. 이를 위한 많은 방법들이 있지만(몇 가지 기법에 대해서는 1 장에서 논의된 바 있다), 일반적인 원리에 따르면, 분석가가 환자의 저항의 특별한 방식과, 저항이 처음으로 나타난 상황을 이해할 수 있도록, 또한 그것이 어떻게 중요한 감정들을 인식하지 못하게 하는지와 그런 감정들이 어떤 것인지를 인식하도록 환자를 돕는 것이다. 동일시들을 포기하게 하는 것이나 유아적인 열망과 대상들을 떠나보내게 하는 것과 같은 그 다음 단계들도 종종 저항의 한 부분을 구성하고 있지만, 핵심적인 단계들은 모두 이해를 목표로 한다.

분석에서 저항의 운명은 정신분석 과정의 중요한 측면이다. 저항은 방어에 해당하는 행동이라는 것을 기억해야 한다. 저항은 다루어지는 특정한 갈등에 따라 바뀔 수 있다. 예컨대 적대적인 소망을 다룰 때면 분석가의 주의를 분산시키기 위해 말이 많아지지만, 성적 자료가 나타나면 침묵하는 환자를 흔히 보게 된다. 저항도 방어도 분석을 통해서 사라지지 않는다. 대부분의 경우에 환자는 특징적인 방어 유형을 계속 가지고 있고 그것에 익숙해지지만, 그 방어와 관련된 갈등과 친숙해지고 그를 힘들게 하는 것을 더 잘 볼 수 있고 이해할 수 있게 된다. 더욱이 갈등을 빚고 있는 동기들이 더 많이 수용되면서, 그것들에 저항하려는 욕구가 줄어든다. 일반적으로, 환자가 자신을 더 잘 이해하는 만큼 저항도 줄어드는 경향이 있다. 그러나 방어와 그에 따른 저항은 수용할 수 없는 충동이 생길 때마다 활성화될 수 있다. 그리고 저항의 밀물과 썰물은 분석기간 내내 발생하는 요소일 뿐만 아니라, 분석 전후의 삶 동안에 발생하는 요소이기도 하다.

전이와 전이 신경증

정신분석 과정을 특징짓는 어떤 단일한 요소가 있다면, 그것은 강렬한 전이의 발달일 것이다. 전이에 대한 고전적인 정의는 좁은 의미의 것으로서, 전이를 "본래 아동기의 중요한 인물과 경험했던 감정과 생각과 행동패턴이 현재 관계하고 있는 사람에게 전치된 것"이라고 본다(Moore & Fine, eds., 1990). 분석에서 그러한 감정과 생각과 행동패턴이 전치되는 사람은 분석가이다. 따라서 전이는 분석가에 대한 부적절하고 정서적으로 강렬한, 의식적으로나 무의식적으로 항상 양가적이고 때로는 변덕스러운, 집요한 반응으로 정의된다(Greenson, 1967). 그러나 분석가에 대한 환자의 다른 반응들도 이런 특징들을 갖고 있다. 그것들 중에는 분석가에게 전치된 것이라기보다는 대인관계적인 일반적인 행동양태가 있으며, 더욱 놀랍게는 환자가 감당할 수 없는 자신의 측면들을 투사한 것을 나타내는 성격적인 반응들이 있다. 이것은 "전이"에 대한 보다 느슨한 용어사용으로 이끌었는데, 이제 그 용어는 분석가에 대한 특히 부적절한 것으로 보이는 환자의 정서 반응 모두를 일컫는 것으로 간주되고 있다. 게다가 최근에 분석가에 대한 환자의 다른 행동들도 전이로 불리고 있다(Kohut, 1971; Fourcher, 1979). 이러한 행동들은 앞에서 제시된 정의와 꼭 들어맞지는 않지만, 그럼에도 불구하고 환자와 분석가의 관계를 구성하는 일부분이며, 우리가 꼭 이해해야만 하는 핵심적인 요소이다. 예컨대 드 종히와 그 동료들(De Jonghe et al. 1991)이 지적하듯이, 전치는 분리된 대상에 대한 생각과 감정이 존재한다는 것을 의미한다. 전이에 대한 고전적인 정의는 전치를 중심으로 하고 있으며 따라서 완전한 자기-대상 분화가 발생하기 이전의 초기 관계의 측면들을 간과하고 있다. 그러나 그런 측면들은 환자-분석가 관계에서 종종 재생되고, 현재 우리가 일반적으로 자기애적 전이, 분리-개별화 전이 그리고 다른 전-오이디푸스 전이라고 부르는 형태로 그 관계에 심대한 영향을 미친다. 전이라는 용어는 환자 내부에서 지배적으로 발생하는 분석가와의 정서적 관계의 모든 측면을 포함하는 것으로 폭넓게 사용하는 것이 가장 유용한 것으로 보인다. 이 측면들 모두가 초기 대상으로부터 전치되어 나타난 것이 아닐 수 있다.

앞에서 서술한 내용들은 분석가를 관계에 참여하는 자가 아니라 객관적인 관찰자로 보는 예전의 견해를 지지하지 않는다. 현재 우리는 전이를 포함하여 분석가에 대한 환자의 경험 중 거의 모든 것이 환자 내부에서만 발생하는 것이 아니라는 사실을 알고 있다. 아주 다양한 정도로, 환자는 분석가와의 경험에서 과거를 반복할 뿐만 아니라 그 경험을 확인하는 행동을 분석가에게서 이끌어낸다. 내 생각으로는, 실제 관계가 경험에 미치는 영향을 강조하는 구성주의자들조차도 환자가 때로는 분석가의 확인해주는 행동보다 과거를 반복하는 행동(전이)을 더 많이 경험한다는 것을 인정할 것이다. 물론 이것은 분석가 쪽에서 환자를 경험하는 것(역전이)에도 동일하게 적용될 수 있다.

전이 신경증은 현재 논쟁 중에 있는 개념이다. 초기에 프로이트(1917)는 다음과 같이 주장했다: "모든 분석에서 발달하는 바, 환자의 질병이 만들어내는 새로운 산물 전체는 그가 치료자와 갖는 관계에 집중된다.… 우리는 더 이상 환자의 초기 질병에 관심을 갖지 않고 새롭게 생성되고 변형된 신경증에 관심을 갖는다. 그것이 이제는 전자의 위치를 차지하고 있다. 모든 환자의 증상들은 그것들이 가졌던 본래의 의미를 잃고 전이 관계 안에서 새로운 의미를 갖게 된다"(p. 444). 그러나 지금은 모든 분석에서 이런 일이 일어난다거나 유아 신경증이 분석가를 중심으로 완전히 되살아난다고 주장하는 분석가는 많지 않다. 이에 대한 견해들은 그러한 현상을 단지 강렬한 전이로 보면서 전이 신경증이란 개념 자체를 포기해야 한다는 것(Cooper, 1987)에서부터 단순히 강렬한 전이를 넘어서는 어떤 전이 구조가 발생하며 그런 구조는, 프로이트의 서술을 적용하지 않더라도, 인정되고 명명되어야 한다는 것에 이르기까지 다양하다. 현재의 일반적인 경향은 전이 신경증 개념을 포기해야 한다는 생각을 지지하는 것으로 보인다(Panel, 1993).

역전이

환자들이 분석가에게 전이를 발달시키는 것과 마찬가지로, 분석가들도 환자들에 대해 전이를 발달시킨다. 역전이라는 용어는 환자에 대한 의식적, 무의식적인 특정 전이 감정들을 일컫는 좁은 의미의 것에서부터 분석가가 환자에 대해 갖게 되는 모든 감정을 일컫는 넓은 의미의 것에 이르기까지 광범위하게 사용되고 있다. 이것들 중 얼마는 기법을 다룬 1장에서 이미 언급된 바 있다. 이런 감정들에 대한 인식, 그것들의 기원에 대한 이해, 특히 그것들의 심리내적 측면과 상호작용 측면에 대한 이해, 그리고 환자를 이해하는 데 도움이 되는 그것들의 가치에 대한 인식 등은 모두 매우 중요하며 또한 현재 관심의 대상이 되고 있다. 블럼과 굿맨이 8장에서 이런 측면들을 다루고 있기 때문에, 나는 여기서 더 깊이 들어가지는 않을 것이다. 그러나 환자-분석가 관계에서 분석가가 어떤 역할을 하는가에 대한 인식이 증가하고 있다는 점에서, 역전이라는 주제를 내가 간단히 다루는 것을 독자들이 마치 이 주제가 분석 기법에서 갖는 중요성이 작기 때문이라고 오해해서는 안 될 것이다. 이것은 특히 역전이 재연의 문제와 관련되어 있으며, 나는 아래에서 치료적 변화를 가져오는 기제에 대한 논의에서 그것에 대해 상술할 것이다.

퇴행

퇴행은 정신분석 과정의 주요 하위 개념들 중의 하나이다. 프로이트가 처음에 지형학적인 개념으로 사용했던 이 퇴행이라는 용어는 곧 밀접히 관련된 두 가지, 즉 일시적 퇴행과 본 퇴행으로 구별되게 되었다. 일시적 퇴행은 일반적으로 보다 성숙한 시점의 생각들("후기 심리적 내용")이 발달 초기 상태의 생각에 의해 대체될 때 발생하는 것이라고 간주된다. 본 퇴행은 생각하는 방식, 생각의 형태가 후기 발달의 특징적인 형태(예컨대 이차과정 사고)로부터 초기 심리 발달의 특징적인 형태(예컨대 일차과정 사고)로 바뀔 때 발생한다. 현재 이 두 개념들은 하나로 통합되었고, 따라서 퇴행은 단순히 "정신기능이 발달적으로 보다 미숙한 수준으로 되돌아 간 것"으로 간주된다(Moore & Fine, eds., 1990). 어떤 추상화 수준에서 이루어지는 어떤 유형의 정신기능에 대해서도 퇴행이라는 말을 사용할 수 있다. 따라서 다음과 같은 것들을 모두 퇴행이라고 부를 수 있다: (1) 쉽게 대소변을 가리던 걸음마 아기가 여동생이 태어난 후에 대소변을 가리지 못하게 되는 경우. (2) 초보 수준에서 아주 쉽게 스키를 배워 중간 수준의 경사에서 스키를 잘 타던 사람이 약간 가파른 경사지에 도전하면서 계속 넘어지는 경우. (3) 어린 시절에 오랫동안 엄마와 떨어진 적이 있는 환자(1장에 나오는 B씨)가 카우치에 누워 엄마와 떨어져 있는 동안에 수술을 받았던 일을 기억하면서 통제할 수 없는 울음을 터뜨리는 경우.

알로우와 브렌너(Arlow & Brenner 1964)에 따르면, "(1) 퇴행은 정신기능의 보편적 경향이며 (2) 원시적인 형태의 정신 활동은 지속되고, 보다 성숙한 정신기능과 나란히 존재한다. (3) 퇴행의 많은 형태들은 아마도 대부분 일시적이고 회복될 수 있는 것들일 것이다. (4) 대개, 퇴행은 보편적(global)이지도, 획일적(uniform)이지도 않다. 그것은 보통 본능적 삶이나 자아나 초자아의 기능 전체에 영향을 미치기보다는 그것들의 특정 측면에 영향을 미친다. 그리고 그 기능들에 영향을 미치는 정도도 다양하다"(pp. 71-72).

퇴행은 정신분석에서 병리적인 과정일 뿐 아니라 정상적인 과정이기도 하다. 그것은 자발적으로 발생할 뿐만 아니라 의도적으로 발생하기도 한다. 내가 이 장을 저술하면서 퇴행의 몇 가지 예들이 필요했을 때, 나는 조직화된 이차과정 사고를 사용하여 나의 기억을 탐색하지 않았다. 그보다는 나의 마음이 떠돌아다니도록 허용했는데, 그 결과 걸음마 아기, 스키를 타고 있는 사람, 그리고 B씨의 이미지가 떠올랐다. 내가 의도적으로 퇴행했던 그와 같은 순간을 크리스(Kris 1951)는 "자아에 의한 퇴행 현상"이라고 불렀다. 정신분석에서 발생하는 이와 유사한 유익한 퇴행은 여러 가지 요인들에 의해 촉진되는데, 그것들 중의 얼마는 질병 자체에서 유래하기도 하고 또 다른 얼마는 정신분석 상황 자체에서 유래하기도 한다. 그 요인들 중의 얼마는 자아가 성숙한 수준에서 기능하는 데 필요한 일상적인 자극들이 방해받는 데서 기인하지만, 대부분은 어린 아이 같은 상태의 어떤 측면들을 재생하는 것과 관련되어 있다. 이런 요소들 중에는 다음과 같은 것들이 있다:

(1) 질병 자체가 퇴행을 일으킨다. 아픔, 고통, 피로, 그리고 강렬한 정동은 모두가 보다 최근에 발달된 정신기능을 방해하는 경향이 있다. 환자들은 질병의 고통을 겪을 때 퇴행한다.

(2) 정신분석은 소망이 좌절되는 많은 경험들(비록 다른 욕구들이 충족되더라도)을 수반하며, 이러한 좌절 경험은 위에서 언급한 아픔이나 고통과 마찬가지로 퇴행으로 이끈다.

(3) 환자는 도움을 받기 위해 분석가에게 온다. 도움이 필요하다고 느끼는 것과 도움을 받기 위해 누군가를 찾아오는 행위 그 자체가 퇴행을 촉진한다.

(4) 분석상황 자체가 강력한 퇴행적 힘을 갖고 있다. 환자는 종종 유아기적 상태로 돌아간다. 그의 제한된 시야와 청각적 자료 특히 분석가에게서 받아들이는 자료의 상대적인 결핍은 감각적 박탈의 형태를 수반하는데, 이 박탈은 퇴행을 촉진시킨다. 매칼파인(Macalpine 1950)은 비록 흥미롭게도 퇴행이라는 용어를 사용하지는 않았지만, 치료의 이런 측면에 대해 상세하게 논의했다.

(5) 분석 과제에 몰두하게 되는 자연스런 과정은 일상적인 심리적 기능을 촉진시키는 일반적인 흥미 및 환경과의 상호작용으로부터 환자의 관심을 분산시킨다.

(6) 마지막으로, 치료의 기본적인 방법(자유연상과 치료자와의 관계)은 일상적인 정신기능을 방해함으로써 퇴행을 촉진시킨다.

통찰만이 정신분석적 변화를 가져오는 기제라고 생각하는 사람들이 있는가 하면, 발달을 촉진시키는 것 역시 중요하다고 생각하는 사람들도 있다. 그들 모두는 퇴행이 분석과정에서 핵심적인 역할을 한다는 데 동의한다. 무의식적인 기억과 환상의 많은 부분들은 초기 정신기능이 지배하는 시기 동안에 발생한 병리적인 갈등과 관련되어 있다. 퇴행은 이런 감정들을 활성화시키고, 그것들을 전이 안으로 가져오며, 그것들을 분석의 주제로 만드는 경향이 있다. 게다가 이런 갈등들의 많은 부분은 보다 원시적인 방법으로 인지되거나 기억되어 있다. 이것은, 특정 방어들이 퇴행 기간동안 약화된다는 사실과 함께, 퇴행된 상태에서 이런 자료에 보다 쉽게 접근할 수 있게 한다.

퇴행은 양날을 가진(또는 아마도 세 개의 날을 가진) 칼일 수 있다는 사실에 주목해야 한다. 어느 정도의 퇴행은 분석에서 바람직하지만, 그것이 유용한 것이 되려면 환자가 그것을 통제할 수 있어야 한다. 아예 퇴행을 허용하지 못하는 환자들도 있으며, 어떤 환자들은 퇴행이 걷잡을 수 없게 되어 "악성 퇴행"이 되기도 하고(Balint, 1968), 그래서 특별한 관리를 필요로 하기도 한다. 이것은 중요한 주제이다. 그러나 그것은 과정보다는 기법의 문제인 경우가 더 많기에, 여기서는 다루지 않을 것이다.[5]

전이 신경증의 해소

분석이 끝날 무렵에, 전이 안에는 비교적 극적인 변화가 발생한다. 몇 년에 걸쳐 환자는 서서히 분석가의 현실을 더 많이 보기 시작하고, 그를 이상화하지 않고 보기 시작하며, 친절한 의도

5) 더 상세한 내용을 위해서는 정신분석 연구1(1) (1981)을 참고하라.

를 가지고 있지만 다른 사람과 마찬가지로 자신만의 특성을 가지고 있는 개인으로 보기 시작한다. 비현실적인 감정, 환상, 욕망, 그리고 과거로부터 온 공포는 여전히 남아있다. 종종 그것들이 사건이나 실수에 의해 불러일으켜질 때, 그것들은 아주 강렬한 형태로 나타난다. 그러나 그것들은 점차 빈도와 강도가 줄어들고, 보다 쉽게 이해되고 다루어진다. 이런 변화는 "전이 해소"로 알려져 있다. 이 용어는, 그것이 전이 감정이 완전히 사라지는 것을 의미하기 때문에, 잘못된 것으로 보인다. 그러나 그러한 현상 자체는 환자의 정신의 다른 영역들에서 변화가 발생한 데 따른 중요한 결과로서, 종료 시기를 알려주는 것들 중의 하나이다.

정신분석적 변화기제

정신분석이 실제로 어떻게 변화를 일으키는가? 쿠퍼(Cooper 1989)는 그 상황을 이렇게 서술하였다. "이런 다양한 분석과정의 측면들이 갖는 치료적 힘에 대한 견해는 분석가마다 다르다. 분명한 것은 분석가의 이론적 입장에 따라 새로운 인식들, 내재화들, 통찰들, 경험들의 조합은 … 중단된 발달의 재개, 의미 있고 일관성 있는 내적 역사의 확립, 내적 구조들과 표상들의 변화, 새로운 안전감뿐만 아니라, 방어적 자세, 신념 체계, 소망과 관계의 변화를 가져오는 치료적 변화로 인도할 것이라는 사실이다." 분명히 여기에는 다중적인 요소들이 작용하고 있으며, 이것은 심도 있게 논의될 필요가 있다.

첫째, "정신분석적 변화"란 실제로 무엇을 의미하는가? 지난

40년 동안 "구조적 변화"라는 용어가 그런 변화를 가리키는 데 사용되었는데, 이것은 특히 정신분석적 심리치료에서 발생하는 변화와 구별하는 데 사용되었다. 구조적 변화는 원본능, 자아, 초자아라는 심리 구조 내에서 그리고 그것들 사이에서 발생한 변화를 나타내는 이론적 용어이다. 워맨(Werman 1989)과 아벤드(Abend 1990)는 그 용어가 발생시킨 많은 문제들을 지적했는데, 그 중에는 심리 구조의 변화가 정신분석에서만 일어난다는 암시와, 이런 변화들이 과연 어떤 것인가에 대한 모호성이 포함되어 있다. 또 하나의 문제는 다른 이론적 입장을 가진 분석가들은 각기 자신들의 이론에서 나온 추상적인 용어로 변화의 측면들을 강조한다는 점이다. 마이쓰너(Meissner 1991)는 다음과 같이 지적한다.

> 자아 심리학자들은 갈등 해결과 내재화에 바탕을 둔 심리 구조의 변화를 강조한다. 자기 심리학자들도 구조의 변화를 강조하지만, 그들은 그것을 정신의 재개된 성장에서 발생하는 변형적 내재화라는 측면에서 이해한다. 해석학의 관점을 따르는 학자들은 자기에 대한 보다 포괄적이고 일관성 있는 이야기(narrative)에 초점을 맞춘다. 대상관계적 관점은 내적 표상 세계의 수정과 함께 외적 대상과의 보다 적응적인 관계를 강조한다. 그리고 정보처리 입장을 따르는 접근은 거짓된 신념 체계의 변화와 그 외의 인지적 이해를 기대한다.

얼핏 보기에, 이와 같은 견해의 불일치는 당혹스럽게 느껴진다. 실제로 어떤 변화가 일어나는가에 대해 분석가들이 이렇게 다양한 이론들을 가지고 있다면, 과연 우리는 변화 기제에 대해 어떻게 말할 수 있을까? 돌이켜보건대, 이런 어려움의 많은 부분은 분석의 목표와 변화를 이론적 용어로 서술하고자 한 데서 온 것으로 보인다. 그런 점에서 오늘의 분석가들이 자신들의 이론적 입장을 유지하면서도 보다 임상적인 측면에서 심리적 변화를 바라보는 추세로 점점 나아가고 있는 현상은 이해할 만하다. 변화가 현상학적으로 설명된다면, 대다수 정신분석가들의 목표는 매우 비슷한 것으로 드러날 것이다. 갈등의 해소는 재개된 심리적 성장, 자기에 대한 일관된 이야기, 내적 표상 세계의 수정 그리고 거짓된 신념 체계의 변화를 수반할 것이다. 다양한 정신분석 학파의 목적에 대한 이런 종류의 비교 연구는 상세하게 수행될 필요가 있다.

우리가 정신분석에서 기대할 수 있는 특정한 현상학적 변화는 명백히 개별 환자에 그리고 그가 특정 분석가와 갖는 고유한 상호작용에 달려있다. 논의를 위한 목적으로, 성공적인 분석에서 발생하리라고 기대되는 몇 가지 일반적인 변화들을 열거하면 다음과 같다. 환자의 증상은 줄어들거나 사라질 것이다. 그는 마음 깊은 데서부터 자신이 나아졌다고 느낄 것이고, 다른 사람들과의 관계뿐만 아니라 그들에 대한 내적인 이미지들이 개선되었다고 느낄 것이다. 그는 자신의 감정들에 대해 더 많이 인식할 것이며 그것들을 더 많이 감당할 수 있을 것이고, 그로 인해 즐거움에 대해 전보다 더 깊이 있게 그리고 더 많이 느낄 수 있을 것이다.

이러한 변화들이 어떻게 일어나는가? 여기서 다시 나는 몇 가지 일반적인 원칙들에서 시작해야 할 것 같다. 우리는 우선 정신분석이 작용하는 "방식"을 찾는 것은 "정확한 해석"을 찾는 것만큼이나 어리석은 일이라는 것을 깨달을 필요가 있다. 여기에는 아주 복잡한 체계가 작용하고 있으며, 변화는 체계의 모든 부분들에서 온다. 어떤 환자들에게는 어떤 변화 양태들이 다른 것보다 더 중요하며, 우리는 어떤 양태가 누구에게 더 중요한가에 대해 희미한 인상만을 가지고 있을 뿐이다. 치료의 기제를 설명하고자 하는 거의 모든 구체적인 시도들("관계," "안아주는 환경," "갈등의 해소," "제반응" 등)은 체계의 다른 측면들을 희생하는 대가로 하나의 측면을 강조하는 경향이 있다.

두 번째 논점은, 이 변화의 주요 기제들 안에는 각각 하위 과정들이 중요한 역할을 하고 있다는 점이다. 게다가, 이 하위 과정들은 종종 다른 기제들이라고 생각되거나 심지어 다른 정신분석 학파에서 명백하게 다른 기법을 사용할 때조차도, 실제로는 동일한 것이거나 최소한 중복되는 것으로 드러나고 있다. 예컨대 내재화, 즉 다른 사람의 어떤 측면을 자신 안에 받아들이고 어떤 면에서 그 사람처럼 되는 과정은, 통찰이 치료에 이르는 지름길이라고 생각하는 사람들과 분석가와의 경험이 가장 중요하다고 생각하는 사람들 모두에게 중요한 것으로 간주되고 있다. 그 외에도 학습, 조건 형성(conditioning), 애도 등의 하위 과정들이 있다.

학습은 정신분석을 받는 동안 여러 가지 방식으로 발생하지만, 정신분석이 좋은 학습 이론을 가지고 있는 것은 아니다. 치료가 발생하는 기제를 설명하기 위해서는, 자신의 이론을 발달시키든지 아니면 다른 사람들의 이론들이 지닌 최상의 특징들을 차용해야 한다. 예컨대, 와이쓰와 샘슨 그리고 그들의 동료들(Weiss, Sampson and their colleagues 1986)이 말하는 잘못된 인지적 신념이 병을 발생시킨다는 이론은, 치료적 변화 기제로서 학습의 중요성을 강조하지만, 그렇다고 해서 포괄적인 학습 이론을 제시하는 것은 아니다.

조건 형성도 여러 종류가 있으며, 그것은 각각 다른 환자들과 분석가들에게 그리고 다른 시간에 다른 방식으로 작용한다. 지금까지 조건 형성에 대한 심리학의 통찰을 일반 정신분석 이론 안에 통합하려는 시도는 거의 없었다.

예전의 자기와 대상 유대를 포기하는 일은 애도라는 복잡한 하위 과정을 수반하는데, 이는 치료적 변화의 일부로 논의된 적이 거의 없다.

이러한 몇몇 하위 과정들 또한 복잡하기는 매한가지이다. 그 외에도 다른 많은 것들을 열거할 수 있으며, 치료적 변화를 가져오는 기제에 대한 좋은 이론은 그 모든 것들에 대한 상세한 서술을 필요로 할 것이다. 여기서 나는 변화와 관련된 몇 가지 주요 과정들에만 초점을 맞출 것이다.

제반응(abreaction)

정신분석 역사 안에서, 억압된 기억의 회상에 수반되는 정서의 분출은 치료적 결과를 가져오는 주요 기제로 간주되었다. 이러한 분출은 제반응으로 불리게 되었는데, 이것은 초기에는 정화(catharsis)라는 이름으로 그리고 그보다 더 초기에는 갇혀있던 정동의 "방출"(discharge)라는 이름으로 불리던 것이다. 그것은 정신분석에서 여전히 중요한 역할을 하고 있지만, 그것이 작용하는 방식에 대한 이론은 더욱 복잡해졌다. 환자의 안전을 보증하는 사람이 현존하는 상태에서 외상적 사건을 정서적으로 깊이 재경험함으로써 본래 그 사건을 외상적인 것으로 경험하게 했던 무력감(helplessness)이 감소한다는 사실은 확실한 것으로 인정되고 있다. 점진적인 조건 형성 과정을 통해서, 환자는 그런 경험을 점점 무기력하게 느끼지 않게 되고, 동일한 상황에서 이전에 마비되었던 인지적 능력을 사용하여 어떤 의미를 발달시키고, 그 상황을 다룰 수 있게 된다. 말하자면, 그는 "외상을 숙달하게 된다." 이것이 정신분석의 전체 내용은 아니지만, 종종 중요한 역할을 하는 것은 사실이다. 이런 순간들과 전이 경험이 발생하는 전체 기간동안에 느껴지는 깊은 정서는 갈등 구조를 "와해시키고" 그것을 보다 적합한 패턴으로 재확립할 수 있는 기회를 주는 것을 통해서 치료 효과를 갖는 것으로, 몇몇 사람들(Pine, 1993)에 의해 간주되고 있다.

통찰

정신분석의 변화 기제에 대한 설명에는 항상 통찰이 중요한 요소로 포함되고 있다. 이것은 분석관계에 참여하는 두 사람 모두에게 가장 중요한 과제로 강조되고 있다. 통찰이란 물론 그 말이 일반 어법에서 내포할 수 있는 인지적인 이해가 아니라 정서적으로 깊이 있게 이해하는, "정서적 통찰"을 뜻한다. 정서적 통찰은 사건이나 역동 또는 상호작용에 대한 인지적 이해를 포함하며, 그 상황을 둘러싼 모든 감정을 경험할 수 있는 능력을 필요로 하는 것일 뿐만 아니라, 어떤 행동에 대해 지금 이해하고 있는 것과 그것의 다른 측면들 사이를 연결짓고 그 연결들을 활용할 수 있는 능력을 필요로 하는 것이다. 정신분석의 역사가 시작되기 전인, 브로이어와 프로이트가 환자들에게 현 증상과 관련된 잊혀진 기억들을 불러일으키려고 시도했던 그때부터 통찰이 갖는 역할은 이미 암시되고 있다. 그들은 환자들이 외상적 경험들을 회상하고 재경험할 뿐만 아니라 그것이 현 증상과 어떤 관련이 있는지를 이해하길 바랐다. 정신분석이 발달하는 과정에서 많은 이론적 변화들을 거쳤지만, 통찰을 위한 상호적인 노력은 정신분석 기법의 보증서로 남아있다. 통찰의 획득은 오늘날 정신분석적 변화의 필수조건으로 간주되고 있다.

통찰은 다양한 방식으로 작용한다. 인식이란 우리의 감정, 결정, 행동에 포함된 평가하고, 정서를 느끼고, 판단하며, 종합하는 높은 수준의 정신과정에 결정적으로 중요한 요소이다. 만약 나의 아이들이 예전만큼 내게 관심을 보이지 않아서 슬프다는 것을 내가 알게 된다면, 나는 그들과 다시 친해질 수 있도록 계획을 세우거나, 사랑의 대상을 다른 데서 찾거나, 고통을 달래기 위해 다른 일을 찾을 수 있을 것이다. 만일 모욕을 당한 일로 화가 난 것을 내가 알고 있다면, 그 모욕을 다룰 수 있는 가장 좋은 행동을 계획할 수 있을 것이다. 만일 아내가 나를 사랑하지 않는다고 느끼는 이유가 나의 어머니가 그랬던 것처럼 그녀가 나를 돌보지 않기 때문이라는 것을 내가 알고 있다면, 나는 나의 기대를 바꾸어 내가 받는 상처로부터 벗어나고자 노력할 것이다. 통찰이 없이는, 그리고 내가 무엇을 느끼고 무엇을 믿고 있는지를 알지 못하고는, 나는 나를 힘들게 하는 무의식적 감정들을 다루기 위한 계획을 세우거나 행동을 취할 수 없다.

그러나 통찰이 발생하는 방식은 그리 간단하지 않다. 다른 예를 생각해보자. 만일 내가 아버지를 증오하고 있다는 사실을 깊이 인식하고 있고 또 그 이유를 알고 있다면, 그를 증오하는 것에 대해 죄책감을 느끼고 있으며 그 모든 이유를 알고 있다면, 그리고 그러한 인식을 나 자신으로부터 차단하고 있으며 또한 그렇게 하는 방식을 모두 알고 있다면, 나는 계획을 세우고 행동을 취하는 것 이상으로 변화할 수 있을 것이다. 나는 내가 증오하는 이유가 정당화되지 않을 수 있고, 또 그 증오가 줄어들 수 있다는 것을 알 수 있을 것이다. 나는 그가 어째서 그랬는지를 이해하고, 그를 용서할 수도 있을 것이다. 나는 그가 실제로 나의 어머니를 빼앗아가지 않았다는 것을 깨달을 수 있을 것이고, 또는 아마도 그가 그랬다는 것을 알면서도 나는 나 자신의 여자를 얻을 수 있다는 것을 깨달을 수 있을 것이다. 나는 더 좋은 아버지가 되려는 나 자신의 소망을 인식할 수 있을 것이고, 결코 그런 아버지를 가진 적이 없고 앞으로도 그럴 것이라는 사실을 받아들이면서, 그런 과거로부터 벗어날 수 있을 것이다. 그 증오가 나 자신의 열등감과 관련되어 있는 것을 깨닫게 되면서, 나는 보다 현실적이고 덜 전능적인 시각에서 나의 아버지를 보게 될 것이고, 그때 나 자신에 대해 더 좋게 느끼게 되면서 나의 증오도 줄어들 것이다. 나는 나의 죄책감의 많은 부분이 아버지에 대한 악의적인 환상에서 온 것임을 깨닫게 되면서 죄책감을 덜 느끼게 될 것이다. 증오가 현실에 바탕을 두는 만큼, 나는 나 자신이 정당하다고 느끼게 되고 죄책감으로부터 자유로워진다. 그 죄책감이 나의 아버지나 다른 사람들의 가치를 받아들이는 데서 온 것임을 아는 만큼("네 아버지와 어머니를 공경하라"), 나는 나 자신의 가치를 받아들일 수 있게 되고 따라서 죄책감을 덜 느끼게 된다. 나의 방어가 동일시에 바탕을 두고 있는 것임을 아는 만큼, 나는 그 동일시들 배후에 있는 욕구를 볼 수 있게 되고 따라서 그것을 수정할 수 있다. 증오와 죄책감이 줄어들고 정동을 견딜 수 있는 능력이 증진되는 만큼, 나는 나의 분노에 대해 방어할 필요를 덜 느끼게 되고, 따라서 그것을 보다 적절하게 표현할 수 있다. 그리고 마지막으로 나는 나의 모든 감정과 그것을 다루는 방식에 더욱 친숙해질 수 있다. 나는 증상들이 왜 생겼는지를 알고, 그것들의 원인을 현재의 자극과 과거의 기원에서 찾을 수 있고, 따라서 기분이 더 좋아진다. 이 모든 것들은 기본적으로 더 큰 정서적 이해, 즉 통찰에 기인하고 있다. 통찰은 자동적으로 변화를 일으키지는 않지만(Rangell, 1981), 환자의 능력을 변화시킨다.

역사적 진실 대 이야기 속의 진실

통찰은 종종 역사적 진실을 암시한다. 다시 말해, 그것은 실제로 일어난 일, 또는 노력을 통해 확인될 수 있는 것에 대한 이해를 가리킨다. 우리는 오늘날 대부분의 역사가 역사가의 관점 안에서 발생한다는 사실을 알고 있다. 사건들에 대한 우리의 지각과 이해는 과거에 우리의 생각이 형성된 방식에 의해서뿐만 아니라 다른 사람들의 견해와 의견에 의해서도 깊이 영향을 받는다. 그러나 우리의 지각이 아무리 내적 요인들에 의해 영향을 받는다고 해도, 그것은 또한 관찰자와는 전혀 상관없는 외적인 사건에 의해 좌우되기도 한다. 통찰이라는 개념이 환자가 삶의 사건들과 사람들에 대한 자신의 반응에 대해 갖는 정서적인 지식과 관련된 것인 만큼, 통찰은 그런 사건들이 실제로 일어났다고 하는 역사적인 진실과 연관되어 있다(Spence, 1982; Schafer, 1983). 나는 한 사람의 삶에서 정서적으로 중요한 역사적 사건들을 이해할 때 얻게 되는 치료적 효과에 대해 서술하였다. 최근에는 정신분석학에 대한 해석학적 접근의 일부로서, 세상을 지각하는 데 끼치는 분석가의 영향력이 강조되고 있다. 정신분석의 치료적 요인은 일차적으로 환자와 분석가 모두가 깊이 신뢰할 수 있는 환자의 삶과 감정에 대한 이야기를 구성하는 데서 찾을 수 있다는 주장이 대두되고 있다. 그 이야기가 역사적인 진실은 아닐 수 있지만, 이야기로서의 진실(narrative truth)을 담고 있다는 것이다. 그것은 환자에게 이전에는 갖지 못했던 응집적인 삶의 감각과 의미를 제공해준다. 게다가 그는 자신이 신뢰하고 가치를 부여하는 사람, 즉 분석가에 의해 자신의 세계관이 신뢰받고 지원받는다는 느낌을 갖는다. 대부분의 분석가들은, 비록 그들이 환자의 이런 관점에 어떤 타당성이 있음을 인식하고는 있지만, 본질적으로는 그것에 동의하지 않는다. 그들은 자신들과 환자가 마침내 믿게 되는 것 중에 어떤 것은 실제로 역사적 현실과 정확하게 일치하지 않을 수도 있음을 알고 있지만, 대체로 그들은 그것이 환자가 실제로 겪은 현실 경험을 상당한 정도로 반영하고 있다고 믿고 있다.

새로운 관계의 역할

통찰은 정신분석에서 여러 해 동안 유일한 것은 아니더라도 가장 중요한 치료적 변화의 기제로 간주되어 왔다. 그러나 오늘날 많은 분석가들은 다른 요소들도 마찬가지로 중요한 역할을 한다고 느끼고 있다. 그 중 몇 가지만 든다면, 분석가에 대한 동일시, 공감, 안전하다고 느끼는 경험, 안아주는 환경의 제공, 적절한 자기대상과의 새로운 관계 그리고 분석가의 지원 등을 들 수 있다. 이것들은 대부분 새로운 대상으로서의 분석가와 갖는 관계에서 발생하는 효과에 해당된다. 어느 것이 가장 중요한가? 통찰인가 아니면 새로운 대상과의 관계인가? 또는 아마도 더 나은 질문으로, 그것들 각각의 상대적 중요성은 무엇인가? 내가 보기에, 대부분의 분석가들은 오늘날 새로운 대상으로서의 분석가에 대한 경험이 적어도 통찰과 동등한 중요성을 갖는 것으로 보고 있다. 스트레이치(Strachey, 1934)는 클라인 학파의 관점에서, 환자가 분석가의 보다 자비로운 초자아를 내사하는 것에 관해 서술했다. 이런 서술은 통찰과, 새로운 대상으로서의 분석가 간의 차이를 강조한다. "너의 성적인 감정은 나쁜 거야"라고 말하는 초자아를 가진 환자는 예전의 대상과는 달리 자신의 성적 감정이 나쁜 것이 아니라 다른 모든 감정들과 마찬가지로 이해될 수 있는 것이라고 말하는 분석가와의 강렬한 관계 안으로 들어간다. 스트레이치는 환자가 점차 분석가가 지닌 가치를 내사한다고 말한다. 이 과정에서 통찰이 본질적으로 중요하지만 충분하지는 않다. 환자는 처음에 자신의 아버지처럼 성적 감정들이 나쁘다고 느끼는 분석가를 경험해야 하며, 점진적으로 그것이 사실이 아니라는 것을 인식해야 한다. 이러한 인식에서 그리고 분석가가 지닌 가치를 동일시하는 데 통찰이 갖는 역할은 매우 변화무쌍하다. 환자는 자신이 아버지를 바라보듯이 분석가를 바라보고 있다는 것을 인식하거나, 분석가에 대한 자신의 그림이 현실과 전혀 일치하지 않는다는 사실을 인식할 수도 있을 것이다. 이 모든 것에서, 분석가와의 새로운 경험뿐만 아니라 전이에 대한 통찰의 역할은 핵심적이다. 만약 분석가가 처음부터 환자에게 그의 성적 감정이 나쁜 것이 아니라고 안심시켜준다면, 환자는 쉽사리 좋아질 수 있을 것이다. 그러나 그것은 기껏해야 암시에 따른 일시적인 치료일 것이다. 역으로, 만약 환자가 분석을 시작하기 전에, 환자는 아버지와 동일시되어 있기 때문에 자신의 성적 감정을 나쁜 것으로 느끼고 있다는 내용이 담긴 분석가의 심리 평가를 읽었다면, 설령 그가 그 심리 평가가 자신에게 크게 도움이 되었다고 깊이 느낀다고 해도, 그의 감정이 진정으로 변화할 수는 없을 것이다. 진정한 변화는 분석가와의 동일시와 통찰이 결합됨으로써만 나타날 수 있을 것이다.

흥미롭게도, 새로운 대상의 역할에 대한 스트레이치의 다소 혁명적인 강조점은 별다른 논쟁 없이 수용되었다. 그럼에도 불구하고 통찰을 유일한 결정적 요소로 보는 견해가 주류를 대표하는 관점으로 남아있다. 분석가를 새로운 대상으로 생각하는 사람들은 자신들의 관점이 상대적으로 무시되고 있다고 느끼면서 정신분석의 주류 안에 남아있거나(페렌치와 그 동료들), 상대적인 국외자로 남아있었다(클라인과 그 동료들, 라도와 호니). 미국 정신분석의 주류가 변화되기 시작한 것은 로우왈드(Loewald, 1960)가 새로운 대상으로서 분석가의 중요성을 주장했을 때로서, 그는 발달이 분석가와 분석상황 모두에 의해 이루어진다고 강조했다.

> 우리는 삶의 경험에서뿐만 아니라 분석 경험에서도 새로운 자기-발달이 이루어지는 것은 새로운 대상-관계의 확립을 통해 발생할 수 있는, 자신에 대한 '퇴행적' 재발견과 밀접하게 연결되어 있음을 알고 있다. 자신에 대한 재발견은 '대상'에 대한 새로운 발견을 의미한다. 내가 말하는 것은 새로운 대상의 발견이 아니라 대상에 대한 새로운 발견이다. 왜냐하면 그러한 새로운 대상관계의 본질은 대상-관계 발달의 초기 경로를 재발견할 수 있는 기회를 제공하며, 따라서 자신으로서 존재하고 자신과 관계하는 방식뿐만 아니라 대상과 관계하는 새로운 방식으로 인도하기 때문이다[p. 18].

이런 변화는 의심의 여지없이 클라인 학파와 네오-클라인 학파 그리고 코헛(Kohut, 1984) 학파의 점증하는 영향 하에 촉진되었고, 그 외에도 스톤(Stone, 1961)과 모델(Modell, 1978) 같은 존경받는 분석가들도 이런 변화에 한몫했다. 이들 모두는 보다 심각한 환자들의 치료에서 새로운 관계가 특별한 중요성을 갖는 점을 강조하였다.

전이-역전이 재연 행동

치료적 변화 기제와 관련된 또 하나의 논쟁은 환자와 분석가 사이에서 발생하는 무의식적 갈등의 재연(전이-역전이 재연)이 일어나는 정도, 그리고 이것은 바람직한 것인가 라는 물음들을 포함하고 있다. 많은 분석가들은 분석가의 중립성, 즉 전이-역전이 재연 행동에 연루되는 것에 대해 저항할 수 있는 능력이 분석과정을 진전시키는 핵심 요소라고 느끼고 있다(Pine, 1993). 이들은 종종 발생하는 그런 재연 행동들이 정신분석 과정에 대체로 파괴적이거나 적어도 불필요한 것이라고 생각하고 있다. 분석가는 끊임없이 그리고 가능한 한 그것들을 경계하고 피해야 한다는 것이다. 이와는 대조적으로, 다른 분석가들은 분석가가 관계 안에 적절히 참여하는 것은 항상 전이-역전이 재연 행동들로 인도하며, 그런 재연 행동들에 대한 분석이 실제로 분석과정을 진전시키는 요소라고 생각한다(Sandler, 1976).

나는 이 두 관점들이 서로 모순된다고 생각하지 않는다. 대부분의 분석에서 분석가는 전이-역전이 재연 행동들이 발생함에도 불구하고 환자가 분석 작업을 지속할 수 있도록 충분히 중립성을 유지할 것이다. 그런 분석은 재연 행동들에 초점을 맞추지는 않지만, 본질적으로 파인이 서술한 것처럼 진행될 것이다. 그러나 많은 경우에, 전이-역전이 재연 행동들에 대한 분석은 크건 적건 해석의 초점 영역이 될 것이다. 이것은 환자의 자기애적 민감성이 너무 심해서 분석가의 감정에 대한 환자의 추측을 전이로 해석하고자 하는 분석가의 시도를 환자가 부인이나 비난으로 간주하는 경우에 해당한다. 이때 환자는 자신의 그러한 감정이 실제로 존재할 수 있는 가능성을 인정하지 못한다. 전이-역전이 재연 행동이 아주 심각할 경우(예를 들면 노골적인 역전이 행동화), 비교적 신뢰의 능력을 가진 환자조차도 그러한 가능성을 인정하지 못한다. 다른 요인들은 의심의 여지없이 명백한 임상적 관찰의 일부로 간주되는 반면에, 이 전이-역전이 요인은 그렇지 못하다. 그리고 어떤 분석에서는 그러한 재연 행동에 주로 초점이 맞추어지는 반면, 다른 분석에서는 그런 재연 행동들이 상대적으로 작은 역할을 하는 것으로 보인다.

공감

새로운 대상으로서의 분석가와 맺는 관계가 실제로 어떻게 변화를 가져오는가라는 주제는 좀더 상세히 다룰만한 가치가 있다. 그 과정의 한 측면인 공감의 역할에 대한 간결한 서술은 이 점을 명료화하는 데 도움이 될 것이다.

공감은 사람들에 따라 여러 가지를 의미한다. 여기서 나는 이 용어를 자기-심리학적 의미로, 즉 "환자의 감정과 욕구를 서로 잘 맞는 적절한 방식으로 인식하고 반응해준다"(Moore & Fine, eds., 1990, p. 67)는 의미로 사용한다. 전이 신경증에 이르는 퇴행에서, 환자는 분석가와 강렬한 정서적 관계 안에 있다. 그는 그러한 정서적 관계가 모든 점에서 자신이 부모와 가졌던 관계와 동일할 것이라고 무의식적으로 간주한다. 분석가가 중립적이며 공감적인 그리고 따뜻한 관심을 갖고 해석을 할 때, 환자는 초기에 가졌던 감정들과 환상들에 대해 많은 통찰을 얻게 된다. 동시에 그는 분석가와의 정서적인 연결 안에서 그리고 그의 따스하고, 도우려는 욕망과 관심을 가진 태도에 힘입어 자신을 새롭게 경험하고 그러한 자신의 모습을 내사하게 된다. 이것은 그가 그의 부모들과 경험했던 정서적 연결과는 아주 다른 것이다. 그가 새로운 모습을 받아들일 때, 그의 이미지는 변화하고, 그의 대상의 모습 또한 변화한다. 그는 더 이상 화난 엄마에 대해 나쁜 성적 환상을 가지고 있는 나쁜 아이가 아니다. 그는 또한 자신을 수용해주는 사람에 대해서는 이해할 수 있고 심지어 좋고 즐거운 환상들을 가지고 있는 사람이다. 극복과정에서, 이처럼 보다 긍정적인 자기-표상이 우세해지기 시작하고, 이는 그의 태도와 행동의 변화를 가져온다.

이것은 공감이 지닌 중요성의 한 측면일 뿐이다. 자기 심리학자들이 강조하듯이, 어떤 분석가도 환자에게 완벽하게 공감적으로 조율해줄 수는 없다. 모든 분석가들이 실수를 저지른다. 분석가는 끊임없이 이런 공감적 실패의 가능성을 알고 있어야 하며, 그러한 실패에 대한 환자의 반응에 관심을 기울여야 한다. 그런 반응들을 발견할 때, 그는 공감의 붕괴에 자신이 기여한 부분을 인정하고 그 부분에 대한 환자의 반응을 탐구해야 한다. 이것은 환자의 이전 경험과 크게 대조를 이루는 것인데, 그의 이전 경험에서 그에게 중요했던 사람들은 그들의 불완전함을 부인했고, 그런 불완전함에 대한 그의 반응을 공감해주지 못했다. 이러한 안전한 정서적 상황에서 관계를 탐구하는 것이야 말로 환자에게 그러한 정서적 상황을 내재화하고, 무슨 일이 일어났는지를 실제로 이해하며, 그런 이해를 사용할 수 있도록 허용해주는 요소이다. 여기에서 통찰이 계속해서 핵심적인 요소로 남는다는 점을 주목하라. 만약 분석가가 일관되게 이해하려고 노력하지 않고, 환자의 부정적인 요소가 나쁜 엄마로부터 전치된 것이라고 지적하지 않는다면, 환자는 그러한 나쁜 요소들을 빠르게 자신의 것으로 삼을 것이고, 그 결과 수용됨과 따스함의 감각을 갖지 못할 것이다. 다른 한편, 분석가가 일관되게 자신의 공감적 실패들을 찾지 않고, 그것들을 "분석"(인정과 탐색을 통해)하지 않는다면, 환자는 자신의 현실에 대한 견해가 부정되고 평가절하 되고 있다고 느낄 것이다. 이 두 경우 모두에서, 환자는 이해받는다고 느끼지 않을 것이고, 그러한 오해가 발생시키는 적대감과 거리감을 경험할 것이다.

치료적 변화를 만들어내는 데 공감이 갖는 역할은 분명코 내가 방금 서술한 것보다 더 복잡하다. 게다가 새로운 대상 경험의 치료적 역할의 중요성을 지지해주는, 환자와 분석가 사이에서 드러나는 다른 많은 요소들이 존재한다. 분석가 자신과 환자가 갖는 지각과 오해에 대한 통찰을 지속적으로 추구하는 동시에 그것들을 분석하고자 하는 노력이 분석가에게 요구되는 결정적인 요소이다. 그런 태도는 환자의 변화를 가져오는데, 그런 변화들 중 어떤 것은 통찰 자체에서 유래하고, 어떤 것은 관계와 관련된 과정에서 유래한다. 대체로 환자와 분석가 모두는 그런 과정들이 발생하는 순간에는 그것을 알거나 이해하지 못하고, 나중에야 서술하게 되는 경향이 있다. 이런 기제들은 더 깊이 탐색되어야 한다.

통합을 추구하는 환자의 타고난 욕동

위에서 언급한 모든 기제들은 분석가나 분석가-환자 상호작용에 초점을 맞추고 있는 것들이다. 이 초점이 중요하긴 하지만, 그것은 때로는 변화를 이끌어내는 환자 내부의 요소들을 간과하는 것으로 보일 수도 있다. 무어가 지적하듯이(Moor, 1994), 분석가와 마찬가지로 환자도 자신의 자유연상에 귀를 기울이며 모든 의식 수준에서 그 요소들을 처리한다. 그는 과거와 현재, 꿈과 환상과 생각과 행동을 연결시킨다. 환자는 상징과 은유, 자아의 종합 기능, 분석가의 해석, 분석가와의 상호작용 등을 사용할 뿐만 아니라 자신의 정신과정을 사용하여 갈등과 고통스러움(dysphoria)을 재경험하는 것을 통해서 통찰과 통합을 성취해낸다. 분석과정은 실제로 공동 노력의 산물이며, 그 과정에서 환자는 단지 분석가의 통찰을 수용하는 사람이 아니라, 적극적으로 통합해내는 사람이다.

결론

프로이트는 한때 전이와 저항을 다루는 모든 치료를 정신분석이라고 정의했다. 분명히 그 정의는 더 이상 적용되지 않는다. 나는 정신분석을, 분석가가 환자의 생각과 느낌과 행동을 최대한으로 이해하고 함께 작업하기 위해 가능한 한 환자와 깊은 관계를 맺는 치료라고 정의한다. 이런 정의에서 볼 때, 많은 정신분석 과정들과 변화의 기제들은 각기 다른 환자들 및 각기 다른 분석가들에 따라 다른 모습으로 발생하는 것으로 간주된다. 많은 경우, 얼마의 공통된 특징들이 나타나기도 한다. 그리고 앞으로 언젠가는 그런 과정과 기제들의 범주들을 묘사할 수 있을 것이며, 분석가와 환자에 대한 이해에 기초해서 어떤 것이 발생할 것인지에 대해 예측도 할 수 있을 것이다. 우리는 이제 막 그런 작업을 시작한 셈이다. 우리의 작업은 현대 고고학자들의 작업보다는 트로이의 발굴자인 슐리만(Schliemann)의 작업과 더 비슷하다. 그러나 우리의 탐구는 최소한 많은 트로이들의 존재를 드러내주었다. 그리고 우리에게는 우리의 더 젊은 동료들이 우리가 이룩한 조야한 작업들 위에 더 나은 것을 세울 것이라는 희망이 있다. 그 작업은 매력적인 동시에 가치 있는 일이다. 더 이상 무엇을 바라겠는가?

참고 문헌

Abend, S. M. (1990). Psychoanalytic process. Psychoanal. Q., 59(4): 532-549.

Abrams, S. (1987). The psychoanalytic process. Int. J. Psychoanal., 68(4): 441-452.

Arlow, J., & Brenner, C. (1964). Psychoanalytic Concepts and the Structural Theory. New York: Int. Univ. Press.

________. (1990). The psychoanalytic process. Psychoanal. Q., 59(4): 678-692.

Balint, M. (1968). The Basic Fault. London: Tavistock.

Boesky, D. (1990). The psychoanalytic process and its components. Psychoanal. Q., 59(4): 550-584.

Cooper, A. M. (1987). The transference effectiveness in psychoanalysis. Psychoanal. Inq., 9: 4-25.

De Jonghe, F., et al. (1991). Aspects of the analytic relationship. Int. J. Psychoanal., 72(4): 693-708.

Fourcher, B. I. (1979). The relevance of Mahler's research to psychoanalytic clinical theory. Bull. Menninger Clinic, 43(3): 201-216.

Freud. S. (1912). On beginning the treatment (Further recommendations on the technique of Psychoanalysis). SE, 12: 121-144.

________. (1917). Introductory Lectures on Psycho-Analysis, Part Ⅲ. SE, 16: 243-463.

________. (1926). Inhibitions, Symptoms and Anxiety. SE, 20: 77-178.

Greenson, R. (1967). The Technique and Practice of Psychoanalysis, vol. 1. New York: Int. Univ. Press.

Kohut, H. (1971). The Analysis of the Self. New York: Int. Univ. Press.

________. (1984). How Does Analysis Cure? Edited by A. Goldberg. Chicago & London: Univ. Chicago Press.

Kris, E. (1951). Ego psychology and interpretation in psychoanalytic therapy. Psychoanal. Q., 20(1): 15-30.

Loewald, H. (1960). On the therapeutic action of psychoanalysis. Int. J. psychoanal., 41(1): 16-33.

Macalpine, I. (1950). The development of the transference. Psychoanal. Q., 19: 501-539.

Meissner, W. W. (1991). What is Effective in Psychoanalytic Therapy. Northvale, N.J.: Aronson.

Menninger, K. (1958). Theory of Psychoanalytic Technique. New York: Bacic Books.

Modell, A. H. (1978). Conceptualization of the therapeutic action of psychoanalysis. Bull. Menninger Clinic, 42(6): 493-504.

Moore, B. E. (1994). Personal communication.

Moore, B. E., & Fine, B. D., eds. (1990). Psychoanalytic Terms and Concepts. New Haven: Yale Univ. Press.

Panel(1993). Current controversies about transference. Presented at the Fall meeting of the American Psychoanalytic Association, 18 December 1993.

Pine, F. (1993). Analysis of the psychoanalytic process. Psychoanal. Q., 62(2): 185-205.

Pulver, S. E. (1988). Psychic structure, Function, process, and content. J. Amer. Psychoanal. Assn., 36 (suppl.): 165-190.

________. (1993). The eclectic analyst, or the many roads to insight and change. J. Amer. Psychoanal. Assn., 41(2): 339-358.

Rangell, L. (1981). From insight to change. J. Amer. Psychoanal. Assn., 29(1): 119-142.

Sandler, J. (1976). Countertranference and role-responsiveness. Int. Rev. Psychoanal., 3(1): 43-48.

Schafer, R. (1983). Construction of the psychoanalytic narrative. Psychoanal. Contemp. Thought, 6(3): 403-404.

Spence, D. (1982). Narrative Truth and Historical Truth. New York: Norton.

Stone, L. (1961). The Psychoanalytic Situation. New York: Int. Univ. Press.

Strachey, J. (1934). The nature of the therapeutic action of psychoanalysis. Int. J. Psychoanal., 15: 127-159.

Weiss, J., Sampson, H., & The Mount Zion Research Group (1986). The Psychoanalytic Process. New York: Guilford Press.

Werman, D. S. (1989). The idealization of structural change. Psychoanal. Inq., 9(1): 119-139.

제 6 장

저항

제임스 T. 맥로울린(James T. McLaughlin, M.D.)

저항이라는 주제는 그것의 이론적 가치와 기법적 중요성에 대한 지속적인 논란에도 불구하고 프로이트 정신분석에서 확고한 위치를 차지해왔다. 이 점에서는 전이나 반복강박 같은 다른 정신분석적 명제들도 마찬가지인데, 그러한 명제들의 의미와 중요성에 대한 변천은 점점 더 복잡해지는 저항 개념과 역사적으로 서로 맞물려 있다. 이 장에서는 첫째, 저항 현상의 본질이라는 관점에서 저항 개념에 대한 간략한 역사를 살펴보고, 둘째, 저항에 관한 여러 대립되는 견해들이 최근에 어떤 크고 작은 변화들을 겪어왔는지에 대한 개관을 제시하며, 셋째, 상이한 관점들에 따른 기법상의 결과에 대한 몇몇 견해들을 살펴보고자 한다.

1950년대에 형성된 저항에 대한 사전적 정의—"정신분석에서 무의식을 뚫고 들어가려는 분석가의 시도에 대한 환자의 방해"

(Webster's, 1952)—는 1883년에 프로이트가 안나 O의 사례를 통해 그 의미를 주목한 이래, 여전히 유력하고 본질적으로 바뀌지 않은, 정신분석 특유의 맥락과 의미를 담고 있다(Breuer & Freud, 1893-95). 프로이트는 임상적으로 관찰 가능한 지표들—그것으로부터 심리내적 사건에 관한 이론적 추론을 이끌어냈던—을 가리키는 용어로서 저항을 이해했고, 그것에 대한 이해를 체계화하고 해석하는 것의 중요성을 강조하는 데 주저하지 않았다. 실제로, 자신의 자전적 연구에서, 프로이트는(1825) 저항이 그의 분석이론의 핵심적 구성요소임을 밝히고 있다. 물론 저항이란 용어는 전쟁, 물리학 그리고 기계학 부문에서 '맞서는 모든 힘 또는 운동을 방해하는 힘(웹스터, 1952)'이라는 일반적 의미를 갖고 있다. 이 개념은 힘과 세력을 일반화함으로써 프로이트학파 정신분석이 비판을 받고 있는, 과도한 구체화와 비인격화의 경향성(reifying and impersonalizing tendencies)을 촉진시켰을 뿐만 아니라, 프로이트 후기 초심리학의 추상적인 개념들과도 잘 부합될 수 있었다.

프로이트는 저항을 그의 기법의 중추적인 이론의 일부로 삼았고, 이는 지금도 여전히 유지되고 있다. 그 용어는 임상적으로 관찰 가능한 현상들을 가리키는 것으로서, 실제 경험에 가깝고, 퇴행이나 무의식, 유아성욕 같은 다른 주요 이론적 구성물보다는 덜 추상적이다(Freud, 1925, p. 40). 이것이 이 용어가 꾸준히 임상적인 유용성을 갖는 한 가지 이유일 수 있다. 그러나 저항에 내재되어 있는 문제점을 인식하는 것 역시 중요하다: 저항은 관찰대상인 개인의 행동이 갖는 의미에 대해 분석가가 이끌어낸 추론을 포함하는데, 그것이 꼭 행동하는 그 개인의 경험을 반영하는 것만은 아니다. 여기에 오랫동안 논쟁거리가 되어왔던 주요 쟁점이 있다; 누구의 관점에서 보는 것이 환자의 행동을 가장 잘 이해할 수 있는 것인가, 분석가인가 아니면 환자인가? 누구의 지식, 누구의 진실이 분석적 탐구에 결정적인 요소인가?

역사적 개관

프로이트는 환자 자신도 간절히 바라고 있는 치유를 가져다주려는 분석가의 노력을 완강히 물리치는 환자의 모습을 관찰하면서, 자신이 관찰한 많은 것들이 역설이라고 생각했다. 그는 차츰 '외상적으로 작용하는 장면을 반복적으로 만나는 것에 대한 환자의 저항이 실은 연상으로부터 쫓겨난 조화를 이루지 못하는 생각에 부여된 에너지에 해당한다'고 믿게 되었다(Breuer & Freud, 1893-95, p. 157). 이것은 정신작용에 대한 프로이트의 기본적인 개념에서 가장 중심적인 가정, 즉 개인간의 긴장으로 경험되는 것이 곧 심리내적 세력(억압)과 동일한 것이라는 생각과 관련되어 있다. 심리내적 경향성이 외부 관계의 문제로 드러난다는 이러한 생각은 나중에 프로이트가 전이 현상을 설명할 때 사용한 것이기도 하다.

프로이트는 일찍이 환자의 증상과 회상된 기억 안에 이러한 관계적 의미가 있다는 사실을 인식하였다. 그는 1895년에 플리쓰에게 보낸 편지에서, 그의 환자들의 히스테리 행동들을 단순히 정동으로 채워진 기억(affect-laden memory)의 방출 현상이 아니라(Masson, 1984, pp. 212-239) 유아기 시절의 인물을 향한 소원들과 충동들에서 기인하는 것으로 생각하였다. 그러나 저항과 전이에 관한 이론을 형성하는 과정에서, 그는 점차 관계적 특성보다는 심리 안에서 작용하는 내적 세력들의 활동을 더 많이 강조하기 시작하였다.

이러한 관계적 관점으로부터 행동들의 의미를 추론함으로써, 프로이트는 전이가 기억을 회복하지 못하도록 저항하는 데 사용되고 있음을 깨닫게 되었다. 그리하여 "정신분석 치료의 향후 전망"이라는 논문(1910)에서, 그는 한 남자 환자의 저항을 아버지와의 초기 관계서 비롯된 불안하고 반항적인 태도와 연결시켰고, 몇 년 후 기본적 기법에 관한 논문에서 한 여자 환자의 강렬한 열정을 유사한 아버지-전이와 연결시켰다(Freud, 1915b). 그러나 프로이트는 나중에 그러한 전이 태도를, 분석에서 요구되는 기억의 재생을 방해하고 숨기고자 하는 내부의 본능적 세력에 의해 반복되는 행동이라고 간주했다. 그는 분석적 관계에서 이처럼 방해하는 태도들이 발생하는 것을 불가피한 것이면서도 정보를 제공하는 유익한 것으로 보았고, 그러한 저항을 탐색하여 마침내 언어로 명료화하는 것이 치료과정에서 필수적인 요소라고 하였다. 그러한 저항 기능은 그의 이론적 건축물의 전면에 남게 되었는데, 이로써 정신구조들 사이에서 발생하는 생물학적으로 결정된 본능적 세력들의 상호작용에 기초를 둔 한 사람-심리학이 시작되게 되었다. 여기에서 자아는 원본능과 초자아 사이의 상반된 세력들을 중재하면서 저항의 일종인 억압을 사용함으로써 심리 내적 삶에 대처하는 정신적 대리자가 된다(Freud, 1924). 이 모델에서 자아는 억압된 것이 의식으로 풀려나는 것을 막아주는 세력을 제공할 뿐 아니라 분석에서 극복되어야 하는 저항의 원천이 된다.

프로이트는 그가 불안 이론을 마지막으로 개정한 논문인, "금지, 증상 그리고 불안"(1926)에서 저항에 대한 보다 복잡한 설명을 첨가했다. 저항은 관찰 가능한 반 리비도 집중에 대한 임상적 증거가 되었으며, 늘 방출할 곳을 찾는 본능적 욕구에 대한 억압을 확고하게 하기 위해 자아가 억압적 에너지를 사용하는 것이라고 정의되었다(p. 27). 그리고 그는 저항의 다섯 가지 원천을 열거하였다. 처음 세 가지인, 억압, 전이 그리고 반복강박은 자아의 작용으로 간주했다. 이것들은 분석에서 가장 초기에 확인되어야 하는 것들로서, 임상적 상황에서 드러난 관찰 가능한 행동들로부터 이끌어낸 내적 과정에 관한 추론들이다. 나머지 두 가지는 아주 다른 것들이다. 프로이트는 '원본능 저항'을 설명하기 위해 반복강박이라는 강력한 이론적 구조물을 도입했는데, 그것은 본능의 타고난 보수적 경향으로 인해 오래된 방식을 되풀이할 필요성으로부터 오는 것이라고 가정하였다. 그리고 고통이나 자기-파괴에 대한 필요성으로 인하여 증상의 완화와 치료를 거절하는 것으로 나타나는 '초자아 저항'은 죽음 본능의 작용을 반영하는 것으로 보았다.

저항의 마지막 두 범주와 그것들에 관한 고도로 추상적인 이론에서 뚜렷이 드러나는 생물학적 측면의 강조는, 프로이트의 관심이 철학적 문제로 많이 돌아섰던 말년의 논문인 "종결이 가능한 분석과 종결이 불가능한 분석"에서 더욱 강화되었다(1937). 그 논문에서 그는 오랜 시간을 요하는 분석적 시도와 한정적 효과를 지닌 분석적 방법에 관해 다루었다. 이 논문은 비관적이고 체념적인 요소를 담고 있다. 이는 저항의 근원이 화해할 수 없고 도달할 수 없는, 생물학적으로 주어진 본능과 소질에 있다고 간주한다는 점에서, 우리의 논의에 특별한 중요성을 갖는다.

프로이트의 이러한 관점은 본능의 타고난 힘 대 자아의 역량이라는 심리경제적 접근방식에 토대를 두고 있다(1937, pp. 224-230). 마음의 장치가 불쾌함을 견딜 수 없게 되면 궁극적 재난에 대한 초기 신호로서의 불안이 나타나고, 자아는 방어기제—자신의 내적 욕동 상태와 실제 외부 현실에 대한 인식을 지속적으로 손상시키는—를 사용해서 그런 불안을 일으키는 내용을 억압하거나 자체의 능력을 변화시켜 특정한 성격 요소를 형성하게 된다. 프로이트는 자신의 딸 안나 프로이트가 상세히 서술한 "방어기제"에 대하여, 그것은 미성숙한 자아가 위험한 상황을 피하기 위해 원시적으로 대처하는 것이지만, 성인의 삶에서 그것에 의지할 때 그것은 자아의 왜곡을 가져오는 요소가 된다고 설명하였다. 이러한 원시적 방법들은 그 방어들을 찾아내서 그 의미를 밝히고자 하는 분석가의 노력을 방해하기 위해, 자아가 분석의 전체적인 추구에 대항하는 과정에서 사용되는 것이다. 그러므로 습관적 행동으로 암시되는 "저항을 드러내는 것에 대한 저항" (Freud, 1937, p. 239)이라는 개념은 성격(character)으로 나타나는 변형된 자아의 층들에 기초해 있다.

프로이트는 개인의 자아 발달에 관한 윤곽을 그리면서 유전적 소인의 영향력을 인정하였는데, 그것은 지금 태초부터 물려받은 원본능 내의 침전물로 간주되고 있다(ibid., p. 240). 그는 이러한 원본능 저항 중의 하나로서, 계속해서 애착관계를 유지하기 위하여 기존의 리비도적 결속을 포기하지 않으려는 타고난 성향을 꼽았는데, 그것을 "리비도 고착"이라고 불렀다. 그 반대편에는 언제라도 새로운 정서적 투자 대상으로 옮겨갈 수 있는 개인들에게서 발견되는 "유동적 리비도 집중"이 존재한다고 보았다. 그리고 또 다른 하나의 형태가 있는데, 그것은 경직되게 고착되어 있거나 끝없이 수용만 하는 "심리적 무기력"이다(p. 242).

정신 기구의 모든 부분에 걸쳐있는, 자아가 저항에 사용하는 힘의 가장 강력한 근원은 두 개의 원초적 본능, 특히 죽음본능의 중립화되지 않은 공격성의 저장소인 원본능이다. 이 본능적 세력의 임상적 표현은 자아로 하여금 죄책감을 느끼게 하고 처벌받으려는 욕구로 반응하게 하는 초자아의 압력 아래 숨어있는 원본능 저항에서 찾아볼 수 있다. 이러한 동일한 본능적 공격성의 보다 미묘하고 광범위한 표현은 피학증, 부정적 치료반응, 그리고 남성적 요소와 여성적 요소 사이의 부조화 등의 임상적 현상에서 발견된다(pp. 242-246).

이 논문의 끝부분에서 프로이트는 양성(兩性) 모두에서 확인되는 뚜렷이 다른 기본적 저항을 깊이 다루었는데, 그는 그것을 거세 콤플렉스의 측면에서, 여성에게는 남근 선망이, 남성에게는 다른 남성의 여성적 태도에 대한 혐오가 있다고 보았다. 그는 분석적 설득이 치료적 한계를 갖는 것은 이 같은 기본적 저항의 완강함 때문이라고 생각했다. "결정적인 것은 저항이 변화를 가로막는다는 사실이다. 우리는 종종 남근에 대한 소망과 남성적 항거의 문제를 다루게 될 때, 그것이 모든 심리적 층의 밑바닥에 도달한 것이며, 그로써 우리의 활동이 종결된다고 말할 수 있다. 이것은 아마도 실제로 생물학적 요소가 정신적 영역을 위한 근저의 기반으로 기능한다는 점에서 사실일 것이다"(p. 252).

이 논문에서 주목할 만한 특징은 전이가 단지 끝 부분에서만 두 번, 저항의 특정한 형태를 설명하기 위한 용어로 잠시 다루어졌다는 점이다. 이는 프로이트가 필생의 업적을 마감하면서 '정신적' 원천과 저항의 형성자로서의 전이가 갖는 깊은 의미를 충분히 인식하지 못했거나 적어도 인식해 가는 중에 있었음을 보여준다. 그가 정신적 원천 대신에, 생물학적으로 결정된 저항의 근원을 점점 더 강조한 것은 지금까지도 끈질기게 영향을 미치고 있다. 막스 슈르(Max Schur, 1966)는 프로이트가 원본능 저항을 반복강박과 죽음본능에 관련시킨 것이 분석에서 숙명론적인 태도를 만들어낸 계기가 되었다고 지적했다.

프로이트의 관심이 임상적 정신분석의 직접성으로부터 철학적인 추상성으로 옮겨간 것은 1920년대와 1930년대에 그의 추종자들 사이에서 발견되는 임상적, 이론적 관점에 대한 차이점과 미묘한 변화들을 위한 배경이 되었다. 그는 사람들이 자신의 특유한 논지를 펼 수 있도록 임상적 분야를 열어 두었는데, 그로 인해 우리는 그 후 60년이 지난 지금 분석에 관한 다양한 목소리를 들을 수 있게 되었다.

이러한 본질적인 개념들이 다양하게 개념화되었기 때문에, 여기서는 저항이 방어와 전이의 개념과 얽히게 된 부분에 한정해서, 자주 인용되는 몇 가지 역사만을 다룰 것이다. 분석적 탐구를 안내하고 결정짓는 요소인 분석가와 환자가 지닌 견해와 가치관의 상대적인 중요성, 그리고 이것들을 혼합하는 방법에는 상당한 차이들이 있다. 이러한 기본적인 관심으로부터 무한히 다양한 뉘앙스를 지닌 다른 중요한 요소들이 나타난다.

일부 분석가들은 저항의 개념을 관찰 가능한 임상적 현상에 적용함에 있어서, 프로이트의 구조적 관점을 따르고 확장시키는 쪽을 선택했다. 1919년에 아브라함은 저항 행동이 강박적 성격의 자기애에 닻을 내리고 있으며, 전성기적 구강기와 항문기 발달경험으로부터 유래한 것이라는, 지금도 타당성이 인정되는 설명을 제공했다. 다른 사람들은 분석적 과제를, 원시적 초자아로부터 그것의 힘을 부여받고 있는, 전이라는 강력한 적과의 전투로 개념화하면서 프로이트의 새로운 본능 이론의 용어들을 사용하였다.

알렉산더는 분석의 목표를, 좀더 견식 있고 자애로운 분석가의 권위와 동일시하는 기회를 적극적으로 제공함으로써 초자아의 압력을 제거하는 것이라고 보았다(Alexander, 1925). 라이히도 거의 비슷한 시기에 저항과의 분석적 전투에 관한 영향력 있는 일련의 연구들을 내놓았다(Reich, 1931, 1933). 그는 당시의 어느 분석가보다도 저항으로 드러나는 성격에 초점을 맞추었다. 개인의 습관적 적응 방식, 원본능과 초자아로부터 오는 원치 않는 내적 압력과 외부 세계로부터 오는 압력 모두에 대항하는 우세하게 작용하는 자아동조적인 방어 양식들은, 유아신경증에서 유래한 그리고 그 신경증을 나타내는 성격적 침전물이다. 이러한 습관적 적응 방식들은 분석관계 안에서 성격 갑옷(character armor)으로 드러나는데, 분석가는 이것을 방어로 지각하고, 이 갑옷을 깨뜨리고 그 안에 담긴 아동기 신경증을 드러내기 위한 적극적인 노력의 일환으로 그 방어에 대해 언급한다.

같은 시기에 그러나 상당히 다른 방향에서 페렌치는 자신의 관점을 발전시켰다. 그와 랑크(Rank, 1923)는 환자가 분석가와의 관계에서 전이의 모든 뉘앙스들을 경험하는 것이 분석 작업에 필수적이라고 주장하였다. 강조점이 기억에 대한 추적으로부터 전이로 옮겨진 이러한 변동은 저항이야말로 분석적 노출에 대한 자아의 방어임을 말해준다. 그러나 그러한 방어의 적절성은, 환자가 초기 발달에서 유래한 불안과 죄책감을 담아내는 것을 배우고, 자기애적 상처와 자존감의 상실이라는 초기의 외상적 상태에 다시 빠지는 것을 막기 위하여 필수적이고 적절한 행동을 하고 있는가에 달려있다. 그러한 죄책감과 불안이 충분한 분석 작업을 통해 완화되면, 환자는 유아적 소망들과 그 결과에 대한 공포를 지금 분석가와의 관계에서 남김없이 표현하려고 과감히 시도하게 된다. 이런 작업에 대한 임상적 관점을 형성한 장본인인 페렌치는 강렬한 정서를 동반하는 이러한 경험적 차원이야말로 환자로 하여금, 기억이나 분석가의 설득력 있는 해석만으로는 얻을 수 없는, 과거와 현재의 현실을 확신할 수 있게 하는 요소라고 보았다. 그는 이처럼 전이를 철저하게 살아내는 것을 인간의 특별한 본능이나 욕망의 표현이라고 간주했다(ibid., 7).

페렌치가 강조점을 옮긴 결과로 생긴 기법상의 변화는 이 장의 후반부에서 좀더 상세히 서술할 것이다. 여기에서는 그의 일차적인 초점이 전이 이외의 다른 이론적 문제들은 배후에 남겨둔 채 환자와 분석가 간의 상호작용에 있었다는 사실을 언급하는 것으로 충분하다. 분석가가 환자를 너무 저항적으로 혹은 환자의 전이를 너무 폭력적인 것으로 경험하는 것은 분석가의 무지 때문이거나 또는 자기애적 상처를 방어하기 위해서인 것으로 보인다. 이 자기애는 분석가로 하여금 긍정적인 전이 속에 숨어 있는 환자의 저항을 간과하도록 이끌고, 거세 공포와 남성성 콤플렉스가 분석적 해결의 한계를 결정한다고 간주하는 오류에 빠지게 한다(p. 42).

페렌치는 곧 이어 출현하게 될 대부분의 이론적 차이들과 대립적인 논쟁에 대해서 암시했는데, 그것들 중 어떤 것은 아직도 해결되지 않고 있다. 정신분석 역사라는 관점에서 보면, 처음에는 이러한 페렌치의 견해가 프로이트의 조심스런 승인을 받았음에도 불구하고, 그것이 "출생 외상"(1923)이라는 논문의 출간에 의해 야기된, 랑크의 이탈과 같은 시기에 제시된 것은 불행한 일이었다. 프로이트 위원회의 구성원 대부분은 그 견해를 프로이트 견해로부터의 급진적 일탈이라고 보고 격분했다. 그들은 그 해말 잘쯔부르그 회의에서 그들 모두가 논의할 예정이던 그들이 공유하고 있던 모든 아이디어를 페렌치가 선취해갔다고 느꼈고, 그 결과 프로이트는 점차 페렌치의 견해를 거부해야 한다는 주장에 동조하게 되었다(Jones, 1957, vol. 3, pp. 56-61). 이후 그들 사이의 소원함은 계속 깊어지고 영구적이 되었으며, 그 분열의 흔적은 지금도 뚜렷이 남아있다.

이러한 견해의 양극화가, 후에 그것들이 상보적인 것으로 판명될 수 있도록 서로 동화하고 통합하지 못하게 방해했다는 사실은 정신분석 역사의 슬픈 측면이다. 프로이트의 후예임을 자처하는 사람들이 페렌치를 거부함으로써, 정신분석의 주류가 분석적 만남에서 경험적이고 관계적인 차원에 대한 충분한 탐색으로부터 물러났다는 주장이 가능해졌다(Alexander, 1925; Sachs, 1925; Fenichel, 1941). 그리고 페렌치가 시작했던 관심사에 대한 추가 연구는 다른 사람들의 몫이 되었는데, 그들이 그의 견해를 동화해내는 데까지는 여러 해가 걸려야 했다.

그것에 대한 하나의 예는 독일 정신분석학에서 지배적인 개념으로 자리 잡은 후 1930년대에 미국으로 전파된, 구조적 은유를 통해 표현된 본능 이론에서 찾을 수 있다(Sterba 1953). 저항의 분석은 분석가가 적대적인 환자의 성격 안에 숨어있는 방어를 힘들여 체계적으로 탐구하고 공략해야 하는 분석의 주요 과제가 되었다(Reich 1933).

한편, 다른 하나의 관점이 소수의 독일분석가들과 점차 힘을 얻어가는 영국학자들에 의해 주장되었다. 페렌치와 멜라니 클라인의 관점을 반영하는 이들 영국학자들은 계속해서 임상적인 설명에 초점을 맞추면서, 환자가 초기 인물과의 관계를 분석적 쌍(환자와 분석가) 사이의 관계(미묘한 차이가 있는)로 옮겨놓는다는 점과, 잘하든 못하든 그러한 관계의 성질에 분석가가 결정적인 기여를 한다는 점을 강조하였다.

비엔나의 테오도르 라이크(Theodor Reik, 1924)는 분석적 관계의 모든 분야에 걸친 저항의 미묘한 뉘앙스들과, 환자의 자극에 대한 분석가의 무의식적 방어인 "역저항"에 관하여 기술하였다(1924). 1927년과 1928년 두 해 동안 "런던 학파"에 행한 강의에서, 에드워드 글로버는 정신분석의 새로운 경향은 초기 발달 경험에 중점을 두게 될 것이라고 예견하였다. 오이디푸스 문제에 계속 중점을 두긴 했지만, 그는 분석 작업에 불가피하게 두 사람이 참여하는 심리학이 필요하다는 점을 인정했고, 분석가의 개인적 방어를 환자의 방어와 동등한 위치에 두었다. 그는 그러한 특수 영역에 속한 미묘한 요소들은 그의 독일 동료들이 제시한 이론으로 가장 잘 설명될 수 있다고 주장했다(Glover, 1955). 글로버는 정신기능의 어떤 부분도 방어에 사용되지 않는 것은 없으며, 따라서 저항을 일으키지 않는 것은 없다고 생각했다. 이러한 방어 작용에 대한 이해에서 가장 중요한 것은, 그것이 분석가에게 혼돈과 부담을 불러일으키지만 않는다면, 환자가 깊이 저항하고 있다는 신호를 외부에서 의식적으로 인식하도록 돕는다는 사실이다. 이러한 저항은, 저항이라는 측면에서보다는 중요한 타인과의 초기 형성적(formative) 관계에 대한 진술이라는 측면에서 가장 잘 이해될 수 있는, 과거 경험으로부터 오는 전이 태도들이다. 글로버는 새롭게 밝혀진 원본능의 완고성에 대한 프로이트의 비관론에 대해 이의를 제기하면서, 저항에 대한 분석가의 관리와 행동을 포함해서 환자의 현실에서 작용하는 저항의 근원을 찾은 후에야 그 저항에 이름을 붙일 수 있다고 주장하였다.

스트레이치(Strachey, 1934)는 초자아를 오이디푸스 단계 갈등의 해소와 함께 자리 잡은, 저항의 중심적이고 처벌적인 원천으로 바라보는 구조이론에 머물렀다. 그는 유아 발달에서 전성기적 시기와, 성격과 그것의 방어 형성에 일차적인 역할을 하는 원시적 동일시 과정을 강조한 클라인의 이론을 구조이론에 덧붙였다. 그는 변화를 위한 필수 요소로서의 분석적 관계를 강조했는데, 분석가의 내사와 그의 호의적인 태도와의 동일시는 저항을 극복하고 심리내적 변화를 가져오는 데 필수적인 요소라고 역설하였다.

비엔나에서 그리고 나중에는 런던에서 활동한 안나 프로이트는 저항하는 환자를 교활한 속임수를 쓰는 사람으로 보는 라이히의 적대적인 견해와 첨예한 각을 세우면서, 저항이 환자의 자아가 초기 발달단계 동안에 자리 잡은 왜곡된 방어 수단들을 표현하는 유일한 무의식적 방식이라고 주장하였다(Sterba, 1953).

이렇게 주요 관심사가 원본능 분석으로부터 자아의 분석(안나 프로이트를 비롯한 다른 독일 분석가들이 영국과 미국에서 옹호했던)으로 전환하게 된 것은, 정신분석학계 안에서 특히 미국 정신분석학계 안에서 새로운 형태의 정신분석이 출현하는 데 영향을 미쳤다. 저항은 처음에는 일차적으로 내적 방어기제에 대한 일반적인 설명으로, 이차적으로 그러한 기제의 외부적 표현으로 개념화되었다. 그러나 일반적 사용에서 이러한 구별은 모호해졌고, 두 용어는 서로 바꾸어 사용할 수 있는 것이 되었다. 따라서 페니켈은 정신분석 이론 사전에서 저항이라는 주제에 한 페이지 이상을 할애하면서, 저항을 "환자가 무의식으로부터 자료가 산출되는 것을 방해하는 모든 것"이라고 정의하였다(1945, pp. 27-29).

1955년에 젯젤은 전이에 관한 국제학회에서 서로 밀접히 연결되어 있는 저항, 전이 그리고 방어에 대한 현대적 조망들을 개관하면서, 그러한 개념들에 대한 견해들이 이제는 더 이상 확실하게 구별할 수 없을 정도로 다양해졌다는 사실을 분명히 보여주고자 했다. 그녀는 성공적인 분석을 위해서는 최초 발달단계에서 겪었던 어려움을 분석상황에서 재생하고 반복하는 것이 필요하다는 데 분석가들이 일반적으로 동의한다는 점을 인정하였다. 그러나 그녀는, 방어 분석을 강조하는 사람들은 분석 작업에서의 퇴행을 저항의 표시로, 즉 전이 신경증 동안에 발생하는 자아의 원시적 방어기제로 보는 경향이 있다는 것을 주목했다. 이와는 대조적으로, 초기에 아이가 엄마와의 관계에서 겪었던 어려움의 재경험을 강조하는 사람들은 퇴행을 저항의 증가가 아닌 저항의 감소로 그리고 진정한 분석적 진보를 위해 필수적인 요소로 보았다(Zetzel, 1956).

첫 번째 견해를 지지하는 예로서, 분석 기법에 관한 메닝거의 권위 있는 저술은 분석적 노력에서 저항의 문제를 중심적인 주제로 삼고 있다. 그는 저항을 분석가 개인이 아닌 변화 과정에 대한 환자의 반대라고 정의했다. 그는 전이 저항을 분석가의 절제에 보복하기 위한 "보복 저항"을 형성하기 위해 과거의 관계들을 부활시키는 것으로 간주했다(p. 108).

이런 견해에 반대하는 견해들 중 하나는 위니캇의 것으로서, 그는 거짓자기의 정신역동에 관한 통찰에 의거하여, 저항과 전이의 개념을 전혀 다른 방향에서 바라보았다. 그는 분석가의 실수는 저항과 전이를 촉발시키는 데 있어서 결정적으로 중요한 요소라고 생각하였다(Winnicott, 1956). 저항으로 보이는 현상이 나타나는 것은 항상 분석가 쪽의 착오나 실수가 있었음을 암시한다. 저항은 분석가가 자신의 실수를 발견하고 그것에 대해 책임을 질 때까지 계속된다(p. 387).

최근의 역사

그 후 몇 년 동안, 정신분석의 지배적인 관심이 발달이론으로 그리고 분석관계 안에 있는 두 사람 심리학으로 전환된 것과 더불어 구조이론의 개념들이 갖는 중요성이 계속 감소되면서, 저항의 개념은 차츰 정신분석에서 중심적인 자리를 잃게 되었다. 그러나 저항은 기본적 현상들에 대한 임상적 명칭으로 여전히 타당한 것으로 남아있다. 로이 셰이퍼는 가장 포괄적인 비평을 통해서 "프로이트 초심리학을 구성하고 있는 세력, 구조, 기제 등과 같은 기계적인 언어"에 대해 비판하였다(Roy Schafer, 1973, p. 284). 그는 저항을 숨겨진 적의의 온상으로 규정하였고, 저항의 분석이 결정적으로 중요한 것이기는 하지만 많은 부정적 역전이를 불러일으킨다는 점에서, 가장 힘든 작업이라고 기술하였다. 그러나 그는 그 용어 자체가, 정신적 기구에 관한 전통적인 관점들로 인해 돌이킬 수 없이 굳어진 개념이 되었다고 주장하였다. 그는 저항을 피분석자 자신의 의도와는 반대로, 자신을 속이는 행동이라고 새롭게 정의했다. 피분석자는 오이디푸스 아버지의 세력에 맞서는 동안, 그리고 더욱 결정적으로는 원초적 어머니의 세력에 맞서는 동안 자신이 원하는 것과 반대되는 행동을 한다. 셰이퍼는 항거하고 부정하는 저항이 지닌 적응적인 측면과, 그것이 성숙을 위해 필요하다는 점을 강조했다. 후에 그는 저항의 개념이 프로이트의 역전이를 반영하는 것이라고 비판하면서, 그 개념 전체를 폐기해야 한다고 주장했다(Panel, 1990).

좀더 보수적인 미국 정신분석 주류가 견지하고 있는 보다 덜 급진적인 관점은 무어와 파인이 편집한 저서인 '정신분석 용어 사전'(Moore & Pine, 1990)에서 밝힌, 기본적인 정신분석 개념들에 대한 오늘날의 정의에서 찾아볼 수 있는데, 앞으로는 그것을 PTC 정의라고 부르겠다. 이 용어는 이러한 중도적 관점을 지칭하는 데 사용될 것이며, 또한 지속적으로 논쟁 대상이 되고 있는 영역들이 처리되는 방식을 지칭하는 데도 사용될 것이다.

저항에 대한 PTC 정의는 다음과 같이 시작된다. "통찰 지향적인 심리치료, 특히 정신분석 치료에서 일반적으로 부딪치는 역설적 현상. 신경증을 일으키는 문제를 해결하기 위해 전문적 도움을 구하는 환자는 다양한 방식으로 변화를 가져오는 치료과정을 방해하고 거부한다." 여기서 안나 O와 엘리자베스 부인이 과거를 기억하라는 자신의 요구에 의식적으로 대항하고 있다는 초기 프로이트의 생각이 반향되고 있음을 볼 수 있다(Freud, 1893). 그는 환자들의 그러한 고집스런 태도를 "저항"이라고 불렀고, 치료자는 그것에 대해 신념을 갖고 힘 있게 맞서야 한다고 보았다.

PTC 정의의 나머지 부분은 프로이트와 그의 추종자들이 전이에 관해 자신들이 발견한 것을 결정적으로 중요한 무의식적 요소들로 평가했다고 지적하면서, 다음과 같이 말한다: "저항은 종종 자유연상을 회피하는 것에서 드러나며, 넓은 의미의 저항은 자기-인식을 회피하고자 하는 환자의 모든 방어적 노력을 포함한다. 분석은 자아가 스스로를 방어하고자 하는 노력의 한 예이다. 분석은(자유연상을 통해서) 수용될 수 없는 아동기 소망, 환상 그리고 고통스런 정서를 일으키는 충동들을 인식하도록 돕는다. 그러나 이러한 충동들은 위협적으로 느껴지기 때문에 자아는 분석 자체를 반대함으로써 위협으로부터 회피하고자 한다"(p. 168).

이러한 요약은 현대 정신분석에서 여전히 중심적 위치에 있는 주요 이론적 및 기법적 입장이 크게 진보했음을 반영한다. 자유연상에 초점을 두는 기법은 분석에서 이러한 방어의 분석을 환자와 분석가 모두를 위한 중심적 과제로 만들었다. 이러한 객관화된 관점은 분석가로 하여금 작업과정의 보호자라는 역할을 맡도록 했고, 분석가가 아니라 분석과정과 씨름하는 환자를 거리를 두고 바라보는 관찰자로서의 상대적인 편안함을 얻을 수 있는 기회를 주었다. 주어진 과제의 수행과 관련된 환자의 필연적인 실패와 실수를 다루는 데 있어서, 이러한 비켜나 있기는 분석가로 하여금 차분하게 환자의 전이를 경험할 수 있게 했고, 환자가 분석가의 행동과 인격에 적의에 찬 태도를 보이거나 성애적인 관심을 보일 때에도 보다 초연하게 대처할 수 있게 했다. 환자의 행동은 방어적이거나 저항적인 것으로 간주되었고, 그의 완강함은 연상 과정을 통한 과거 외상의 발견과 그것에 대한 재작업을 방해하기 위한 것으로 여겨졌다.

분석적 지식의 진보는 정신 기구에 대한 삼중구조 개념을 좀 더 세련된 방식으로 분석에 적용할 수 있게 하였다. 저항은 자기-이해에 도달하는 과정에서 투쟁적이고 바람직하지 않은 장애물일 뿐만 아니라, 외부 세계에 적응하기 위해 원본능과 초자아 사이의 타협을 성취하려고 노력하는 과정에서 자아가 습관적으로 사용하고 있는 무의식적 방어 작용을 반영하는 것으로 이해되었고, 그런 점에서 임상적 유용성을 갖는 것으로 간주되었다 (Freud, 1924).

PTC 정의는 "전이-전이 저항의 영역에서 출현하는 저항"에 특별한 중요성을 부여하고 있다. "전이 자체는 저항으로 간주될 수 있다. 왜냐하면 환자는 전이에서 자신의 소망과 태도의 기원을 과거의 대상관계에서 찾기보다는 현재 상황에서 자신의 자기애적, 성적, 혹은 공격적 소망을 충족시키려고 하기 때문이다" (p. 168).

기존의 정신분석학의 입장은 저항을 일차적 방어기능으로 본 프로이트의 뿌리 깊은 견해를—프로이트가 한 걸음 더 나아가 전이를 저항의 기능으로 간주한 것을 제외하고는—충실히 따르는 것이었다. 그러나 전이에 대한 PTC 정의는 이런 견해를 따르지 않고, 전이의 영향력을 모든 대상관계의 핵심에 두는 견해를 따른다. 전이는 도처에 편재하는 현상으로서, 때로는 저항으로 사용될 수도 있는 것으로 간주된다. 그러나 그것의 중심적인 의미는 "어린시절 중요한 타인과의 관계에서 경험한 감정, 사고, 그리고 행동패턴을 현재 인간관계에 관련된 인물에게 전치시키는 것"에 있다. … "전이는 대상관계의 한 유형이며, 모든 대상관계가 최초 아동기 애착관계의 재구성인 한, 전이는 어디에나 존재한다"(p. 196). 분석적 관계에서 이러한 강렬한 전이가 발생하는 것은 분석상황에서 유아 신경증을 일으키는, 좌절이 야기한 퇴행의 증가와 함께, 분석이 진행되면서 유년기 파생물을 감당할 수 있는 능력이 증가하기 때문인 것으로 간주된다. 현재 수용되고 있는 이러한 정의는 저항과 전이에 각기 다른 역동적 중요성을 부여한 것으로서, 여전히 그것들 사이의 관계에 관해 갈등적인 평가를 내리고 있음을 보여준다. 이러한 상이점은 프로이트와 그의 추종자들이 임상에 기초한 두 개의 중요한 개념들을 그들이 지지하는 이론과 기법을 사용해서 조정하고 일치시키기 위하여 여러 해 동안 지속적으로 고투했음을 반영한다.

이러한 본질적으로 변증법적인 문제들은 그것들이 분석 작업에 관한 또 다른 여전히 필수적인 질문들의 맥락 안에 놓여지고 오래된 논쟁들을 극적인 양태로 표현하게 되면서 새롭게 부각되었다.

첫째, 전이를 분석 작업의 방해물로, 즉 분석에서 원치 않는 본능적 충동들이 출현하는 것에 반대하는 생물학적으로 강요된 심리내적인 힘에 의한 저항으로 보는 것이 타당한가? 아니면, 그것이 형성기 동안의 욕구와 공포를 다루기 위해 그리고 방어하고 적응하기 위해 우리가 배웠던 특별한 인간관계 양식을 드러내는 것으로, 따라서 저항을 분석적 모험에 필요불가결한 전이의 표현으로 보는 것이 타당한가?

둘째, 정신분석은 한 사람 심리학인가, 두 사람 심리학인가? 분석가는 환자의 자기-주도적 행동들에 대한 분리된 관찰자인가, 실제 관계의 형성에 자신의 전이를 가져오는 참여자인가?

셋째, 저항과 전이를, 관찰하는 분석가의 입장에서 바라볼 것인가, 환자의 경험으로부터 바라볼 것인가? 누구의 지식이 분석적 발견으로 안내하는가?: 이론과 경험을 통해 얻어진 분석가의 것인가, 개인적 과거를 간직하고 있는 환자의 것인가?

넷째, 무엇이 분석적 노력에 치료적 가능성을 제공하는가?: 환자의 저항과 방어들의 특질을, 그리고 그 목적과 의미에 내재된 개인사적인 욕구를 이해했음을 언어적으로 표현했기 때문인가, 아니면 이해에 도달하기 위한 노력이 발생하고 있는 분석적 관계의 정서적-경험적 요소들 때문인가?

이러한 대립적인 의문들은, 어떤 것은 원래 프로이트에 의해서 그리고 다른 것들은 후대 학자들에 의해서 제기되었던(1911, 1914) 오랫동안 지속된 논쟁들과 불확실성들을 선명히 드러낸다. 현대 정신분석의 다양한 목소리들은 여전히 해결되지 않은 논쟁들이 남아있음을 반영한다.

본 장의 나머지 부분에서 나는 이러한 견해들의 차이와 그것들이 혼합된 모습을 간략히 살펴보겠다. 내가 유지하고자 하는 기본 노선은 PTC 정의에 반영된 미국 정신분석 주류의 견해를 따르는 것이다. 그러나 역사적 맥락을 제공하기 위해 대안적이거나 경쟁적인 견해도 제시할 것이다.

저항의 본질과 표현

오늘날 일반적으로 수용되는 견해에 따르면, 저항은 직접적으로는 관찰할 수도 알 수도 없지만, 인간 행동의 관찰 가능한 다른 모든 표현들에서 드러나는 것이며, 이는 근본적인 생물학적 욕동과 적응 능력에서 기인하는 것이다. 우리는 관찰 가능한 것에 근거해서 관찰할 수 없는 것에 대한 추상적인 지도(地圖)와 다양한 이론적 추론을 만들어낼 수 있다. 이것들은 욕동과 능력이라는 용어에서처럼, 이론화될 수 있다. 그러나 임상에서는, 인간의 기본적 충동에 대한 탐색과 이해는 분석적 양자관계에 있는 두 사람의 상세하고 구체적인 경험에 대한 지속적인 관심을 통해서 가장 잘 성취할 수 있다는 데 일반적으로 의견이 일치하고 있다. 그러므로 서로에 대한 표현과 반응으로서의 개인간의 저항의 표시는 두 참여자 모두의 심리내적 차원에 대한 탐색에서 일차적인 중요성을 갖는다. PTC에서 보듯이, "저항은 모든 정신분석 치료에서 발생하는 현상이다. 그것은 환자마다 그 형태와 강도에서 다르고, 같은 환자라도 분석의 단계에 따라 다르게 나타난다. … 저항은 무의식적 갈등의 본질에 대한 통찰을 가져오는 인식, 사고, 기억, 감정, 또는 그러한 요소들의 복합체인 콤플렉스에 대한 인식을 가로막음으로써, 현재 경험과 초기 경험 사이의 연관성을 깨닫지 못하게 하고 무의식적 갈등의 성질을 통찰하지 못하게 한다"(p. 168). 간단히 말해서, 어떠한 심리적 활동도 저항으로 작용할 수 있다.

두 사람의 심리적 장(field)에서 발생하는 분석가의 반응과 방어의 중요성을 강조한 초기 페렌치와 글로버의 사고는 PTC 정의의 또 다른 부분에도 반영되어 있다. "분석상황에서 저항은 전적으로 환자에게서만 오지 않는다. 저항은 분석적 양자관계의 상태를 반영하며, 분석가의 스타일, 성격 그리고 역전이에 의해 크게 영향받는다"(p. 169). 분석가의 심리와 그것이 분석경험에 기여하는 것에 대한 상세한 연구는 지난 40년간 미국 정신분석에서 우선적인 관심사가 되어왔다.

저항의 범주

저항의 분류는 더 이상 정신분석의 주된 관심사가 되지 못하고 있다. 그것은 저항 현상이 어디서나 발견되는 것이기 때문에, 저항에 대한 목록이 연구자의 선호하는 관점과 특별한 임상적 관심에 대해 더 많은 것을 말해준다는 사실이 알려졌기 때문이다(Panel, 1957). 그러나 프로이트가 "금지, 증상, 그리고 불안"(1926)에서 묘사하고, "종결이 가능한 분석과 종결이 불가능한 분석"(1937)에서 거듭 서술한, 다섯 가지 저항은 지금도 영향력을 미치고 있는 것으로 보인다.

우리가 보아왔듯이, 몇몇 학자들은 분석 과제를 원시적 초자아의 모습으로 드러나는 완강한 적에 대한 공격으로 개념화하면서 프로이트의 새로운 본능 이론을 사용하였다. 성격을 왜곡시키는 저항에 대한 분석은 이제 분석의 중심 과제가 되었다(보다 온전한 사람들이 보이는 증상에 대한 분석보다는). 이러한 임상적 관점은 분석가가 심리성적 발달에서 결핍을 지닌 환자를 다루고 있는지 아니면 성격적인 왜곡의 문제를 갖고 있는 환자를 다루고 있는지를 아는 것이 적극적인 역할을 한다고 강조한다.

이런 여러 선구자들은 치료적 변화를 위한 토대로서의 분석관계와 전이가 함축하는 것에 면밀한 임상적 주의를 기울일 것을 주장하면서도, 프로이트의 추상적 개념을 그들 이론체계의 배경으로 여전히 간직하고 있다. 여러 학자들이 환자가 분석가와 갖는 변화적 동일시를 치료적 변화를 가져오는 도구로서 강조하였다(Abraham, 1919; Sachs, 1925; Sterba, 1929; Strachey, 1934). 이러한 초기 변화는 분석가가 그 자신의 부족함과 자산을 지닌 채 분석에 참여한다는 사실을 새롭게 인식하게 되면서, 정신분석을 개인적 관계에 근거한 쌍방 과정으로 보는 현대적 견해에 도달하게 되는 과정의 시작으로 볼 수 있다.

저항에 대한 현대 PTC 정의는 보수적인 측면에서 개념화하거나 본능적 원천에 집착할 필요 없이(도발적인 견해를 위해서는 Frank, 1983을 보라), 오래된 인간관계 패턴을 반복해야 하는 필요성을 강조한다. 특히, 죽음 본능은 더 이상 무의식적 죄책감으로 인한 초자아 저항, 처벌받으려는 욕구, 부정적 치료반응이나 피학증의 원인으로 인용되지 않는다(클라인 이론은 여전히 예외로 남아있다). 대신 이러한 저항들은 초자아 저항에 속하는 것으로 간주되고 있지만, 임상적으로는 초자아 기능이 그것으로부터 형성되어 나왔다고 추정되는 아이-부모 관계의 측면에서 다루어진다.

자아 저항에 대한 프로이트의 분류는 이제는 일반적 용어가 된 '억압'과 함께 여전히 임상적 가치를 갖고 있는데, 억압은 자아가 유아적 추구에 대한 원치 않는 공포, 죄책감 그리고 수치심에 대한 관념적/정서적 자각을 물리치기 위해 "전술적으로" 사용하는 모든 방어 장치들과 그것들의 구성요소를 일컫는다. 한편으로 환자는 "전략적으로" 이러한 환상들과 소망들을 모든 관계에서, 특히 현재 분석가와의 관계에서 충족시킬 방도를 찾는다(이 범주들에 대한 상세한 설명을 위해서는 Dewald, 1980, 1982를 보라). 프로이트 이래 이러한 전술적 저항은, 성격에서 표현되는 왜곡된 자아 층에 뿌리를 둔 습관적 행동들을 포함하는, "저항을 드러내는 것에 맞서는 저항"으로 간주되었다(Freud, 1937, p. 239).

임상 사례

정서적으로 친밀한 관계를 유지하면서 부모와 함께 살고 있는 청년 T는 대학시절부터 그의 우수한 재능을 충분히 실현하지 못하게 가로막는 반복되는 우울증으로 고통받고 있었다. 그는 분석을 시작한 후로 처음 2년 동안 분석 작업에 열심히 협력하였고, 직업에서 크게 발전했으며, 그리고 친밀한 관계를 맺을 수 있게 되는 등 많은 치료적 진전을 이루었다. 그러나 그런 진전을 이룰 때마다 그는 곧 비틀거리며 힘을 잃고 수치감과 자기비난 상태로 가라앉곤 했다. 처음에 우리는 이러한 반복이 그가 어머니와의 친밀함을 포기하는 것에 대해 강력하게 저항하고 있는 것이라고 생각했다(이것은 원본능의 끈끈한 저항으로 묘사될 수 있다; 이것은 무엇보다도 막내인 그와 어머니 사이에서 특별히 친밀관계가 형성되었기 때문으로 보인다). 분석이 진행되면서 그는 자신에게 커다란 기쁨과 만족을 가져다주는 일과 사랑에서의 진정한 성취가 어떤 것인지를 깨닫게 되었다. 그러나 웬일인지 그는 그때마다 그가 치료를 시작했을 때와 비슷한 상태로 갑자기 되돌아가곤 했다.

우리는 이러한 삽화를 여러 번 겪으면서 계속 작업하였고, 그의 성공은 부모를 병들게 하거나 죽게 하는, 어머니에 대한 용서받을 수 없는 불충이라는 지금까지 무의식적이었던 환상과 만나게 되었다. 그의 성공을 요구하는 아버지(분석가인 나)의 힘을 용인하고 굴복하는 것을 그는 받아들일 수 없었다. 이러한 치료 작업을 멈추게 하는 우울증으로의 추락은 환자의 소망 실현에 따른 필연적인 결과였다.

이러한 삽화는 부모에 대한 그의 명백한 양가감정과 그에 따른 처벌의 욕구에서 암시되고 있는 바, 공격성에 대한 초자아 죄책감이 유발한 부정적 치료반응으로 설명할 수 있다. 그러나 결국 우리는 그의 부모 및 나와의 갈등적인 관계망이라는 측면에서 그 모든 것을 더 잘 이해하게 되었고, 따라서 우리는 환자의 전이와 동일시에 대한 극복작업을 수행해야만 했다.

이러한 곤경에는, 남편으로서 또 부양자로서 무능했던 아버지가 이러한 그의 공격적인 열망을 안전하게 맞서주지 못했기 때문에, 어머니의 마음속에서 아버지를 물리치고 대신 그 자리를 차지하고 싶은 그의 소망이 너무나 끔찍스럽게 느껴졌던 그의 감정이 포함되어 있었다.

T의 몇몇 저항들은 상당히 분명한 것이었는데, 그것들은 분석에 대한 그의 느낌과 나의 요구에 열심히 순응하는 것으로 시작되었다. 이것들은 그의 선량한 특질과 성숙한 책임의식을 반영하는 그의 습관적 행동이었다는 점에서, 성격 저항으로 생각될 수 있는 것들이었다. 현대 주류 정신분석의 용어로, 이러한 "전술적" 방어들은 그가 부모에게 했던 것처럼 나와 밀착하려는 무의식의 "전략적" 의도들을 부인하기 위한 것이며, 어머니에게 매달리거나 어머니의 여성성과의 동일시를 유지하고자 하는 수치스러운 소망들을 계속 억압하기 위한 것이었다.

T는 또한 저항의 이차적 이득의 측면들을 드러냈다. 이러한 이차적 이득은 신경증적 타협—소망(원본능)과 제한하는 환경(초자아로 내면화된) 사이의 갈등을 다루기 위해 자아가 고안한—의 한계를 상쇄하기 위한 것으로서, 추가적이고 보상적인 만족을 주는 것이면 어떤 것에든 계속해서 적용되는 모습으로 나타났다.

T의 신경증적 타협의 해결은 시도의 죄를 반복하고, 실패를 벌하고, 우울한 패배자로서 집과 부모에 대한 심각한 의존 상태로 돌아가 고통받는 것이었다. 이 마지막 요소는 그가 기대에 미치지 못한 것에 대해 다른 사람들과 자신을 벌주고 있을 때조차도, 부모에게 매달리려는 그의 유아적 의존 소망을 어느 정도 직접적으로 만족시켜주는 것이었다.

T의 이차적 이득은 증상에 대한 끈질긴 집착으로서, 이것은 나중에 분석적 관계에서 표현되었다. 그의 부모가 치른 대가는

그가 치러야 했던 것의 극히 일부에 지나지 않는 것이었다. 우리는 느린 진전을 수치스러워 하는 그의 은폐물 뒤에는 그의 부모에게 대가를 치르게 하고 있다는 잔인한 만족감이 숨어 있다는 것을 발견했고, 또한 내가 그에게 일정 부분 책임을 질 것을 요구하지 않기를 바라는 소망과, 내가 성공적인 분석에 실패하여 실망을 겪게 함으로써 내게 보복하려는 소망이 자리 잡고 있음을 발견하였다.

대부분의 분석적 노력을 방해하는 이러한 '부정적 치료' 반응은 상당한 분석 작업이 성취된 이후에도 반복적으로 실패로 돌아가는 T의 비타협적 태도에서 강하게 나타났다. 이러한 재발은 리비도 고착으로, 본능의 보수적 성질로, 초자아의 징벌적 압력으로, 그리고 죽음본능에 의한 자기를 향한 공격성으로 설명할 수 있을 것이다. 그러나 그러한 행동은 인격적 관계라는 방식에서 이해될 때, 분석적 탐구에 좀더 개방적이 될 수 있다. 여기에 이차적 이득 현상이라는, 추상적인 말로는 적절히 나타낼 수 없는 인간관계의 역동적인 복잡성이 포함되어 있다. 이렇게 중요한 세부사항들은 전이라는 매개물을 통해 분별되고 파악되어야 한다.

저항과 전이

1927년에 글로버는 분석가 중심적인 저항의 의미에 대해 그리고 저항이 전이와 동일한 것이라는 사실에 대해 탁월하게 지혜로운 진술을 제시했다. "분석에서 물러나 있을 때 우리는 저항의 방어적 기능을 마음속에 떠올릴 수 있다. 그러나 실제로 분석에 참여하게 되면, 환자 자신의 성격이야말로 이러한 방어들을 표현하는 대변자라는 사실이 드러난다"(rpt. in Glover, 1955, p. 80). 환자와 분석가의 행동을 형성하는 데 전이가 일차적으로 중요한 의미를 갖는다는 사실을 초기에 대변했던 글로버는 후기 분석가들이 확장시키려고 애썼던 요지를 포착하였다. "전이가 단지 저항에 불과하다고 말한다면, 그것은 전적으로 오도된 것이고, 그야말로 부정확한 것이다. 전이는 우리에게 유아기와 아동기의 핵심적 갈등을 알아볼 수 있는 윤곽을, 즉 오이디푸스 상황과 그것의 모든 측면들을 제공해준다"(ibid., p. 68).

후기 분석가들 중에서 영국의 하이만(Heimann, 1956)과 위니캇(Winnicott, 1956)은 미국의 스톤(Stone, 1973)과 로우왈드(Loewald, 1951, 1960)와 함께 이러한 주요 강조점의 전환을 더욱 촉진시켰고, 가장 강력한 저항의 유발자라는 지위를 전이에 부여했다. 하이만은 클라인 학파의 입장에서 방어와 저항의 형성에 유아적 환상들이 차지하는 중심적인 역할과 그러한 환상들이 전이에서 드러난다는 사실을 강조하였다. 그리고 그녀는 그러한 전이에서 드러나는 환상들을 본능의 정신적 표현으로 볼 수 있다는 유용한 개념을 제시했다(Heimann, 1956, p. 305).

본능적 욕동에 관한 추론과 구조이론 그리고 초기 대상관계들의 변화 사이를 연결하는 개념은 최근 현대 분석에서 특히 스톤과 로우왈드에 의해 크게 확장되었다. 그 결과, 저항은 전이에 의해 형태가 만들어진 환자의 행동들이 분석관계 안에서 자체를 드러내는—한편으로 두려워하는 것들로부터 자신을 보호하는 동시에 다른 한편으로 리비도적 및 자기애적 소망들을 충족시키기 위해—모든 방식들을 일컫는 용어가 되었다.

전이를 이렇게 넓은 관점에서 볼 때, 이러한 저항 방식들은 우리가 사는 데 필요한 적응 과정에 본래 내재된 것이며, 분석상호황이라는 특별한 맥락에서 쉽게 드러나고 강조되는 것으로 이해된다. 저항은 신경증 환자의 초기 순응의 일부이다. 일단 분석에 들어가면, 환자의 저항은 분석가에 대한 애착 감정을 충분히 정교화하는 것에 저항함으로써 분석가에 대한 깊은 감정을 의식적으로 자각하기를 거부하는 것에서부터, 극복과정과 애착이 주는 만족과 그것이 지속되는 것에 대한 증상적인 정당화를 모두 포기하는 것에 이르기까지, 다양한 범위 안에서 나타난다(Stone, 1973).

T의 사례를 이러한 도식에 적용해볼 수 있다. 분석 초기에 그의 충실한 순응은 결국 패배로 끝나게 되는 반복적인 행동을 위한 무대를 마련하기 위한 것이었다. 그 무대 위에서 그는 부모의 대리자인 분석가와의 대인관계적인 동맹과 반역이라는 상호 역동을 연출했다. 양심이라는 내적 세력들은 오이디푸스적 승리를 성취한 그의 행동을 취소시키도록 압력을 가했고, 분석가와 부모 모두에게 수치스럽게 의존하는 것이 가져다주는 안전감—죄책감에 의해 추동된—에 그를 가두었다. 유아 발달에 관해 연구한 말러와 다른 관찰자들이 얻은 통찰에 비추어본다면, T의 반복은 분리와 개별화를 포함한 해결되지 않은 전성기기 문제들을 반영하는 것으로 볼 수 있다(Mahler et al., 1975).

PTC는 T와의 분석 작업에서 마주치는 완강하게 반복되는 저항을 다음과 같이 설명한다. "일단 환자의 무의식적 갈등이 밝혀지고 환자가 어느 정도 통찰을 얻게 되면, 저항은 분석과정의 진전을 지체시키거나 정지시키는 형태로 나타날 수 있다. 이것은 부적절한 아동기 소망과 그 소망의 부적응적이고 왜곡된 표현을 포기하려 하지 않는 무의식적인 거부를 반영한다. 환자는 그의 증상, 성격, 또는 행동에서 이 부적절한 아동기 소망을 부적응적이고 왜곡된 형태로 표현하고자 한다"(p. 169).

자존감의 유지와 관련해서 거의 모든 환자들에게서 다양한 정도로 발견되는 자기애적 저항은 T의 행동에는 잘 맞지 않는다. 무의식적 목적을 갖고 있는 그의 증상 패턴을 포함하여, 심리적 평정 상태를 유지하기 위한 그의 습관적 행동 양식은 본질적으로 자기애적 목표를 위해 사용되는 것이라고 추론할 수 있다(Stone, 1973, p. 67). T의 자기애적 저항들은 치료자인 내가 나 자신의 욕구를 충족시키기 위해서 그의 분석을 성공적으로 끝내기를 원한다고 보았던 그의 생각에서 가장 명백히 드러났다. 그는 착취당한 어린아이처럼 모욕을 느꼈고, 분노와 환멸을 경험했는데, 그의 분노와 환멸은 나에 대한 자아 동조적이고 현실적인 관점의 일부였으며, 분석시간 동안에 그가 방어적이고 처벌적으로 철수한 것을 정당화해주는 것이었다. 몇 개월 동안 그는 거만한 태도로 분석에 임했고, 나에 대해서 일단 필요한 것을 얻고 나면 그를 버리고 떠날 사기꾼이라고 생각하면서 불신하였다. 이러한 저항 상태는 진정한 자기애적 환자의 방어적 태도와 서술적으로 잘 일치하는 것으로서, 일반적으로 신경증 환자를 괴롭히는 부정적 전이의 폭풍이 몰아치는 동안에 일시적으로라도 발생할 것으로 예상되는 것이기도 하다. 그러한 퇴행은 초기 양육에서 피할 수 없었던 상처와 실망들이 담겨있는 전이를 활성화시키는데, 그 전이는 충분히 좋은 분석적 반응이 제공될 경우, 계속되는 분석을 통해 해소된다(Winnicott, 1979).

진정한 자기애적 인격장애에서 드러나는 완고한 저항은 1919년 아브라함이 기술한 이래 자기애적 전이로 인식되어왔다. 아브라함은 자기애적 환자는 분석을 갈망하지만 단지 자기 방식대로만 분석을 받기를 원한다고 보았다. 심한 강박증환자의 특성인 시기심과 항문-가학적 공격성을 사용하여, 환자는 분석가의 부성적 권위를 거부하고 자기애에 대한 어떤 도전도 끊임없이 방어

한다. 자기애적 저항은 전형적으로 자신의 일이나 좋아하는 것에 간섭하는 것을 참지 못하고, 분석가의 아주 작은 실패에도 언제든 리비도를 철수할 준비가 되어있으며, 분석가를 지도하고 능가하고 평가절하하려는 태도로 나타난다(Abraham, 1919).

컨버그는 좀더 현대적인 용어로 이러한 자기애적 전이 저항의 방식을, 과대주의와 무가치감 사이를 오가는 자존감의 변동 현상과 함께, 통합된 자기개념이 결핍된 성격 형태에서 출현하는 것으로 개념화하였다. 자기애적 개인은 피상적인 대인관계 안에서 자신과 타인으로부터 완전함에 대한 원시적 기대가 완벽하게 충족되기를 바라며, 부득이한 실망으로 인해 자존감이 상처를 입을 때는 고립되고 침울해지며 자기애적 격노를 보이면서 방어적으로 반응한다. 이러한 현상은 일차적인 자기애적 욕동과 공격적 욕동이 충분하게 조절되지 못함으로 해서 자기 표상과 대상 표상의 안정적이고 애정적인 만족스러운 발달을 이루지 못한 채 그러한 욕동들이 성인의 삶에 이르기까지 계속해서 이어지고 있기 때문인 것으로 보인다(Kernberg, 1974, 1975).

코헛의 자기 심리학은 자기애적 저항의 본성에 대한 또 다른 시각을 제시했다(Kohut, 1971). 주류를 이루고 있는 구조적 관점을 보완하고 대신하는 이러한 관점은 자기애적 전이를, 지지해주는 타자와의 관계 안에서 응집적인 자기의 상태를 성취하고자 하는 그리고 이러한 평형상태를 방해하는 모든 위협으로부터 방어하고자 하는, 개인의 일차적인 욕구를 반영하는 것으로 본다. 타자들에게 지나치게 무례하게 보이는 태도는 자기애적 개인들에게는 피할 수 없는 것으로서, 그들은 타자들을 자신들을 반영해주고, 자신들의 쌍둥이가 되어주고, 자신들의 전능성을 반영해주고 확인해주는 부분 대상으로 인식하고 통제하고자 한다. 그의 절박한 요구는 리비도와 공격성 사이의 심리내적 갈등이나 초자아가 야기한 죄책감으로부터 오는 것이 아니라, 유아기와 아동기에 최초의 자기대상으로부터 공감적 반응을 얻지 못하여 입은 상처로 인해 주눅들고 허약해진 정신 구조로부터 오는 것이다.

코헛 학파의 관점에서 볼 때, 주요한 방어과정들과 저항 패턴들은 죄책감을 극복하기 위한 것이 아니라, 굴욕감과 파편화되는 느낌으로 인도하는, 그리고 타인의 긍정을 받는 데 실패하거나 자신의 과대적 기대에 의해 압도되는 위협에 의해 발생하는 부적절감을 극복하기 위한 것이다. 이러한 방어들은 오이디푸스 수준의 문제보다는 초기 정신 발달의 문제점들을 반영하며, 분열의 두 유형을 포함한다. 수직적 분열은 외부 현실에 대한 부정과 부인을 사용하며, 그 결과 전능감과 무력감의 대극을 모순없이 의식적으로 경험할 수 있다. 궁극적인 의미에서 억압에 비교되는 수평적 방어는 수용할 수 없는 자기대상 욕구와 관심들을 의식으로부터 차단하는 것이다(Kohut, 1971).

저항을 다루는 기법

앞에서 대략적으로 기술한 다양한 관점들이 가장 첨예하게 대비되는 곳은 저항에 대한 임상적 치료 기법에서이다. 전이의 역할과 중요성은 저항 그 자체를 어떻게 보느냐에 따라 달라진다. 여기서 분석가 개인의 이론적 선호가 어떤 것인가 그리고 분석가가 분석 작업에 대해 그들의 세계에 대해 그리고 서로에 대해 어떻게 바라보는가가 중요해진다.

프로이트는 얼마 안 되는 기법에 관한 논문들에서 일반 분석가에게 지금도 영향력을 미치고 있는 기법적 규범과 제한들을 제시했다(Freud, 1911, 1915b). 그는 우월한 지식을 소유한 권위자로서의 분석가의 정체성을 강조했다. 분석가는 자기 자신을 유아적인 특성으로 인해 현실 세계에 대한 손상된 인식 능력을 가진 환자에게 보다 진실된 시각을 제공하기 위해 축적된 과학적 진실을 사용하여 담담한 절제 상태에서 작업하는, 초연하고 객관적인 관찰자라는 인식을 가져야 한다는 것이다. 그러나 같은 논문에서 프로이트는 또 다른 설명을 통해 균형 있는 견해를 제시하고 있는데, 그것은 분석가가 자신의 관점에 맹목적이 되지 말고 모르는 것에 대해 열린 자세를 유지해야 하며, 자신과 환자의 무의식을 조율하기 위하여 그리고 환자의 진실에 이르는 통로를 발견하기 위하여 자신의 이론과 개인적 견해를 옆으로 밀어놓을 수 있어야 한다는 것이었다. 보는 것과 아는 것 대 찾는 것, 이론을 적용하는 것 대 열린 탐색을 하는 것 등의 본질적으로 서로 모순된 방식들 사이의 균형을 맞추는 것은 그 후로 정신분석 작업을 특징짓는 언어가 되었다(Panel, 1990).

프로이트가 강조한 초연한 과학자로서의 분석가는 북미에서 오랫동안 분석가가 지켜야 할 기법적 자세로 받아들여졌다(Fenichel, 1945). 현실에 대한 우월한 인식 능력을 지닌 숙련된 전술가인 분석가는 우선 저항을, 그 다음에는 통제할 수 없는 리비도적 및 공격적 세력에 의해 추동되는 완강한 성격 방어들(character defenses)을 체계적으로 해체시켜야 한다(Reich, 1933). 그는 매 분석시간마다 중요한 의미를 확인하고, 이러한 이해를 활용하여 환자의 전이에 적극적으로 영향을 미칠 수 있는 개입을 제공한다(Alexander, 1925). 이러한 관점들은 1970년대 중반에 이르러서야 몇몇 미국 분석가들에 의해 제시되었는데, 그들은 환자들의 비합리적인 견해를 직면해주고 저항하는 행동들이 부적절한 것임을 설득하는 기법적 전략을 사용하였다(Menninger, 1973). 효과적인 분석 작업의 필수 요소인 치료적 좌절을 이끌어 내려면, 욕구충족을 얻고자 하는 환자의 은밀한 시도는, 필요하다면 일시적으로 분석을 중지해서라도, 탐색되고 제거되어야 하는 것으로 간주되었다(Sloane & Segal, 1968). 같은 흐름에서, 저항의 관리는 분석의 핵심 요소로 간주되었고, 두 참여자의 통제되지 않은 전이로부터 분석을 보호하기 위해 필요한, "정신분석적 계약"의 형식을 통해 다루어졌다(Menninger. 1973).

이와 비슷한 시기에, 상당히 다른 기법적 제안들이 점차 미국 분석학계에 영향을 미치기 시작했는데, 이것은 부분적으로 멜라니 클라인(1948)과 페렌치를 따르는 몇몇 사람들(Balint, 1968)과, 라이히의 관심을 이어받은 미국과 영국의 분석가들(Anna Freud, 1937; Jones, 1957; Sterba, 1953; Fliess, 1942)에 의해 영향을 받은 사람들, 그리고 영국의 대상관계 관점에서 훈련받은 분석가들(Glover, Strachey, and Winnicott)의 작업을 통해 이루어졌다. 그리고 종종 간과되는 또 하나의 원천은 설리반의 대인관계 심리학이었다(1953). 이 다양한 관점들의 공통점은 환자의 방식들에 대한 보다 광범위한 수용, 그것들을 탐구하는 것에 대한 헌신, 그리고 환자의 방어적 행동을 증가시키거나 완화시키는 분석가의 역할에 대한 보다 민감한 주의 등이었다. 이러한 접근은 분석가의 위치를 확실하게 행동의 영역 안에 두고, 우월한 앎의 위치에서 기능하지 말 것을 요구하는 경향이 있다. 환자의 저항을 다루는 위니캇의 방법과 라이히의 방법 사이의 현저한 대조는 여전히 화해 중에 있는 오래된 차이를 극명하게 보여준다.

미국 주류 분석가들의 입장은 대부분 이 두 극단 사이의 어딘가에 위치하고 있으며(Brenner, 1981; Arlow, 1975; Rangell, 1983; Greenson, 1967), 프로이트가 말한 정신분석의 두 구성 요소를 혼합하여 하나의 유용한 양안적(兩眼的) 관점을 형성하는 데 더 가까이 접근하였다. 대부분의 분석가들은 분석가를, 환자의 경험 안에 있는 알려져 있지 않은 것을 공감하는 것과 자신이 관찰한 것에 대한 객관적인 평가 사이를 오갈 수 있는 훈련된 능력을 사용하여 분석 작업에 참여하는 사람으로 보는 데 동의한다. 일부 분석가들은 이러한 작업에 그들 자신의 장점과 약점이 영향을 미칠 수 있으며, 그들의 중재, 기여, 그리고 내적 반향들은 환자들의 그것들과 똑같이 면밀하게 검토되어야 한다는 사실을 인정한다. 이러한 대등한 위치에서의 접근은 양측의 모든 행동들이 갖는 풍부한 의사소통을, 그리고 그들 사이에서 실현되는 전이를 경험하고 탐색하는 데서 발견되는 치료적 성과를 좀더 충분히 이해할 수 있게 했다(Jacobs, 1991; Poland, 1975; McLaughlin, 1988).

저항을 다루는 다양한 방식들

다양한 이론적 선호들과 공감적 탐구들을 혼합하여 만들어낸 결과들을 가지고 무엇을 할 것인지와 관련해서는, 즉 그것을 어떻게 듣고, 그것에서 무엇을 찾으며, 우리가 본 것을 어떻게 정리할 것이며, 환자에 대한 우리의 이해를 어떻게 전달할 것인지와 관련해서는 여전히 커다란 견해의 차이들이 존재한다. 그러한 차이들은 저항이라는 논제의 한계를 벗어나는 문제들과 관련되어 있는 커다란 주제이므로, 지금 여기서 충분히 다룰 수는 없다. 한 가지 일반적인 주장을 제안한다면, 그것은 우리들 중 어느 누구도 정신분석가의 과제에 관해 똑같은 시각을 가질 수 없다는 것이다. 우리가 시도할 수 있는 것은, 독자들에게는 지나치게 단순화한 점을, 동료들에게는 귀중한 공헌을 언급하지 않고 간과한 점을, 그리고 선호된 이론의 지지자들에게는 이론을 미숙하게 처리한 점을 사과하면서, 저항을 다루는 기법적 방식의 몇 가지 본보기를 선택하는 것일 것이다.

우선 주류 분석가들은 시혜적이고 권위적이며 거리를 두는 입장에서, 본능적 욕동에 의해 추동되는 구조이론을 따라 저항을 다루기 위해서는 먼저 환자의 행동패턴을 확인하는 것이 필요하다고 본다. 그들은 저항을, 본능적 욕동 표현에 대한 초자아의 반응에 따른 자아의 무의식적 적응을 나타내는 타협적 구성물을 만들어내는 데 필수적인 요소로 본다(Dewald, 1982). 그러한 맥락에서 그들은 결국 저항을, T의 경우에서처럼, 환자의 순응과 협력 모두를 나타내는 것으로 본다. 유사하게, 분석가가 저항이 이해될 때 전이에서 정서의 분출에 직면하는 데 주저하거나 또는 바람직한 분석적 기법에서 요구되는, 환자의 아픔과 고통을 활성화하는 데 주저하는 모습은 역전이 현상으로 간주한다(Dewald, 1982, pp. 51-52). 이들은 직면하고, 명료화하고, 해석하며, 환자가 이러한 과정의 결과들을 극복하도록 돕기 위해서 반복적으로 개입한다(p. 53). 그는 먼저 가장 자아-이질적이고 최적의 분석관계를 확립하는 데 방해가 되는 보다 덜 핵심적인 저항들을 선택한다. 그것은 그가 전략적 방어 또는 성격적 방어와 씨름하기에 앞서, 확고한 치료 동맹을 확립하기 위해서이다. 환자의 혼란스러움에 직면하여 각기 다른 상황에서 반복되는, 판단적이지 않으며 일관되게 중립적인 관심을 갖는 분석가의 태도는 치료과정의 필수적인 요소인 분석가와의 동일시를 위한 모델로 사용된다(pp. 54-55).

이들은 환자가 그 다음 단계로 나아갈 준비가 되었는지를 가늠하기 위하여 계속해서 숨은 저항들을 살피고 환자의 반응들을 평가한다(pp. 55-56). 만일 통상적인 일련의 개입들이 거듭해서 저항을 제거하는 데 실패한다면, 분석가는 분석의 진전을 위한 보조 수단으로 강박적인 의례행동을 보류할 것을 제안하거나 학대적인 관계를 포기하도록 촉구하는 등의 수정된 기법을 사용할 필요가 있을 것이다(p. 60). 이들은 환자가 사물을 실제 그대로 바라볼 수 있게 하기 위해서 사려깊고 명료한 언어적 중재를 통해 상당 기간 동안 전달한, 이성의 조용한 목소리가 갖는 힘을 믿고 있다고 말할 수 있다.[1]

본질적으로 같은 구조적 틀 안에서 작업하는 또 다른 주류 분석가들은 프로이트에 의해서 그리고 지금은 드왈드에 의해 주장된 이러한 저항에 대한 전략들을 증상 억제 또는 암시에 의한 조작으로 본다(Gray, 1982). 그들은 환자의 자기 관찰적 힘과 집행적 자아의 다른 측면들을 다루고 최대로 활용하는 것을 통해 저항에 대해 작업하는 것을 선호하며, 분석가-환자 관계의 직접성에서 발생하는 자신의 연상 과정을 따르도록 환자를 교육하는 것을 통해서 작업한다(Gray, 1973). 이들은 초자아의 활동에 특별히 초점을 맞추고, 환자가 연상 과정에서 출현하는 정동과 심상으로부터 물러서서 분석가가 지적한 것을 숙고하는 데 도움이 되는 이성적인 치료 동맹으로 나아가게 하는 자율적인 자아 기능들을 강조한다. 이것은 치료에서 결정적인 순간으로 작용한다:

---

1) 프로이트는 1919년에 분석가의 과제를 "환자에게 무의식, 즉 억압된 자신의 충동들을 이해시키는 것과, 이를 목적으로 자신에 대한 심층적 이해를 방해하는 저항을 노출시키는 것이라고 정의하였다. 이러한 저항의 노출이 그것의 극복을 보장하는가? 항상 그런 것은 아니나 우리의 기대는, 치료자에 대한 환자의 전이를 분석함으로써 이를 성취할 수 있다는 것이며, 환자로 하여금 아동기에 굳어진 억압적 과정이 부적절한 것이며, 그런 상태로는 쾌락원리를 토대로 삶을 꾸려가는 것이 불가능하다는 생각을 받아들이도록 유도하는 것이다"(Freud. 1919. p. 159).

어느 한 순간에 환자는 환상 속에서 분석가에게 말하는 것에 대해 위협을 느끼게 되고, 그 결과 환자의 자발적인 사고의 흐름이 중지되거나 빗나가게 되는데, 분석가는 바로 그때 그 현상을 지적한다. 다른 말로, 분석가는 그 순간에 환자의 관찰하는 자아로 하여금 자아의 기능이 초자아가 불러낸 유아적 방어 수단에 의해 선점당하고 있음을 인식하도록 교육시키고자 한다. 이렇게 위험하다고 느껴지는 순간들을 조금씩 분석하는 것은 공격성에 의해 추동된 특정한 수준의 전이 환상들—그것에 대해 초자아가 경고를 보내는—이 자유롭게 표현되지 못하도록 제한해야만 하는 환자의 자동적인 욕구를 점차 감소시킨다. 특히 이러한 접근은 공격성을 대상(분석가)으로부터 자기에게로 습관적으로 편향시키는 행동, 즉 초자아에 의해 추동된 갈등해결 방식을 이해할 수 있게 해준다(Gray, 1973). 이러한 접근은 환자가 연상에서 마음속에 떠오르는 이미지들에 주의를 기울이라고 지시받고 교육받는 동안, 분석가로 하여금 환자와 나란히 그리고 조금 떨어진 위치에 있도록 허용한다. 그러한 유리한 위치에서 분석가는, 일반적으로 자신의 개입을 통해서 그리고 구체적으로 연상적 편향 작용을 촉발시킨 공격성의 위험에 자신을 연결시키는 것을 통해서, 적극적으로 환자의 정신 영역에 참여할 수 있다.

그런가 하면 또 다른 현대 분석가들은 이중 욕동 이론을 활용하는 확고한 위치에서 저항을 다루기로 선택할 것이다. 환자의 심리내적 갈등에 관한 그들의 견해는 리비도적 욕동에 대한 대항세력으로서의 공격성과 그것의 조정이 중요하다는 점을 강조할 것이다(Kernberg, 1974). 이 모델과 용어는 멜라니 클라인을 연상시키지만, 대상관계와 말러의 분리-개별화 단계의 변천들에 대한 은유를 통해 표현되고 있다. 이 관점의 다단계적 성질은 분석가가 광범위한 정신병리학에서 마주치는 저항의 다양한 형태와 속성에 대해 유연한 자세를 취할 수 있게 한다. 이러한 차이점들과는 관계없이, 이 양태는 그것의 중심적인 내용을 구성하고 있는 시기심, 경쟁심, 그리고 다른 공격적 욕동 파생물의 형태 등의 정서 상태에 대해 면밀한 주의를 기울이면서, 분석적 절제의 위치에서 직접적인 해석을 제공함으로써 무의식적 전이 동기들을 지금 여기에서의 분석가와의 관계 안에서 확인하는 방식이다.

자기심리학을 이론적 토대로 삼고 있는 분석가들은 유사하게 환자의 저항에 마음을 기울이면서도, 자신들의 이론적 토대에 따라 다르게 반응할 것이다. 분석 작업에 대한 저항은 원초적 자기대상과의 자기애적 관계—그 안에서 환자가 안전하고 좋다고 느꼈던—가 방해받는 것을 막고자 하는 자아의 방식으로 간주된다(Kohut, 1971, p. 91). 환자는 분석가와의 융합된 이상적인 전이 안에서 안전하다고 느끼거나 분석가를 자신의 과대적 자기의 연장으로 경험할 수 있기 전까지는, 어떠한 깊은 참여도 거부한다. 이러한 상태의 와해는 언제나 퇴행적이고 방어적인 저항을 결과로 가져오는데, 이것은 특유의 자기-대상 구성물이 병적으로 와해되었음을 나타낸다. 이러한 행동들은 본능적 세력에 대한 구조적 방어를 나타내는 것이 아니며, 공격적 및 성애적 욕동들을 둘러싼 심리내적 갈등에 초점이 맞춰진 해석으로는 접촉되지 않는다. 대신에, 회복을 위한 과제는 자기애적으로 경험된 대상의 상실에 대한 환자의 반응을 공감해주는 것을 통해서 극복해나가는 작업을 포함한다(pp. 94-96). 이러한 관점이 암시하고 있는 것은, 그리고 자기심리학자들이 명시적으로 밝히고 있는 것은 병인적 요소는 심리내적 갈등이 아니라 아동기 양육 경험의 결함에 있으며, 분석에서 원치 않는 퇴행을 일으키는 촉발적 요인들은 분석가의 행동에 있다는 것이다.

실제 분석에서 선호하는 이론적 지식에 대한 강조를 최소한으로 유지하고자 하는 분석가들은 저항에 대한 또 다른 관점을 제시하였다(Schwaber, 1983; McLaughlin, 1981). 여기에서 강조점은 환자의 정신적 실재, 즉 자신과 세계에 대한 의식적 및 무의식적인 지각을 탐구하고, 그것의 논리를 파악하는 것에 있다. 그리고 분석적 순간의 즉시성, 특히 환자의 정서 상태의 변동과 분석가와의 상호작용 경험들이 탐색되고 인식된다. 이런 것들은 환자의 저항 행동의 의미에 대한 단서이자 정서적-인지적 변화에 대한 단서이며, 분석가는 그것들의 의미를 알고 있다고 추정하기보다는 적극적인 탐구와 확인을 통해 배워야 한다. 이 관점에서 "저항"이라는 용어는 환자 안에서 뭔가 중요한 일이 발생했다는 가정 이상의 어떤 확실한 의미를 갖지 않는다. 활성화된 것에 대한 철저한 탐구와 공유된 이해는 저항에 대한 본질적인 해결 방법을 제공하고, 환자로 하여금 자신의 현재 견해를 형성하게 한 과거에 접근하는 방법을 자유롭게 발견할 수 있게 한다는 것이다.

방금 훑어본 저항에 대한 다양한 견해의 표본들은 그러한 접근들에 생명을 부여할 뿐 아니라 기법적 유사성과 상이성을 보여주는 임상적 서술을 포함하고 있지 않다. 그것들은 어느 정도까지 이론이 기법적 선호에 영향을 미치는가를 분명히 보여주는데, 이 점은 저항, 본능 이론, 그리고 구조 모델 등의 전통적 연결을 선호하는 사람들뿐만 아니라 자기심리학을 지지하는 사람들에 의해서도 확실하게 드러나고 있다. 보다 상대적이고 전이 중심적 입장을 견지하고 있는 방금 언급한 분석가들은 분석적 관계를, 그 안에서 두 마음이 함께 만나 분석적 이상을 구현함으로써 "분석 도구"(analytic instrument)를 형성하는, 진정한 협력의 순간들을 획득하기 위한 지속적인 분투로 본다(Balter et al., 1980). 모든 사람들은 적어도 저항이 자아가 현재 작용하는 절차에 관한 정보의 중요한 원천이라는, 저항에 대한 좀더 관용적인 견해를 받아들이고 있다(Waelder, 1936). 또한 치료자와 환자 모두가 분석적 양자관계의 친밀성이 필연적으로 자극하는 전이 갈등에 "저항"할 것임을 받아들인다. 양측의 이러한 현상들은 다른 수준의 전이를 감추고 있는 전이 상태로 간주되어야 하며, 모든 전이에 내재되어 있는 타협 형성의 변동과 변화들에 주의를 기울임으로써 다루어져야 한다는 것이다(Boesky. 1983; Brenner, 1981).

환자와 분석가 모두의 내적 및 외적 경험에 주의를 기울이는 관점에서 볼 때, 분석가가 저항의 의미를 규정하는 것은 적절치 못하다. 용어와 개념으로서의 저항은 분명히 분석적 이론이라는 건축물에서 그것의 성스런 위치를 잃어버렸다. 그렇지만 지금도 그것은 매우 다양하게 발견되는 보편적인 임상적 현상에 대한 친숙한 표현으로 많은 사람들이 인정하고 있으며, 앞으로도 계속해서 그렇게 간주될 것이다. 일부에서 저항이라는 개념을 포기할 것을 주장하고 있음에도 불구하고, 가까운 장래에 우리가 그것의 붕괴를 애도하거나 분석 장면에서 그것이 사라진 것을 환호하는 날이 오지는 않을 것 같다.

참고 문헌

Abraham, K. (1919). A particular form of neurotic resistance against the analytic method, In Selected Papers on Psychoanalysis, ed. Emest Jones. London: Hogarth Press, 1948.

Alexander, F. (1925). A metapsychological description of the process of cure. Int. J. Psychoanal., 6: 13-34.

Arlow, J. (1975). The structural hypothesis. Psychoanal. Q., 44: 509-525.

Arlow, J., Brenner, C. (1964). Psychoanalytic Concepts and the Structural Theory. J. Amer. Psychoanal. Assn., monograph 3. New York: Int. Univ. Press.

Balint, M. (1968). The Basic Fault. London: Tavistock.

Balter, L., with Lothane, Z., & Spencer, J. (1980). On the analyzing instrument. Psychoanal. Q., 49: 474-504.

Boesky, D. (1983). Resistance and character theory. J. Amer. Psychoanal. Assn., 31 (suppl.): 227-246.

Brenner, C. (1981). Defense and defense mechanisms. Psyhoanal. Q., 50: 557-569.

Breuer, J., & Freud, S. (1893-95). Studies on Hysteria. SE, 2.

Dewald, P. (1980). The handling of resistance in adult psychoanalysis. Int. J. Psychoanal., 61: 61-69.

________. (1982). Psychoanalytic perspectives on resistance. In Resistance, Psychodynamics, and Behavioral Approaches, ed. P. Wachtel, pp. 25-68. New York: Plenum.

Fenichel, O. (1941). Problems of Technique. Albany, N.Y.: Psychoanalytic Press.

________. (1945). The Psychoanalytic Theory of the Neuroses. New York: Norton.

Ferenczi, S., & Rank, O. (1923). The Development of Psychoanalysis, ed. G. Pollock. Classics in Psychoanalysis, monograph 4. Madison, Conn.: Int. Univ. Press.

Fliess, R. (1942). The metapsychology of the analyst. Psychoanal. Q., 11: 211-227.

Frank, A. (1983). Id resistance and instinct strength. J. Amer. Psychoanal. Assn., 31(suppl.): 375-404.

Freud, A. (1937). The Ego and the Mechanisms of Defense. London: Hogarth Press.

Freud, S. (1910). The future prospects of psychoanalytic therapy. SE, 11: 141-151.

________. (1911). The handling of dream interpretation in psycho-analysis. SE, 12: 89-96.

________. (1912a). The dynamics of transference. SE, 12: 99-108.

________. (1912b). Recommendations to physicians practising psycho-analysis. SE, 12: 111-120.

________. (1913). On beginning the treatment. SE, 12: 123-144.

________. (1914). Remembering, repeating and working through. SE, 12: 147-156.

________. (1915a). Instincts and their vicissitudes. SE, 14: 117-140.

________. (1915b). Observations on transference-love. SE, 12: 159-171.

________. (1916-17). Introductory Lectures on Psycho-Analysis. SE, 15 & 16.

________. (1919). Lines of advance in psycho-analytic therapy. SE, 17: 159-168.

________. (1924). A short account of psycho-analysis. SE, 19.

________. (1925). An Autobiographical Study. SE, 20: 7-74.

________. (1926). Inhibitions, Symptoms and Anxiety. SE, 20: 77-172.

________. (1937). Analysis terminable and interminable. SE, 23: 216-253.

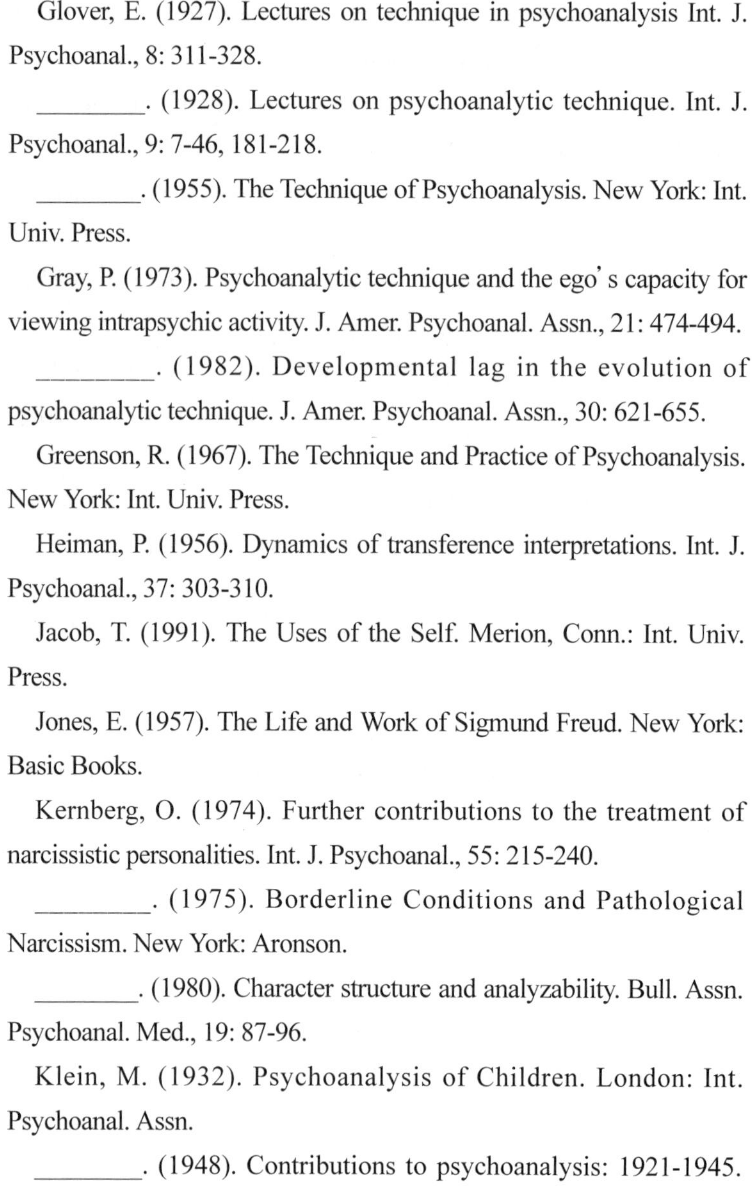

Glover, E. (1927). Lectures on technique in psychoanalysis Int. J. Psychoanal., 8: 311-328.

________. (1928). Lectures on psychoanalytic technique. Int. J. Psychoanal., 9: 7-46, 181-218.

________. (1955). The Technique of Psychoanalysis. New York: Int. Univ. Press.

Gray, P. (1973). Psychoanalytic technique and the ego's capacity for viewing intrapsychic activity. J. Amer. Psychoanal. Assn., 21: 474-494.

________. (1982). Developmental lag in the evolution of psychoanalytic technique. J. Amer. Psychoanal. Assn., 30: 621-655.

Greenson, R. (1967). The Technique and Practice of Psychoanalysis. New York: Int. Univ. Press.

Heiman, P. (1956). Dynamics of transference interpretations. Int. J. Psychoanal., 37: 303-310.

Jacob, T. (1991). The Uses of the Self. Merion, Conn.: Int. Univ. Press.

Jones, E. (1957). The Life and Work of Sigmund Freud. New York: Basic Books.

Kernberg, O. (1974). Further contributions to the treatment of narcissistic personalities. Int. J. Psychoanal., 55: 215-240.

________. (1975). Borderline Conditions and Pathological Narcissism. New York: Aronson.

________. (1980). Character structure and analyzability. Bull. Assn. Psychoanal. Med., 19: 87-96.

Klein, M. (1932). Psychoanalysis of Children. London: Int. Psychoanal. Assn.

________. (1948). Contributions to psychoanalysis: 1921-1945.

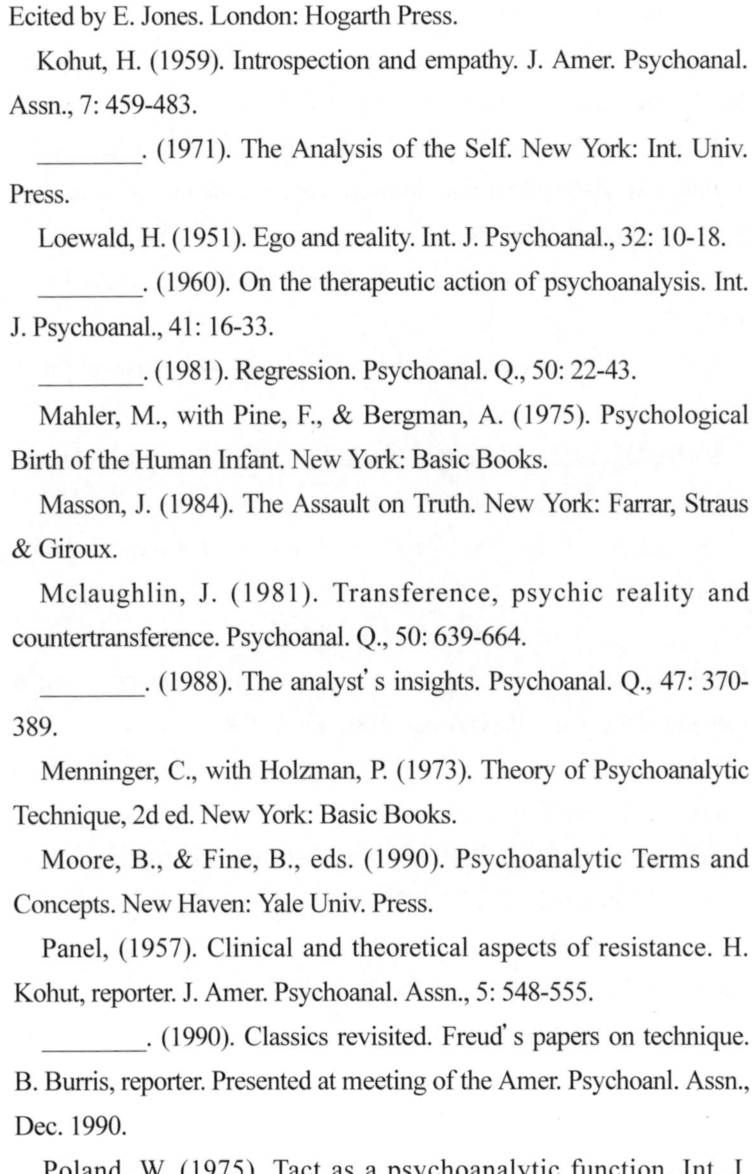

Ecited by E. Jones. London: Hogarth Press.

Kohut, H. (1959). Introspection and empathy. J. Amer. Psychoanal. Assn., 7: 459-483.

________. (1971). The Analysis of the Self. New York: Int. Univ. Press.

Loewald, H. (1951). Ego and reality. Int. J. Psychoanal., 32: 10-18.

________. (1960). On the therapeutic action of psychoanalysis. Int. J. Psychoanal., 41: 16-33.

________. (1981). Regression. Psychoanal. Q., 50: 22-43.

Mahler, M., with Pine, F., & Bergman, A. (1975). Psychological Birth of the Human Infant. New York: Basic Books.

Masson, J. (1984). The Assault on Truth. New York: Farrar, Straus & Giroux.

Mclaughlin, J. (1981). Transference, psychic reality and countertransference. Psychoanal. Q., 50: 639-664.

________. (1988). The analyst's insights. Psychoanal. Q., 47: 370-389.

Menninger, C., with Holzman, P. (1973). Theory of Psychoanalytic Technique, 2d ed. New York: Basic Books.

Moore, B., & Fine, B., eds. (1990). Psychoanalytic Terms and Concepts. New Haven: Yale Univ. Press.

Panel, (1957). Clinical and theoretical aspects of resistance. H. Kohut, reporter. J. Amer. Psychoanal. Assn., 5: 548-555.

________. (1990). Classics revisited. Freud's papers on technique. B. Burris, reporter. Presented at meeting of the Amer. Psychoanl. Assn., Dec. 1990.

Poland, W. (1975). Tact as a psychoanalytic function. Int. J.

Psychoanal., 56: 155-162.

Rangell, L. (1983). Defense and resistance in psychoanalysis and life. J. Amer. Psychoanal. Assn., 31: 147-174.

Rank, O. (1923). The Trauma of Birth. New York: Brunner.

Reich, W. (1931). Character formation and the phobias of childhood. Int. J. Psychoanal., 12: 219-232.

________. (1933). Character Analysis. New York: Orgone Press, 1949.

Reik, T. (1924). Some remarks on the study of resistance. Int. J. Psychoanal., 5: 141-154.

Sachs, H. (1925). Metapsychological points of view on technique and theory. Int. J. Psychoanal., 6: 5-12.

Schafer, R. (1973). The idea of resistance. Int. J. Psychoanal., 54: 259-285.

________. (1990). The resistance and Freud's countertransference. Panel on Classics revisited: Freud's papers on technique, presented at meeting of the Amer. Psychoanal. Assn., Dec. 1990.

Schur, M. (1966). The Id and the Regulatory Principles of Mental Functioning. New York: Int. Univ. Press.

Schwaber, E. (1983). Psychoanalytic listening and psychic reality. Int. Rev. Psychoanal., 10: 379-392.

________. (1986). Reconstruction and perceptual experience. J. Amer. Psychoanal. Assn., 34: 911-932.

Segal, N. (1968). Narcissistic resistance. J. Amer. Psychoanal. Assn., 17: 941-954.

Sterba, R. (1929). The dynamic of the dissolution of the transference resistance. Psychoanal. Q., 9 (1940)

________. (1953). Clinical and therapeutic aspects of character resistance. Psychoanal. Q., 22: 1-20.

Stone, L. (1973). On resistance in the psychoanalytic process. In Psychoanalysis and Contemporary Science, ed. B. Rubinstein, vol. 2, pp. 42-73. New York: Macmillan.

Strachey, J. (1934). The nature of the therapeutic action of psychoanalysis. Int. J. psychoanal., 15: 127-159.

Sullivan, H. (1953). The Interpersonal Theory of Psychiatry. New York: Norton.

Waelder, R. (1936). The principle of multiple function. Psychoanal. Q., 5: 45-62.

Webster's New International Dictionary. (1952). Edited by W. H. Neilson. Springfield, Mass.: G. & C. Merriam.

Winnicott, D. (1956). On transference. Int. J. Psychoanal., 37: 386-388.

________. (1979). Maturational Processes and the Facilitating Environment. New York: Int. Univ. Press.

Zetzel, E. (1956). Current concepts of transference. Int. J. Psychoanal., 37: 369-376.

제 7 장

전 이

레오 스톤(Leo Stone, M.D.)

전이의 정의와 일반적인 특성

전이는 깊이 들여다보면 끝없이 복잡한 개념이지만, 여기에서는 실용적인 목적에서 그것의 임상적 및 일상생활에서 나타나는 현상의 측면에서 정의하는 것이 바람직해 보인다. 그것은 생애 초기 발달과정의 중요한 인물과의 관계에서 경험했거나 생겨난 태도, 감정, 충동, 욕망들이 현재의 상황에서 반복되는 경향성을 말한다. 이러한 최초의 인물들은 일차적으로 부모이지만, 실제로 중요한 기능적 역할을 맡았던 다른 가족들이나 가족 외의 사람들일 수도 있다. 때때로 이들 가족 외의 사람들은 부모의 기능을 대신했거나 방어를 위해 요청된 사람들일 수도 있고, 환자에게 특별한 의미를 가졌던 사람들일 수도 있다. 전이 현상은 그것 자체의 역동적 추동력—즉 "충족되지 않은"—을 갖고 있지만, 그것은 많은 부분에서 이미 일어났던 일—예를 들면, 사랑받았거나 거절받았던 일—로 드러나기도 하고 또는 종종 실제적인 착각이나 왜곡까지도 포함해서 분석가의 구체적인 특성들을 보여주는 것으로 드러나기도 한다. 근저의 초기 경험들은 어린 시절에 대한 기억으로 남아있지 않거나, 또는 기억으로 남아 있다고 해도 자아-이질적인 파편들로 느껴질 것이다. 하지만 그럼에도 불구하고 그것들은 큰 어려움 없이 설득력 있는 내용으로 재구성될 수 있다. 그리고 이것은 덜 강력한 욕동적 갈등과 마찬가지로 오이디푸스 콤플렉스의 성애적 세력에 대해서도 적용된다.

전이는 개인의 일상적인 관계—부모나 대리 형제들과 관련된—와 관련해서, 다시 말해 교육, 종교, 의료적 접촉, 일, 개인적인 애착 등에서 중요한 요소로 작용하며, 그런 상황에 대해 때로는 촉진적인 요소로 그리고 때로는 방해하거나 파괴적인 요소로 작용하기도 하고, 또 어떤 경우에는 그것의 배경이 되는 최초의 상태에서처럼 촉진적 요소와 파괴적인 요소가 번갈아 작용하기도 한다. (이것에 대한 일반적인 예는 애착, 실망 그리고 적대감이 순환되는 현상일 것이다.) 일반적으로, 가장 성숙한 개인의 전이라고 해도 그것은 관계를 채색하는 것을 통해 영향을 미칠 것이지만, 그가 취약해지는 특별한 경우에만 그것은 자기-보존 기능이나 현실 검증 기능 또는 자기-통제 능력을 넘어서까지 영향력을 미칠 것이다. 의심의 여지없이, 성격이 불완전하게 조직화된 개인의 경우, 파괴적인 개인적 열정 또는 비합리적인 집단이나 지도력에 집착하는 현상(집단 심리의 기제에 의해 촉진되는)은 전이의 역동성에 그 뿌리를 갖고 있다. 유일신 종교에 대한 프로이트의 견해(1927)에서 우리는 엄청난 힘을 가진 집단적 전이의 긍정적인 변형을 찾아볼 수 있다.

임상적 전이와 대조되는 일상적 전이

일반적으로 일상적 전이는 다양한 정도의 중요한 역동적 특성에 의해 임상적 전이와 구별된다. 첫째, 대상에 대한 설득, 행동, 기동성 등은, 그리고 많은 경우에 대상을 통한 직접적인 만족은 주체에게, 설령 그 만족이 승화된 영역에 국한된다고 해도, 본래 사용할 수 있거나 적어도 사용할 수 있는 가능성이 있다. 예컨대, 환자가 몸이 아파 의사를 찾아가면 그는 검진을 받고, 약이나 식이요법의 처방과 함께 대체로 충고와 지지를 제공받는다. 변호사, 교사, 또는 성직자에게서도 이와 유사하게 만족을 제공받는다. 둘째, 어떤 영역(인지적, 정서적 또는 신체적)에서든지 일반적인 사회적, 전문적 규범들에 대한 보통의 제한과 지원을 능가하는, 대상의 반응을 규정하는 규칙은 있을 수 없다. 의사(또는 변호사)가 충분하게 관심을 갖고 주의를 기울여주지 않는다면 또는 사랑 대상으로서 충분히 반응해주지 않는다면, 고객은 적어도 원칙적으로는, 다른 관계로 옮겨가거나 그 관계를 중단할 수 있는데, 이것은(때로는 변화를 가져오는) 효과적인 항의의 한 방법이다. 이런 차이들로 인해 그런 관계에서 발생하는 전이의 강도와 퇴행의 내용은 대체로 임상상황에서 발생하는 것보다 더 많이 줄어든다. 그 사람이 병리적 조직을 지닌 사람이 아니라면, 자아-이질적이고 억압된 전이 요소들은 대체로—관계의 본질적인 현실 내용에 따라 그리고 그것의 허용 가능한 함축들 및 변형들에 따라—억압된 상태로 남거나 성격에 통합되는 경향이 있다. 전이가 성애적으로 또는 공격적으로 분출하게 될 경우, 그 상황은 분명히 매우 복잡해지며, 그 결과는 개인적 및 전문가적인 윤리 규범과 개인의 성격 구조에 의해 크게 영향을 받는다. 그러나 그런 상황들(비분석적인)은 정신분석 상황에서만큼 합리적으로 그리고 도덕적으로 지원받거나 같은 정도의 제한과 절제에 의해 조절되지 않는다. 대조적으로, 분석상황에서는 특수한 치료 양태를 제외하고는 승화된 욕구충족 마저도 환자에게 주어지지 않는다.

고전적으로 이해된 정신분석 상황은 고유하게 특정하고 한정된 형태의 인간관계이며, 그것은 프로이트에 의해 그리고 최근에는 필자(1961)에 의해 좀더 상세히 설명된 바 있다. 그것의 공식적인 특징들은 잘 알려져 있다: 자유연상이 환자의 주된 의사소통 양태로서 처방되고, 환자가 분석가를 볼 수 없는 자리에 누우며, 분석가가 자신의 의사소통을 거의 예외 없이 명료화하거나 해석해주는 개입으로 제한하고, 그리고 지지와 격려의 형태이든, 사적인 관심이나 존중의 말이든, 아니면 관심을 가져주고 돌보아주는 개인에게서 기대할 수 있는 어떤 형태의 반응이든 간에, 모든 형태의 욕구충족적인 반응을 환자에게 제공하지 않는 것 등이 그것이다. 분석가 자신에 관한 정보를 노출하는 것은 금지되며, 언어적인 교류 영역 바깥에서의 금지들은 훨씬 강도 높게 유지된다. 성적 접촉은 명백하게 금지되며, 이따금씩 악수하는 것을 제외하고는 다른 신체 접촉도 금한다. 그리고 특정한 의료적 응급상황을 제외하고는 환자의 신체를 조사해서는 안 되며, 의도적인 사교적 접촉을 해서도 안 된다. 프로이트(1919)가 "절제의 규칙"이라고 불렀던 이런 금지들은 대체로 환자의 전이 소망과 관련해서 결정적인 중요성을 갖는다.

이런 상황은 모든 일상적인 관계와 역동적으로 다른 상황임이 분명하다. 그것은 환자가 의존적인 욕구로 인해 집착하고 있는, 수수께끼 같은 대상과 심리적으로 만나려는 환자의 퇴행적인 적응 노력을 촉진한다. 이런 퇴행이 지닌 중요한 측면의 하나는, 좌절에 의해 임상적 신경증이 종종 유발되는 것과 같은 의미에서, 예전에는 억압되어 본래 대상 이미지 안에 들어있던 지금까지 잠재되어 있던 전이를 분명하게 활성화시킨다는 것이다. 전이의 이런 퇴행적 적응 측면을 강조한 것은 매칼파인(1950)의 중요한 공헌이었다. 따라서 "절제"가 유지되는 분석적 상황에서 전이는 보다 강한 강도와 지속성 그리고 퇴행을 향한 더 강한 추진력을 가지며, 변화에 대한 저항을 강화한다. 전이 신경증으로 이동하려는 경향성 또한 논쟁이 되고 있다. 분석상황에서 전이 신경증의 발달과, 해석에 의한 그것의 감소는 오랫동안 진정한 정신분석 작업의 주요 구성 요소로 간주되어 왔다. 전이 개념의 자유로운 구성과 예외를 허용하면서, 나는 여전히 이 견해를 고수하는 입장이다. 그러나 최근에 주목해야 할 새로운 주장들이 나타나고 있다. 눈여겨 볼만한 예로서, 브렌너(Brenner, 1982)는 전이는 "그것의 이론 형식 때문에 항상 진실이 되는 시대착오적인" 개념이라고 주장한다(p. 202). 나는 현재의 용어가 혼란스러울 수도 있다는 것을 알고 있지만, 여전히 그 개념(Freud, 1916-17)이 건전하고 근본적인 것이며 유용한 것이라고 믿고 있다. 나는 브렌너의 비판과 같은 극단적인 과정이나 결론을 수용하지 않는다.

전이 개념에 대한 역사적인 개관

전이 개념의 역사는 매우 복잡하여 본 장의 한계를 넘어서는 것이므로 여기서는 간결하게 언급할 것이다. 우리가 가지고 있는 대부분의 근본적인 개념들과 마찬가지로, 전이도 프로이트에 의해 발견되었다. 그는 아주 초기에 그 현상을 "잘못된 연결(false connection)"이라고 불렀다(예컨대, Breuer & Freud, 1893-95, pp. 302-303). 전이 개념의 형성에 기여한 초기 공헌자들 중 다른 한 사람은 페렌치(1909)였다. 그는 전이의 보다 일반적인 의미들 중 하나에 주목했는데, 그것은 전이가 자체성애(autoerotism)를 대상사랑으로 대체한다는 것이었다. 프로이트는 그 용어를 "자기애적 신경증"(현재 사용되는 "정신증"과 같은 의미의)과 "전이 신경증"을 구별하기 위해 임상적으로 사용하였다. 로우왈드(1960)는 프로이트(1900)가 보다 난해하게 사용한 전이의 의미에 대해 주의를 환기시켰는데, 그것은 전이가 무의식적 생각에서 전의식적 자료(전형적으로 낮 동안의 잔재가 꿈에서 나타나는 것에서 볼 수 있듯이)로 옮겨가는 것을 나타낸다는 것이었다.

상당히 오랜 기간 동안 프로이트는 치료과정에 대한 자신의 최초의 견해를 유지하면서, 전이를 대체로 과거 사건을 발견하는 것에 대한 "저항"으로 보았다. 그러나 그는 정신분석 과정에서 그것의 긍정적인 역동적 역할을 점점 더 많이 깨닫게 되었다. 1912년에 극적인 은유를 사용하여, 프로이트는 전이의 분석을 정신분석 작업의 중심에 놓았다. 그는 정서적 현실감이 이 현상에서만 표현될 수 있다는 점을 강조했다. 프로이트는 전이 신경증을, 임상적 신경증을 대체하는 "인위적 신경증"으로 간주했다 (Freud, 1914, pp. 154-155; 1916-17; Blum, 1971; Greenson, 1967). 전

이 신경증은 치료 상황에 본질적인 갈등을 가져오고, 그것을 직접적으로 분석할 수 있게 한다.[1]

전이 신경증에 대한 이런 중심적인 위치로 인해, 이 개념은 현대 정신분석 이론의 주춧돌이 되었다. 발달적 변화—그리고 환경의 침범들—를 허용하기는 하지만, 전이 신경증의 대략적인 윤곽은 본질적으로 최초의 유아 신경증에 의해 결정된다. 그것의 성질, 위치, 관리는 더욱 정교화되고 강조점의 변화를 거쳤는데, 여기서는 대략적으로만 언급할 것이다. 1924년에 페렌치와 랑크는 정신분석 과정에서 가장 효과적인 치료 요인으로서 정서적 경험(비록 그것이 궁극적으로는 뒤늦게 행해지는 과거 사건에 대한 재구성이지만)을 극단적으로 강조하는 견해를 제안했다. 그것에 따르면, 정서적 긴장이 고조되는 것을 허용하기 위해 해석이 미뤄질 필요가 있다. 후에, 알렉산더(Alexander, 1956)는 자신의 "교정적 정서 경험"이 비록 좀더 구체적으로 말해서 교육적으로 지향된 것이기는 하지만, 페렌치와 랑크의 견해를 더욱 발전시킨 것이라고 생각했다. 보다 최근에 "지금 여기"를 극단적으로 강조하는 견해는 길과 그의 동료들(Gill & his co-workers, 1976, 1979, 1982)에 의해 주장되었다. 스트레이치(Strachey, 1934)가 최초에 제안한 바 있는, 전이 해석이 독특하고 유일하게 "변화를 가져오는" 요소라는 견해는 정신분석 기법의 발달에 지속적으로 커다란 영향을 끼쳤다. 이와 관련된(일치하지는 않지만) 최근의 중요한 견해는 그레이(Gray, 1982)의 것으로서, 그것은 회기 안에서

1) 이 주제에 대한 프로이트의 견해들조차도 (그 견해들의 의미와 일관성에 대해) 의문시 되어왔다. 프로이트의 경력이 쌓이면서 용어가 다양하게 사용되었다는 것은 잘 알려진 사실이다. 그러나 나는 여기서 이런 변형들을 추적할 수는 없으며, 다만 프로이트의 핵심적이고 가장 지속적인이며 실용적으로 간주되는 견해라고 생각되는 것(즉 전문적 공동체에 미치는 견해의 영향을 받은)을 따를 뿐이다.

자료의 직접성(immediacy), 자아 활동(특히 자기 관찰의 능력)의 미묘한 특성(nuance), 그리고 전이에서 차지하는 저항 분석의 특별한 중요성에 초점을 맞춘 것이었다. 그레이가 참여한 패널 토의에서(1984), 다른 사람들은 전이 해석의 중요성—심지어 유일하기까지 한—을 부인하지 않으면서도 비전이(nontransference) 자료에 대해 해석이 갖는 지속적인 중요성을 강력하게 주장했다.

전이 해석의 특별한 중요성이 인정되어야 하겠지만, 전이 해석에 포함되지 않는 결정적으로 중요한 영역들이 있으며, 그것들에 의미를 부여하지 못하거나 또는 징후가 드러날 때 그것들을 해석하지 못하는 것은, 분석 작업에 상당한 결핍(때로는 매우 중요한)을 가져올 수도 있다. 간단한 예로, 환자가 성질이 고약한 경찰관과 현실적인 문제로 언쟁을 하는 것과 분석가에게 화를 내는 것은 사뭇 다른 것이다. 그 차이는 설령 그 두 가지 사건이 그의 궁극적인 핵심 관계를 드러내 보여주는 것이라고 해도, 여전히 중요한 것이다. 실제 "행동화"[2]가 발생한다면, 그것은 물론 욕동과 환상 내용과는 별도로 자아와 관련된 구체적인 문제가 있음을 말해준다. 그러나 이런 잘 알려진 요소가 뚜렷이 드러나지 않을 때조차도, 위험, 공식적인 권위, 명백한 실제 공포 등과 관련된 자아와 초자아 기능의 중요한 많은 영역들을 고려해야 할 필요가 있다.

---

2) 엄밀한 의미에서 "행동화"는 전이와 밀접히 관련되어 있다. 이런 복잡한 현상은 9장에서 다뤄질 것이므로 여기서는 자세하게 다루지 않을 것이다.

밀접하게 관련된 몇몇 개념들

전이에 대한 논의를 계속하기에 앞서, 밀접하게 관련된 개념들에 관해 언급할 필요가 있다. 젯젤(Zetzel, 1956)과 그린슨(Greenson, 1965)에 의해 강조된 바 있는, "치료 동맹"과 "작업 동맹"은 서로 유사한 개념들이다. 프로이트가 그러한 과정이 지닌 본질적으로 갈등적이지 않은, 사람을 하나로 묶어주는 요소를 긍정적 전이("반감을 불러일으키지 않는 요소" unobjectionable fraction)에 포함시킨 반면, 다른 많은 사람들은 환자의 건강한 자아 부분과 전문적 도움을 바라는 현실적인 소망을, 환자와 분석가 사이의 성인으로서의 의식적인 약속이라는 영역과 서로 개념적으로 떼어놓고 생각하는 것이 가장 바람직하다고 생각했다. 그 외에도, 비록 여러 가지 방해하는 요소들이 예상된다고 해도, 분석가와 협력하려는 의도가 더해진다. 전이와는 별도로, 그러한 약속은 동맹 개념에 포함된다.[3] 엄격한 전이 개념과 구별되는 본질적인(essential) "동맹" 개념은 브렌너(Brenner, 1979, 1982)에 의해 도전을 받았지만, 그것은 분석가들 사이에서 용어와 상관없이 폭넓게 받아들여지고 있다.

"역전이"는 본질적으로 전이와 같은 현상이다. '역'이라는 접두사는 단지 그 방향이 분석가를 향하던 것에서 환자를 향하는 것으로 바뀌었음을 가리킨다. 역전이는 또한 대상으로서의 그 또

---

3) 자아-이질적 또는 갈등적 전이와 관련해서 이런 차이는 대체로 분명하게 논증될 수 있다. "반감을 불러일으키지 않는" 긍정적 전이와 관련해서, 개념 그 자체는 종종 경험적 사실에 길을 내어주어야 한다. 중립적인 용어로 진정한 "전이"인 부모를 향한 이런 유아적 움직임은 치료 (혹은 작업) 동맹을 지원하고 그런 동맹에 융합되며 성인이 그런 동맹에 참여하는 데 힘을 실어주는 경향이 있다. 나는 "성숙한 전이"의 개념(Stone, 1961)에 관해 비슷한 관점을 제시해 왔다.

는 그녀에 대한 반응이라기보다는 환자의 전이에 대한 반응으로 이해되고 있다. (대상으로서의 그에 대한 반응은 "환자에게는 전이"일 것이다.) 그러나 이런 구별은 현재는 대체로 무시되고 있다. 분석가의 잠재적 역전이의 어떤 부분(부모나 치료자로서의 갈등 없는 표현)은 "반감을 불러일으키지 않는" 것으로 간주될 수 있는 반면, 환자의 전이에 상응하는 부분처럼, 그것은 심할 경우 그 자체로서 어려움을 야기할 수 있다. 이것은 물론 만약 분석가의 태도가 성애적이거나 공격적인 요소로 인한 갈등으로 가득 차 있다면, 더 말할 나위 없는 사실이 된다. 형제간의(또는 다른 사람들과의) 경쟁, 근친상간적 충동, 시기심, 해묵은 증오 등은 환자 또는 분석가가 특별히 상처 입기 쉬운 사람에 의해서 매우 다양한 방식으로 분석가 안에 재생된다. 만약 분석가에게 그런 태도들이 무의식 상태에서 환자에 대한 분석가의 일반적 감정이나 해석적 태도에 영향을 미친다면, 그 상황은 엄청나게 파괴적일 수 있다. 만일 분석가가 충동을 깨닫지 못하거나 그것을 통제하지 못하고 행동화한다면, 그 또한 파괴적일 수 있으며 심지어 더 나쁠 수 있다. 따라서 분석가의 자기-분석이 지속적으로 분석가의 전문가적인 책임의 일부로 남는다는 사실은 매우 중요하다. 만약 분석가가 자기 자신이 곤궁에 빠졌다는 것을 발견한다면, 그는 동료에게서 도움을 받아야만 한다. 상황이 분석가의 노력을 물거품으로 만들 수 있다고 여겨진다면, 그 환자는 다른 분석가에게 의뢰되어야 한다. 보다 바람직한 상황에서 분석가가 자신 안에 환자를 향한 강렬하거나 빗나간 감정이나 충동이 있음을 인식하게 되는 경우에, 분석가는 즉시 자기-분석을 강화하거나 만약 이것이 비효과적이라면 다른 사람에게 도움을 요청해야 한다. 다양한 형태와 다양한 정도의 복잡성을 지닌 정서적 참여들("역전이 신경증")이 모든 환자에게서 발생할 수 있다는 사실이 타워(Tower, 1956)에 의해 예리하게 제시된 바 있다. 역전이 형태들은 지금까지 여러 사람들에 의해 서술되고 분류되어왔다(그 중에서 예를 들면, Racker, 1957; Reich, 1960를 보라).

전이의 유형

전이 자체는 일상적인 용어사용에서 "긍정적" 전이와 "부정적" 전이로 대략적으로 분류되어왔다. 전자는 대체로 애정이 깃든 특히 성애적인 소망과 환상을 광범위하게 포함하고 있는데, 물론 "성애적" 소망에는 거세 충동 또는 분석가를 비하하거나 굴욕스럽게 만들려는 숨은 소망과 관련된 유혹적인 태도가 포함된다. 긍정적인 전이는 프로이트에 의해 서술된 "반감을 불러일으키지 않는"(갈등적이지 않은 또는 자아-동조적인) 요소를 포함하는데, 그것은 치료(또는 작업) 동맹의 형성에 크게 기여한다.

전이의 다양한 형태들은(그것들이 성인 성격에서 경직된 방어의 형태로 사용되는 것과 마찬가지로) 저항을 위해 사용될 수 있다. 초기 아동기에 뿌리를 둔 방어들은 일상생활에서와 마찬가지로 분석과정에서 고도로 발달된 것으로 드러날 수 있다. "방어전이(defense transference)"의 개념을 주목하라(A. Freud, 1936). 흔히 발견되는 예로는, 항상 그런 것은 아니지만, 빈번하게 동성애적 특성을 띤, 근저의 수동적이고 복종적인 사랑 요구대신에 지속적으로 반항적이고 호전적인 태도를 보이는 모습에서 찾을 수 있을 것이다. 남성 분석가에게 진정한 어머니 전이를 보이지 않는 여성 환자의 분석에서, 이러한 태도는 이성과의 근친상간적 충동을 직면하지 않기 위해 분석 전면에 남아있을 수 있다. 스타인(Stein, 1981)은 잠재적인 저항 목록의 일부로서, 위에서 간단히 언급하고 지나간, 잘 알려진 성애적 및 적대적 형태의 전이에다 "반감을 불러일으키지 않는 형태"의 긍정적 전이를 첨가했다. 어떤 이들은 이것이 소위 지나치게 유순한 "착한 학생" 반응과 같은 보다 노골적이고 쉽게 눈에 띄는 전이 현상과 구별된다고 가정한다.

어떤 경우에는, 의심의 여지없이, 보다 미묘한 "긍정적인" 반응이 숨겨진 형태로 강력한 저항으로 작용할 수 있다. 그러나 이런 중요한 사실이, 최초에 프로이트(1912)에 의해 정교화된, 실제 현상이 갖는 근본적으로 진정한 전이 현상을 폐기하는 것은 아니다. 이러한 "긍정적 형태의 전이"는, 그러한 필수적인 요소가 강조되었건 아니었건 간에, 부정적인 본능적 전이가 지배했던 소위 많은 "좋은 분석시간" 동안에 분석을 유지시켜주는 역동적인 요소로 중요하게 존재해왔다(비록 본 장의 본질적인 방향은 이 문제에 관한 것이 아니지만; Kris, 1956을 보라).

"긍정적," "부정적" 전이라는 용어의 사용이 우리의 관습적인 언어로 확고하게 자리를 잡았음에도 불구하고, 여전히 거기에는 혼돈스러운 요소들이 없지 않다. 예컨대, 모호한(또는 잠재적으로 양가적인) 성애적 요소들이 "긍정적 전이"에 포함되는가 하면, 방어적인 유사-적대적 반응들이 부정적 전이에 포함되는 경우가 종종 있다. 분석과정을 촉진시키는 모든 전이는 "긍정적인" 것으로 그리고 분석을 방해하는 것은 모두 "부정적인" 것으로 간주되어야 한다는 라가츠(Lagache, 1953)의 제안은, 보다 주의 깊은 서술적 용어를 사용할 것을 촉구한다. "성애화한 전이"라는 용어는, 그것의 근본적이거나 잠재적인 내용과는 상관없이, 지속적으로 성애적인 특성을 드러내는 전이 태도를 일컫는 데 사용되어

왔다. 그런 전이가 궁극적인 근저의 수준에서 진정으로 성애적인 것이 아닐 때, 그 현상은 특수한 형태의 저항이거나 다루어져야 할 보다 심각한 병리를 감추고 있는 가면으로 간주되어야 한다 (Greenson, 1967; Blum, 1973을 보라).

치료에서 전이가 갖는 역할

전이는 그것이 그렇게 드러나든지 드러나지 않든지, 또는 다뤄지든지 다뤄지지 않든지, 모든 형태의 치료에서 결정적인 역할을 한다. 부주의로 인한 것이건 의도적인 것이건 그러한 사실이 간과되는 경우에, 환자와 치료자의 사이에서 긍정적인 관계가 유지되는 한, 또는, 예외적으로, 오랜 기간 동안 거리를 둔 상태에서 욕구를 충족시켜주는 무의식적 환상(엄마와 가졌던 최초의 접촉에 기초해서 정교화된)에 지속적으로 매달리는 한, 긍정적 전이는 "전이 치료"(transference cure)를 발생시킬 것이다. 물론, 그런 치유들은 안으로부터 오는 부정적인 역동이나 외부로부터 오는 충격에 취약하다. 더 나쁜 경우는 적대적 전이가 자발적으로 떠오를 때 전이가 지연되고 분석되지 않는 것인데, 그것은 나중에라도 이전에 이룩한 작업을 심각하게 무효화할 것이다. "종결 가능한 분석과 종결이 불가능한 분석"(1937)에서 제시된 프로이트의 고전적인 예를 보라. 프로이트가 비교적 초기에 배웠듯이, 부정적 전이가 인식되지 않고 해석되지 않을 경우, 분석은 실패하거나 중단될 수 있다.

정신분석적으로 지향된 심리치료에서, 전이는 분석과정에 중요한 공헌을 하는 것으로 인정된다. 하지만 그것의 전개는 분석 실제에서 일반적으로 요구되는 절제의 규칙을 어느 정도 수정하는가에 따라 중요한 차이를 드러낸다고 볼 수 있다. 그러한 수정에 따라 기법은 크게 달라질 수 있다. 나의 견해에 따르면, 상황에 따른 전이의 전개와 관리가 치료 방법의 차이를 정하는 기초로 사용될 수 있다(Stone, 1981). (다른 견해들은 이 책의 다른 장에서 찾아볼 수 있다.)

행동치료에서처럼 치료가 해석과 거리가 먼 것일 때조차도, 치료자의 권위적인 제안이나 교훈에 대한 환자의 반응은 비합리적인 영역, 즉 전이에서 그것의 고유한 힘을 얻는다. 이런 현상(부정적 전이가 침범하는 것을 포함하여)에 대한 인식은 해석을 사용하지 않는 다른 심리치료의 형태에서도 마찬가지로 치료자의 작업을 확실히 풍부하게 할 것이다.

정상적인 전이와 병리적인 전이

앞에서 제시했듯이, 우리는 전이가 성인의 인격에 합입된 상태로 숨어있으면서 주요한 원형적 대상의 이미지에 부여된다고 가정할 수 있다. 물론 그것은 신경증적 인격뿐만 아니라 건강한 사람에게도 존재하며, 그 차이는 대체로 양적인 것에 달려있다. 후자의 경우, 우리는 원형적 이미지에 투자된 욕동(중립화되지 않은)의 잔재 정도가 훨씬 적고, 현재 대상들에 대한 승화된 자아-동조적 태도가 더 많으며, 따라서 분노나 죄책감을 일으키는 갈등적 요소가 최소 수준이라고 가정한다. 그 결과, 숨겨진 전이는 꿈이라는 "정상적인" 현상에서, 창조적 활동에서 그리고 승화된 인간관계에서 자체를 드러낸다. 간단히 말해서, 그것들은 성인 성격 구조의 일부가 된다. 그것들은 상황에서 오는 스트레스나 유난히 강력한 자극에 의해 균형을 잃기 쉽다. 그러한 "스트레스" 상황 중의 하나는 정신분석 상황인데, 만약 건강한 개인이 정신분석 과정에 진정으로 참여한다면, 그 상황은 그를 전이 신경증으로 인도할 것이다. 그리고 그와 같은 흔치 않은 경우에 우리는 가장 호의적인 성과를 예측할 수 있을 것이다. (그러나 우리는 임상적인 "정상성"이 매우 자주 "실제보다 더 명백한 것"으로 여겨진다는 것과, 그것은 심각한 갈등에 대한 가장 강력한 방어와 성격 저항(character resistance)을 구성할 수 있다는 것을 알고 있다. 보다 일반적인 임상적 개요를 위해서는 Reider, 1950을 보라.)

신경증 환자에게서도 전이는, 드러난 성적 내용을 수반하기도 하고 수반하지 않기도 하는 상태로, 종종 성인의 성격 안에 잠재되어 있으면서 개인적 관계에 주로 영향을 미친다고 가정할 수 있다. 그러나 임상적 신경증이 현존한다면, 본래의 원초적인 욕동 투자물들이 재활성화되고 그로 인해 방어구조들이 위협받게 되는데, 그로 인해 욕동 투자물은 증상을 형성하는 타협에서 자체를 표현하게 된다. 그리고 이 증상들은 욕구충족과 고통을 아주 경제적으로 응축하기 때문에, 항상 "새롭게" 반복되는 견고하고 강력한 저항 구조를 형성하게 된다.

특정한 경계선 환자나 정신증 환자를 제외하고는, 분석가와의 첫 접촉은 성격 수준에서 이루어지는데, 그 수준에서 진정한 전이는 단지 더 복잡한 전체의 일부를 구성하고 있을 뿐이다. 대부분의 주요 관계에서 개인을 특징짓는 요소들은 주로 분석의 초기 단계에서 드러날 것이다. 신뢰할만함, 의심스러움, 과민반응, 친절함, "무뚝뚝함"(standoffishness), 과도하게 비판적인 태도 그리고 광범위한 범위의 다른 특성들과 미묘한 차이들은 최초의 분석적 접촉에서 다뤄지거나 수용될 것이다.

정신분석 기법이 전이에 미치는 효과

절제의 규칙이 유지되고 언어적, 정서적 표현이 관용적으로 허용되고 수용되는 긍정적 분위기를 포함하는 정신분석 상황의 영향 하에서, 보다 분명한 형태의 전이 또는 전이들이 발달하게 된다. 이러한 발달은 절제와 "기본 규칙"이 지켜짐에 따라 그리고 그 결과 방어 구조가 감소됨에 따라 강력하게 촉진된다. 갈등적이지 않은 진정한 긍정적 전이("반감을 불러일으키지 않는" 전이 형태)는 프로이트가 해석에 대한 최초의 수용을 위해서도 본질적인 것으로 간주했던 것으로서, 이것은 다시 신뢰할 수 있고, 의존할 수 있으며 긍정적으로 기대할 수 있는 그리고 초기 발달 과정에서 가졌던 부모에 대한 애정있는 태도를 발생시킨다. 그와 같은 긍정적 전이가 너무 적거나 약하다면, 그리고 과거뿐만 아니라 지금도 그렇다면, 새로운 대상(초기 몇 해 동안 아이가 가졌던 갈망하는 것에 대한 환상들과 현실의 파편들이 혼합되어 형성된)과의 관계 안에서 전이의 성장이 발생하는 것은 결정적으로 중요한 발달적 성취일 것이다. 그것은 치료 동맹 안에 있는 성숙한 요소들에서 중요한 지원을 발견하며, 종종 그런 요소들과 융합되기도 한다. 여기서 성숙한 요소들이란 임상적 치유에 대한 성숙한 소망, 성숙한 이해와 협력, 그리고 멀리 있다 해도 가치 있는 것을 위해 불편을 참을 수 있는 능력, 그리고 그와 관련된 현상들을 말한다. 이런 변화하는 발달적 관계 안에서 일차적으로 자아-이질적이고 갈등적인 전이 요소들이 출현하기 시작할 텐데, 그것들은 때로는 또렷한 형태로, 때로는 복잡하게 무리를 짓거나 변동을 거치면서 직접적인 의식적 경험으로, 또는 꿈과 말의 실수에서처럼 간접적인 경험으로, 또는 연상적 암시를 통해서 나타날 것이다. 이것들은 부모(또는 형제들)를 향한 거절되고 수용될 수 없고 서로 호의적이지 않은 태도들의 전체 범위를 포함한다: 성애적, 적대적, 경쟁적, 수동-복종적, 피학적, 매달리는 태도, 그리고 다른 많은 것들. 이런 것들이 차츰 확실하게 드러날 때, 고전적인 입장에 서있는 분석가들은 방어적인 요소와 실질적인(substantive) 요소 사이의 차이를 고려하면서, 해석을 통해 그 요소들을 가능한 한 그것들의 발생적 기원으로 환원시키는 경향이 있다. 이것은 보통 단편적인 전이들에서보다는 전이 신경증의 상황에서 더 효과적이다. 이런 과정("극복과정"을 포함한)에서, 다른 영역에서처럼, 기본적이고 끈질긴 "전이 저항"을 만나게 된다. 전이에 대한 분석적 증거가 확실하게 드러나고 이에 대한 환자의 인식이 미약하거나 존재하지 않을 때, 분석의 최우선적인 목표는 전이 인식에 대한 저항을 극복하는 것이다.[4] 이것은 초자아에 의해 자극된 방어들의 분석을 포함해야 한다(A. Freud, 1936; Gray, 1982를 보라). 시간 조절의 문제, 치료 방법, 경제적 요소 그리고 다른 고려사항들은 정신분석 문헌에서 다양하고 때로는 갈등적인 반응들을 발생시켜왔다(예컨대, Gill, 1979; Panel, 1984; Stone, 1981).

---

4) "전이 해석"이란 용어는 학자들 사이에서조차도 종종 느슨하게 사용된다. (분석가가 환자에게 무엇을 나타내든지 간에, 환자 자신이 분석가의 인격에 반응하고 있음을 인식할 수 있게 하는) 최우선 단계는 무조건적으로 종종 그렇게 사용된다. 실제로 마지막 (실로 실제적인) "전이 해석"은 강력한 전이 저항에 맞서서 그것의 발생학적 원형(prototype)을 확립하는 것이다. 보다 초기의 만남은 "전이 인식에 대한 저항"과 함께 이루어진다

정신분석 과정이 계속되면서, 비교적 또렷한 형태의 전이들이 전이 신경증에 포함되는 경향이 있는데, 여기에서 그 두 종류의 전이들 사이의 관계는 구조적 갈등과 함께 섞이게 되면서 하나로 통합된 형태를 띠기 시작한다. 이것은 현재의 상황 안에서 드러나고 있는, 유아 신경증의 일반적인 구조를 따른다. 비록 "전이 신경증"이란 용어가 종종 사용되기는 하지만, 그것의 의미가 명확하게 설명되는 일은 거의 없다. 실제로 "신경증"이란 용어는, 비록 일상적으로 사용되는 용어이기는 하지만, 문자적 의미로 적용할 수 없는 경우가 많다. 그것은 단지 과정에서의 지체로 인해 일시적으로 새로운 증상이 형성되는 경우에만 문자적인 의미로 적용할 수 있다. 더 자주 발생하는 것은 임상적 신경증 근저에 놓여 있는 역동적 구성물과 중심적 갈등이 전이에서 반복되는 것인데, 그것들은 과거에 실제로 유아 신경증을 발생시켰던 요소들이다. "전이 신경증"으로 가장 빈번히 언급되는 것은 이런 복잡한 현상이다. 분석이 부적절하게 이루어진다면(또는 분석에 대한 저항이 완강하다면), 이 구성물은 새로운 증상 형성으로 인도하거나 현재의 임상 신경증으로 되돌아갈 수 있다. 그리고 설령 그러한 임상적인 문제가 발생하지 않는다하더라도, 최초의 역동적 갈등에 대한 극복과정은 성적 기능의 변동 같은 일시적인 증상적 반응들을 일으킬 수 있다. 분석에서 전이 신경증의 표현은, 대체로 분석가는 한번에 한 사람으로서만 효과적으로 지각될 수 있기 때문에, 아주 종종 인접한 "등장인물들"을 포함할 수 있다: 환자의 가족, 분석가의 다른 환자들, 분석가가 지각하거나 상상하는 가족, 고용주, 동료 그리고 다른 중요한 개인들. 그들이 불가피하게 분석상황에서 발생하는 전이의 목표물이 되기 때문에, 사랑, 적대감, 죄책감의 요소들과 신경증적 갈등들이 해석을 위해 최초의 상태(in statu nascendi)로 드러날 것이다. 강력한 경향성들이 결합되고 응축된 전이 신경증이 갈등 해결을 위한 준비된 통로로 사용된다는 것은 역설적이기는 하지만, 그것은 저항의 강력한 형태를 제시하는 동시에 갈등의 해소와 감소를 위한 가장 효과적인 통로를 제공한다. 분석의 핵심적인 내용이 밀도 있게 압축된 이러한 표현에서, 전이 신경증은 또한, 비록 완벽하게 신뢰할 수 있는 것은 아닐지라도, 정신분석이 수행되어야 할 유일하게 건전한 기본적인 윤곽을 제공하며, 그런 윤곽을 통해서만 분석가는 불가피하게 만나는 다양한 저항들을 다룰 수 있다.

비교적 성숙한 심리-성적 발달을 이룩한 대부분의 개인들의 경우, 전이 신경증은, 비록 때로는 원시적 성격에서처럼 불가피하고도 중요하게 주요 전성기기적 영역의 영향력을 보여주기는 하지만, 대체로 남근-오이디푸스적인 특성을 획득한다. 이런 것들은 본래 개인의 오이디푸스 경험에 구체적인 질적 요소를 제공했던 것으로서, 반드시 분석되어야 할 것들이다. 비록 나의 의견에 동의하지 않는 동료들이 있기는 하지만, 나는 전성기기적인 요소가 주를 이루는 전이 신경증 또한 발생할 수 있다고 확신한다. 때로 그것은 정의(定意)의 문제이거나 다른 의미론적-개념적 측면의 문제이기도 하다.

전이의 궁극적 운명

적절한 분석 작업을 가정할 때, 전이의 운명은 질병이 본래 얼마나 깊은 것인가와, 최초의 분리와 개별화가 얼마나 견고한 것인가 뿐만 아니라, 삶에서 승화된 관심을 발달시킬 수 있는 개인의 지적 및 정서적인 능력에도 달려 있다. 초기에 심각한 분리 장애를 겪은 개인의 경우—일반화시켜 말하자면—그의 삶과 대인관계의 대부분은 전이로 구성되어 있으며, 여기에는 양가적인, 포기되지 않은 최초의 대상에 대한 추구가 포함되어 있다. 그런 경우에 분석상황은 고유한 것이면서도 종종 다양한 전이 관계들 중의 하나가 지배할 것이다. 그것은 "진정한" 직면에서 감지되는 심각한 심리적 위험을 피하기 위해서 그리고 고독하고 겁먹은 개인에게 가해지는 삶의 가혹한 침범으로부터 보호받기 위해서 이다. 전이의 고통스럽거나 위협적인 내용은 분석상황에서 희석되어 비교적 감당할 수 있는 형태—연극적인(마치 인양) 질적 요소를 지닌, 궁극적으로 좌절이 수용되는 형태—로 다시 만들어진다. 전이에 대한 환원적 해석이 주어질 경우, 그것을 인지적으로 수용할 수 있음에도 불구하고, 정서적인 동기는 끝내 변하지 않은 채로 지속될 수 있다. 그럴 경우 "종결이 불가능한 분석"이 임상적 현실로 드러나거나 분석의 중단이 발생할 수 있다.

뚜렷한 신경증 병리를 가진 개인의 경우, 전이의 본질적인 갈등 요소는 대체로 분석될 수 있고, 그 결과 개인이 분석가와 헤어져 독립적이 되고 삶의 본질적인 영역에서 적절하게 기능할 수 있을 만큼 갈등 요소들이 감소하게 된다. 그에 따라 전이 유대의 요소들 또는 그것의 재발 가능성이 완전히 소멸될 수 있다는 생각은 경험적 관찰에 기초해 볼 때 의심의 여지가 있다. 이론적 관점에서, 충분히 적절한 양육을 받은 건강한 개인에게도 어느 정도 전이의 요소들이 남아있다는 점에서, 이것은 불가능해 보인다. 그러한 전이의 재개는 현실이 미치는 영향력과 함께 최초의 분석가와의 관계에서 또는 그 후의 분석가와의 관계에서 구체화될 것이다(예컨대, Pfeffer, 1963을 보라).

전이의 구성 요소들에는 일반적으로 분석 작업에 의해 최소한의 영향만을 받는 것도 있는데, 그것은 전능적이고 전지적이며 보호해주고 안내해주는 부모에 대한 숨어 있거나 위장된 보편적인 열망이다. 그것의 표현 형태는 바뀔 수 있고 그것의 적응적 잠재력은 강화될 수 있지만, 근저의 역동적 구성물은 본질적으로 동일한 것으로 남는다. 프로이트는 피스터 목사(Pastor Pfister, 1963)에게 보낸 편지(1909-39)에서 목회자가 제안하는 종교적 해결을 부러워하면서 그 점에 대해 잠시 언급한 적이 있다. 대다수의 사람들의 경우, 이런 욕구는 종교에 의해 가장 잘 충족되는 것으로 보인다. 다른 사람들의 경우, 개인의 기질적이고 지적인 성향에 따라 정치 지도자들이나 다양한 이념들에 대한 열정적인 헌신이 보다 만족스러운 대체물이 될 수 있다. 과학 그 자체도 이런 유형의 추종자들을 갖고 있다. 이전 언급(Stone, 14975)에서 나는 모든 강렬한 인간 태도와 결정적으로 중요한 이해에 대한 몰두는 때로 동일한 목적을 위한 것이라고 말한 바 있다.

전이의 발생과 관련된 문제들

나는 전이를 성인의 성격에 통합시키거나 그것이 뚜렷이 분리되고 출현하는 양태에 영향을 미치는 몇 가지 요소들에 대해서 이미 언급한 바 있다. 그것의 원초적 발생과 관련된 문제는 거의 탐구의 주제가 되지 못했다. 대부분 그것은 일반적인 현상으로 간주되거나 당연한 것으로 여겨졌다. 그러나 분석 역사의 초기부터 그것의 기원을 꿰뚫어보려는 노력—예컨대, 페렌치의 논문(Ferenczi, i1909)—이 있어왔다. 전이를 비교적 고정된 과거의 재연으로 보는 견해는 반복강박과 연결되어 있었다(Freud, 1914). 나의 견해로는, 실버버그(Silverberg, 1948)의 해석은 지나치게 엄격하고 경험적 타당성이 없는 것이었다. 그러나 새로운 대상의 현존에 의해 자극되는 미래를 향한 역동적 추진력(thrust)과 욕동의 더 나은 현실 적응의 측면은 점점 더 많은 주의를 끌게 되었다(Nunberg, 1951; Loewald, 1960). 라가츠(Lagache, 1953)는 자이가닉 현상(Zeigarnik phenomenon; 업무가 완성되지 않으면 심리적으로 압박을 받기 때문에 그것을 기억하지만, 일단 업무가 완성되면 그 업무와 관련된 사항을 기억하지 못하는 현상)을 인용하면서, 미완의 또는 중단된 과정에서 발생하는 역동의 중요성을 강조하였다. 나는 비정신증적 개인에게서 전이를 촉발시키기 위해서는 적정한 정도의 "유사성"(resemblance)이 중요하다는 점을 지적하였다(Stone, 1954). 나는 또한 전이의 보편적인 현상을 일차 대상(primal object)으로부터의 원초적 분리에 대한 반응으로 설명하고자 하였다(Stone, 1961, 1967). 이런 견해에 따르면, 재연합에 대한 끈질긴 충동은 각 심리성적 단계에 따른 강조점의 변동과 함께 비교적 적응적인 통로를 통해 근원적 전이(primordial transference)에서 표현된다. "성숙한 전이"의 경우, 언어 그리고 엄마와의 연결을 제공하는 보조 양태들과 함께 신체적 분리가 받아들여진다. 분석상황은 그것이 무의식에 일차적인 충격을 준다는 점에서 "친밀함 안에 있는 분리(separation-in-intimacy)"로 간주되며, 분석가는 "분리를 돕는 엄마"로 간주된다. 후자는 개념적으로 무의식적으로 일차적인 엄마, 즉 신체적 돌봄을 제공하는 엄마를 나타내는 보통 의사(신체를 돌보는)와는 다르다. 그러나 이미 다른 중요한 저자들이, 비록 개념적 차이가 있기는 하지만, 정신분석 상황에서 무의식에 있는 유아기적 요소가 환자에게 미치는 영향에 대해 깊은 차원을 열어주는 창조적인 해석을 제공했다는 사실을 주목할 필요가 있다(이런 맥락에서 Spitz, 1956; Greenacre, 1954를 보라).

뚜렷이 서로 다른 것으로 간주되고 있는, 분석적 관계의 현실성과 전이의 상호작용은 복잡하고 미묘한 중요성을 가진 문제들로 이루어져 있으므로, 여기에서 그것의 다중적인 측면들을 모두 고려하기는 어렵다. 그러나 비록 그 둘 사이의 경계가 모호하고 실제로 융합되어 있고 중복되고 있지만, 그 두 현상은 임상에서 개념적으로 독립되어 있고 종종 객관적으로(그리고 명백하게) 분리할 수 있는 것임을 지적하는 것이 중요하다. 물론, 이것은 모든 사람들이 동의하는 것은 아니라는 점을 밝혀둔다(Brenner, 1972, 1982를 보라). 1950년대에 주목된 바 있는(A. Freud, 1954; Stone, 1954), "실제" 관계(비전이적)가 갖는 중요성을 정교화한 그린슨은 자신의 후기 논문에서 이 점을 논의했다(Greenson, 1967). 극단적인 입장을 취했던 잣쯔(Szasz, 1963)는 전이를 종종 분석가에 의해 자극되는 것으로서, 즉 분석가를 향한 환자의 실제 태도들을 지각하고 수용하는 것에 대한 일종의 방어나 역전이로 간주하는 경향을 보였다. 그런 실수가 일어날 수 있다는 데에는 의심의 여지가 없다. 그러나 가끔 발생하는 그러한 실수가 중요한 사실들의 체계(그리고 작용 원리)에 대한 심각한 평가절하나 폐기로 인도할 것이라는 생각은 지나친 우려에 속한다.

전이에 대한 견해의 변화들

일반적인 이론의 입장에서

앞에서 제시한 설명은 본질적으로 고전적인 이론에 입각한 것이다. 이 한 장에서 일반적인 입장에서 벗어난 다양한 견해들, 예컨대 호니(Horney, 1939)나 설리반(Sullivan, 1953) 같은 이론가들의 견해를 모두 다루는 것은 실용적이지 못하다. 심각한 자기애적 장애나 경계선 장애들에 관해 저술한 이론가들은 그러한 사례들에서 전이의 출현 양태, 기법적 관리에 관한 특수한 요소들 등의 특별한 특성들을 강조하였다(Kernberg, 1979, 1982; Modell, 1976, 1979). 코헛(Kohut, 1977)은 자기애가 독립된 발달적 노선을 갖는다는 생각을 토대로 자기 심리학을 강조하는 자신의 견해를 발전시키면서, 전이에 대한 새로운 현상과 전문 용어를 발달시켰다(예를 들면, 반영 전이, 이상화 전이, 과대 전이 mirror, idealizing, grandiose transference). 이러한 분류와 관련된 개념들과 함께, 환자의 전이를 장기간 수용해주는 것과 객관적으로 지각된 사실에 대한 해석에 비해 공감적이고 내성적인 이해의 양태에 더 큰 중요성이 부여되었고, 따라서 초기 발달에서의 결핍이 갈등의 문제보다 더 많이 강조되게 되었다. 코헛의 견해들이 일반적으로 고전적인 틀에서 파생된 것을 대체하는 것으로 제시된 것은 아니지만, 그것들은 정신병리와 기법에 중요하게 추가되었고, 어떤 경우에는 예전의 갈등 심리학을 능가하는 중요성을 갖는 것으로 간주되고 있다(Kohut, 1979). 물론 이런 입장에 대해 비판적이거나 회의적인 사람들이 있지만, 나는 선택에 의한 것이건 강요된 것이건 간에, 코헛과 그의 동료들의 공헌을 분석가를 위한 중요한 부가적 자원으로 보고 있으며, 고전적 기법의 틀이나 정신병리를 평가절하하거나 대체하는 것이 아니라고 본다.

정신병리와 관련해서

전이 개념은 프로이트가 그것을 도입한 이후로 점점 더 확대 심화되고 복잡해졌다. 예를 들면, 자기애적 신경증과 전이 신경증 사이의 구별은, 설령 그것이 일반적이고 유용한 경험적 타당성을 보유하고 있다고는 해도, 더 이상 본래의 문자적인 의미를 유지할 수 없게 되었다. 그 차이는 실제로 궁극적인 의미에서 자기애적 환자의 전이 능력 결여에 있지 않다. 그것은 오히려 전이에 대한 환자의 깊은 공포에 있으며, 환자가 그런 공포를 느끼는 까닭은 압도적인 전이의 강도, 실망에 대한 격렬한 반응 그리고 그것의 잠재적 파괴성 때문이다. 문제는 전이가 활성화될 수 있는지, 있다면 어떻게 활성화되는지, 만약 활성화된다면 어떻게 관리되고 해석을 통해 감소될 수 있는지 등이다. 기본적 결함을 보완해줄 수 있는 다른 인격적 자원이 결여되어 있는, 심각한 경계선 병리를 가진 개인들의 경우, 크게 수정된 기법(예를 들면, 예비적인 심리치료 후에 그리고/또는 궁극적인 분석 목표를 손상시키지 않는 기술과 태도의 "유연성"을 계속 유지하는 형태)을 통해서만 정신분석을 수행할 수 있다는 생각에는 의문의 여지가 없다. 그러나 더 나은 자원을 가진 사람들은 고전적인 분석 모델을 보다 충실하게 고수하는 치료에 의해 더 직접적으로 도움을 받을 것이라는 사실을 배제해서는 안 될 것이다(Stone, 1954). 분명히 크리스 연구 모임(1983)에 참여했던 경계선 환자들은 비교적 수정되지 않은 분석 작업에 적합하다는 사실이 확인되었다. 몇몇 다른 저자들은 이것이 일반적으로 바람직한 접근이라고 생각하고 있다. 컨버그의 작업은 보다 치료적 접근이 가능한 사례들로부터 환경의 적극적인 구조화와 보조적인 전문적 도움을 필요로 하는 사람들에 이르기까지 광범위한 부류의 환자들을 대상으로 삼고 있다. 내 생각에 의하면, 이런 차이는 대부분 참여자에게 사용 가능한 사례 자료의 유형에 기인하고 있다.

본 장이 전이에 관한 것이기 때문에, 경계선 장애와 자기애적 장애라는 주제를 보다 상세하게 다루는 것은 적절하지 않다. 최근에 이 분야는 정신분석 문헌에서 광범위하게 다루어지고 있다. 이것에 관해서는 컨버그의 많은 논문들(예를 들면, 1975, 1982)과 모델(Modell, 1976)과 뉴욕 정신분석 연구소 크리스 연구 모임의 학술논문 7호(1983)를 참조하라. 이들 모두는 병리, 기법적 방법론 그리고 때로는 질병 분류학에 관한 나름의 입장을 강하게 천명하고 있으며, 특히 전이의 특별한 성질(질적 요소, 출현 양태 그리고 전이 신경증 문제)이 크게 강조되고 있다(예컨대, 컨버그와 모델에 의해).

나는 이런 공헌들을 고맙게 생각하고 또 존중하고 있음에도 불구하고, 그런 치료로 들어가는 열쇠는 그런 환자들의 실제적이거나 잠재적인 폭력적 전이나 전이 요구에 대한 관리(직접적으로 개인적인 의미에서)에 있다는 원칙을 여전히 확신하고 있다. 첫째, 분석가와 환자 사이의 정서적 및 지각적 틈새에 대한 반응으로 환자는 전이 퇴행을 발생시킬 수 있는 특별한 잠재력을 갖고 있음을 인식해야 하며, 따라서 퇴행이 점차 더 잘 발생하게 하기 위해 절제를 통해 비유혹적인 영역을 적정하게 유지할 수 있는 능력과 의향이 요구되며, 그 퇴행은 효율적인 해석의 범위 내에서 그리고 발달하는 신뢰 관계를 바탕으로 이루어져야 한다. 둘째, 분석가는 좌절이나 실망에 대한 격노를 포함해서 역전이 왜곡에 빠지는 일없이, 그 전이를 받아들이고 견딜 수 있는 능력이 있어야 한다. 나의 견해로는, 이것들은 치료를 위해 필수적인 요소들이다. 이런 점들에 비추어 볼 때, 최근 몇 년 동안에 이루어진 많은 설득력 있는 관찰들과 권고들은, 미묘한 해석적 영역을 포함해서 효과적인 작업 수행을 위한 많은 잠재적 가치를 지니고 있다고 말할 수 있다.

훨씬 초기 세대의 많은 분석가들은 심각한 질병을 가진 환자(특히 정신증 환자)를 다룰 때 “긍정적인 전이를 유지하는 것”의 중요성에 대해 언급하곤 했다. 이것은 나의 생각과는 다르다. 분명히 분석 작업이 효과적으로 이루어지려면, 적대적 전이가 나타나야 하고 해석되어야 한다. 분석가가 어떤 유형의 자료를 적극적으로 회피하거나 억압해야 한다는 원칙(Knight, 1953)은 설득력이 없다. 안전하고 보호적인 환경을 만들어주는 것은 또 다른 문제이다.

경계선 상태들(또는 경계선 인격)이 초기에 생각했던 것처럼 그렇게 일관성 있고 통일성 있는 질병분류학적 또는 병리적 실체를 구성하고 있지 않다는 것은 여전히 사실이다(예를 들면, Stern, 1938; Knight, 1953; Stone, 1954). 병리의 실제적 및 잠재적인 심각성, 치료의 어려움 그리고 즉각적이거나 잠재적인 자기애적 퇴행 가능성 등은 이러한 환자 집단에게 여전히 남아있다. 그 명칭이 암시하듯이, 그런 환자들은 전이와 자기애적 신경증(또는 정신증) 사이의 중간 지점—따라서 전이 관리가 특별한 중요성을 갖는 위치—에 갇혀 있는 사람들이라고 생각할 수 있다. 이런 중간 지점이나 변하기 쉬운 위치는 때로 끈질기게 유지될 수 있다(또는 심지어 극적으로 구체화될 수 있다는)는 생각은 때때로 “전이 정신증”이 현실과의 치료 외적인 유대가 유지되는 동안 발생하는 것에 의해 입증되고 있다(Stone, 1954; Greenson, 1967; Kernberg, 1975).

요약

본 장에서 나는 전통적인 것으로 간주되고 있는 임상적 현상으로부터 시작해서, 일반적인 주제에 관한 대체로 포괄적인 개관을 제시했다. 그러나 치료과정과 그것의 운명에 영향을 미치는 전이에 관한 몇몇 특정한 이론적 입장에 대해서는 좀더 폭넓고 깊이 있게 제시하기도 했다. 전이가 분석과정에서 본질적인 추진력으로 작용하는 동시에 궁극적인 저항으로 작용한다는, 전이의 이중적 역할을 살펴보았다. 절제의 규칙과 분석적 전이의 전개 사이에 기본적인 연결이 존재한다는 사실을 강조했다. 전이의 원초적 기원과 그와 관련된 생각들에 관한 나 자신의 견해를 간결하게 제시했지만, 정신분석 공동체에서 일반적으로 수용되지 않거나 확립되지 않은 견해는 제시하지 않았다. 전이 신경증과 그것의 중요성을 강조하였고, 다음 장의 주제인 역전이에 관해서는 아주 간단하게만 언급했다. 전이와, 환자가 분석가와 갖는 "실제"(비전이적) 관계의 상호작용에 대해서도 간결하게 언급했다. 나의 견해에 대한 이의가 존재한다는 사실을 인정했지만, 나의 입장은 그 두 가지가 개념적으로 별개의 것이며, 그것의 차이는 임상적으로 중요하다는 것이었다. 그리고 전이의 관리가 갖는 특별한 중요성 때문에 경계선 상태에 대해 간단한 언급을 제시하기도 했다.

참고 문헌

Abend, S., Porder, M. S., & Willick, M. S. (1983). Borderline Patents. New York: Int. Univ. Press.

Alexander, F. (1956). Psychoanalysis and Psychotherapy. New York: Norton.

Blum, H. P. (1971). On the conception and development of the transference neurosis. J. Amer. Psychoanal. Assn., 19: 41-53.

________. (1973) The concept of erotized transferences. J. Amer. Psychoanal. Assn., 21: 69-76.

Brenner, C. (1979). Working alliance, therapeutic alliance, and transference. J. Amer. Psychoanal. Assn., 27 (suppl.): 137-157.

________. (1982). The Mind in Conflict. New York: Int. Univ. Press.

Breuer, J., & Frend, S. (1893-95). Studies on Hysteria. SE, 2: 3-305.

Ferenczi, S. (1909). Introjection and transference. In Sex in Psychoanalysis, pp. 35-93. New York: Basic Books, 1950.

Ferenczi, S., & Rank, O. (1924). The Development of Psychoanalysis. New York: Nervous & Mental Disease Publication Co., 1925.

Freud, A. (1936). The Ego and the Mechanisms of Defence. New York: Int. Univ. Press.

________. (1954). The widening scope of indications for psychoanalysis. J. Amer. Psychoanal. Assn., 2: 607-620.

Freud, S. (1900). The Interpretation of Dreams. SE, 4 & 5.

________. (1905). Fragment of an analysis of a case of hysteria. SE, 7: 7-122.

________. (1912). The dynamics of transference. SE, 12;99-108.

________. (1914). Remembering, repeating and working through. SE, 12: 147-156.

________. (1916-17). Introductory Lectures on Psycho-Analysis, Part Ⅲ. SE, 16: 431-447.

________. (1919). Lines of advance in psycho-analytic therapy. SE, 17: 159-168.

________. (1927). The Future of an Illusion. SE, 21: 5-56.

________. (1937). Analysis terminable and interminable. SE, 23: 216-253.

Freud, S., & Pfister, O. (1963). On Psychoanalysis and Faith. Edited by H. Meng & E. L. Freud. New York: Basic Books, pp. 39-40, 63.

Gill, M. M. (1979). The analysis of the transference. J. Amer. Psychoanal. Assn. 27 (suppl.): 263-268.

Gill, M. M., & Hoffman, I. Z. (1982). Analysis of Transference. Vol. 1: Theory and Technique. Vol. 2: Nine Audio-Recorded Psychoanalytic Sessions. Psychological Issues, monograph 53. New York: Int. Univ. Press.

Gill, M. M., & Muslin, H. L. (1976). Early interpretation of transference. J. Amer. Psychoanal. Assn., 24: 779-794.

Gitelson, M. (1952). The emotional position of the analyst in the psycho-analytic situation. Int. J. Psychoanal., 33: 1-10.

Gray, P. (1982). "Developmental lag" in the evolution of technique for psychoanalysis of neurotic conflict. J. Amer. Psychoanal. Assn., 30: 621-655. (See also Panel, 1984.)

Greenacre, P. (1954). The role of transference. J. Amer. Psychoanal. Assn., 2: 671-684.

Greenson, R. R. (1965). The working alliance and the transference neurosis. Psychoanal. Q., 34: 155-181.

________. (1967). The Technique and Practice of Psychoanalysis, vol. 1. New York: Int. Univ. Press.

Horney, K. (1939). New Ways in Psychoanalysis. New York: Norton.

Kernberg, O. F. (1975). Borderline Conditions and Pathological Narcissism. New York: Aronson.

________. (1979). Character structure and analyzability. Bull. Assn. Psychoanal. Med., 19: 87-96.

________. (1982). To teach or not to teach psychotherapy techniques in psychoanalytic education. In Psychotherapy: Impact on Psychoanalytic Tranining, ed. E. D. Joseph & R. S. Wallerstein, IPA Monograph 1, pp. 1-37.

Knight, R. P. (1953). Borderline states. Bull. Menninger Clinic, 17: 1-12.

Kohut, H. (1977). The Restoration of the Self. New York: Int. Univ. Press.

________. (1979). The two analyses of Mr. Z. Int. J. Psychoanal., 60: 3-27.

Kris, E. (1956). On some vicissitudes of insight in psycho-analysis. Int. J. Psychoanal., 37: 445-455.

Kris Study Group of the New York Psychoanalytic Institute (1983). Borderline Patients. Monograph 7. New York: Int. Univ. Press.

Lagache, D. (1953). Some aspects of transference. Int. J.

Psychoanal., 34: 1-10.

Loewald, H. W. (1960). On the therapeutic action of psychoanalysis. Int. J. Psychoanal., 41: 1-18.

Macalpine, I. (1950). The development of transference. Psychoanal. Q., 19: 501-539.

Modell, A. H. (1976). "The holding environment" and the therapeutic action of psychoanalysis. J. Amer. Psychoanal. Assn., 24: 285-307.

________. (1979). Character structure and analyzability. Bull. Assn. Psychoanal. Med., 19: 97-103.

Nunberg, H. (1951). Transference and reality. Int. J. Psychoanal., 32: 1-9.

Pannel (1984). The value of extra-transference interpretation. E. Halpert, reporter. J. Amer. Psychoanal. Assn., 32: 137-146.

Pfeffer, A. Z. (1963). The Meaning of the analyst after analysis. J. Amer. Psychoanal. Assn., 11: 229-244.

Racker, H. (1957). The meanings and uses of countertransference. Psychoanal. Q., 26: 303-357.

Reich, A. (1960). Further remarks on countertransference. Int. J. Psychoanal., 41: 389-395.

Reider, N. (1950). The concept of normality. Psychoanal. Q., 19: 43-51.

Silverberg, W. V. (1948). The concept of transference. Psychoanal. Q., 17: 303-321.

Spitz, R. A. (1956). Transference. Int. J. psychoanal., 37: 380-385.

Stein, M. (1981). The unobjectionable part of the transference. J. Amer. Psychoanal. Assn., 29: 869-892.

Stern, A. (1938). Psychoanalytic investigation of and therapy in the borderline group of neuroses. Psychoanal. Q., 7: 467-489.

Stone, L. (1954). The widening scope of indications for psychoanalysis. J. Amer. Psychoanal. Assn., 2: 567-594.

________. (1961). The Psychoanalytic Situation. New York: Int. Univ. Press.

________. (1967). The psychoanalytic situation and transference. J. Amer. Psychoanal. Assn., 15: 3-58.

________. (1975). Some problems and potentialities of present-day psychoanalysis. Psychoanal. Q., 44: 331-370.

________. (1981). Some thoughts on the "here and now" in psychoanalytic technique and process. Psychoanal. Q., 50: 709-733.

Strachey, J. (1934). The nature of the therapeutic action of psycho-analysis. Int. J. Psychoanal., 15: 127-159.

Sullivan, H. S. (1953). The Interpersonal Theory of Psychiatry. New York: Norton.

Szasz, T. (1963). The concept of transference. Int. J. Psychoanal., 44: 432-443.

Tower, L. E. (1956). Countertranference. J. Amer. Psychoanal. Assn., 4: 224-255.

Zetzel, E. R. (1956). Current concepts of transference. Int. J. Psychoanal., 37: 369-376.

제 8 장

역전이

해롤드 P. 블럼과 워렌 H. 굿맨
(Harold P. Blum, M.D. & Warren H. Goodman, M.D.)

역전이 현상이 무엇이며 그것을 어떻게 할 것인가의 문제는 정신분석 초기부터 제기되어왔다. 프로이트가 히스테리아 연구(1895)를 집필하던 시절에 그의 조언자이자 동료였던 조셉 브로이어가 유혹적인 여성 환자인 안나 O의 치료를 포기했던 것은 그가 그녀의 치료에 지나치게 몰두했기 때문이었던 것으로 보인다. 그의 죄책감은 상상 임신에서 명확하게 드러난 환자의 무의식적인 성적 소망에 그 자신이 반응하고 있다는 사실을 의식적으로 인식한 것과 관련된 것이었다. 환자에게서 오는 그런 위험한 영향력으로부터 자신을 보호하려는 욕구가 너무 강한 나머지 그는 갓 태어난 과학으로부터 도망치고 말았다(Jones, 1953). 환자와 성적, 사회적 또는 사업적 관계를 가짐으로써 전문가적인 경계가 무너지는 것을 오늘날에는 전이-역전이 재연의 측면에서 이해하고 있다. 일상적인 분석 절차와 절제의 규칙 그리고 중립성에서 벗어나는 것은 환자의 어떤 측면에 대한 분석가의 특별한 반응 성향을 가리킨다.

그런 경험에 대한 분석은 역전이 현상의 정수를 드러내는데, 그런 현상은 좁은 관점에서 또는 넓은 관점에서 다양한 방식으로 정의되어왔다. 명백하게, 그것은 분석가가 환자에 대한 자신의 태도와 감정들 그리고 때로는 행동들에 대해 부분적으로만 의식하고 있음을 말해준다. 이것들은 분석가가 환자를 이해하고 다루는 데 영향을 미칠 수 있는 무의식적인 갈등들을 반영한다. 그 점에서 역전이는 분석가가 환자의 행동에 대한 반응으로 자신의 삶의 보다 초기 상황에서 온 태도와 감정을 환자에게 전치하는 것을 말한다. 이런 의미에서 그것은 전이와 유사하다. 따라서 용어 자체가 지적하듯이, 역전이는 좁은 의미에서 환자의 전이에 대한 분석가의 특정한 반응으로, 또는 보다 일반적으로 환자에 대한 분석가의 신경증적 반응으로 정의될 수 있다. 그러나 어떤 저자들은 "환자에 대한 분석가의 의식적, 무의식적, 합리적, 비합리적인 모든 정서적 반응들 그리고 특별히 분석적 이해와 기법에 방해가 되는 모든 것들을 역전이에 포함시킨다. 이런 광범위한 관점이 말하는 것은 아마도 역반응(counterreaction)에 더 가까울 것이다"(Moore & Fine, 1990, p. 47).

라플랑쉬와 퐁탈리스(Laplanche and Pontalis, 1973)는 역전이를 "피분석자 개인, 특히 피분석자의 전이에 대한 분석가의 모든 무의식적인 반응들"이라고 설명했다(p. 92). 다른 사람들은 훨씬 더 폭넓은 상호적 개념으로 정의하면서, 전이에 대한 분석가와 피분석자 사이의 상호 반응을 포함시켰다. 분명히 상황은 매우 복잡할 수 있다. 환자가 분석가에게 전이를 발달시키고 분석가가 환자의 전이에 역전이를 발달시키는 것처럼, 분석가도 환자에게 전이 반응을 가질 수 있고 환자도 분석가의 역전이에 대해 전이 반응을 가질 수 있다. 게다가 환자는 분석가의 성격(예를 들면 그가 융통성이 있는지, 독단적인지, 화를 잘 내는지, 명랑한지)에 반응할 것이고, 마찬가지로 분석가도 환자의 성격에 반응할 것이다. 그리고 몇몇의 또는 많은 환자들의 공통적인 요소들에 대한 역전이가 있을 수 있다. 만약 그러한 분석가의 반응이 모든 환자들과의 작업에서 발생한다면, 그것은 의심의 여지없이 분석가 자신의 갈등이나 성격의 문제가 분석 작업을 침범하고 있음을 반영하는 것일 것이다.

기본적으로 역전이는 전이의 한 종류로서, 그것을 환자의 전이에 대한 부적절한 반응으로 보는 협의의 정의는 그것을 보다 정확하게 구별할 수 있게 해주는 이점을 가지고 있다. 광의의 정의는, 예를 들면 키가 매우 크거나 매우 작은 환자에 대한 분석가의 무의식적 반응과, 환자의 전이 갈등에 대한 분석가의 무의식적인 비합리적 반응을 혼동할 수 있게 한다. 다른 한편, 광의의 정의는 분석가가 부적절한 것으로 인식하든 안 하든, 또는 인정하든 안 하든, 분석가 쪽의 매우 다양한 비합리적 반응을 다룬다는 이점을 가지고 있다.

프로이트(1910)는 처음에 역전이를 다음과 같이 주목했다:

> 우리는 분석가의 무의식적 감정에 환자가 영향을 끼친 결과로서 분석가에게서 "역-전이"가 발생한다는 사실을 깨닫게 되었다. 그리고 우리는 분석가가 자신 안에 이런 역-전이가 발생했음을 인정하고 그것을 극복해야 한다고 주장하게 되었다. 이제 정신분석가로 활동하고 있는 상당수의 사람들이 그들의 관찰을 다른 분석가들과 교환함으로

> 인해 우리는 많은 것을 알게 되었는데, 특히 우리는 어떤 정신-분석가도 자신의 콤플렉스와 내적 저항이 허용하는 것 이상으로 더 깊이 분석해 들어갈 수 없다는 것을 깨닫게 되었다. 그리고 분석가는 자기-분석으로부터 자신의 작업을 시작해야 하며 환자에 대해 관찰하는 동안 계속해서 자기-분석을 더 깊이 수행해야 한다는 것을 알게 되었다 [pp. 144-145].

프로이트(1912)는 "무의식이 지각한 것을 의식이 알아차리지 못하도록 붙들고 있는"(p. 116) 분석가의 저항에 대해 경고했다. 그 개념의 부가적인 뿌리는 "모든 사람은 자신의 무의식 안에 다른 사람들의 무의식이 하는 말을 해석할 수 있는 도구를 가지고 있다"(p. 320)는 프로이트의 말(1913)일 것이다. 그는 전에 이렇게 말했다:

> 그[분석가]는 정신-분석적 자기 정화 과정을 거쳐야 하며, 아울러 환자가 자신에게 말하는 것을 파악하지 못하도록 방해하는 자신의 콤플렉스에 대해 인식해야 할 필요가 있다. … [궁극적으로, 프로이트가 주장했던 것은] 다른 사람들에게 분석을 수행하고자 하는 사람들은 모두 처음에 전문적인 지식을 갖고 있는 사람에 의해 분석 받는 경험을 가져야 한다는 것이다. … [그는 이런 과정을 밟지 않는 사람들은] 자신의 인격적 특성의 일부를 다른 대상에게로 투사하는 유혹에 쉽게 빠질 수 있으며, 보편적인 타당성을 갖고 있는 이론인 과학 영역에 쉽게 빠져들 것이고, 정신분석 방법을 의심하게 될 것이라고 보았다[1912, pp. 116-117].

프로이트는 각기 다른 시기에 다른 강조점들을 가지고 역전이의 부가적 측면들에 대해 언급했다. 그의 주된 관점은 역전이가 특정하게 환자의 전이에 대한 반응으로 생긴다는 것이었다. 그는 자신의 논의 전체에서 역전이가 중립성과 공감 그리고 이해를 방해하기 때문에 저지되어야 하는 장애물이라는 점을 분명하게 암시하고 있다. 그러나 그는 역전이가 가치 있는 정보의 출처로서, 다시 말해 분석가에게 중립성과 자기-통제의 상실 가능성을 다루어야 할 필요성을 일깨워주는 신호로서 사용될 수 있다고 하면서, 역전이에 대한 보다 긍정적인 관점도 암시하고 있다.

> [환자가 치료자와 사랑에 빠지는] 현상은 치료자에게 가치 있는 정보의 일부를 나타내며, 치료자 자신 안에 존재하고 있는 역-전이 경향성에 대한 유용한 경고일 수 있다.
> [그러나 프로이트는 또한 이렇게 경고한다.] 우리 자신에 대한 통제가 그리 완전하지 않기 때문에 우리는 어느 날 갑자기 우리의 무의식적인 의도를 능가할 수는 없다. 따라서 내 생각은, 우리가 역-전이를 검토함으로써 획득한, 환자에 대한 중립성을 포기해서는 안 된다는 것이다[1915. pp. 160, 164].

1910년과 1915년 사이에 이루어진 프로이트의 초기 공헌 이후에, 역전이 문제는 여러 해동안 계속해서 분석가들의 주의를 끌었다. 1915년부터 1950년대 초에 나온 문헌(1954년 Orr에 의해 정리된)은 역전이를 분석의 장애물로 보는 프로이트의 견해를 반영하고 있다. 한편 대부분 영국학파에 속한 분석가들로 구성된 또 하나의 분석가 집단은 역전이를 잠재적으로 아주 긍정적이고 강력한 진단과 치료를 위한 도구로 보았다. 어떤 이들은 역전이를 치료의 일차적인 문제로까지 생각했다. 1920년대의 고전적 분석가들(프로이트의 입장을 가장 충실하게 따르고 있는)은 환자에게서 일어나는 전이와 마찬가지로 역전이도 억압된 유아기 자료라는 동일한 기원을 가지고 있다고 생각했다. 따라서 그것은 전이와 마찬가지로 어떤 형태로든 드러날 수 있지만, 분석가가 받은 훈련과 지식에 의해 제한될 수도 있다고 간주되었다. 환자가 과거로부터 현재로 옮겨오는 심리내적 요소의 표현에 초점을 맞추는 것과는 대조적으로, 영국학파에 속한 분석가들은 대상관계와 대인관계적 상호작용에 더 많은 관심을 보였다. 그런 관심은 분석상황에서 이루어지는 상호 관계성과 상호 반응으로 확장되었고, 과거의 영향력보다 현재의 직접성에 초점을 맞추게 되면서 역전이에 대한 관심은 더욱 고조되었다. 아마도 이런 관심은 역전이 문제들이 특히 강력하게 작용하기 쉬운 정신증 환자와 경계선 환자에게 분석 치료를 적용하려는 노력들에 의해 강화되었던 것 같다.

위에서 설명한 경험에 근거해서 역전이 개념을 보다 광범위하게 정의한 사람들은(A. Balint & M. Balint, 1939) 분석가가 무수히 많은 방식으로, 예를 들면 사무실 배치, 그의 인격, 작업 기법 그리고 분석상황이 주는 충격을 통해서 환자에게 영향을 미친다는 점에 주목했다. 환자와 분석가의 상호적인 전이와 역전이 반응에 대한 보다 복잡한 고려는, 비록 환자가 다양한 개별적인 기법에 의해 분석될 수 있다고 해도, "거울 모델"의 보편적인 적응 가능성에 대한 진지한 물음을 결과로 가져왔다(A. Balint & M. Balint, 1939). 그러나 그 분야의 연구자들은 환자의 기본적인 과제가 분석가의 것이 아닌 자신의 무의식적 마음을 계속해서 배우는 데 있다는 견해에 일반적으로 동의하고 있다. 그렇지만 이런 새로운 견해에서, 역전이는 분석을 방해할 수 있을 뿐만 아니라, 분석을 촉진하는 데도 사용될 수 있는 것으로 간주된다.

1951년에 애니 라이히(Annie Reich)는 여러 해 동안 일반적인 관점의 시금석이 되었던 역전이에 대한 정의를 제공했다. 그녀는 역전이를 "분석가의 이해나 기법에 미치는 분석가 자신의 무의식적 욕구와 갈등들의 영향"으로 설명했다. 그녀는 "분석 활동이 분석가에게 무의식적 의미를 가지고 있을 때마다"(p. 26) 분석가의 행동화는 역전이의 한 형태로 보일 수 있다는 것을 관찰했다. 그런 상황에서 환자들은 분석가에게 실제 대상이 아니라, 불안을 달래거나 죄책감을 숨기는 것을 포함한 분석가의 욕구충족을 위한 도구가 되고 만다.

분석가가 역전이를 의식적으로 인식한다고 해도, 그것의 원천에 대해서는 여전히 의식하지 못할 수도 있다. 애니 라이히는 분석가 쪽에서의 리비도적 투자(예컨대, 비록 탈성화되고 승화되긴 했지만, 근저의 관음증을 드러내는)가 없고 따라서 역전이가 없다면, 분석은 진전되지 않을 것이라고 주장했다. 그녀는 이런 "관음증"이 분석상황에서 순조롭게 분석될 수 있도록 승화되어야 한다고 강조했다. 분석가가 인식하든 안하든, 분석가의 역전이 반응에서 작용하는 공통적인 요소는 불안이다. 이 불안은 분석가가 삶의 과정에서 만나는 성공 욕구와 같은 심리사회적 요소나, 미처 해결되지 못한 분석가의 신경증적 문제, 또는 환자가 자신의 불안을 의사소통하는 것에서 유래할 수 있다.

라이히는 역전이와 역동일시(counteridentification, 아마도 과도한 동일시에 상응하는)를 구별하였다. 역전이는 통제되고 이해된다면 유용하게 사용될 수 있는 것인 반면, 역동일시는 상호 반응, 즉 환자가 분석가를 동일시하는 것에 대한 분석가의 반응으로 서술되는, 분석적 공감의 비정상적인 실패에 속하는 것이다. 이때 일시적이어야 하는 환자와의 동일시가 지속되면서 분석가의 관찰하는 객관적 자아가 방해받게 된다. 역동일시는 환자와 분석가 모두에게서 발생하는 상호적인 퇴행 반응으로서, 두 사람 모두에게서 초기 동일시 과정이 반복되는 현상으로 보인다. 그럼에도 불구하고 우리는 라이히가 역전이는 유용한 분석 도구일 수 있다고 제안했음을 주목할 필요가 있다.

1950년대 중반에 이루어진 영국학파 정신분석가들의 연구결과로 인해 역전이는 보다 긍정적인 측면에서 이해되게 되었다. 분석가 쪽에서의 정상적인 반응과 신경증적인 반응이 그리고 의식적인 반응과 무의식적인 반응이, 정의상 구별될 수 있었다. 마찬가지로 환자의 분석에 긍정적인 효과를 지닌 역전이와 부정적인 효과를 지닌 역전이도 구별될 수 있었다. 따라서 분석가가 억압하고 있는 갈등에 대한 환자의 연상은 분석가에게서 병리적 방해를 일으키는 반면, 분석가의 특정한 동일시들과, 발달에 영향을 미치는 개인적 경험들은 분석 작업에 호의적인 역전이를 제공할 수 있는 것으로 간주되었다. 그런 현상을 연구하는 사람들은 환자의 인격과 행동 전체에 대한 분석가의 반응과 역전이 반응은 구별되어야 한다는 사실에도 주목하였다. 페니켈(Fenichel, 1940)은 분석가의 역전이에 대한 공포가 그가 환자에게 반응할 때 모든 자유로움을 앗아갈 수도 있다는 우려를 표명한 적이 있다. 이것은 환자로 하여금 분석가에게는 인간적인 것이 허용되지 않는다고 느끼게 만드는, 바람직하지 못한 결과를 가져올 수도 있다. 이런 고찰들은 1930년대 중반의 지배적인 견해와는 대조적으로, 보다 유연한 인본주의적인 견해를 받아들이도록 이끌었다. 과거의 견해는 다음의 진술에서 찾아볼 수 있다: "겉으로 드러난 연민, 동정, 비난, 참을 수 없음, 애정 등은 심리치료사의 태도에서 제외되는 것이 최상이다. 치료사의 역할은 환자로 하여금 자신의 정서와 갈등의 기원을 직면하고, 그것들을 끝없이 반복하는 것이 무익하다는 것을 깨닫게 하기 위해 그런 정서와 갈등들을 능숙하고 적절하게 반영해주는 것이다"(Orr, 1954, p. 661, English & Pearson, 1937, p. 303).

1940년대와 1950년대에 소위 거울 모델 지지자들(분석가는 환자의 심리적 이미지만을 반영해주어야 한다고 믿는 사람들)과 분석가를 인간으로 그리고 참여적 관찰자로 생각하는 사람들 사이에는 매우 격렬한 논쟁이 있었다. 전자는 역전이가 분석가의 전이 해석을 제한하기보다는 오히려 분석가로 하여금 전이를 약화시키거나 조종하도록 유도할 수 있다고 주장했다. 그러나 그 즈음에, 역전이는 어디에나 있고 꼭 그렇게 바람직하지 않은 것만도 아니며, 분석가는 자신의 정서적 반응을 사용하여 환자의 무의식에 대한 이해를 확장할 수 있고 또 그렇게 해야 한다는 합의가 도출되기 시작했다. 역전이의 편재성에 대한 인식은 이전에 그것이 가지고 있던 경멸적인 의미를 감소시키는 데 기여했다.

이런 역사는 정신분석가들에게 있어서 역전이는 항상 주요 관심사였음을 보여준다. 그런데 역전이는 과거뿐만 아니라 오늘날에도 훨씬 더 많은 분석가들의 관심을 끌고 있다. 이것은 오늘날 분석가가 어떻게 자신의 사례를 이론적으로 이해하고 개입하는지에 대한 관심뿐만 아니라, 대부분 분석가의 전체 기능(기능부전뿐만 아니라)에 더 크게 초점을 맞추는 경향성에 기인한다. 어떤 분석가들은 치료를 해내고, 연구를 수행하고, 생활비를 버는 것에서 얻는 의식적인 만족 외에도, 그들의 삶에서 매우 깊은 무의식적 만족을 얻는 것이 필요하다고 믿고 있다. 그들은 이런 방식을 통해서만 분석이 성공할 수 있고, 역전이에 따른 방해를 피할 수 있다고 생각했다. 오늘날 전문적인 분석가로서의 만족감은 중요한 것으로 남아있지만, 동일시, 명료화, 그리고 지속적인 역전이 분석에 비한다면 주변적인 것으로 간주되고 있다.

현재는 공감이 분석과정과 관련되어 있다는 점에서 공감이 강조되고 있을 뿐만 아니라, 분석적 목표에 도달하는 방법에 대한 미시적인 평가를 추구하는 경향이 있다. 본래 프로이트(1912)는 대대적인 역전이는 분석에서 이따금씩만 발생한다고 암시했다. 현재는 분석에서 두-사람 영역(two-person field)은 항상 존재하고 있으며, 분석가는 주관적인 반응과 함께 참여하는 관찰자로 생각된다. 역전이가 대체로 잘 조절되고 승화되며 자아 통제 하에 있다 하더라도, 전이/역전이의 표현은 환자와 분석가 사이에 편재해 있다. 그런 점에서 시간 약속과 비용 지불 같은 분석의 틀을 깨는 문제에 더 많은 주의가 기울여지고 있다. 그러나 이런 영역의 위반이 분석가의 무의식으로부터 분출된 결과일 수 있는 한편, 때로는 유연성이나 서투름이 한 요소로 작용한 결과일 수도 있다.

래커(Racker, 1968)는 전이 신경증과 평행을 이루고 있는 역전이 신경증에 대해 말한다. 이것은 분석 자체를 성애적 관계로 묘사하고 있는 소수의 견해에 속한다. 그것은 대부분의 역전이 반응들의 특징이 아닌, 지속적으로 재발되는 침범적 경우에 적용되는 것으로서, 분석가에게 중요한 정신병리가 있음을 보여주는 것이다.

래커는 역전이 개념을 이해하는 데 많은 중요한 기여를 하였고, 그 결과 역전이에 관한 이론과 기법에 영향을 끼쳤다. 그는 직접적인 역전이와 간접적인 역전이 그리고 일치적 역전이와 상보적 역전이를 구별하였다. 직접적인 역전이는 환자에 대한 분석가의 역전이만을 일컫는 반면, 간접적인 역전이는 동료나 임상 감독자(supervisor)에 대한 역전이를 일컫는다. 따라서 훈련생은 환자에 대해서는 직접적인 역전이를, 임상 감독자에 대해서는 간접적인 역전이를 경험할 수 있다. 일치적 역전이는 환자의 자아나 원본능 같은 심리적 대리자와의 동일시를 일컫는 것으로서, (경험적 관점에서 볼 때) 환자의 생각 및 감정과 공감적으로 동일시하는 것을 가리킨다. 래커는 헬레나 도이치(Helena Deutsch, 1926)를 따라 상보적 역전이를 분석가가 환자의 유아적 대상 표상과 동일시하는 것으로 정의하였다. 그것은 래커의 용어에서는 내재화된 대상관계의 측면으로 서술된다. 환자는 전이 환상의 측면에서 분석가를 바라보는데, 그 환상에서 분석가는 부모나 형제 같은 유아의 애정 대상을 나타낸다. 래커는 분석가가 실제로 자신이 환자의 유아적 대상 표상의 위치에 있는 것으로 느낄 수 있다고 지적했다. 그가 사용한 개념은 멜라니 클라인에게서 온 투사적 동일시 개념으로서, 환자가 자신의 인격 안의 원치 않는 부분을 떼어내어 분석가에게 투사하면, 그 부분이 분석가 안에서 일정한 정서적 반응을 일으킨다는 것이었다. 예컨대, 환자는 투사적 동일시를 사용하여 분석가로 하여금 환자에 대한 죄책감을 느끼게 할 수 있다. 분석가는 분석되지 않은 투사적 동일시를 방어하거나 표현하거나 재연할 수 있다. 가장 바람직한 것은 분석가가 자신의 역전이 반응을 분석하고, 환자의 투사적 동일시를 명료화하고 해석함으로써 분석과정을 촉진시키는 것이다. 전이가 분석에서 저항으로 작용하는 것처럼, 분석되지 않은 강렬한 역전이도 분석 작용을 방해하는 저항으로 작용할 것이다. "투사적 동일시"란 용어는 종종 래커의 용례를 따라 사용되었으나, 그것은 동시에 그리고 나중에 다양한 전이-역전이 현상을 일컫는 데 사용되었다. 래커는 그 외에도 역전이를 올바른 해석을 제공하는 데 사용해야 한다고 권고했다. 그는 역전이를 적절한 해석에 대한 가장 신뢰할 수 있는 안내자로 승격시키고자 했다. 그가 활동하던 시대의 이론에서 볼 때, 분석가는 정서적 반응과 함께 불가피하지만 예측 가능한 역전이를 가지고 분석에 임하는 참여적 관찰자이다.

그러나 그 정도가 심하지 않을 때조차도 많은 저술가들은 여전히 역전이를 분석가의 중립성을 방해할 가능성이 있는 분석의 장애물로 생각하고 있다. 최근의 저술가들(Tyson, 1986을 보라)은 과거 20년 동안에 역전이 개념이 확장되고 그 정의가 변화해온 것에 대해 언급하였다. 특히 분석가의 무의식이 분석 관계에 의해 어떻게 영향을 받는가에 관심을 갖는 제한적인 초점이, 분석가의 무의식적 감정뿐 아니라 의식적인 감정까지도 고려하는 보다 포괄적인 견해로 확장되었다. 그리고 환자의 전이에 대한 분석가의 반응이라는 측면에서만 역전이를 정의하던 것에서, 환자에 대한 중립적인 반응들 모두를 포함하는 측면에서 정의하는 것으로 바뀌었다. 보다 포괄적인 견해는 환자와 분석가의 전이를 중심적인 것으로 보는 견해이다. 이런 전환들은 이론적 변화와 함께, 정신분석의 치료 범위가 보다 심각한 장애를 가진 자기애적 환자, 경계선 환자 그리고 발달적 결핍을 갖고 있거나 발달이 빗나간 환자를 포함하게 됨으로써 자극된 것이었다. 1960년대와 1970년대에 저서를 출간한 많은 분석가들(예컨대 Kernberg, 1965; Loewald, 1986)은 그런 도발적이고 불안정한 환자의 치료에서 만나는 어려움을 강조함으로써, 해석을 확장하는 데 기여했다. 그들의 경험은 정의의 차이에 상관없이 역전이가 심각한 장애를 가진 환자들을 다루는 데 몹시 중요하다는 사실을 증언하고 있다. 사실 블럼(Blum, 1983)과 다른 이들이 지적했듯이, 모든 환자들의 치료에서 미묘하고 비교적 조용하게 드러나는 역전이의 표현들까지도 중요하게 취급해야 한다. 역전이는 분석가의 "눈먼 부분"을 포함하고 있을 뿐만 아니라, 분석가의 민감성, 선호, 가치 판단, 태도에 영향을 미치는 것으로 간주되기 때문이다.

분석가의 생활에서 일어나는 현재의 사건들은 갈등에 영향을 미치고 따라서 타협 형성을 변화시킨다(Brenner, 1985). 타협 형성에서 일어나는 이런 변화들은 분석가의 태도와 행위, 환자에 대한 이해, 그리고 환자와의 작업에 대한 관심에 변화를 야기한다. 분석가는 승화된 성적 호기심 또는 다른 사람들이 고통당하는 것을 보고 싶은 소망과 연루될 수 있는데, 그런 승화는 분석 작업을 방해하고 분석가를 퇴행적인 갈등으로 이끌 수 있다.

오늘의 정신분석에서 초점은 두-사람 관계로서의 분석상황—그것이 암시하는 모든 뉘앙스들을 포함한—에 맞춰지고 있는 것으로 보인다. 그 두 사람은 각각 상대편에 대해 심리내적으로 결정된 역할 관계를 일으키거나 강요한다(Sandler, 1976). 환자는 전이 안에서 이 관계를 일정 범위의 소망충족을 얻기 위한 수단으로 삼기 위해 무의식적으로 시도한다. 그러므로 분석가는 자신의 반응을 검토할 수 있어야 하며, 소위 유용한 역전이를 향해 점점 더 가까이 나아가야 한다. 여기서 유용한 역전이란, 분석가 자신의 갈등이 환자의 연상과 행동에 대한 분석가의 무의식적 반응에 어떻게 영향을 미치는지를 의식적으로 인식하는 것을 말한다. 로우왈드(Loewald, 1986)는 발달적 틀 안에서 발생하는 분석가의 통제된 퇴행을 부모의 기능과 같은 것으로 본다. 하지만 해로운 것과 유용한 것을 섬세하게 구별해내기란 물론 어려운 일이다. 왜냐하면 알로우가 지적했듯이, "한 사람의 공감은 또 다른 사람의 역전이이기 때문이다"(1985, p. 166).

역전이를 이해하려고 노력하는 과정에서 만나게 되는 앞에서 언급한 복잡성들은 이 현상을 다루기 위한 다양한 제안들로 이끌었다: 분석상황에서 드러나는 행동적 현상이 환자에 대한 특정한 역전이를 나타내는지, 아니면 분석가 쪽에서의 만연된 성격적 행동의 징후인지를 결정하는 것이 중요하다. 결국, 화난 분석가, 슬픈 분석가, 분명하게 적극적이거나 수동적인 분석가 등이 존재한다고 말할 수 있다. 분석가는 특정한 환자와의 관계에서 잠이 들 수도 있고, 모든 환자들에게 충분히 주의를 기울이지 않을 수도 있다. 분석가의 행동은 환자가 드러낸 것이나 환자의 무의식적 요소에 대한 특정한 반응이라기보다는 분석가의 증상이나 성격적 특성을 반영하는 것일 수 있다.

분석가가 가능한 한 빨리 역전이 표현을 인식하는 것이 가장 바람직하다는 일반적인 동의가 형성되었다. 무의식적 역전이는 부정적이든 긍정적이든 아니면 둘 다이든, 분석 작업을 방해하기 쉬운 요소이다. 그것은 분석가의 유아적인 반응으로서, 무의식의 일부로 남아있는 한, 분석가로 하여금 환자의 전이의 다양한 측면을 보지 못하게 할 수 있다. 지속적인 무의식적 역전이는 분석적 중립성과 객관성을 손상시키는 경향이 있다. 역전이 표현들은 분석 구조에 영향을 미치는 것에서부터 관심의 문제, 해석의 초점, 내용의 오해, 공감의 장애, 분석가의 정서적 및 인지적 장애, 가치와 판단, 선호와 선입견, 그리고 성적이거나 공격적인 요소를 언어적 및 신체적으로 행동화하는 것 등에 이르기까지 무한히 다양하다. 역전이는 그것의 미묘한 표현들에 대한 경각심을 높임으로써 발견될 수 있는데, 그것들은 미묘한 선택적 주의 집중이나 관심의 결여, 말없이 이루어지는 공모, 갈등이나 발달의 특정 영역에 대한 선택적 해석 등이다. 예를 들면, 전오이디푸스 갈등들은 오이디푸스 갈등들보다 더 많은 관심의 대상이 될 수 있고, 그 반대도 마찬가지이다. 그리고 모성 단계 또는 전이의 다른 단계들이, 또는 청소년기 같은 발달의 전체 단계가 간과될 수 있다.

분석과정의 어떤 측면이 방해받는 일이 발생할 수도 있다. 분석가는 너무 많거나 너무 적은 치료적 관심이나 포부를 가질 수 있다. 역전이는 또한 시간의 문제, 비용 지불, 항상성 같은 정신분석 치료의 틀에 영향을 미칠 수 있다. 분석가가 늦게 도착하기, 부주의하게 상담실에 환자를 미리 들어오게 하기, 회기의 취소, 회기의 망각, 청구서 발송의 누락, 또는 잘못된 청구서의 발송 등은 역전이 발생에 대한 신호들이다. 따라서 분석가는 자신의 과잉행동이나 회피에 주의를 기울일 수 있게 되고, 자신이 환자 안의 어떤 것에 반응하고 있는지에 초점을 맞출 수 있게 된다. 환자는 비록 부적절한 것이지만 한쪽 또는 양쪽의 유아적 욕구를 만족시켜주는 반응을 분석가에게서 일으키거나, 분석가로 하여금 그런 행동을 하도록 유도할 수 있다. 역전이는 두 사람 모두에게 그런 은밀하거나 공공연한 보상을 통해 공모적 회피와 저항을 일으킬 수 있다. 경미한 일시적인 회피—예컨대 제대로 주의를 기울이지 않아 환자의 말을 듣지 못하는 것—는 실제로 가장 흔한 역전이 표현일 수 있다. 주의나 집중을 가로막는 그런 방해들은 아주 미묘하거나 극단적일 수 있으며, 분석가가 잠이 드는 것에서부터 시간감각을 잃고 회기를 너무 일찍 끝내거나 늦게 끝내는 것에 이르기까지 다양하다.

역전이 표현은 분석과정에서 다른 주요 문제들 및 섬세한 문제들과 관련될 수 있다. 분석가의 자기-조사(self-scrutiny)에 의해 발견될 수 있는 것들은 잘못된 해석, 해석의 실패 또는 시기에 맞지 않거나 재치 없는 해석 등일 것이다. 우울과 같은 분석가의 기분 변화, 다양한 말의 실수, 또는 분석가의 환상이나 꿈에 환자가 등장하는 것 등은 역전이에 대한 다른 지시물일 수 있다. 분석가는 또한 자신이 환자의 말을 듣는 방식과, 자신의 침묵과 특별한 관심이 갖는 성질, 기법적 변화에 대한 자신의 강조 등에, 그리고 다른 사람들에게 분석의 세부 내용들을 자세히 말하는 것과 같은 분석 바깥에서의 자신의 행동 측면들에 주의를 기울일 수 있을 것이다. 우리는 정신분석 작업의 성질 그 자체가 역전이 반응의 출현을 가능케 한다고 결론내릴 수 있다. 역설적으로, 자신은 역전이에 영향을 받지 않는다고 생각하는 분석가가 역전이에 가장 취약할 수 있다. 분석가의 주관적 반응들과 역전이 반응들은 불가피하고 보편적인 것이다. 인식되지 않은 반응들은 미묘하고 잘 합리화된 것일 수 있지만, 환자를 도우려는 노력을 방해할 것이다. 역전이의 원천은 무의식적인 상태로 남는다고 해도, 불쾌감이나 불안 같은 파생적 반응은 의식할 수 있고 관찰이 가능하다. 분석가가 자신을 충분히 분석한다면, 분노나, 당혹감, 또는 역전이의 출현을 수반하는 많은 다른 불편한 감정들을 두려움 없이 다룰 수 있을 것이다.

분석가의 개인 분석은 분석가 자신의 갈등을 인식할 수 있게 해줌으로써 치료 작업을 왜곡하지 않을 수 있도록 돕는다. 이것이 분석가가 되기 위해 먼저 분석을 받는 이유 중의 하나이다(Moore & Fine, eds., 1990). 그 후에 역전이 파생물들에 대한 계속적인 자기-조사는 종종 환자의 행동에 담긴 의미를 이해하는 데 필요한 단서를 제공하며, 그로 인해 제공된 통찰은 환자의 무의식에 대해 보다 신속하게 지각하도록 촉진할 것이다. 그러나 여기에는 환자의 관찰 또한 포함되어야 한다. 리틀(Little, 1951)은 환자가 분석가보다 먼저 역전이를 해석할 수 있다는 점을 주목했다. 그 해석이 환자의 전이에 의해 다시 왜곡될 수 있지만, 그것은 분석가가 알아차리기 전에 분석가의 역전이에 대한 환자의 지각을 정확하게 반영하는 것일 수 있다. 이럴 경우 분석가에 대한 환자의 비판은 단순히 부정적 전이의 표현이라기보다는 오히려 적절한 평가라고 볼 수 있을 것이다. 이것은 환자가 분석가를 분석하는 것을 말하는 것은 아니지만, 환자의 관찰은 확실히 분석가의 자기-분석을 촉진시킬 것이며 따라서 분석가 자신의 반응을 이해하는 데 도움을 줄 수 있을 것이다.

분석가들은 훈련 분석, 자기-분석 그리고 재분석을 통해 가능한 한 많은 역전이 표현들을 줄이도록 격려 받는다. 분석가들의 오랜 훈련은 그들로 하여금 그들의 특별한 지식과 이해를 정신분석 상황에 적용할 수 있게 한다. 그럼에도 불구하고 분석가의 갈등 없는 영역, 특히 "작업 자아"(work ego)와 분석적 기능들은 방어와 퇴행에 의해 방해받기 쉽다는 사실이 일반적으로 인정되고 있다. 완벽하게 중립적이고 전적으로 객관적인 분석가는 신화일 뿐이다. 그리고 역전이의 긍정적 가치에 대한 이상화로부터 분석적 전지성(omniscience)에 대한 새로운 신화가 출현할 수 있다. 역전이의 출현에 대한 분석적 각성은 분석가로서의 훈련과정에서 연마되는데, 그것은 신참 분석가가 환자에 대한 역전이 뿐 아니라, 자신의 분석가와 임상 감독자(supervisor)에 대한 역전이도 다루어야 하기 때문이다. 궁극적으로 스스로를 성찰하는 능력의 획득은 훈련 분석의 종결을 위한 필수조건이다.

자기-분석은 분석가가 훈련 분석에서 표면화되지 않은 어려움들을 드러내고 해결하는 수단일 수 있다. 그런가 하면 환자에 대한 그리고 치료 관계에서 출현하는 가장 미묘한 상호작용들에 대한 섬세한 공감적 조율이 최근의 의사소통에서 강조되고 있다(Blum, 1986a, 1986b; Jacobs, 1984, 1986; Racker,1968). 현재는 일방적으로 표현되거나 분석가와 환자에 의해 공유된 장기간의 행동 방식, 입장 또는 태도에 초점을 맞춘 열정적인 조사가 이루어지고 있다. 이러한 강조점과 함께 "스스로를 분석하는 기능"(autoanalytic function)(Tyson, 1986)에 많은 관심이 주어지고 있는데, 다행스럽게도 여기에는 스스로 자신의 자기를 분석할 수 있는 능력과 자기-분석의 한계를 존중하는 것에 대한 건전한 회의론이 조화를 이루고 있다. 이런 능력은 우리가 거의 의식적으로 통제할 수 없는 무의식적인 자아 기능에 해당하는 것인데, 따라서 의식적으로 고취된 자기-분석 노력은 드물지 않게 강력한 저항에 부딪친다. 현재의 분석적 공헌들은 그러한 저항의 극복이 분석의 진전을 촉진시킨다는 사실과, 분석가를 눈멀게 하는 역전이를 유용한 역전이로 전환시킴으로써, 환자의 전이를 더 깊이 파악하고 분석 작업을 촉진하는 데 그 현상을 이용할 수 있다는 점을 집중적으로 다루고 있다. 이 시점에서 많은 사람들이 역전이를, 분석가가 정신분석 과정의 역동을 이해하는 데 창조적이고 유용한 공헌을 하는 것으로 보고 있지만, 그것에 대한 인식과 그것의 의미에 대한 통찰이 어느 정도 환자에게 전달되는가의 문제는 또 다른 격렬한 논쟁거리가 되고 있다. 대다수의 분석가들이 동의하는 견해(Kernberg, 1965)는 분석과정을 심화하는 데 역전이 반응을 사용하도록 시도해야 한다는 것으로 보인다. 그러나 이런 목적을 촉진하기 위한 교육적 노력에서, 분석가들이 현재 진행되는 자신들의 사례보다는 학생들의 수퍼비전, 재분석 그리고 보고된 사례에 대한 논의를 통해서 역전이에 대해 논의하기를 더 좋아한다는 사실이 주목된다. 의심의 여지없이 거기에는 자기를 너무 많이 보여주는 사적 노출에 대한 공포가 존재하고 있음을 말해준다.

자기-분석이 부적절한 것으로 판명될 경우, 그 분석가는 자문을 받거나 동료에게 다시 분석을 받을 수 있을 것이다. 역-전이 분석에는 염두에 두어야 할 여러 중요한 고려사항들이 있다. 역전이에 대한 분석가의 취약성은 생활의 스트레스와 개인적 어려움에 의해 가중된다. 그런 취약성은 분석상황에 있는 두 사람 각자가 지닌 독특한 전이/역전이 성향에 의해 시험을 받으며, 환자와 분석가 모두의 성격, 기질, 유형, 연령 그리고 성(sex)에 의해 결정된다. 사실, 분석가가 환자에 대해 갖고 있는 전반적인 의식적, 무의식적, 정서적 반응들은, 설령 그런 모든 반응들이 역전이를 구성하는 것은 아니라고 해도, 마땅히 중요하게 고려되어야 한다. 그리고 분석가의 역전이에 대한 환자의 전이 반응에서 우리는 많은 것을 배울 수 있다. 분석가가 졸고 있다면, 그것은 어떤 환자에게서든 그 나름의 특정한 전이 반응을 일으킬 것이다. 이런 것들은 매우 다양하며, 명백한 분노, 연상의 억제, 부인 등을 포함할 것이다. 이때 분석가의 역전이는 무의식적인 환상으로 남아있을 수도 있고, 다양한 형태로 행동화되거나 회피 또는 다른 행동에 의해 방어될 수도 있을 것이다. 특정 분석에서 일정 범위 내에서 이루어지는 기법의 수정은 타당한 것일 수 있지만, 그와는 달리 역전이의 표현이거나 그것에 대한 합리화일 수도 있다. 역전이 반응의 전체 범위는 불안의 경험 같은 미묘한 것에서부터 환자의 말을 경청하지 않거나 눈먼 부분과 같은 보다 노골적인 것, 그리고 최종적으로는 행동화의 형태로 나타나는 극적인 실연에까지 이르고 있다. 이상적일 경우, 역전이는 분석에서 작용하는 중요한 갈등에 대해 분석가를 일깨우는 신호로 기능한다. 그러나 과도한 성애적 및 공격적 감정이 관련되어 있을 때, 역전이는 보다 깊은 분석을 불가능하게 하는 심각한 비밀 위반이나 성적 행동화를 발생시킬 수도 있다.

환자의 전이에 대한 분석가의 역전이와 환자에 대한 분석가의 전이를 구별하는 것은 중요한 과제이다. 예를 들어, 분석가는 임신한 우울한 환자의 전이에 대한 역전이를 경험할 수 있으며, 또한 그녀의 임신에 대한 자신의 전이 반응을 경험할 수도 있다. 더욱이, 환자의 전이는 분석상황의 현실에 입각한 것일 수도 있다. 예를 들면, 분석가가 자신을 학대하고 착취한다고 비난하는 피학적 환자는 실제로 졸릴 수도 있는 분석가에게서 비난이나 침묵의 부주의를 이끌어낼 수 있다. 그 후에 적대적인 학대에 대한 불평과 비난은 분석가의 역전이 졸음에서 확인되게 된다. 이러한 예는 환자의 전이가 분석가에 의해 결정되는 것이라든지, 분석가의 역전이는 환자의 창조물이라는 등의 단순한 생각을 수정할 필요가 있음을 가리킨다. 분석가의 역전이는 단순히 환자에 의해 발생되는 것이 아니라, 환자가 기여하는 것과 분석가 자신의 무의식적 갈등에 의해 공동으로 결정되는 것이다. 다른 극단에서 역전이를 공감이나 친밀관계(rapport)와 동등하게 여기는 것 또한 잘못된 것이다.

역전이의 분석은 중립성의 회복, 공감, 정확한 이해, 그리고 적절한 해석적 개입 등을 목적으로 갖고 있다. 환자의 갈등을 분석가의 갈등과 혼동해서는 안 된다. 그런 상황은 분석가가 자신의 비합리적 반응을 환자의 반응이나 환자의 삶에서 중요했던 대상의 반응과 동일한 것이라고 생각할 때 발생할 수 있다. 대부분의 프로이트 학파 분석가들은, 역전이는 분석가의 무의식적 갈등에 환자가 직접적으로 참여하거나 의사소통하는 일 없이 분석되어야 한다고 믿고 있다. 사실상, 로우왈드(Loewald, 1986)는 분석가들이 무의식적 동기와 역동성을 이해하는 범위와 깊이가 환자들의 그것과 다르다는 점에 주목해왔다. 대부분의 저자들은 환자에 대한 역전이 감정을 의사소통하는 것에 찬성하지 않는다. 어떤 사람(Heimann, 1950)은 그런 고백이 환자에게 부담이 될 수 있다고 본다. 가장 극단적인 집단의 분석가들은 분석가의 무의식적 갈등에서 생긴 자신의 기술적 어려움들의 기원조차도 효과적으로 설명될 수 있다는 믿음 하에, 환자에 대한 분석가 자신의 역전이를 실제로 해석하는 것을 지지한다(Little, 1951; Winnicott, 1949). 후자의 견해는 부분적으로 환자에게 분석가 자신의 실수를 인정하는 것이 환자로 하여금 자신의 분노를 표현하게 하고 따라서 부정적인 전이에 도달하게 할 수 있다는 믿음에 기초해 있다. 다른 저자들(Gitelson, 1952)은 보다 신중한 방법을 취하면서, 전이/역전이 상황과 대조되는 실제 대인관계 상황의 현실을 환자가 발견하도록 촉진하고 지지하는 데 필요한 만큼만 분석가 자신을 드러내는 것을 지지한다. 그러나 자신이나 자신의 역전이를 분석하는 것만으로는 환자를 분석할 수 없다는 견해가 일반적으로 수용되고 있다. 환자를 분석하는 입장에서 분석가가 자신의 자기-분석을 의사소통하는 것은 자기와 대상을 혼돈스럽게 만들고, 환자의 전이를 분석하는 것으로부터 도망치게 하며, 따라서 그 과정은 자기애적으로 지향되고 만다는 것이다.

모든 인간관계 안에는 상호작용하는 전이/역전이 맥락이 있으며, 그것은 특히 모든 형태의 심리치료에서 커다란 중요성을 갖는다. 한 가지 중요한 경고는 분석가가 합리화하기 위한 시도로서 환자에 대한 자신의 공명과 반응—치료에서 중요하게 작용하는—을 억압하는 경향이 있을 수 있다는 사실이다. 그러한 역전이 반응들은 분석가 자신과 환자에 대한 가장 불편한 이해를 제공할 뿐만 아니라, 가장 깊이 있는 이해를 제공한다. 분석가와 환자는 분석과정에 깊이 참여할 필요가 있다. 분석가들은 원시적 대상관계와 관련된 갈등을 가지고 있는 환자들에게서 드러나는, 초기 발달 수준에서 직접적으로 유래하는 문제들에 대해 불편해하거나 친숙하지 못할 수 있다. 그러나 분석된 역전이는 환자의 아동기에 내재화된 대상들의 태도, 감정, 반응들에 대한 가치 있는 단서들을 제공할 수 있으며, 또한 환자의 정신적 삶의 발달과 형성에 영향을 미친, 그 대상들과의 상호작용에 대한 단서들을 제공할 수 있다. 그런 환자들에게서 주체/대상 사이의 분화, 자아의 통합, 행동화 경향의 통제 등의 결핍은 분석가의 "작업 자아" (work ego)를 과도하게 긴장시키는 경향이 있다. 결과적으로 중립성을 방해하는 경계의 혼동과 경직된 방어의 출현과 함께 자아조직의 심각한 퇴행 위협이 발생한다. 분석가는 자신의 자기-확장에 사용되는 영리함의 과시 등 다양한 방식으로 표현되는 자기애적 역전이로부터 자유로운 존재가 아니다. 환자는, 분석가가 환자를 관찰하고 연구하듯이, 분석가를 관찰하고 연구한다. 예컨대, 환자는 분석가가 개입하도록 강요하면서 침묵할 수도 있는데, 그것은 환자로 하여금 분석가에게 불러일으켜졌던 것을 직관적으로 알 수 있게 해준다. 게다가 분석가는 다른 방식들을 사용해서 무의식적 소망들과 방어들을 환자와 공유할 수 있다. 현대 정신분석은 분석가와 환자 모두가 공유하는 환상들을 포함하여 분석상황에 그들 각자가 기여하는 것들을 분류하고 처리하고자 시도해왔다.

요약하면, 광범위하게 정의된 역전이는 특정한 한 환자, 어떤 유형의 환자, 정신병리의 한 측면, 환자의 삶에서 중요한 대상 및 인물들, 환자의 실제 삶의 상황과 연결되어 있는 우발적인 측면들(임신, 질병 또는 가족의 죽음, 대학살에서의 생존과 같은), 성공이나 실패와 같은 환자의 역사, 또는 성격 특성들과의 관계 안에 존재한다. 모든 환자들과의 사이에서 발생하는 분석가의 신경증적 행동은 증상이거나 성격적인 것일 수 있지만, 그렇다고 해서 그것이 모두 특정한 역전이는 아니다. 역전이는 갑작스레 나타나는 것일 수도 있고, 만성적이고 장기적일 수도 있으며, 부분적으로 의식적인 것이거나, 분석가의 자아 통제 하에 있는 것이거나, 아니면 전체적으로 무의식적인 것일 수도 있다. 그것은(안나 O에게서 브로이어가 달아난 것처럼) 방어되거나 행동화될 수도 있다. 그것은 환자와 분석가 모두의 무의식적인 유아적 갈등에 영향을 받는다. 그것은 정신분석뿐만 아니라 모든 심리치료에 편재해 있기 때문에 치료의 목적을 촉진시키기 위해서 숙달되어야 하는 것이다(Freud, 1910, 1914). 역전이는 파괴적 퇴행의 잠재력과, 이해를 생산적으로 향상시키는 잠재력을 모두 지닌, 분석적 만남에서 부딪치는 시련과 고난의 주된 원천이다.

참고 문헌

Abend, S. (1982). Serious illness in the analyst. J. Amer. Psychoanal. Assn., 30: 365-380.

Arlow, J. A. (1985). Some technical problems of countertransference. Psychoanal. Q., 54: 164-174.

Balint, A., & Balint, M. (1939). On transference and counter-transference. Int. J. Psychoanal., 20: 223-230.

Beres, D., & Arlow, J. A. (1974). Fantasy and identification in empathy. Psychoanal. Q., 43: 26-50.

Berman, L. (1949). Countertransferences and attitudes of the analyst in the therapeutic process. Psychiatry, 12: 159-166.

Bernstein, I., & Glenn, J. (1978). The child analyst's emotional reactions to his patients. In Child Analysis and Therapy, ed. J. Glenn, pp. 375-392. New York: Aronson.

Blum, H. P. (1983). The position and value of extratransference interpretation. J. Amer. Psychoanal. Assn., 31: 587-618.

(1986a). Countertransference and the theory of technique. J. Amer. Psychoanal. Assn., 34: 309-328.

________. (1986b). Countertransference: concepts and controversies. In Psychoanalysis, ed. A. Richards & M. Willick. New York: Analytic Press.

Brenner, L. (1982). The Mind in Conflict. New York: Int. Univ. Press.

________. (1985) Countertransference as compromise formation. Psychoanal. Q., 54: 155-163.

Breuer, J., & Freud, S. (1893-95). Studies on Hysteria. SE, 2.

Calder, K. T. (1980). An analyst's self-analysis. J. Amer. Psychoanal. Assn., 28: 5-20.

Cohen, M. B. (1952). Countertransference and anxiety. Psychiatry. 15: 231-243.

Deutsch, H. (1926). Occult processes during psychoanalysis. Rpt. In Psychoanalysis and the Occult, ed. G. Devereaux, pp. 133-146. New York: Int. Univ. Press, 1953.

Dewald, P. (1982). Serious illness in the analyst. J. Amer. Psychoanal. Assn., 30: 347-364.

English, D., & Person, G. (1937). Common Neuroses of Children and Adults. New York: Norton.

Fenichel, O. (1940). Problems of Psychoanalytic Technique. Albany, NY: Psychoanalytic Quarterly Inc.

Fliess, R. (1953). Countertransference and counteridentification. J. Amer. Psychoanal. Assn., 1: 229-284.

Freud, S. (1910). The future prospects of psychoanalytic therapy. SE, 11: 139-151.

________. (1912). Recommendations to physicians practising psycho-analysis. SE, 12: 109-120.

________. (1913). The disposition to obsessional neurosis: A contribution to the choice of neurosis. SE, 12: 317-326.

________. (1915). Observations on transference-love. SE, 12: 157-171.

Fromm-Reichmann, F. (1950). Principles of Intensive Psychotherapy. Chicago: Univ. Chicago Press.

Gill, M. M. (1982). Analysis of Transference, vol. 1. New York: Int.

Univ. Press.

Gitelson, M. (1952). The emotional position of the analyst in the psycho-analytic situation. Int. J. Psychoanal., 33: 1-10.

Glover, E. (1924). Lectures on techniques in psychoanalysis. Int. J. Psychoanal., 5: 269-311.

Grinberg, L. (1962). On a specific aspect of countertransference due to the patient' s projective identification. Int. J. Psychoanal., 43: 436-440.

Heimann, P. (1950). On counter-transference. Int. J. Psychoanal., 31: 81-84.

Jacobs, T. (1984). The analyst and the patient' s object-world. J. Amer. Psychoanal. Assn., 31: 619-642.

________. (1986). On countertransference enactments. J. Amer. Psychoanal. Assn., 34: 289-307.

Jones, E. (1953). The Life and Work of Sigmund Freud, vol. 1. New York: Basic Books.

Kernberg, O. F. (1965). Notes on countertransference. J. Amer. Psychoanal. Assn., 13: 38-56.

Laplanche, J., & Pontalis, J.-B., eds. (1973). The Language of Psychoanalysis. New York: Nerton.

Little, M. (1951). Counter-transference and the patient' s response to it. Int. J. Psychoanal., 32: 32-40.

Loewald, H. W. (1986). Transference-counter-transference. J. Amer. Psychlanal. Assn., 34: 275-287.

Meissner, W. W. (1980). A note on projective identification. J. Amer. Psychoanal. Assn., 28: 43-68.

Moore, B. E., & Fine, B. D., eds. (1990). Psychoanalytic Terms and

Concepts. New Haven: Yale Univ. Press.

Orr, D. W. (1954). Transference and countertransference. J. Amer. Psychoanal. Assn., 2: 621-670.

Racker, H. (1968). Transference and Countertransference. New York: Int. Univ. Press.

Reich, A. (1951). On counter-transference. Int. J. Psychoanal., 32: 25-31.

Sandler, J. (1976). Countertransference and roleresponsiveness. Int. Rev. Psychoanal., 3: 43-47.

Silverman, M. A. (1985). Countertransference and the myth of the perfectly analyzed analyst. Psychoanal. Q., 54: 175-199.

Tyson, R. L. (1986). Countertransference, evolution in theory and practice. J. Amer. Psychoanal. Assn., 34: 251-274.

Winnicott, D. W. (1949). Hate in the counter-transference. Int. J. Psychoanal., 30: 69-75.

제 9 장

행동과 행동화

랄프 E. 라우튼(Ralph E. Roughton, M.D.)

행동은 인간의 삶 어디에나 있으며 행동화는 모든 정신분석에서 일어난다. 그러나 "말하기 치료"(talking cure)인 정신분석의 아주 초창기부터 치료과정의 이론과 실제 모두에서 행동을 배제하거나 골치 아픈 방해물로 여기는 경향이 강하게 존재해왔다. 결과적으로 정신분석 이론은 행동에 관한 합의된 견해를 갖지 못했고, 행동화에 대한 개념화는 명확한 정의를 갖지 못한 채 더욱 더 산만한 것이 되고 말았다.

어떤 점에서 행동을 제한하는 것은 분석적 상황을 만들어내고 보호하기 위해 필수적인 요소이다. 피분석자는 그들의 주의를 내면으로 돌리고, 그들이 경험한 모든 것을 언어로 보고함에 있어서 수동적인 태도를 취할 것을 요청받는다. 그들은 자신의 증오와 욕구, 환상과 기억들을 말로 의사소통하도록 요구받는 동시에 이러한 내적 경험들의 근원과 의미들을 탐구하기 위해 행동과 욕구충족은 뒤로 미루도록 요청받는다.

수면 중의 비활동성으로 인해 꿈꾸는 사람의 금지된 충동들이 행동으로 옮겨지는 일 없이 출현하는 것처럼(Freud, 1900), 정신분석적 방법은 행동을 옆으로 밀어놓음으로써 무엇이든지 처벌받지 않고 말할 수 있다고 약속한다(Freud, 1915; Schwartz, 1984). 피분석자는 출현하는 성적 또는 살인적 환상을 실행하지 않을 것이고, 분석가는 보복하거나 창피를 주거나 유혹에 빠지지 않을 것이다. 행동으로부터 성찰(reflection)에로의 이러한 전환은 억압의 통제를 느슨하게 하고 퇴행을 안전하게 느끼게 하기 위한 암묵적 계약의 결과이다. 피분석가의 태도보다 마음이 분석 작업의 초점이 된다면, 생각하는 것과 말하는 것은 더 이상 제한할 필요가 없게 된다(Gray, 1973).

그렇더라도 제한은 발생한다. 자유로운 연상의 언어적 표현에 대한 다양한 저항들이 기억, 욕망, 태도, 또는 갈등을 다른 형태의 행동으로 만들어낼 수 있는데, 이것이 행동화이다. 이러한 행동화는 바로 분석 회기 중에 일어나거나 또는 분석 바깥에서 일어날 수 있다. 행동화는 카우치에서 침묵하는 것, 분석시간에 늦는 것, 또는 바람직한 행동을 하지 않는 것, 즉 분석가에게 유혹적 태도를 보이거나 아니면 분석가 대신 직장 상사와 연애를 시작하는 것, 사건을 기억하는 대신 아동기 외상의 강렬한 정동을 재생하는 것, 또는 분석가로 하여금 자신도 모르는 사이에 평소보다 많이 말하게끔 교묘하게 유도하는 것 등 다양할 수 있다.

그러한 행동들을 행동화로 규정하는 기준은 분석과정, 특히 전이의 성질에 있다. 행동화는 행동의 유형이나 정도가 어떤 것인지, 얼마나 병리적이며 사회적으로 수용될 수 없는 것인지, 또는 어디에서 발생하는지 등에 의해 규정되지 않는다. 요점은 단순히,

어떤 갈등적인 분석 자료가 언어가 아닌 행동을 통해 방출되거나 표현되는 것이 행동화라는 사실이다.

행동화는 언어적 의사소통을 방해하거나 대신함으로써 정신분석적 과정에 대한 저항으로 작용한다. 그러나 또한 행동화는 무언가를 말로 옮길 능력이 없다는 것을 나타내는 것일 수도 있고, 행동 자체가 말할 수 없는 것을 재생하거나 표현하는 피분석자의 유일한 방법일 수도 있다. 이런 점에서 행동화는 잠재적인 의사소통 기능을 가지고 있고, 분석과정을 촉진시킬 수 있다. 실제로 사람들은 계속해서 언어뿐 아니라 행동으로 의사소통한다. 정신분석 상황에서는 행동을 최소화하려고 노력하지만, 그렇다고 해서 배제하는 것은 아니다. 프로이트(1905)는 손가방을 가지고 노는 도라를 관찰하는 과정에서 이 점을 일찍이 인식하였고, "인간은 비밀을 지킬 수 없다. 입이 침묵하여도 손가락이 말을 하고, 온 몸에서 기밀이 흘러나온다"라고 말한 바 있다(pp. 77-75).

분석과정과 관련해서 발생하는 모든 행동들이 다 행동화는 아니다. 예를 들면, 삶의 현실 때문에 분석회기를 빠질 수도 있다. 갈등의 해결로 인한 태도의 변화는 새로운 행동양식으로 이끌 것이다. 피분석자가 분석가에게 보이는 증상과 성격 특질은 때로 정신병리의 표현으로서의 행동 요소들을 갖고 있다. 그것들의 실연은 반드시 분석의 일부가 되어야 하며(Zetzel, in Panel. 1970), 그 행동이 분석과정이나 전이에 대한 반응으로 악화된 것일 때에만 행동화로 간주된다.

행동에 대한 정신분석적 이론이 필요하다는 요청이 응답되지 않은 채 반복되고 있다는 사실(Hartmann, 1947; Rangell, 1968; Boesky, 1982)은 행동에 대한 우리의 개념화에 명료성이 결여되어 있음을 보여준다. 그러나 이론적 정밀성의 결여에도 불구하고, 행동과 정신분석 과정 사이의 관계에 대한 임상적으로 유용한—

주로 "행동화"에 초점이 있긴 하지만—연구결과들이 있다(Rangell, 1968). 이 분야의 문헌에 기여한 사람들은 행동에 대한 일관성 있는 이론을 갖지 못한 채, 통상적으로 행동화로 간주되는 임상적인 어려움들에 대해 서술해왔다. 그 결과 유감스럽게도, "행동"보다 "행동화"에 중점을 두면서 다른 행동 요소들이 부적절하게 "행동화"에 포함되게 되었고, 행동화 개념은 유용성의 한계 이상으로 확장되게 되었다(Blos, 1963).

이 장에서는 행동을 첫째, 인간발달과 태도에 대한 일반 심리학의 측면에서 둘째, 심리적 갈등과 정신병리의 표현으로서 살펴보고, 그 다음에는 관점을 바꾸어 셋째, 행동화를 저항적이고 의사소통적인 측면 모두를 포함하는 정신분석적 과정의 주요 요소로서 고찰해보겠다. 행동화의 의사소통적인 측면들은 그것들이 분석과정에 역동적이고 창조적으로 연관된 것이라는 점에서, 더 많은 관심을 받게 될 것이다.

인간 발달과 정상적 태도에서의 행동

행동이란 동기를 지닌 행위이다.[1] 단순한 생리적 혹은 반사적

1) 행위와 행동의 의미는 서로 중복되는데, 여기서처럼 두 용어가 상호 교환적으로 사용되는 보다 넓은 영역이 있다. 그러나 미묘한 차이가 있다. 'behavior(행위)' 라는 용어는 행동이 관찰 가능하고, 복합적이며, 특정방식이 있고, 지속적인 경우에 좀더 사용되고, 반복되는 경향이 있다(Moore & Fine. eds., 1990). 반면에 '행동'(action)은 행위가 불연속적이고 내면적인 경우에 주로 사용되는 것 같다. 행위가 보다 구체적이고 일상생활의 모든 측면을 포함하는 총체적인 반면, 행동은 보다 추상적이고 설명적이다.

과정들과 달리, 행동은 의도, 목적, 그리고 의미를 내포하고 있다(Moore & Fine. eds., 1990). 의도는 의식적이고 신중한 선택일 수도, 무의식적인 충동일 수도 있다. 행동은 관찰이 가능해야 하거나 운동 활동을 포함해야 하는 것은 아니다. 이는 단순히 의도를 실행한 것일 수 있으며, 우리는 그 결과가 어떤 것이든, 자신의 상사를 살해하는 것이든 햇볕을 받으며 조용히 앉아 있는 것이든, 행동이라고 부른다. 충동을 억제하는 것도 행동이다. 가장 넓은 의미에서, 심지어 사고, 기억, 그리고 말하기 등이 모두 행동이다.

그처럼 논리적으로 일관성 있고 포괄적인 정의는 행동과 의도에 대한 철학적 탐구와, 심리적 기능에 대한 일반 심리학에 유용한 것일 것이다(Brand. 1984). 여기서는 어떻게 행동이 촉발되고 실행되는가의 문제, 즉 심리적 과정의 기제가 관심의 대상이다. 반면에 정신분석가들이 갖는 질문들은 어떤 행동들이 왜 실행되는가에 초점이 있고, 동기, 갈등, 그리고 삶에서의 상호작용에 주된 관심이 있다. 너무 자주 사용되는 논리적이지 못한 행동이라는 용어를 그처럼 다양한 방식으로 사용하는 데서 오는 문제점들은 이 논문의 뒷부분에서 다룰 것이다.

여기에서는 "정상적" 행동, 즉 심리적 기능인 동시에 인간 발달과 숙달의 한 요소로서의 행동에 초점을 맞출 것이다.

정신적 기능과 행동의 기제

행동의 심리적 경로를 정신적 기능에 대한 일반 심리학의 일부로서 기술하고자 했던 프로이트의 초기 관심은 비교적 소수의 분석가들에 의해서만 이어졌다. 프로이트(1895, 1900, 1911)는 유아의 발달하는 자아가 일단 운동성에 대한 통제력을 획득하게 되면, 흥분을 완화시키려는 목적은 현실을 변화시키고자 하는 시도로 바뀌게 되고, 따라서 "행동으로 전환된다"고 가정하였다(1911, p. 221). 그리고 욕구와 행동 사이에는 만족의 지연이 자리 잡게 된다. 자아는 외부와 내면 현실을 살피고, 정서를 신호로 사용하여 쾌와 불쾌의 정도를 예상함으로써, 행동을 실행할 것인지, 만족을 지연시킬 것인지, 아니면 충동을 위험한 것으로 판단해서 억눌러야 할 것인지를 결정하고, 그에 따라 적절한 행동을 취하게 된다(Freud. 1940). 이러한 이론화는 사고를 단지 적은 양의 에너지만을 사용하는 실험적 행동으로 보는 개념과 함께(1933), 프로이트의 행동에 대한 일반적 이론을 구성하게 되었다.

라파포트(Rapaport, 1950)는 사고를 시험 행동으로 보는 프로이트의 생각을 확장시켰고, 하트만(Hartmann, 1939, 1947)은 행동을 구성하고 조절하는 데 현실이 갖는 중요성을 더 많이 인식함으로써 행동 이론에 새로운 공헌을 하였다. 그는 행위 그 자체의 성질보다는 동기에 근거해서 이성적 행동과 비이성적 행동을 구분하였는데, 본능적 욕구를 충족시키는 행동을 "비이성적" 행동으로, 자아의 통제아래 있는 행동을 "이성적" 행동으로 구분하는 단순한 이분법에 대해 경고하였다.

프로이트는 의사결정에 대한 언급에서, "판단은 운동 행동을 선택할 것인지를 결정하는, 즉 생각으로 인한 행동의 지연을 끝내고 생각으로부터 행동으로 이끄는 지적인 행동"이라고 말했다(1925, p. 238). 랑겔(Rangell, 1969a. 1969b, 1971. 1989)은 프로이트의 심리내적 과정에 대한 생각을 자아의 무의식적 의사결정 기능까지 포함하는 것으로 확장했다. 이 심리내적 과정은 "의도적인 본능의 방출, 신호 불안의 탐지, 방어나 다른 중재적 심리 구성물에 대한 선택, 실험적 행동으로서의 사고, 그리고 최종 심리적 결과물로서의 결정"을 포함한다(1989, p. 189).

최종적인 심리적 결과물은 사고, 정서, 환상, 본능적 욕구충족, 또는 상당히 다양한 임상적 정신병리로 나타나거나, 정상적 혹은 비정상적인 외적 행동으로 나타난다. 랑겔은 의도, 의지 그리고 결정을 행사하는 데 있어서 무의식적이지만 능동적인 자아의 역할을 강조하면서, 이렇게 말한다: "자아는 선택하고, 지시하고 행동한다. 사실 자아는 선택해야만 한다. 만일 선택하지 않는다면, 그것 역시 선택이다." 심리내적 과정에 대한 이러한 이해는 자아를 결정하고 지시하는 대리자로 간주하고 있고, 확고히 구조이론 안에서 전체 과정을 이해하고 있는데, 랑겔은 이를 "행동에 대한 응집적이고 기능적인 정신분석 이론"으로서 제안했다(ibid., p. 200).

이와는 대조적으로, 셰이퍼는 행동 언어에 관한 연구에서 초심리학의 기계적이고 공간적인 용어를, 인간이 그들 행동의 능동적 대리자라는 사실에 철저히 주의를 집중하는 새로운 행동의 용어로 바꾸어야 한다고 주장했다(Schafer, 1973, 1976, 1983). 예를 들어 충동의 금지는, 비록 환상 같은 제 삼의 행동으로 실행된다고 해도, "다른 행동을 멈추게 하는 데 성공한 하나의 행동"으로 보아야 한다는 것이다(1973. p. 184). 행동은 "개인적으로 의미 있는 의도적이고 목표 지향적인 방식으로 수행되는 모든 행위이며, 여기에는 모든 형태의 생각과 감정 역시 포함된다"(1983, p. 101). 셰이퍼는 정신분석을 포기된 행동들을 확인하는 데 특별히 강조점을 두는 인간 행동에 관한 연구라고 재정의했다. 셰이퍼의 연구는 많은 사람들에 의해 정신분석에 대한 과격한 공격으로 간주되었고, 그 결과 이론적, 논리적, 그리고 임상적 분야에서 격렬한 비판을 초래했다.

슈와르츠(Schwartz, 1984)는 개인의 행동에 대한 책임감을 강조했는데, 그는 단순한 대리자와 고의적인 행위자를 구별하였다. 그는 "의도적 행동"(intentional action)을 목적이 있고 목표 지향적인 일반적인 행위로, 그리고 "고의적 행동"(deliberate action)을 여러 가능성 중에 어떤 하나를 의식적으로 선택하는 것을 포함하는 특별히 의도적인 행동으로 정의하였다. 자유연상은 의식적으로 행해지긴 하지만 피분석자가 윤리적 책임을 지지 않는다는 점에서, 숙고되지 않은 의도적 행동과 유사하다. 분석에서 얻은 통찰은 더욱 확장된 범위의 이해와 선택에 기초한 행동을 결과로 가져다줄 것이다. 그런 의미에서 정신분석은 숙고되지 않은 행동을 숙고된 행동으로 바꾸고자 하며, 개인의 행동에 대한 윤리적 책임을 증대시키는 방향으로 나아가고자 한다.

발달에서의 행동의 역할

행동과 정신적 기능의 관계에 대한 앞의 언급에서는 행동의 심리내적 관계를 주로 다룬 반면에, 여기서는 발달에 있어서의 행동의 역할을 주로 다룰 것이다. 그런데 발달적 측면에서 행동은 주로 활동(activity)같은 것으로 취급되고 있다.

프로이트(1915)는 유아가 특정한 외부의 자극은 근육운동을 사용하여 피할 수 있지만 신체 내부로부터 일어나는 자극은 피할 방법이 없다는 것을 발견하면서 내부 세계와 외부 세계를 구별하기 시작한다고 가정하였다. 피아제도 운동 활동은 내부 세계와 외부 세계를 구별하는 데 필수불가결한 요소라고 하였다. 세 번째 감각운동 발달기(5개월에서 8개월) 동안에 유아의 관심은 자신의 신체 운동으로부터 그 행동이 외부 세계에 미치는 영향으로 옮겨간다. 이것은 다음 단계에서 수단과 결과 사이의 관계를 깨닫고, 의도적인 운동 능력을 탐구하며, 운동 활동을 예상적 사고 패턴이라는 형태로 내재화하도록 이끈다(Piaget 1936; Wolff. 1960, pp. 37-38).

유아를 관찰한 스턴의 연구(Stern, 1985)는 신생아의 적극적인 의사소통 능력, 그리고 생후 몇 달 동안 의지를 행사하고 조절하는 유아의 능력에 관한 우리의 이해를 크게 확장시켰다. 말러와 그녀의 동료들은 어린 아동에 대한 관찰연구를 통해서 아동의 직립 보행이 정서발달과 정체성 형성에 커다란 중요성을 갖는다는 사실을 발견했다(1975). 말러(1981)와 맥데빗(1983) 두 사람은 공격성이 자기와 대상 사이의 분화를 촉진시키며, 이후 개인의 정체성을 유지하는 데 활용되는 요소라고 보고했다. 어린이의 놀이에 대한 광범위한 연구 문헌들은 정상적인 발달과정에서 행동이 갖는 역할을 다루고 있다(Piaget. 1951; Winnicott, 1953; Kestenberg. 1968; Fast, 1970; Mahon, 1990; Mayes & Cohen, 1993).

블로스(Blos, 1963)는 "어린이에게는 놀이가 필요하고 어른에게는 언어적인 의사소통이 필요한 것처럼, 청소년에게는 행동이 요구된다고 간주했다(p. 173). 행동은 사춘기에 점증하는 본능적 압력으로 인한 긴장을 조절하고, 내재화된 부모 대상으로부터 벗어나는 것에 대한 갈등으로 인해 발생하는 수동적 소망의 퇴행적 힘에 저항하게 한다. 행동은 새로운 대상이 나타날 때까지 자아를 상실감으로부터 보호하고, 자아를 통합하고 정체감을 공고히 하는 데 사용될 수 있다.

숙달과정에서 행동이 갖는 역할

행동은 어린이로부터 청소년에 이르기까지 자연스러운 표현 양태이다(Holder, 1910; Busch, 1989). 성인의 경우, 비록 언어가 주요 의사소통 양태이긴 하지만, 행동은 여전히 적응에서 계속 중요한 위치를 차지한다. 적응적 행동은 또한 정신분석적 과정에서 통찰을 훈습해냄으로써 변화와 숙달에 이르게 하는 특별한 역할을 담당한다.

1970년대 이전에는 정신분석 분야에서 긍정적이고 적응적인 세력으로서의 행동의 위치에 대한 논문이 별로 없었다. 예외적으로, 윌리스(Wheelis, 1950)는 인격의 변화를 가져오는 극복과정(working through)의 일부로서, 현실 생활에서의 새로운 행동 양태에 관한 주목할 만한 연구를 수행하였다. 이러한 새로운 행동 양태는 환자의 고착된 신경증적 양태와는 반대되는 것으로서, 무시되거나 심지어 부주의한 분석가에 의해 행동화로 오인되어서는 안 되는 것이다. 발렌스타인(Valenstein, 1962. 1983) 역시 행동패턴의 변화와 관련해서 극복과정의 필요성에 대해 논의하였다.

랑겔(1981)은 행동에 대한 관점을 하나로 요약해냈다: "분석은 환자가 분석을 찾은 이유인 신경증적 행동이나 억제된 행동으로부터 시작해서, 분석과정에서 행동화에 대한 금지를 경험하는 것을 거쳐, 분석 영역과 삶의 영역 모두에서 긍정적인 행동들이, 필수적이지는 않더라도 바람직한 것이 되는 단계를 향해 나아가는 과정이다"(p. 130). 변화는 통찰에 따른 자동적인 결과가 아니다. 결과는 실행되는 행동에 달려있다. 하트만(Hartmann, 1947)과 아브람스(Abrams, 1980)는 통찰, 행동, 그리고 변화에 대하여 유사한 관점들을 논의한 바 있다. 폴랜드(Poland, 1917)는 갈등의 숙달 과정과 정체성 형성 과정에서 행동이 갖는 적응적 역할을 설명하면서 행동과 통찰이 순차적으로 맞물리는 과정을 설명했다.

논의

이 장의 처음 부분에서 언급했듯이, 행동의 "정상적인" 측면을 다룬 문헌들에 대한 이러한 간략한 고찰은 행동이라는 주제와 관련해서 그 용어의 개념적인 문제가 있다는 사실을 보여준다. '행동'이란 용어는 너무나 다르게, 때로는 상반된 방식으로 사용되고 있다. 피분석자들은 행동을 유보하도록 요구받는 동시에 카우치에서 그들이 경험한 것을 이야기하도록 요구받는다. 그러나 말을 하는 것은 하나의 행동이다. 넓은 의미에서 정의된 행동은 사고하기, 기억하기, 그리고 상상하기를 포함한다. 우리는 분석과정에서 그러한 행동들은 적절한 것으로 수용하면서도 그러한 기능들을 방해하는 다른 행동들에는 눈살을 찌푸린다.

정신적 작용이라는 관점에서 보면, 행동은 본질적으로 심리내적인 연쇄과정이며, 어느 정도 추상적일 수밖에 없고, 그것의 초점은 그 연쇄과정의 근거리 목표(the proximal end of the sequence)인 의도, 사고, 의사결정, 집행, 책임감 등에 맞춰져 있다. 다른 한편, 발달과 숙달의 관점에서 보면, 초점은 행동이라는 연쇄과정의 원거리 목표(the distal end of the sequence)인 활동, 구체적이고 관찰 가능한 행위, 그리고 변화에 있다. 여전히 우리는 이 두 연쇄과정 전체를 '행동'이라는 하나의 용어에 포함시키고 있다. 그리고 우리가 원거리 목표에 비행동적이고 관찰할 수 없는 행위(환상 같은)를 포함시킴으로써 행동 개념은 더욱 복잡해졌다.

랑겔의 행동 이론은 의도, 의지, 그리고 결정의 요소를 초심리학의 언어와 이론 안으로 가져오는 문제를 해결하였다. 그의 이론을 정신적 기능으로서의 행동 개념에 적용해 보면, 연쇄과정의 또 다른 목표인 통찰, 훈습 그리고 변화에 대한 그의 생각들이 그러하듯이, 어느 정도 설명적 힘을 갖고 있음을 알 수 있다. 랑겔은 우리에게 행동에 대한 이론을 제공했다. 그러나 그것은 정신분석적 과정과 관련된 문제들에 대한 우리의 혼란을 해결하는데는 별 도움이 되지 못하는 것 같다. 아마도 행동에 대한 통일성 있는 단일한 이론을 기대하는 것 자체가 무리일 것이다.

다른 한편, 셰이퍼의 이론(Schafer, 1976)은 경험적 이론에 더 가깝다. 책임있는 행동과 책임을 포기한 행동들에 관해 생각해보는 하나의 훈련과정으로서, 그것은 우리의 부주의한 개념들과 임상실제들을 위한 중요한 교정을 제공하며, 의도와 저항에 대한 우리의 생각이 보다 엄격해질 것을 요구한다. 그러나 임상적 실제에서 그의 이론은 모든 것을 행동이란 용어로 표현하는 양식이 주는 불편으로 인해 부담스러워지는 경향이 있다.

어떤 사람들은 행동에 관한 이론을 개념적 문제로 볼 것이고, 다른 사람들은 의미론적 문제로 볼 것이며, 또 다른 사람들은 해결이 불가능한 문제라고 주장할 것이다.

심리적 갈등과 정신병리에서의 행동

우리는 지금까지 발달과 변화에 있어서 정상적이고 적응적인 행동의 측면을 고찰했다. 이제는 무의식적 갈등과 정신 병리적 표현으로서의 행동에 초점을 맞추어보겠다.

프로이트는 일찍이 우연한 것으로 보이는 증상행동들(깜박 잊기, 실언, 서툰 행동)이 동기 안에 담겨있는 무의식적 갈등을 드러낸다는 사실을 발견하였다. 때로 프로이트가 '말의 실수'(parapraxes)라고 부른(1901) 그러한 행동들의 분석은 보다 심각한 증상들의 분석만큼이나 효과적인 통찰을 가져올 수 있다. 그러한 삽화적인 증상행동들은 대개 특정한 갈등에 대한 뚜렷한 메시지를 전달하며, 종종 비교적 쉽게 숨은 메시지를 드러낸다.

'신경증적 행동' 또는 '병리적 행동'은 다양한 종류의 정신병리에서 광범위하게 드러나듯이, 관찰이 가능한 형태로 나타나는 비교적 지속적인 패턴을 가진 증상 행동을 가리킨다. 행동은 욕동의 요구와 경직된 방어에 의해 지배되고, 외상적 사건들을 상징화하고 반복하며, 고통스러운 정서와 장애 입은 대상관계들을 발생시키는, 고정된 패턴을 형성하는 경향이 있다. 행동에 대한 이와 같은 광범위한 정의는 모든 증상들을 포함하는 것이지만, 그것을 다루는 일은 이 장의 범위를 넘어서는 것이다. 여기서는 적극적 행동과 충동 조절의 결핍이 주요 증상을 구성하는 신경증과 성격병리에 대한 일반적인 조망에 초점을 맞출 것이다. 많은 연구자들이 병리적 행동과 치료과정에서 나타나는 행동—병리일 수도 있고 아닐 수도 있는—을 구별하지 않고 있기 때문에, 이 논문에서 행동과 '행동화'는 함께 다루어질 수밖에 없다. 그러나 그 두 가지를 독립된 주제로 제시하고자 하는 시도는, 그것들 사이의 중요한 차이를 명료화하는 데 도움이 될 것이다.

정신병리의 심리적 표현과 행동적 표현은 뗄 수 없이 함께 짜여져 있다. 관찰 가능한 행동들은 소원이나 방어를, 혹은 두 가지 모두를 표현하는 것일 수 있다. 같은 행동이라도 다른 때에는 특정한 방어가 아닌 일반적인 방어적 태도를 나타내는 것일 수도 있고, 또는 심리적 평형상태를 회복하거나 자기-구조의 통합을 유지하려는 시도로 기능할 수도 있다.

꿈과 같은 어떤 행동들은 무의식적 갈등 자체가 응축된 것을 나타낸다. 히스테리 환자에게서, 갈등은 종종 한 가지 증상과 한 가지 행동으로 나타난다. 강박충동 환자에게서, 갈등은 두 가지 다른 행동으로, 즉 하나는 소망의 표현으로 다른 하나는 그것에 대한 방어로 나타날 수 있다(Freud, 1907, 1909; Hartmann, 1944).

소망, 방어, 또는 타협으로부터 발생하는 그러한 행동들과는 대조적으로, 어떤 사람들은 기존의 죄책감, 혹은 처벌받고 싶은 욕구를 다루기 위해서 범죄행동을 저지르거나(Freud, 1916) 행동화한다(Naiman, 1966). 코엔(Coen, 1985)은 성적 도착행동을 심리내적 갈등에 대한 해결방법으로 보는 관점에서 여러 학자들의 연구결과들을 검토하였고, 스톨로로우와 라크만(Stolorow & Lachmann, 1980)은 자기의 구조적 응집성을 회복 또는 유지하는 데 성적 행동을 사용하고 있는 자기애적 환자에 대하여 논의하였다.

다른 연구자들은 충동의 돌파구로서보다는 대응장치로서의 능동적 행동에 대해 서술하였다(Tooley, 1974). 경계선 환자의 경우, 그런 행동은 정체성 상실에 대한 방어(Angel. 1965), 또는 무의식적 갈등 특히 전 오이디푸스기 공격 욕동의 표현인 반복적 행동패턴에서 찾아볼 수 있다(Kernberg, 1975. 1984). 컨버그 역시 이런 환자들이 개인 간에 일어나는 상황을 조절하기 위해 특별한 행동 언어를 사용한다는 사실을 보여주었다. 시겔(Segel, 1969)은 초기에 수동적으로 경험했던 외상을 능동적으로 숙달하기 위한 노력을 나타내는 행동화 증후군을 서술하였고, 스타인(Stein, 1973)은 행동패턴이 혼란스럽지 않고 예측 가능한 일부 환자들에게서 볼 수 있는, 성격 특성으로서의 행동화에 대해 언급하였다. 그것에 대한 분석은 그러한 행동화가 반복적으로 재연되는 무의식적 환상을 나타내는 것임을 밝힐 수 있다.

능동적 행동의 또 다른 병리적 형태는 불안이나 긴장에 대한 반응으로 충동의 조절능력과 충족의 지연을 견디는 능력의 결여를 보이는 충동조절 장애에서 찾아볼 수 있다. 이러한 행동에서는 실연된 내용이 반복되는 특성이나, 조직화된 환상, 그리고 상징주의를 찾아보기 힘들다(Frosch, 1977).

논의

내적 갈등을 외재화하는 경향이 있는 환자와 능동적 행동을 증상으로 활용하는 환자들은 치료자나 분석가에게 다른 문제점을 야기한다는 것이 분명하다. 그렇다면 그들의 증후군은 능동적 행동을 최소화하는 사람들의 증후군과 개념적으로 다른 것인가? 행동에 대한 가장 넓은 정의(동기에 의해 유발된 행위)에 따르면, 발로 차는 환상으로 이끄는 동기와 발로 차는 행동으로 이끄는 동기 사이에 근본적인 차이는 없다.

하지만 이것이 행동과 능동적 행동에 대한 개념적 딜레마를 해결해주는 것은 아니다. 심리내적인 연쇄과정으로 시작한 것이 능동적이거나 수동적인 공격 행동이나 공격 환상 같은 행동에 도달한다. 발로 차는 것과 발로 차는 생각을 하는 것의 결과는 다르다. 이러한 종류의 행동은 외부 세계에 영향을 주려는 시도이다. 행동의 결과와 그것이 개인적인 내적 경험에 미치는 영향에 대한 차이점은 행동에 대한 모든 포괄적인 이론에 포함되어야 할 것이다.

행동화

행동은 동기를 지닌 모든 정신적 활동의 심리내적 과정 안에 있는 것으로서, 정신분석적 과정의 일부를 구성한다. 그것은 발달, 정상적 행동, 변화, 숙달 그리고 정신병리의 표현일 수 있는 다양한 형태의 능동적 행동으로 나타날 수 있다. 그러나 이것들 중 어느 것도 정신분석적 과정에 특유한 것은 아니다. 여기에서 초점은 정신분석 또는 전이를 매개물로 사용하는 다른 형태의 치료에서 가장 특유한 행동의 형태들에 있다. 나는 분석에서뿐만 아니라 일상생활에서 일어나는 비언어적 의사소통에 관해 간략히 고찰하고 나서, 행동화에 대해 보다 집중적으로 개관하고 논의할 것이다.

비언어적 의사소통

도이치(F. Deutsch, 1947, 1952)는 최초로 피분석자들의 신체 움직임에 대한 관찰결과를 체계적으로 기록하고, 그들의 자세를 그들이 제공하는 자료에 포함된 특정 주제들과 연관지었는데, 프로이트 역시 자신의 관찰을 그와 같이 사용한 적이 있다. 그는 쥐인간(1909)이 강박적인 공포에 대해 말할 때 쾌감을 암시하는 특정한 얼굴 표정을 보였다고 서술하였다. 라이히(W. Reich, 1933)는 성격 분석에 관한 연구에서, 자료를 내놓는 환자의 태도뿐 아니라 회기 중에 나타나는 환자의 행동을 자료의 내용보다 더 중요하게 취급하였다.

비언어적 의사소통은 어조, 강세, 구문, 운율, 그리고 침묵의 시점과 성질 등 언어적 소통을 채색하는 무수히 다양한 요소들뿐만 아니라, 자세, 몸짓, 움직임, 그리고 신체적 소음들을 포함한다. 맥로울린(McLaughlin, 1987)은 그러한 정보들이, 성격의 핵심적 부분을 구성하고 있는 초기 대상관계와 갈등 사이의 연결을 보여줄 수 있다는 것을 발견하였다. 제이콥스(Jacobs, 1973)는 같은 방식으로 서술하였다. 분석가가 자신의 비언어적 태도를 관찰하는 것은 환자의 자료에 대한 분석가의 무의식적 반응에 관한 유용한 단서들을 제공하며, 따라서 해석에 도움이 될 수 있다.

젤릭스(Zeligs, 1957)는 분석시간 동안에 취하는 자세와 신체 움직임을 묘사하기 위해 '행동하기'(acting)라는 용어를 도입하였는데, 그는 그것이 언어화된 기억이 없이 행동화만 있는 한쪽 극단과 행동이 없이 언어적 기억만 있는 다른 쪽 극단으로 구성된 연속체의 중간지점에 위치한 것으로 보았다. 하지만 일반적인 용어사용에서, 그의 용어는 분석상황 바깥으로 전치된 행동화와는 구별되는 분석시간 내에서 나타나는 행동화를 의미하는 것으로 받아들여지고 있다.

비언어적 메시지는 모든 인간의 상호작용 안에 현존하며 정상적 의사소통의 일부로서 간주된다. 그러나 정신분석 상황에서 비언어적 행동은 특별한 의미를 갖고 있으며, 넓은 의미의 행동화 범주에 포함될 수 있다.

행동화의 표현들

'행동화' 라는 용어는 정밀한 기계적 방식으로, 느슨한 설명적 방식으로, 그리고 일상적인 대화에서 경멸적인 방식으로 사용되어왔다. 심지어 정신분석적 논의 안에서도 용어의 정확한 사용에 관한 합의가 없었다. 여기서 나는 행동화를 분석적 또는 다른 치료적 세팅(전이를 활용하는)과 관련해서 협의적으로 정의하고, 그것을 기존의 정신병리로부터 온 행동과 구별하고자 한다:

프로이트가 '행동화' 에 대한 개념과 용어를 최초로 언급한 것은 도라의 사례를 다룬 논문의 후기(後記)에서였다. 프로이트는 도라가 분석을 때 이르게 종결한 이유가 자신이 도라의 전이를 정확하게 해석하지 못했기 때문이었음을 나중에 깨닫게 되었다.

"그녀는 자신의 기억들과 환상들의 본질적 부분을 치료 시간 동안에 말로 표현하는 대신에 '행동화' 하였다"(Freud, 1905. p. 119). 여기에는 행동화가 분석적 치료에 대항하는 것이라는 암시가 내포되어 있다. 프로이트는 나중에 "기억, 반복 그리고 극복과정"이라는 세미나 논문에서, 저항을 강조하던 입장에서 하나의 기억 방식으로서의 반복하기를 강조하는 입장으로 전환하였다(1914).

> … 우리는 환자가 망각하고 억압했던 모든 것을 기억하는 대신 행동화한다고 말할 수 있다. 그는 기억이 아닌 행동으로 재생하며, 자신이 무엇을 반복하고 있는지 알지 못한 채 반복한다.
>
> 예를 들어, 환자는 자신이 부모의 권위에 대하여 반항적이고 비판적이었다고 말하는 대신 치료자에게 그러한 방식으로 행동한다. … 환자가 치료과정 안에 있는 한, 그는 이러한 반복강박에서 자유로울 수가 없다. 결국 우리는 이것이 그의 기억 방식임을 알게 된다.[p. 150]

반복으로서의 행동화는 이제 분석과정에서 피할 수 없는 부분이 되었다. 사실 프로이트는 전이 자체를 단지 반복의 일부분이라고 생각하였다. (전이에서) 반복강박은 기억하려는 시도를 대체한다; 저항이 클수록 행동화는 더 심해진다. 최면상태에서의 기억이 실험실에서의 실험의 성질을 갖는 반면, 전이에서의 반복은 단지 과거를 반복할 뿐만 아니라 이전에는 느끼지 못했던 더 깊은 본능적 충동을 일깨우기 때문에 실제 삶의 성질을 갖는다. 프로이트는 그러한 반복 행동이 일정 범위 이내로 제한되지 않는다면, 환자나 치료 상황이 위험에 처하게 될 것임을 인식하였다. 그는 다음과 같이 말했다.

> 환자가 반복충동을 제어하고 기억으로 이끄는 주된 도구는 전이의 활용이다. 우리는 제한된 영역에서 충동을 허용해줌으로써 그것을 무해한 것으로 그리고 더 나아가 유용한 것으로 만들 수 있다. 우리는 환자가 전이라는 놀이터 안에서 거의 완전한 자유를 누리도록 허용하고, 마음속에 감춰진 병적인 요소에 관한 모든 것을 털어놓을 것을 기대한다. 우리는 환자가 분석에 필요한 조건들을 충분히 존중할 때에만, 모든 병리적 증상들에 새로운 전이의 의미를 부여하는 일에 그리고 환자의 신경증을 치료 작업에 의해 치유될 수 있는 '전이 신경증'으로 대체하는 일에 성공적일 수 있다.[1914. p. 154]

라플랑쉬와 퐁탈리스(Laplanche and Pontalis, 1973)가 지적했듯이, "'행동화'라는 용어는 프로이트의 사고에 내재되어 있는 모호성에 둘러싸여 있다: 그는 전이에서 발생하는 행동의 요소와 전이를 수반하지 않는 운동 행동의 요소를 구별하는 데 실패했다(p. 4). 이 두 요소들은 모두 과거의 반복에 의해 발생하는 것이지만, 그 행동의 결과들은 사뭇 다를 수 있다. 예를 들면, 충동적으로 직업을 바꾼 행동의 결과 분석이 갑작스럽게 종결될 수밖에 없었던 경우와, 공격적인 사업가가 분석가에 의해 보살핌을 받으면서 발생한 부드러운 감정으로 인해 아버지의 알코올 중독이 시작되기 전인 어린 시절에 아버지와 나누었던 따스한 관계에 대한 기억이 떠올랐던 경우는 크게 다르다. 이 두 경우 모두에 대해 행동화라는 용어를 사용하는 것은 기껏해야 혼란스러울 뿐이다. 하나는 전이를 피하기 위해서 반복해서 도망가는 현상을 가리키는 반면, 다른 하나는 전이에서 감정 경험을 반복함으로써 마침내 통찰과 함께 그가 전에 그것을 경험했던 상황을 기억해내는 현상을 가리킨다.

보우스키(Boesky, 1982, 1989)는 최근에 이러한 개념적 모호성을 명료화하였다. 프로이트는 지형학적 이론이 사용되던 시기동안에 행동화를 정의하면서, 기억하든지 아니면 행동으로 반복하든지 두 가지 중에 하나를 선택할 수 있는 가능성만을 제시하였다. 기억하는 것이 더 선호되고, 만일 기억하기 위해서 반복이 필요하다면, 그것은 최소한으로만 허용되어야 한다. 프로이트는 지형학적 이론을 좀더 복잡한 구조이론으로 대체하면서, 행동화에 대한 설명을 근본적으로 수정하지 않고 남겨두었다. 그러나 보우스키가 지적하듯이, 행동화는 현재 하나의 타협 형성으로 볼 수 있으며, 방어는 단지 그 구성요소의 하나일 뿐이다.

행동화를 분석의 방해물로 간주하든 필수요소로 간주하든, 혹은 둘 다로 간주하든, 이런 관점은 여전히 치료 관계에서 전이와 행동화를 연결짓고 있다. 프로이트의 원래 개념으로부터 가장 크게 벗어난 것은 이러한 기준을 포기한 데 따른 결과였다. 그 후 이 용어는 단지 부주의한 글에서 뿐만이 아니라 몇몇 사려 깊은 논문들에서도, 어떤 중요한 무의식적 욕구를 표현하는 것처럼 보이는—특히 부적절하거나 파괴적인 행동일 경우—모든 행동을 지칭하는 데 사용되어왔다. 그 결과 신경증적 행동, 도착, 중독, 충동적 및 반사회적인 행동, 그리고 많은 기존의 청소년 행동들이, 치료 상황에서든 아니든, 행동화로 불리게 되었다. 그처럼 광범위하고 부정확하게 사용되게 됨으로써, 이 용어는 치료 특유의 문제로서의 모든 역동적인 의미를 잃어버리고 말았다.

선호되는 좁은 의미의 행동화는 다음의 세 가지 요소를 필요로 한다: (1) 환자의 습관적 행동패턴이라기보다는 전이를 매개로 사용하는 치료에서 발생하는 것일 것, (2) 언어화가 다른 표현 양태에 의해 대체되거나, 말하는 행동 자체가 저항적 또는 의사소통적 의미를 담고 있을 것, (3) 분석적 과정을 방해하는 요소뿐만 아니라 기억과 의사소통을 위한 잠재력을 갖고 있을 것.

행동화 개념의 역사를 추적하는 것은 흥미로운 일이다. 안나 프로이트는 1936년에 출간한 자신의 책에서 자아, 원본능, 초자아의 작용을 강조하는 구조이론의 틀 안에서 행동화에 대한 이론적 논의를 확장하였다. 그녀는 "행동화" 대신에 전이 안에서의 "행동"에 대해 말하면서, 그것을 리비도적 충동 전이 및 방어 전이와 함께 전이의 세 형태 중의 하나로 간주했다.

와이쓰(Weiss, 1942)는 행동화를 기억에 반대하는 것으로 보는 견해에 이의를 제기하면서, 환자는 종종, 비록 그것이 적절한 정동과 함께 이루어지는 완전한 기억은 아니지만, 이미 기억하고 있는 것을 행동화한다는 사실을 지적하였다. 엠크(Emch, 1944)는 놀랍게도 행동화 패턴의 극복 측면에 대해 일찍이 인식했는데, 잘 알려지지 않은 자신의 논문에서, 어렸을 때 극단적으로 일관성 없고 방향 없는 삶을 사는 항상 '알 수 없는' 부모를 가졌던 환자들에 대하여 서술하였다. 그들의 행동화는 부모의 행동을 반복적으로 희화화하는 형태를 취했는데, 엠크는 그것을 누군가가 알아주기를 바라는 욕구의 표현으로 보았다. 그녀는 그것을 같은 행동을 재연하는 것을 통해 알 수 없었던 부모를 발견하려는 시도로 보았다. 일단 이전에 알지 못했던 상황들에 대한 진실을 알게 되면, 환자들은 더 이상 실연을 필요로 하지 않는다는 것이다.

페니켈은 '신경증적 행동화'에 대한 논의에서(1945), 프로이트가 연결시킨 행동화와 전이를 느슨하게 만들기 시작했다. 전이는 특정한 개인을 향한 '정서적 태도에 불과한 것'인 반면, 행동화는 '누구를 향한 것인가와 상관없이' 이루어지는 '실제 행동'을 가리킨다(p. 297). 페니켈은 전이와 행동화가 어떤 점에서 유사하다는 사실을 인정하면서도, 행동화를 전이와 치료에 대한 반응이라기보다는 환자의 병리적 소인에서 기인하는 것으로 보았다. 치료받기 전부터 '자발적으로 행동화' 하는 경향이 있던 환자들은 치료 중에도 행동화를 지속하는 경향을 보인다는 것이다. 페니켈이 말하는 환자는 병리가 행동으로 표현되는 특수한 환자들로서, 일단 치료가 시작되면 역시 같은 행동을 하는 사람들이었다. 그러나 그는 치료에서 유사한 반복을 보인다는 점 때문이 아니라, 관찰 가능한 행동이 유사하다는 점 때문에, 행동화와 신경증적 행동을 나란히 놓았다. 비록 그의 관찰이 어떤 종류의 병리를 가진 환자에게는 정확한 것일지 모르나, 페니켈은 중요한 개념적 구별을 모호하게 만들었고, 행동화를 분석과정의 주요 구성요소라기보다는 반대 행동의 표현으로 보는 사람들을 위한 길을 마련하였다.

1950년대와 1960대에, 행동화는 계속해서 정신분석이 도전하고 풀어야 할 주제로 남아있었다. 수많은 간행물들, 토론 모임들, 그리고 심포지움들은 그 개념이 방향을 상실했음을 보여주었다.[2] 점점 더 이론적 관심은 병리적 행동과의 연결이나 합의된 개념 정의의 추구 중 하나에 집중되었다.

당시의 전형적인 임상적 태도는 분석가가 전이를 적절하게 해석하지 못했을 때 바람직하지 않은 저항으로서 행동화가 발생한다는 것이었다. 주된 관심은 비록 일부 분석가들이 실제로 행동화를 금지하기도 했지만, 적절한 전이 해석을 통해 행동화를 방지하는 것에 있었다.

비버(Bieber, 1965)는 "반사회적이거나 자기 파괴적으로 간주되는 모든 행동"을 포함시킴으로써 이 용어의 적용 범위를 확장하

2) 여러 개인 논문들 외에도 1957년, 1969년, 1970년 패널토의들이 있다; 미국 정신분석학회지 (1957, pp. 581-705); 두 권의 책들(Abt & Weissman, eds., 1965; Rexford, ed., 1978); 심포지엄, 1968; 크리스 연구집단(Moore, 1967).

였고(p. 142), 벨락(Bellak, 1965)은 "범죄적 측면"을 포함시켰을 뿐만 아니라, 더 나아가 "교정적 수단"에 대하여 논의하였다. 그리고 이와는 크게 대조적으로, 엑스타인(Ekstein, 1965)은 다음과 같이 제안하였다:

> 행동화는 좋은 것도 나쁜 것도 아니다. 그것은 다만 사용할 수 있느냐 없느냐의 문제이다. … 고전적 분석에서 환자는 자신에게 일어나는 것을 '자유롭게 이야기' 하고 자신의 사고를 검열하거나 유보하지 말아야 한다. 환자가 자유롭게 이야기하려면, 그는 가장 잘 할 수 있는 방법을 선택해야 할 것이다. … 때로 그는 그것을 행동으로 나타낼 것이다. … 우리는 이러한 모든 형태의 의사소통에 '귀를 기울여야' 하고, 해석해야 하며, 우리가 그들이 말하는 내용에 대하여 편파적이지 않듯이 그들의 의사소통 방식에 대해서도 편파적이지 않는 법을 배워야만 한다.[pp. 169-171]

행동화에 관한 그리네이커의 일련의 논문들(Greenacre, 1950. 1963. 1968)은 보다 심각한 장애를 가진 환자들 집단에서 발견되는 행동화 증가 경향성을 이해하고자 하는 그녀의 관심을 반영한다. 사실 이들의 대대적이고 파괴적인 행동화는 분석에서 기법적 문제들을 야기해왔다. 그녀는 이러한 환자들이 대부분 생후 두 번째 해 동안에 겪은 심각한 장애로부터 발생한, 행동이 언어 및 사고의 언어화와 갖는 관계 안에 왜곡을 갖고 있다고 가정하였다(1950, p. 458). 그러한 환자들에게 있어서, 말하기와 언어적 사고는 억제되는 경향이 있고 운동성은 지나치게 발달되는 경향이 있다. 이 후의 삶에서 그들은 언어 이전의 의사소통 형태로 퇴행한다. 그리네이커의 공헌은 페니켈의 공헌과 마찬가지로 행동화를 전이보다는 병리적 행동과 연결시킨 데 있다.

이와 유사한 방향에서, 크리스 연구 집단(Kris Study Group) 중 하나는 2년간 매우 다양한 환자들의 행동화를 연구했는데, 그것은 대수롭지 않은 단순한 행동으로부터 삶의 전체 방식을 구성하는 반복적이고 중요한 사건들까지를 모두 포함하는 것이었다. 연구를 마쳤을 때에도 그들은 여전히 행동화, 신경증적 행동, 충동적 행동, 그리고 모든 경우의 도착 행동을 구별할 수 있는 기준을 세울 수가 없었다. 그러나 그들은 행동화에 대한 본질적인 특성에 대한 대략적으로 합의된 진술에 도달하였는데, 그것은 행동화란 "분석 안이나 바깥에서 무의식적 환상을 현재의 활동으로 옮겨놓은 것을 나타낸다는 것이었다"(Moore, 1967, p. 14). 행동을 통한 표현은 방어와 초자아 요소에 의해 수정된 충동의 방출을 어느 정도 허용한다. 빈약하게 통합된 강렬한 공격 충동과 반복적으로 원색장면에 노출되었던 과거력은 가장 심하게 행동화하는 환자들 가운데서 빈번하게 발견되며, 이들의 행동화가 방어에 실패할 경우, 그것은 종종 부인으로 대체되는 경향이 있다.

제 25회 국제 정신분석학회(Symposium, 1968)는 행동화를 주제로 삼았는데, 따라서 그 개념을 재평가할 수 있는 기회였다. 안나 프로이트는 첫 번째로 발표한 논문(Anna Freud, 1968)에서, 충동 파생물의 출현을 의식하도록 촉진하고, 그것이 행동으로 분출되는 순간에 해석을 제공함으로써 행동화의 실행을 막는 것은 여전히 이상적인 분석 방법이라는 사실을 상기시켰다. 이러한 방식으로 원본능 충동들은 의식적 자아 안으로 들어가고 종합적 기능의 일부가 된다. 그러나 그녀는 모든 억압된 심리적 내용들이 이러한 방식으로 의식화되지는 않는다는 사실을 인정하였다:

> "잊혀진 과거"는 재경험의 형태가 아니면 얻기 어려운 것일지도 모른다. 만일 이것이 사실이라면, 분석가는 전이 안에서 과거에 환자가 얻지 못했던 만족을 주어야 할 것이다. … 그러나 그 만족이 신체 운동적 행동까지 가서는 안 된다. … 행동화는 자유연상과 꿈의 분석이라는 기법적 도구들을 사용함으로써 최소한으로만 허용되어야 한다. 다시 말해서, 행동화는 새싹이 돋을 때 제거되어야 한다. 분석적 규칙의 한도 내에서 전이와 전이 분석을 위해 필요한 만큼의 행동화는 허용될 수 있다. 그러나 행동화가 심리적 영역 내에(신체적 행동까지 안 가는) 또는 분석적 세팅 내에(즉, 전이 내에서) 머물지 않을 때 그것은 분석적 치료의 진전을 위협한다. [pp. 166-167]

안나 프로이트는 분석적 관심이, 심각한 전 오이디푸스 병리를 가진 환자들을 포함하는 것으로 확장되면서, '잊혀진 과거'가 기억되기보다는 재체험되거나 행동화된다는 사실을 관찰하였다(또한 Frank, 1969를 참조할 것). 그녀는 전이 행동화와, 치료적 과정으로서가 아니라 병리의 표현으로서의 충동적 행동을 보이는 비행자, 중독자, 그리고 정신이상자의 습관적인 행동화를 구별하였다.

1936년과 1968년 두 번에 걸쳐서, 안나 프로이트는 행동을 결정하는 타협 형성에 영향을 주는 원본능, 자아, 초자아 사이의 균형에 주의 깊은 관심을 기울이면서, 명료하게 정의된 고전적 입장을 제시하였다. 나중 논의에서, 그녀는 정신분석학의 관심이 자유연상과 꿈의 분석을 통한 과거의 회복으로부터 전이에서의 재체험과 반복으로 전환되었음을 주목했다. 그녀는 행동화라는 용어가 다양한 병리적 행동을 포함하는 광범위한 의미로 사용되고 있음을 인식했지만, 그 개념이 모호해지는 문제에 대해서도 지적했다.

랑겔(Rangell, 1968)은 "행동화의 역할을 인간 '행동'의 보다 넓은 영역에 위치시키고, 그것을 특히 신경증적 행동과 구별"할 필요가 있다고 강조하였다(p. 195). 그는 행동화의 개념이 분석과정과 연관된 것으로 보았고, 그런 맥락에서 그 개념의 정의를 확장시켰다. 프로이트가 행동화를 기억을 회복하는 것에 대한 반대로 본 반면, 안나 프로이트와 페니켈은 그것을 억압된 본능 충동과 그 파생물이 출현하는 것에 대한 반대로 보았다. 랑겔은 그것을 "효과적인 통찰을 얻는 과정을 방해하기 위한 특정한 유형의 신경증적 행동으로 보았고, 따라서 정신분석 과정에서뿐 아니라 어디서나 흔히 볼 수 있는 것"이라고 보았다(p. 197).

그린버그(Grinberg, 1968)는 행동화는 대상관계 안에서 발달하는 과정이며, 종종 초기 대상의 상실에 대한 부적절한 애도로부터 기인하는 것이고, 투사적 동일시가 중심적인 역할을 하는, 분석가와의 현재 관계에서 수행되는 것이라고 강조하였다.

무어(Moore, 1968)는 심포지엄에서 발표한 행동화에 관한 논문에서 몇 가지 논점을 제시하면서, 행동화는 대부분 의사소통을 돕거나 회피하는 것과 관련되어 있다고 주장했다. 그가 제시한 사례는 분석 이전부터 존재하고 있던 환자의 신경증적 행동패턴이, 행동에서 표현된 갈등에 전이 인물로서의 분석가가 연관된 후에야 행동화로 간주되게 된다는 사실을 보여주었다. 무어에 의하면, 분리-개별화 시기 동안에 운동 활동(motor activity)으로서의 행동은 생각과 말보다 지배적이 되고, 아이의 이동 능력은 어머니로부터 독립하는 것과 어머니와 재결합하는 것 모두를 위한 수단이 된다. 이것은 나중에 개인이 지나치게 강렬한 리비도적 또는 공격적 충동에 직면해서 대상 표상이나 자기 표상을 보호하기 위해 행동에 의존하게 하는 중요한 요인이 된다.

1970년에 있었던 패널토의에서, 젯젤은 증상행동(예컨대, 수표에 서명하는 것을 잊는)을, 회상에 대한 조직적 저항을 나타내는 행동화 형태들과는 대조적으로, 통찰에로 인도할 수 있는, 분석가를 향한 의사소통이라고 정의하였다. 분석에서 다루어져야만 하는 신경증적 행동은 그러한 행동의 특성 때문이 아니라 그것이 분석 자체에 대한 반응이라는 점에서 행동화와 구별된다. 행동화는 내적 성찰, 내면과 외부 현실에 대한 고려, 그리고 의사결정 등의 과정들의 발생을 허용하는, 욕구충족의 지연을 감내하는 요소가 결여되었다는 점에서 적응적 행동과 다르다. 분석에서의 행동화는 이러한 과정들을 생략하게 하고 자신의 내적 삶에 대해 성찰할 수 있는 환자의 능력을 방해한다.

1970년대와 1980년대는 보다 원시적 병리를 가진 환자들에 대한 이해가 크게 확장된 시기였다. 비록 병리적인 행동패턴들과 행동화에 대한 차이가 보다 잘 인식되고 이론적으로 유지될 수 있었지만, 컨버그(Kernberg, 1984)는 환자가 치료를 시작하자마자 전이 안에서 만성적인 병리적 행동패턴을 활성화시킬 경우, 행동과 행동화의 경계는 임상에서 쉽게 혼동될 수 있음을 강조했다. 그러나 지난 10년 동안 정신분석적 관심사를 사로잡은 것처럼 보이는 주제는 분석과정에서 발생하는 행동화의 긍정적인 측면들, 즉 기억하고 의사소통하는 방법으로서의 실연, 재경험, 현실화와 그것들이 전이 및 역전이와 갖는 관계였다.[3]

셰이퍼는 "행동화의 개념은 … 직접적으로 도발적이고 파괴적

3) Jacobs, 1973, 1986, 1990, 1994: Blum, 1976; Sandler, 1976a, 1976b, 1976c; Mahler, 1977; Gedo, 1979, 1984; McLaughlin, 1981, 1987, 1989, 1991; Boesky, 1982, 1989; Casement, 1982; Schafer. 1983; Erard. 1983; Fox, 1984; Loewald, 1980, 1986; Stein.1986; Inderbitzin. 1988; Pane, 1989; Busch, 1989; Chused, 1991; Kantrowitz, 1992, 1993; Roughton, 1993, 1994; Mayes & Cohen, 1993; Ogden, 1994.

인 행동뿐 아니라, 친절함, 바보 같음, 그리고 양심에 의한 행위 등의 행동을 가리키는 데 사용될 수 있다"고 지적했다(Schafer, 1983. p. 73). 이러한 그의 참신한 지적은 환자의 행동을 주로 대립적이고 반대적인 것으로 보던 견해에서 그것을 의사소통적이고 유용한 행동으로 보는 쪽으로 전환해 가고 있음을 보여준다. 이러한 전환과 나란히 분석가들이 자신들의 실연, 역전이, 그리고 무의식적 역할 반응에의 참여를 통해 분석과정에 기여하는 것에 더욱 큰 인식과 초점이 주어지기 시작했다.

블럼(Blum, 1976)은 이 주제에 관한 포괄적인 개요에서 행동화에 분석가가 기여하는 요소를 포함시켰다. 비록 행동화는 정확한 해석에 대한 반응으로 발생하기도 하지만, 분석가의 부정확한 해석이나 부적절한 순간에 행해지는 해석에 의해 자극되는 경향이 있다는 것이다. 더욱이 분석가의 행동은 개입 스타일 때문이든, 특정한 역전이 반응 때문이든, 뜻하지 않게 행동화를 조장할 수 있다(Kantrowitz, 1992).

샌들러의 전이 개념(1976a, 1976b, 1976c)은 환자가 분석가와 함께 어떤 초기 경험이나 관계를 은밀히 반복하려는 상황을, 혹은 역으로 그러한 반복을 방어하는 상황을 조종하거나 불러내기 위한 시도를 포함하고 있다. 환자는 이러한 방법으로 외적 반응들뿐만 아니라 생각과 감정까지도 포함하는, 분석가의 '역할 반응성' (role responsiveness)을 교묘하게 조종함으로써 전이 소망을 '현실화' (actualization)하려고 시도한다. 그러한 현실화는 환자나 분석가가 알아차리지 못한 채 일어날 수 있는데, 그것은 역전이의 눈먼 부분 때문일 수도 있고 환자에 의해 부과되고 분석가에 의해 부지중에 수용된 상호작용의 미묘함 때문일 수도 있다.

보우스키(Boesky, 1982)는 라플랑쉬와 퐁탈리스(1973) 그리고 샌들러의 "현실화"에 대한 초기 논의(1976a, 1976b. 1976c)에 덧붙여서, 행동화를 두 가지 다른 요소, 즉 "무의식적 전이 환상과 그것과 관련된 어떤 행동이나 태도(behavior)"로 구성된 것으로 보아야 한다고 제안하였다(p. 42). 행동은 전이 환상을 실행하는 것일 수도 있고, 그러한 환상의 현실화에 수반되는 고통스런 정서를 피하기 위해 방어적으로 그 환상을 차단하는 것일 수도 있다. '현실화'는, 우리가 보통 생각하듯이, 행동으로 직접적인 욕구 충족을 하지 않더라도, 그러한 충족에 접근하는 것으로 보이는 무의식적 환상에 대한 주관적인 경험을 의미할 수 있다.

보우스키는 행동화를 전이와 동등시했던 프로이트의 견해(1914년)를 따르고 있는 저술가들 중 그 누구보다도 이런 견해에 근접하고 있다. 그는 전이의 "현실화" 측면이 객관적으로 관찰 가능한 신체 행동만큼이나 현실적인 것으로 느껴지며, 따라서 쉽게 행동화로 인식된다고 강조하였다. 예컨대, 출현하는 동성애 전이 환상으로 인해 불안을 경험하고 있는 환자는 막 현실화되려고 하는 분석가에 대한 감정을 부인하기 위해서 실제적인 어떤 것을 하려고 시도할 수 있고, 그것이 이성과의 연애에 몰두하는 것으로 나타날 수 있다. 따라서 행동은 현실화에 대한 방어로 사용될 수 있다. 보우스키에 의하면, 방어되어야 하는 환상 내용과 그 내용에 대한 방어가 모두 행동화에 속한다. 오늘날의 많은 분석가들은 동성애적 환상을 "전이"로 그리고 이성애적 행동을 "행동화"로 부르는 데 대체로 동의할 것이다. 프로이트의 저술에 대한 주의 깊은 독서는 행동화에 대한 프로이트의 정의가 본래 모호한 것이었다는 보우스키의 지적과 그가 이끌어낸 결론이 타당한 것임을 지지해준다. 보우스키는 자신의 갈등을 행동으로 표현하는 환자들에게서 볼 수 있는 관련된 현상들은, 행동화와 현실화를 정신분석적 관계 안에서 전이에 의해 불러일으켜지는 무의식적 환상과 관련된 개념으로 볼 때, 제대로 이해할 수 있다고 제안하였다.

만약 상호작용하는 세계 안에서 환상과 실연이 불러일으키는 피드백 효과에 실제로 차이점이 있다면, 그 차이점은 행동과 행동화에 대한 이론화 작업에서 마땅히 고려되어야 할 것이다. 이 주제는 프로이트 이래로 산발적으로 다루어져왔는데, 그는 "만일 현실이 그러한 억압된 소망들을 충족시킨다면, 그것은 위험한 일이다. 그때 환상은 현실이 되고, 그 결과 모든 방어적 수단들이 강화될 것이다"라고 말했다(1928, p. 186). 1985년에 있었던 패널 토의에서, 나는 무의식적 환상이 실연을 통해 현실화될 때 그것이 발생시키는 효과에 대하여, 특히 다른 사람들이 부지중에 역할에 참여하는 현상에 대하여 주의를 환기시킨 바 있다. "무의식적 환상은 '실제로' '현실에서' 일어나는 것에 의해서 강화된다. 어떤 의미에서, 무의식적 환상은 외적인 현실이 된다"(p. 656). 이와 같은 현실화의 효과는 내적 경험을 보다 현실감 있는 것으로 만드는 데 있어서 언어화된 말(Loewenstein, 1956)과 행동화가 갖는 효과와 비슷하다(H. Deutsch, 1959).

정신분석 상황에서 행동화는 환자에게 국한된 것이 아니다. 분석가의 부적절한 행동, 적절한 행동까지도 자제하는 것, 또는 보다 미묘한 태도나 눈먼 부분은 역전이로 볼 수 있다. 애니 라이히(Annie Reich, 1951)는 이 모든 것을 분석가의 행동화로 간주하면서, "분석 활동이 분석가에게 무의식적인 의미를 갖고 있을 때는 언제나 행동화라고 부르는 것이 적절하다"고 주장했다. 제이콥스(Jacobs, 1986)는 환자의 전이가 현실화되는 것과 마찬가지로, 표준적인 분석 기법과 쉽게 혼합될 수 있는, 교묘하게 실연되는 분석가의 역전이에 초점을 맞추었다. 그러한 실연들이 종종 간과되거나 합리화되기 때문에, 그것들은 보다 쉽게 인식되고 따라서 수정될 수 있는 것들보다 분석에 더 큰 영향력을 미칠 수 있다.

행동화에 기여하는 요인들

어떤 환자들은 정신분석 치료에 적합하지 않을 정도로, 행동을 지연시킬 수 있는 능력을 갖고 있지 않다. 그 반대편 끝에는 치료에서 행동화를 최소한으로만 드러내거나 치료과정의 진전에 본질적으로 도움이 행동화를 보이는 사람들이 있다. 그런가 하면 거기에는 중간 집단에 속한 사람들이 있는데, 이들은 정신병리의 일부로서 행동이 앞서는 성향을 지닌 그리고 분석에서 매우 파괴적으로 행동화할 수 있는 사람들이다. 이들은 분석에서 치료 이전에 가지고 있던 병리적 행동과 새로운 자극으로 인한 행동화 패턴 모두를 드러낸다. 그들이 치료 상황으로 갖고 들어 온 병리적 행동은 지속될 수 있는데, 이것은 행동화가 아니다. 그러나 그것이 전이 안에서 악화된다면, 특히 원래의 능동적 행동이 감소할 경우에는, 그것은 행동화가 될 것이고, 분석에서 긴장 상태에 도달하게 될 때 재발할 것이다.

행동의 병리적 표현에 기여하는 요인들 가운데는 긴장과 좌절감에 대한 내성 부족, 높은 수준의 구강적 또는 자기애적 욕구, 분열 기제와 같은 원시적인 방어 조직의 사용, 아동기 외상, 시각화하거나 극화하는 특별한 경향성, 그리고 마술적 행동에 대한 무의식적 믿음 등이 있다.

블럼(Blum, 1986)은 분석적 상황에서 행동화에 기여하는 구체적인 요인들을 요약하였다. 어떤 것들은 분석상황 자체에 내재된 것들로서, 퇴행의 촉진, 억압의 제거, 강렬한 정동의 활성화, 신체적 행동의 감소, 경험과 기억에 대한 고무, 금지의 결여, 그리고 전이 소망의 좌절 등이 포함된다. 다른 요인들은 의도되지 않은 것들로서, 해석의 실패 또는 해석 내용이나 시기의 부적절성, 중립성에 벗어나기, 역전이, 또는 과도하게 초연하거나 유혹적인 분석가의 행동 등이 포함된다. 행동화는 일상적인 분석가의 행동이 우연히 환자가 어린시절에 겪었던 병인적 대상관계와 가깝게 일치할 때 특별히 발생하기 쉽다(Boesky, 1982).

따라서 환자가 행동화할 수 있는 가능성은 분석에서 전이가 강렬하고 전이에 대한 저항이 완강할 때, 그리고 분석가가 필요한 해석을 하는데 실패하거나 중립적인 또는 적절한 분석적 위치를 유지하는 데 실패할 때 높아지는 것으로 보인다. 성격적으로 행동-지향적인 환자들은 분석과정에 본래 내재된 것 이상의 자극적인 요소가 거의 또는 전혀 없을 때조차도 쉽게 행동화하는 모습을 보일 것이다.

행동화의 관리

프로이트(1914)는 행동화가 분석에 "필요한 상황" 내에서 발생하는 한, 전이 안에서 병인적 본능의 표현이 반복될 수 있도록 거의 완전한 자유를 허용하였다. 그는 전이에서 드러나는 행동화는 분석을 위한 자료로 사용될 수 있다고 보았고, 전이를 취급하는 것이야말로 치료 작업을 위한 "주된 도구"라고 간주하였다.

페니켈(Fenichel, 1945)은 주로 저항으로서의 행동화에 초점을 맞추었다. 전이에 대한 시기적절한 해석은 우리가 선택할 수 있는 최상의 방법일 것이다. 하지만 환자가 저항을 인정하지 않을 때, 혹은 행동화가 분석 바깥에서 발생하는 바람에 전이가 분석 상황에서 사라져버릴 때, 어려움이 발생할 수 있을 것이다. 랑겔(Rangell, 1968)과 브렌너(Brenner, 1969)는 행동화를, 다른 것들과 마찬가지로, 방어적 측면과 근저의 본능적 욕구충족이라는 두 가지 측면에서 분석되어야 할 자료로 간주했다.

그러나 좀더 심각한 환자들과 작업하는 분석가들은 격렬한 삽화적 사건이 발생하는 동안 해석을 사용할 수 있는 능력이 거의 없는 환자들이 보이는 반복적인 파괴적 행동화와 만나게 된다. 그리네이커(Greenacre, 1950)는 이런 환자들과의 분석에서, 먼저 자아를 강화시키는데 해석의 목표를 두고, 초기 외상을 너무 빨리 해석하지 말라고 조언하였다. 컨버그(1984)는 특정한 경계선 환자들의 행동화를 통제하기 위해 치료 바깥에서의 환자의 삶을 구조화하는 변형기법을 제안하였다. 그는 그렇게 함으로써 분석가가 지금-여기서 일어나는 경험들을 전이에서 활성화된 근저의 내재화된 원시적 대상관계들과 통합하는 데 필요한 해석 작업을 보다 자유롭게 할 수 있다고 보았다.

저항이나 의사소통 또는 치료적 진전으로서의 명백한 행동화 외에도, 전이 안에서는 교묘한 형태의 현실화가 발생한다 (Sandler. 1976a, 1976b, 1976c; Boesky. 1982; Roughton. 1993. 1994). 이것은 특별히 다루기 어려운 것인데, 그 이유는 실제로 그것이 발생하고 있다는 것을 분석가가 인식하지 못할 수 있기 때문이다. 예컨대, 환자의 미묘한 유혹에 대한 반응으로 분석가가 부지중에 말을 많이 할 때, 환자는 은밀히 자신이 특별하다고 느끼고 강력한 전이적 갈망이 충족되는 것을 경험하게 된다. 이것은 아무런 특별한 일이 일어나지 않았기 때문에 주목되지 않는 말없는 저항으로 작용할 수 있다. 분석가는 어떤 일이 일어났는지 전혀 모른다고 해도, 욕구충족이 분석을 대체하고 만다. 이 점에서 역전이 반응이 갖는 중요성은 매우 크다. 왜냐하면 피분석자는 바로 그런 방식으로 분석가의 취약성과 눈먼 부분을 감지하고 사용하는 데 매우 능숙하기 때문이다.

일반적으로 주로 저항에 사용되는 것으로 보이는 행동화는 필요하다면 환자에게 직면시켜야겠지만, 대부분의 분석가들은 그에 앞서 적절한 해석을 통해서 그것을 다룰 것이다. 분석 자체의 파국을 막기 위한 최후수단이 필요하다면, 그것은 금지를 사용하는 것일 것이다. 의사소통, 외상의 재경험, 또는 새롭게 풀려난 역량의 표현으로서의 행동화는 특별한 기법을 필요로 하지 않는다. 그러나 "우리가 '내용'에 대해 편파적이 아니어야 하듯이 '의사소통 방식'에 대해서도 편파적이지 않는 법을 배워야 한다"는 엑스타인의 진술(Ekstein, 1965, p. 171)을 기억하는 것이 좋을 것이다.

논의

행동화의 역사는 전이에 대한 반대와 전이의 현실화라는 두 가지 모두를 포함하는 프로이트의 원래 개념으로부터 시작해서, 일부 분석가들에 의해 실제 분석 작업을 가로막는 골치아픈 방해물로 간주되는 시기를 지나, 실연, 재경험, 그리고 현실화의 유용한 측면에 대해 관심을 갖는 현재에 이르기까지 다양한 단계를 거쳤다(Roughton, 1993, 1994). 이 개념과 관련된 다른 어려움들은, 비록 어떤 환자들의 경우에는 그 경계가 희미하고 일시적인 것이지만, 병리적 행동과 행동화 사이의 경계가 모호해지는 경향성 때문에 발생하는 것으로 보인다(Kernberg, 1984).

행동화는 병리적 행동뿐만 아니라 정상적인 행동과도 관련되어 있다. 모든 행동이 그렇듯이, 두 가지 행동 모두는 타협형성과 관련된 유사한 심리내적 과정으로부터 일어나는데, 내적으로는 정동, 환상, 또는 사고로, 그리고 외적으로는 말하기나 신체 근육을 사용하는 다른 활동들로 표현된다. 요지는, 모든 동기화된 행위 근저에 놓여있는 것으로 정의된, 행동에 대한 이러한 정의는 다양한 종류의 활동을 구별하는 데, 또는 심지어 능동성과 수동성을 구별하는 데 별 도움이 되지 못한다는 것이다.

결론

행동은 어디서나 일어난다. 그것은 사고와 감정을 연결시켜주는 중요한 주제요 관심사이면서도 미흡하게 정의되어왔다. 행동에 대한 정신분석적 이론이 거듭 요청되고 있는 사실은 그러한 이론화 작업이 그만큼 까다롭고 난해하다는 것을 의미한다. 또 하나의 가능한 대답은 아마도 행동은 정신분석적으로 의미 있는 용어가 아닐 것이라는 단순한 대답을 통해, 그러한 요청에 대한 응답을 회피하고 있다는 것일 것이다. 그러나 다양한 유형의 행동들과 심리내적 및 대인관계적 '상호작용'은 커다란 중요성을 갖고 있으며, 갈등, 대상관계, 그리고 결핍 심리학에서 중요하게 다루어질 수 있다.

만약 우리가 행동을 사고, 감정, 말하기를 포함하는 모든 동기화된 행위로 정의한다면, 사고, 감정, 말하기를 다른 형태의 행동과 대비시키는 것은 어색한 일이 될 것이다. 사실 많은 정신분석적 논의는 그러한 이분법에 의존하고 있다. 다른 한편, 말하기를 걷기와 전혀 다른 경험으로 규정하는, 행동에 대한 일반적 정의를 옹호하는 것이 쉽지 않다. 이 둘은 다같이 동기화된 행위이며, 복잡하고 다중적인 요소에 의해 결정된 심리내적 과정의 최종적인 공통 경로이기 때문이다.

'행동'의 문제는 일반 심리학의 몫으로 남겨 놓아야 한다. 정신분석이 일반 심리학으로 간주될 수 있기 전까지, 행동은 랑겔과 셰이퍼가 서로 다른 방식으로 시도했듯이, '어떻게'의 문제들에 답하기 위해 생리학적 및 심리학적인 기제에 따라 정의되어야 할 것이다. 이와는 대조적으로, 임상적 정신분석의 논의는 심리내적 갈등에 관한 과학으로서, 또는 자기-대상 관계에 대한 연구로서, 또는 해석학적 학문으로서, 어떤 행동이 '왜'(동기, 갈등, 관계, 그리고 의미와 관련해서) 발생하는가에 관심을 가질 것이다. 랑겔과 셰이퍼 그리고 많은 다른 학자들은 이 문제에 관해 언급해왔다.

행동이 모든 동기를 가진 행위를 포함하는 것으로 정의되는 바람에, 행동은 편재하는 것이 되고 말았다. 그 결과, 정신분석 과정에서 언어화된 자유연상을 대체하거나 정신병리가 부적절하고 파괴적인 행위로 표현되는 등의 어려움을 발생시킬 때를 제외하고는, 행동으로서의 행동(action qua action)은 무시되게 되었다. 정신분석 과정에서 언어를 대신하는 행동이나 정신병리적인 행동은 행동화라고 불리는데, 전자는 임상적 관찰 결과에 대한 주의깊은 공식화에 해당하는 반면에, 후자는 행동이란 용어의 사용이 확산되고 본래적 의미가 희석되는 데 따른 불가피한 결과에 해당하는 것으로 보인다.

행동을, 경험하는 개인이 의도, 목적, 그리고 의미를 가진 행위의 대리자로 인정받는, 인간경험의 일반적 범주로 정의하는 것은 충분한 이점을 갖고 있다. 넓은 의미로 정의된 행동은, 화가에게 물감의 화학적 성질이 그의 작품에 결정적이지만 주제의 선택이나 관람자의 경험과는 아무런 관계가 없듯이, 아무런 임상적 의미를 갖지 못한다. 그리고 심리내적 행동과 대인관계적 행동 모두를 포함한 다양한 행동들 사이의 상호작용은 정신분석적 탐구와 치료의 영역에 속하는 것이다.

이 점을 좀더 명료하게 밝히기 위해 정신분석 과정과 관련된 행동의 하위 단위들에 대한 설명을 개괄해보겠다. 좁은 의미에서 '행동화'는 전이를 매개로 사용하는 치료과정에 대한 반응으로 일어난 행동들 그리고 표현 양태로서의 언어화를 대체하는 행동들—설령 그 행동이 언어화로 인도하는 디딤돌이 될 수 있다고 해도—로 정의되었다. 행동화는 일종의 타협형성으로서 다중적으로 결정된 것이다; 그것은 방어들뿐만 아니라 충동들을 갖고 있으며, 따라서 정보를 제공할 수도 숨길 수도 있는 잠재력을 갖고 있다. 행동화는 환자의 정신병리에서 발생하는 유사한 행동과는 구별되어야 한다. 행동화는 반드시 활동을 의미하지는 않으며, 분석가의 상담실 안과 바깥 모두에서 일어날 수 있다.

행동화를 무의식적 전이 환상과 그와 관련된 행동이라는 두 가지 요소로 구성된 것이라고 한 보우스키의 제안(Boesky, 1982)은 충분한 이점을 갖고 있다. 행동화의 원래 의미가 갖고 있는 다양한 요소들에 대해 점점 더 다른 용어들을 사용하게 되었는데, 이는 그 용어의 오용을 증가시킬 뿐 아니라 몇몇 개념적 문제들을 간과하게 하는 결과를 가져왔다. 그것들은 상호 배타적인 분명한 범주를 나타내는 것이 아니라, 분석과정에서 반복되는 다른 측면들을 강조한다.

'실연'은 개인이 내적으로 경험하고 있는 것을, 행동화라는 용어에 내포되어 있는 평가절하적인 의미 없이, 단순히 행동으로 표현하는 것을 의미한다. 그러나 좀더 구체적인 의미가 전개됨에 따라, 이 용어는 환자와 분석가 사이의, 방어적이거나 현실화하려는 의도를 갖고 있는, 상호작용적인 경험만을 가리킨다(Panel, 1989; Boesky, 1989; McLaughlin, 1991; Roughton, 1993, 1994). 츄셋(Chused, 1991)은, 행동화에서 분석가는 관찰자이고, 실연에서는 참여자라는 말로, 행동화와 실연을 구별하였다.

재체험(reliving)은 특히 외상적이었던 초기 경험을 반박하는 특별한 형태의 실연이다. 여기에서 정동의 재경험은 의식적인 기억에 선행할 수 있으며 기억의 회복으로 이끌 수 있다.

전이의 '현실화'는 분석가의 태도나 행위가 환자가 소망하던 환상을 충족시켜주는 것으로 경험될 때 일어난다. 이것은 종종 두 사람 모두가 알지 못하는 상태에서 일어난다. 이것은 어떤 구체적인 행동이나 분석상황에 내재된 욕구충족, 또는 미묘한 대인관계적 조종의 결과일 수 있다. 이러한 미묘한 특성 때문에 현실화는 종종 분석에서 교착 상태의 원인으로 발견되지 못한 채 간과되기도 한다(Kantrowitz. 1993; Roughton. 1993, 1994).

'증상적 행동'은 습관적인 몸짓, 이상한 회피, 잊어버리기, 또는 실수 등 개인의 삶에서 대수롭지 않지만 분석에서 종종 새로운 통찰을 가져오는 주변적이고 종종 사소한 행동들을 일컫는다. 만일 증상적 행동이 분석과정에 대한 반응으로 일어난다면, 그것은 행동화일 수 있지만, 그렇지 않다면 그것은 행동화와는 상관없는 개인의 습관적 행동의 한 측면일 수 있다.

'신경증적 행동 또는 병리적 행동'이란 강박적인 의례행동이나 자기 패배적 행동양식처럼 무의식적 갈등으로부터 발생하는 부적응적인 모든 행동을 포함하는 넓은 범주의 행동을 가리킨다. 이러한 행동들은 정신병리의 표현이며, 정신분석적 과정에 대한 반응으로 발생하거나 그것에 의해 악화되었을 때 행동화라고 불린다.

'충동적 행동'은 충동을 조절하지 못하는 사람의 행동을 서술하는 용어이다. 이러한 행동은 신경증적 행동과 마찬가지로 정신병리의 표현이지만, 보통 행동이 충동과 일치한다는 점에서, 충동의 표현이 상징적이고 왜곡되어 있는 신경증적 행동과는 대조를 이룬다.

'적응적 행동'은 내적 욕구와, 다른 사람과의 관계를 포함한 외부 세계가 부과하는 한계들에 대한 균형 잡힌 고려로부터 나오는 행동을 가리킨다. 이는 최적의 수준의 영향력을 지닌 욕동 파생물과 초자아 제한들과 함께, 효율적인 자아 기능으로부터 오는 행동을 의미하며, 이는 상대적인 내적 조화, 성숙한 결정, 그리고 주어진 한계 안에서 최상의 결과를 이끌어내기 위한 협상능력을 허용하는 타협 형성으로 이끈다.

행동을 모든 동기화된 행위로 또는 실행된 의도로 보는, 행동에 대한 광범위한 관점에 대해 살펴보았다. 그것은 정신기능에 대한 일반 심리학과는 관련성을 갖고 있지만, 정신분석적 논의를 위해서는 별다른 중요성을 갖고 있지 않다. '행동'이라는 단어는 일상적인 사용에서, 행동에 대한 이론이 궁극적으로 무의미해질 정도로 무수히 다양하고 상반되는 의미들을 담고 있다. 아마도 병리적 행동에 대한 이론은 행동화에 대한 이론과 함께 정신분석에서 역동적인 의미를 지닌 행위의 형태들을 포함하는 동시에 구별할 수 있게 해줄 것이다.

행동의 개념에 대한 역사를 개관하는 과정에서, 우리는 후대에 발견한 것들의 씨앗이 프로이트의 초기 저술에 담겨 있었음을 확인할 수 있었다. 전이에서의 실연과 현실화 그리고 저항에 대한 현재 개념들은 더욱 발전되고 다듬어지긴 했지만, 프로이트의 1914년 논문에서 시작된 것이었다.

오늘날 분석가들 사이에는 분석가와 피분석자 간의 무한히 미묘하고 복잡한 상호교류에 관한 인식이 점증해왔으며, 그 결과 이제는 정신분석을 "말하기를 통한 치료"라고 부르는 것이 너무 단순한 것으로 느껴지게 되었다. 분석가와 피분석자 사이에 오가는 말들은 그것들의 드러난 사전적 의미를 훨씬 뛰어 넘어 초의사소통적인 형태를 띠게 되었다(Poland. 1986). 실연과 현실화 안에 교묘하게 위장되고 있는 상호작용들은 과거에 인식했던 것보다 분석과정을 훨씬 더 잘 설명해주고 있다. 프로이트가 정신분석적 방법을 세상에 소개했을 때, 그 세계는 질환의 치료란 적극적인 활동이어야 한다고 믿고 있었다. 즉, 치료자가 환자에게 무언가를 해야만 한다고 생각했다. 당시에 그의 방법은 치료자가 환자의 이야기를 진지하게 듣고 받아들인다는 점에서 참으로 혁신적인 것이었다. 이제 우리는 다른 행동들에 대해서도 경청하는 법을 배워야 할 것이다.

참고 문헌

Abrams, S. (1980). Therapeutic action and ways of knowing. J. Amer. Psychoanal. Assn., 28: 291-307.

Abt, L., & Weissman, S., eds. (1965). Acting Out. New York: Grune & Stratton.

Angel, K. (1965). Loss of identity and acting out. J. Amer. Psychoanal. Assn., 13: 79-84.

Bellak, T. (1965). The concept of acting out. In Abt & Weissman, eds., pp. 3-19.

Bieber, T. (1965). Acting out in homosexuality. In Abt & Weissman, eds., pp. 3-19.

Blos, P. (1963). The concept of acting out in relation to the adolescent process. Rpt. in Rexford, ed., 1978, pp. 153-175.

Blum, H. P. (1976). Acting out, the psychoanalytic process, and interpretation. Annu. Psychoanal. 4: 163-184.

________. (1986). Personal communication. Workshop: The management of acting out in psychoanalysis: H. Blum, chairman. Meeting of the American Psychoanalytic Association, Washington, D.C.

Boesky, D. (1982). Acting out. Int. J. Psychoanal., 63: 39-55.

________. (1989). Enactment, acting out, and consideration of reality. Presented to the American Psychoanalytic Association, San Francisco.

Brand, M. (1984). Intending and Acting. Cambridge, Mass.: MIT Press.

Brenner, C. (1969). Some comments of technical precepts in psychoanalysis. J. Amer. Psychoanal. Assn., 17: 333-352.

Busch, F. (1989). The compulsion to repeat in action. Int. J. Psychoanal., 70: 535-544.

Casement, P. (1982). Some pressures on the analyst for physical contact during the re-living of an early trauma. Int. Rev. Psychoanal., 9: 279-286.

Chused, J. (1991). The evocative power of enactments. J. Amer. Psychoanal. Assn., 39: 615-639.

Coen, S. (1985). Perversion as a solution to intrapsychic conflict. J. Amer. Psychoanal. Assn., 33: 17-57.

Deutsch, F. (1947). Analysis of postural behaviors. Psychoanal. Q., 16: 196-213.

________. (1952). Analytic posturology. Psychoanal. Q., 21: 196-214.

Deutsch, H. (1959). Psychoanalytic therapy in the light of follow-up.

J. Amer. Psychoanal. Assn., 7: 445-458.

Ekstein, R. (1965). A general treatment philosophy concerning acting out. In Abt & Weissman, eds., pp. 162-172.

Emch, M. (1944). On the "need to know" as related to identification and acting out. Int. J. Psychoanal., 25: 13-19.

Erard, R. (1983). New wine in old skins: a reappraisal of the concept "acting out." Int. Rev. Psychoanal., 10: 63-73.

Fast, I. (1970). A function of action in the early development of identity. Int. J. Psychoanal., 51: 471-478.

Fenichel, O. (1945). Neurotic acting out. Rpt. in The Collected Papers of Otto Fenichel, 2d ser., pp. 296-304. New York: Norton, 1954.

Fox, R. (1984). The principle of abstinence reconsidered. Int. Rev. Psychoanal., 11: 227-236.

Frank, A. (1969). The unrememberable and the unforgettable. Psychoanal. Study Child, 24: 48-77.

Freud, A. (1936). The Ego and the Mechanisms of Defense. Rev. ed. New York: Int. Univ. Press, 1966.

________. (1968). Acting out. Int. J. Psychoanal., 49: 165-170.

Freud, S. (1895). Project for a scientific psychology. SE, 1: 283-397.

________. (1900). The Interpretation of Dreams. SE, 4 & 5.

________. (1901). The Psychopathology of Everyday Life. SE, 6.

________. (1905). Fragment of an analysis of a case of hysteria. SE, 7: 3-122.

________. (1907). Obsessive actions and religious practices. SE, 9: 115-127.

________. (1909). Notes upon a case of obsessional neurosis. SE, 10: 153-320.

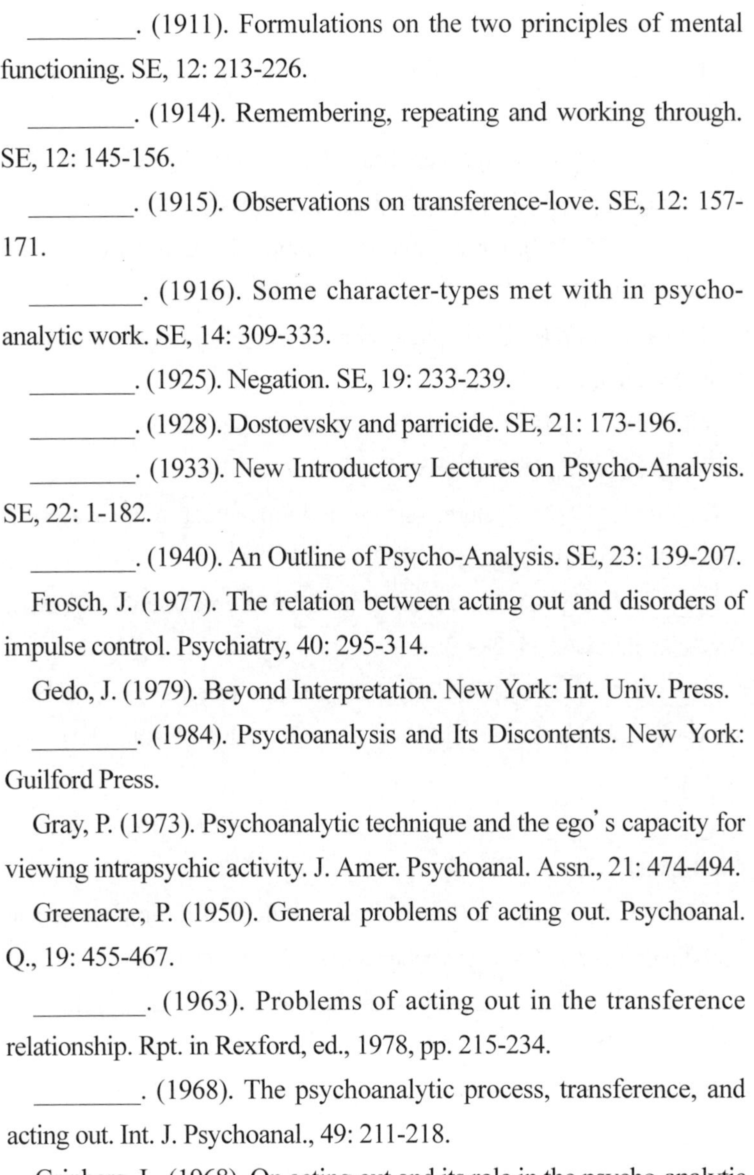

________. (1911). Formulations on the two principles of mental functioning. SE, 12: 213-226.

________. (1914). Remembering, repeating and working through. SE, 12: 145-156.

________. (1915). Observations on transference-love. SE, 12: 157-171.

________. (1916). Some character-types met with in psycho-analytic work. SE, 14: 309-333.

________. (1925). Negation. SE, 19: 233-239.

________. (1928). Dostoevsky and parricide. SE, 21: 173-196.

________. (1933). New Introductory Lectures on Psycho-Analysis. SE, 22: 1-182.

________. (1940). An Outline of Psycho-Analysis. SE, 23: 139-207.

Frosch, J. (1977). The relation between acting out and disorders of impulse control. Psychiatry, 40: 295-314.

Gedo, J. (1979). Beyond Interpretation. New York: Int. Univ. Press.

________. (1984). Psychoanalysis and Its Discontents. New York: Guilford Press.

Gray, P. (1973). Psychoanalytic technique and the ego' s capacity for viewing intrapsychic activity. J. Amer. Psychoanal. Assn., 21: 474-494.

Greenacre, P. (1950). General problems of acting out. Psychoanal. Q., 19: 455-467.

________. (1963). Problems of acting out in the transference relationship. Rpt. in Rexford, ed., 1978, pp. 215-234.

________. (1968). The psychoanalytic process, transference, and acting out. Int. J. Psychoanal., 49: 211-218.

Grinberg, L. (1968). On acting out and its role in the psycho-analytic process. Int. J. Psychoanal., 49: 171-178.

Hartmann, H. (1939). Ego Psychology and the Problem of Adaptation. New York: Int. Univ. Press, 1958.

________. (1944). Psychoanalysis and socioloy. In Essays on Ego Psychology, pp. 19-36. New York: Int. Univ. Press.

________. (1947). On rational and irrational action. In Essays on Ego Psychology. pp. 37-68. New York: Int. Univ. Press, 1964.

Holder, A. (1970). Conceptual problem of acting out in children. J. Child Psychother., 2: 5-22.

Inderbitzin, L. (1988). Patient' s sleep on the analytic couch. J. Amer. Psychoanal. Assn., 36: 673-695.

Jacobs, T. (1973). Posture, gesture, and movement in the analyst. J. Amer. Psychoanal. Assn., 21: 77-92.

________. (1986). On countertransference enactments. J. Amer. Psychoanal. Assn., 34: 289-307.

________. (1990). The interplay of enactments. H. Lee Hall Memorial Lecture, Emory University Psychoanalytic Institute, Atlanta, Georgia.

________. (1994). Nonverbal communications. J. Amer. Psychoanal. Assn., 42: 741-762.

Kantrowitz, J. (1992). The analyst' s style and its impact on the analytic process. J. Amer. Psychoanal. Assn., 40: 169-194.

________. (1993). Impasses in psychoanalysis. J. Amer. Psychoanal. Assn., 41: 1021-1050.

Kernberg, O. F. (1975). Borderline Conditions and Pathological Narcissism. New York: Aronson.

________. (1984). Severe Personality Disorders. New Haven: Yale

Univ. Press.

Kestenberg, J. S. (1968). Acting out in the analysis of children and adults. Int. J. Psychoanal., 49: 341-346.

Laplanche, J., & Pontalis, J.-B. (1973). The Language of Psychoanalysis. New York: Norton.

Loewald, H. W. (1980). Some considerations on repetition and repetition compulsion. In Papers on Psychoanalysis, pp. 87-101. New Haven: Yale Univ. Press.

________. (1986). Transference-countertransference. J. Amer. Psychoanal. Assn., 34: 275-287.

Loewenstein, R. M. (1956). Some remarks on the role of speech in psychoanalytic technique. Int. J. Psychoanal., 37: 460-468.

Mahl, G. F. (1977). Body movement, ideation and verbalization during psychoanalysis. In Communicative Structures and Psychic Structures, ed. N. Freedman & S. Grand, pp. 291-310. New York: Plenum.

Mahler, M. S. (1981). Aggression in the service of separation-individuation. Psychoanal. Q., 50: 625-638.

Mahler, M.S., Pine, F., & Bergman, A. (1975). The Psychological Birth of the Human Infant. New York: Basic Books.

Mahon, E. (1990). Play, pleasure, reality. In Pleasure Beyond the Pleasure Principle, ed. R. Glick & S. Bone, pp. 26-37. New Haven: Yale Univ. Press.

Mayes, L., & Cohen, D. (1993). Playing and therapeutic action in child analysis. Int. J. Psychoanal., 74: 1235-1244.

McDevitt, J. (1983). The emergence of hostile aggression and its defensive and adaptive modifications during the separation-

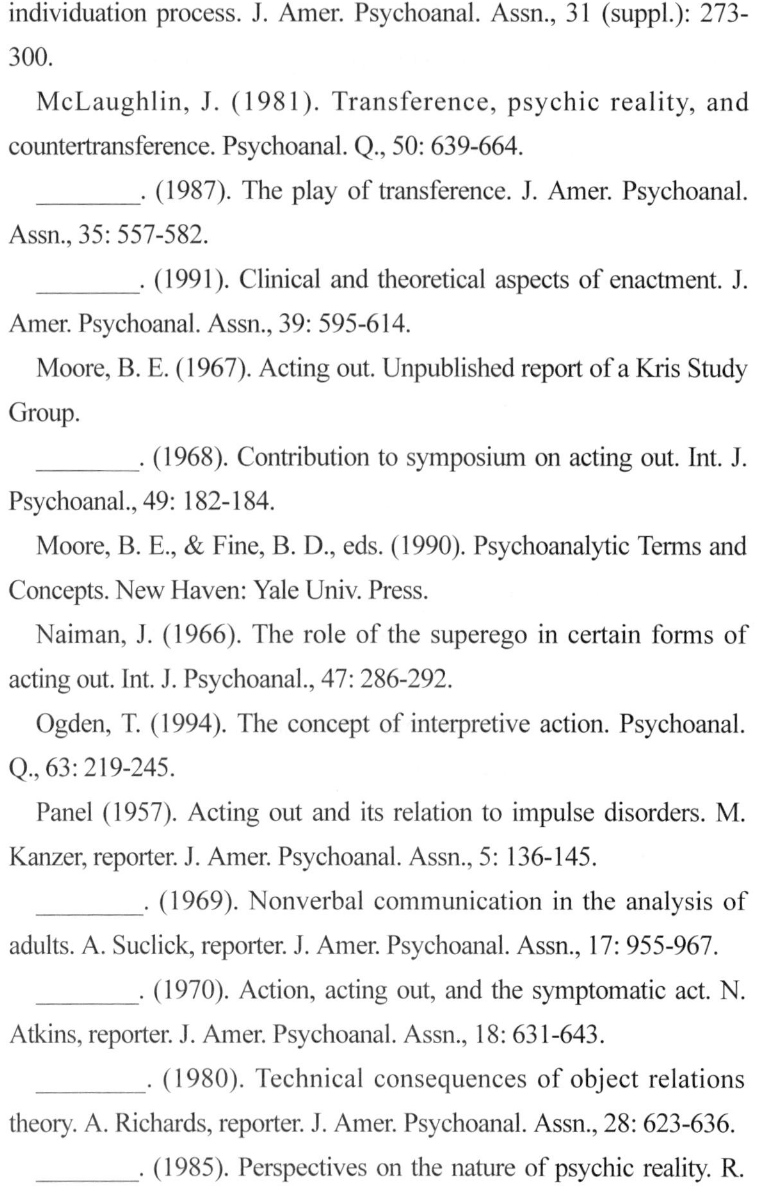

individuation process. J. Amer. Psychoanal. Assn., 31 (suppl.): 273-300.

McLaughlin, J. (1981). Transference, psychic reality, and countertransference. Psychoanal. Q., 50: 639-664.

________. (1987). The play of transference. J. Amer. Psychoanal. Assn., 35: 557-582.

________. (1991). Clinical and theoretical aspects of enactment. J. Amer. Psychoanal. Assn., 39: 595-614.

Moore, B. E. (1967). Acting out. Unpublished report of a Kris Study Group.

________. (1968). Contribution to symposium on acting out. Int. J. Psychoanal., 49: 182-184.

Moore, B. E., & Fine, B. D., eds. (1990). Psychoanalytic Terms and Concepts. New Haven: Yale Univ. Press.

Naiman, J. (1966). The role of the superego in certain forms of acting out. Int. J. Psychoanal., 47: 286-292.

Ogden, T. (1994). The concept of interpretive action. Psychoanal. Q., 63: 219-245.

Panel (1957). Acting out and its relation to impulse disorders. M. Kanzer, reporter. J. Amer. Psychoanal. Assn., 5: 136-145.

________. (1969). Nonverbal communication in the analysis of adults. A. Suclick, reporter. J. Amer. Psychoanal. Assn., 17: 955-967.

________. (1970). Action, acting out, and the symptomatic act. N. Atkins, reporter. J. Amer. Psychoanal. Assn., 18: 631-643.

________. (1980). Technical consequences of object relations theory. A. Richards, reporter. J. Amer. Psychoanal. Assn., 28: 623-636.

________. (1985). Perspectives on the nature of psychic reality. R.

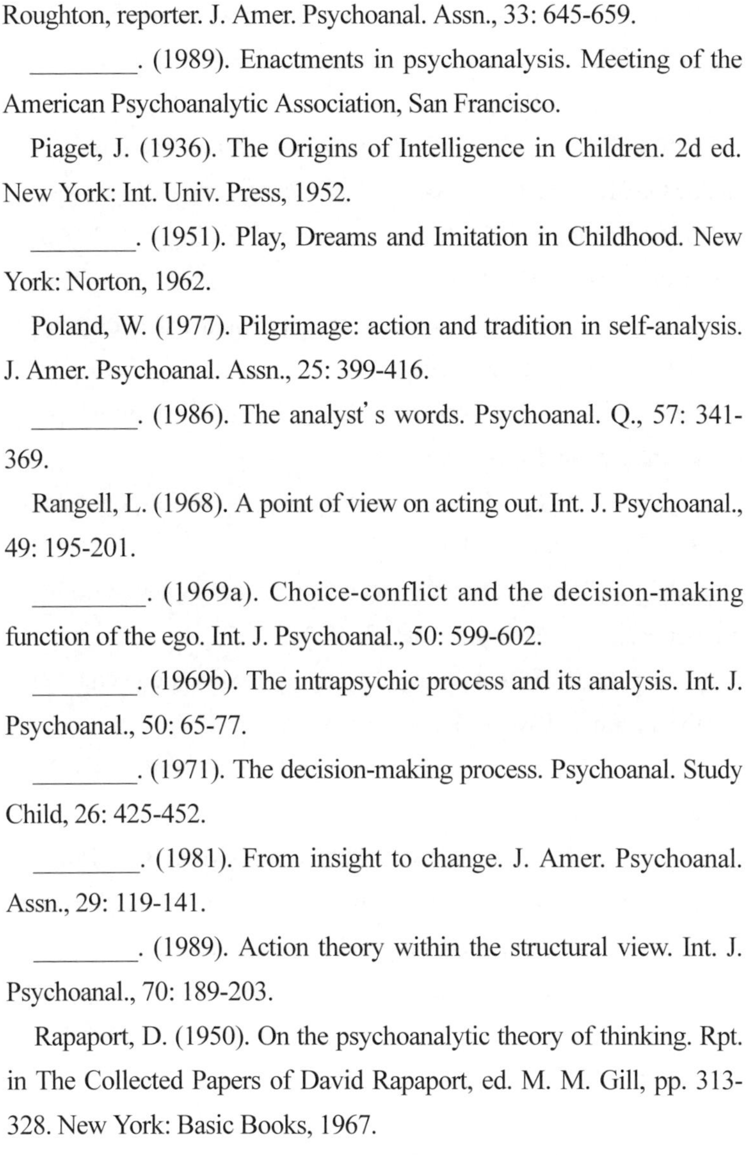

Roughton, reporter. J. Amer. Psychoanal. Assn., 33: 645-659.

________. (1989). Enactments in psychoanalysis. Meeting of the American Psychoanalytic Association, San Francisco.

Piaget, J. (1936). The Origins of Intelligence in Children. 2d ed. New York: Int. Univ. Press, 1952.

________. (1951). Play, Dreams and Imitation in Childhood. New York: Norton, 1962.

Poland, W. (1977). Pilgrimage: action and tradition in self-analysis. J. Amer. Psychoanal. Assn., 25: 399-416.

________. (1986). The analyst' s words. Psychoanal. Q., 57: 341-369.

Rangell, L. (1968). A point of view on acting out. Int. J. Psychoanal., 49: 195-201.

________. (1969a). Choice-conflict and the decision-making function of the ego. Int. J. Psychoanal., 50: 599-602.

________. (1969b). The intrapsychic process and its analysis. Int. J. Psychoanal., 50: 65-77.

________. (1971). The decision-making process. Psychoanal. Study Child, 26: 425-452.

________. (1981). From insight to change. J. Amer. Psychoanal. Assn., 29: 119-141.

________. (1989). Action theory within the structural view. Int. J. Psychoanal., 70: 189-203.

Rapaport, D. (1950). On the psychoanalytic theory of thinking. Rpt. in The Collected Papers of David Rapaport, ed. M. M. Gill, pp. 313-328. New York: Basic Books, 1967.

Reich, A. (1951). On countertransference. Rpt. in Psychoanalytic

Contributions, pp. 136-154. New York: Int. Univ. Press, 1973.

Reich, W. (1933). Character Analysis. 3d ed. New York: Farrar, Straus & Giroux, 1949.

Rexford, E., ed. (1978). A Developmental Approach to Problems of Acting Out. Rev. ed. New York: Int. Univ. Press.

Roughton, R. (1993). Useful aspects of acting out. J. Amer. Psychoanal. Assn., 41: 443-472.

________. (1994). Repetition and interaction in the analytic process. Annu. Psychoanal., 22: 275-290.

Sandler, J. (1976a). Actualization and object relationships. J. Philadelphia Assn. Psychoanal., 3: 59-70.

________. (1976b). Countertransference and role-responsiveness. Int. Rev. Psychoanal., 3: 43-47.

________. (1976c). Dreams, unconscious fantasies and "identify of perception." Int. Rev. Psychoanal., 3: 33-42.

Schafer, R. (1973). Action: its place in psychoanalytic interpretation and theory. Annu. Psychoanal., 1: 159-196.

________. (1976). A New Language for Psychoanalysis. New Haven: Yale Univ. Press.

________. (1983). The Analytic Attitude. New York: Basic Books.

Schwartz, W. (1984). The two concepts of action and responsibility in psychoanalysis. J. Amer. Psychoanal. Assn., 32: 557-272.

Segel, N. (1969). Repetition compulsion, acting out, and identification with the doer. J. Amer. Psychoanal. Assn., 17: 474-488.

Stein, M. (1973). Acting out as a character trait. Psychoanal. Study Child, 28: 347-364.

________. (1986). Acting out—transference and countertransference. In Between Analyst and Patient, ed. H. Meyers, pp. 63-74. Hillsdale, N.J.: Analytic Press.

Stern, D. (1985). The Interpersonal World of the Infant. New York: Basic Books.

Stolorow, R., & Lachmann, F. (1980). Psychoanalysis of Developmental Arrests. New York: Int. Univ. Press.

Symposium (1968). Acting out. Int. J. Psychoanal., 49: 165-253.

Tooley, K. (1974). Words, actions and "acting out." Int. Rev. Psychoanal., 1: 341-351.

Valenstein, A. (1962). The psycho-analytic situation. Int. J. Psychoanal., 43: 315-324.

________. (1983). Working through and resistance to change. J. Amer. Psychoanal. Assn., 31 (suppl.): 353-374.

Weiss, E. (1942). Emotional memories and acting out. Psychoanal. Q., 11: 477-492.

Wheelis, A. (1950). The place of action in personality change. Psychiatry, 13: 135-148.

Winnicott, D. W. (1953). Transitional objects and transitional phenomena. Int. J. Psychoanal., 34: 89-97.

Wolff, P. H. (1960). The Developmental Psychologies of Jean Piaget and Psychoanalysis. Psychological Issues, monograph 5. New York: Int. Univ. Press.

Zeligs, M. (1957). Acting in. J. Amer. Psychoanal. Assn., 5: 685-705.

PSYCHOANALYSIS
THE MAJOR CONCEPTS

Edited by Burness E Moore & Bernard D. Fine

정신분석학 주요개념
- 기법 -

발행일 • 2006년 1월 15일
편저 • 버네스 무어 & 버나드 파인
옮긴이 • 이재훈
펴낸이 • 이재훈
펴낸곳 • 한국심리치료연구소

등록 • 제 22-1005호(1996년 5월 13일)
주소 • 서울시 종로구 적선동 156 (쌍용플래티넘 918호)
Tel • 730-2537, 2538 Fax • 730-2539
www. pti21.com E mail: pti21@pti21.com

값 20,000원

ISBN 89-87279-44-8 93180

한국심리치료연구소 총서

한국심리치료연구소는 한국심리치료 분야의 질적 향상을 위해서 이 분야의 고전 및 최신 서적들을 우리말로 번역 출판하고 있다. 본 연구소는 순수 심리치료 분야와 기독교 신앙과 관련된 심리치료 분야의 책들을 출판하며, 순수 심리치료 분야의 책들은 대상관계이론과 자기심리학을 포함한 현대 정신분석이론들과 융 심리학에 관한 서적이다.

순수 심리치료 분야

놀이와 현실
Playing and Reality
by D. W. Winnicott / 이재훈

울타리와 공간
Boundary & Space
by D. Wallbridge
& M. Davis / 이재훈

유아의 심리적 탄생
Psychological Birth
of the Human Infant
by M. Mahler & F. Pine / 이재훈

꿈상징 사전
Dictionary of Dream Symbols
by Eric Ackroyd / 김병준

그림놀이를 통한 어린이 심리치료
Therapeutic Consultation
in Child Psychiatry
by D. W. Winnicott / 이재훈

자기의 분석
The Analysis of the Self
by Heinz Kohut / 이재훈

편집증과 심리치료
Psychotherapy
& the Paranoid Process
by W. W. Meissner / 이재훈

멜라니 클라인
Melanie Klein
by Hanna Segal / 이재훈

정신분석학적 대상관계이론
Object Relations
in Psychoanalytic Theories
by J. Greenberg & S. Mitchell / 이재훈

프로이트 이후
Freud & Beyond
by S. Mitchell & M. Black
/ 이재훈 · 이해리 공역

성숙과정과 촉진적 환경
Maturational Processes
& Facilitating Environment
by D. W. Winnicott / 이재훈

참자기
The Search for the Real Self
by J.F. Masterson / 임혜련

내면세계와 외부현실
Internal World & External Reality
by Otto Kernberg / 이재훈

자폐아동을 위한 심리치료
The Protective Shell in Children and
Adult by Frances Tustin / 이재훈외

박탈과 비행
Deprivation & Delinquency
by D. W. Winnicott / 이재훈외

교육, 허무주의, 생존
Education, Nihilism, Survival
by D. Holbrook / 이재훈외

대상관계 개인치료 Ⅰ · Ⅱ
Object Relations Individual Therapy
by Jill Savege Scharff & David E.
Scharff / 이재훈 · 김석도 공역

정신분석 용어사전
Psychoanalytic Terms and Concepts
Ed. by Moore and Fine / 이재훈 외

하인즈 코헛과 자기심리학
H. Kohut and the Psychology of the Self
by Allen M. Siegel / 권명수

대상관계 부부치료
Object Relations Couple Therapy
by Jill Savege Scharff & David E.
Scharff / 이재훈

대상관계 이론과 임상적 정신분석
Object Relations
& Clinical Psychoanalysis
by Otto Kernberg / 이재훈

성격에 관한 정신분석학적 연구
Psychoanalytic Studies of the Personality by Ronald Fairbairn / 이재훈

나의 이성, 나의 감성
My Head and My Heart
by De Gregorio, Jorge / 김미겸

환자에게서 배우기
Learning from the Patient by Patrick J. Casement / 김석도

대상관계이론과 정신병리학
Object Relations Theories and Psychopathology by Frank Summers / 이재훈

의례의 과정
The Ritual Process
by Victor Turner / 박근원

비교정신분석학
/ 오채근M.D.

기독교 신앙과 관련된 심리치료 분야

종교와 무의식
Religion & Unconscious
by Ann & Barry Ulanov / 이재훈

희망의 목회상담
Hope in the Pastoral Care
& Counseling
by Andrew Lester / 신현복

살아있는 인간문서
The Living Human Document
by Charles Gerkin / 안석모

인간의 관계경험과 하나님경험
Human Relationship
& the Experience of God
by Michael St. Clair / 이재훈

신데렐라와 그 자매들
Cinderella and Her Sisters
by Ann & Barry Ulanov / 이재훈

현대정신분석학과 종교
Contemporary Psychoanalysis
& Religion
by James Jones / 유영권

살아있는 신의 탄생
The Birth of the Living God
by Ana-Maria Rizzuto / 이재훈

인간의 욕망과 기독교 복음
Les Evangiles au risque
de la Psychanalyse
by Françoise Dolto / 김성민

신학과 목회상담
Theology & Pastoral Counseling
by Debohra Hunsinger
/ 이재훈 · 신현복

성서와 정신
The Bible and the Psyche
by E. Edinger / 이재훈

목회와 성
Ministry and Sexuality
by G. L. Rediger / 유희동

상한 마음의 치유
Healing Wounded Emotions
by M. H. Padovani외 / 김성민 외

예수님의 마음으로 생활하기
Living From the Heart Jesus Gave You
by James. G. Friesen 외 / 정동섭

신경증의 치료와 기독교 신앙
Ministry and Sexuality
by G.L.Rediger / 김성민

전환기의 종교와 심리학
Religion and Psychology in Transition
by James Johns / 이재훈

영성과 심리치료
Spirituality and Psychotherapy
by Ann Belford Ulanov / 이재훈

치유의 상상력
The Healing Imagination
by Ann Belford Ulanov / 이재훈

앞으로 출간될 책

소아정신의학에서 정신분석학으로
Through Paediatrics to Psychoanalysis by D. W. Winnicott

자기의 회복
The Restoration of the Self by Heinz Kohut

대상관계 가족치료
Object Relations Family Therapy by Jill Savege Scharff & David E. Scharff

자기의 치료
How Does Analysis Cure? by Heinz Kohut

대상관계 단기부부치료
Short Term Object Relations Family Therapy by James Donovan

대상관계 단기치료
Object Relations Brief Therapy by Michael Stadter